Symbolon
Buchreihe herausgegeben von
PETER ORBAN

Es sind die Götter

Darstellung der menschlichen Urtypen und ihrer Schicksale

von

Susanne Schmida

Eugen Diederichs Verlag

CIP-Titelaufnahme der Deutschen Bibliothek
Schmida, Susanne:
Es sind die Götter: Darstellung der menschlichen Urtypen und
ihrer Schicksale / Susanne Schmida. – München : Diederichs, 1990
  (Symbolon)
  ISBN 3-424-01007-3

Umschlaggestaltung: Peter Strauss, Traunreut
Produktion: Tillmann Roeder, München
Satz: MECO Buchproduktion, Dreieich
Druck und Bindung: Franz Spiegel Buch GmbH, Ulm

ISBN 3-424-01007-3
Printed in Germany

INHALT

...HEIL DEN UNBEKANNTEN
HÖHERN WESEN,
DIE WIR AHNEN!
IHNEN GLEICHE DER MENSCH,
SEIN BEISPIEL LEHR' UNS
JENE GLAUBEN

Goethe

DIE GROSSE MUTTER
DEMETER

DIE ERSTE ALLER GESTALTEN IST DIE MUTTER. DAS SCHICKSAL DER MUTTER IST DAS KIND. SIE GEBIERT ES SICH ZUR FREUDE, DANN ABER VERLIERT SIE ES AN DIE WELT UND MUSS ES SUCHEN. DAS IST DAS MENSCHLICHE MUTTERSCHICKSAL.

Durch jede Gebärerin aber waltet eine kosmische Macht. Sie bringt es zustande, daß Leben an die leibliche Form gebunden in Erscheinung tritt. Denn die irdische Mutter webt wohl dem Kinde den Leib aus den Geweben und Fasern des eigenen Leibes. Aber sie vermöchte es nicht ohne die Hilfe jener kosmischen Macht, denn sie weiß ja nicht, wie es aus ihrem Leib geschieht. Sie spürt nur das leibliche Geschehen in sich und ist mit ihrem ganzen Wesen darauf gerichtet, es zu spüren und ihm zu dienen. Und in dieser Einstellung verharrt sie auch dann noch, wenn sie das Kind schon geboren hat, und ist dadurch imstande, das leibliche Leben im Kinde mitzuempfinden und für dessen Bedürfnisse Sorge zu tragen. Das ganze Bewußtsein der Mütterlichen hat sein Zentrum in dem Spüren des eigenen Leibes und darüber hinaus in dem Mitfühlen des leiblichen Lebens der von ihr Geborenen und schließlich alles Geborenen überhaupt.

Diese Einstellung ist für die Mütterliche typisch. Dieses Sich-Spüren und Mitspüren der anderen ist ihre ganze Welt. In diesem Ein-lebendurchzogener-Leib-Sein besteht für sie die Wirklichkeit alles Seienden. Dieses Fühlen des organisch-leiblichen Lebens ist für sie die wesenhafteste Stufe des Bewußtseins, auf die sich alles andere bezieht. Und wer wollte leugnen, daß sie die Grundlage alles Daseins bildet!

Die *kosmische* Macht aber, die das leibliche Leben in Erscheinung treten läßt, ist die Macht der *Verkörperung.*

Es ist ein schaffendes Wesen da, welches bei der Entstehung alles Lebens auf der Erde schöpferisch waltend eingreift, um die Seelenkeime mit körperlicher Form zu umhüllen, ein Wesen, welches mit sanfter Gewalt in ihren Bewußtseinen die Wandlung zu leiblichem Sich-Spüren erzwingt.

Durch die Hände dieses mütterlich-kosmischen Wesens gehen alle Seelen, deren Sein sich zur Körperlichkeit verdichten, deren Bewußtsein in die bestimmte irdische Form der Wandlung zum Ichleib eingehen sollen.

Wir heißen dieses Wesen DEMETER.

Demeter, das ist Gi-Mitir, das heißt Mutter der Erde, Erdenmutter. Aber nicht nur bei der Entstehung alles Lebens der Erde waltet sie, sondern dem aller Wandelsterne des Sonnenkreises. Ja, es scheint, daß die Entstehung der Wandelsterne selbst in ihre Hand gegeben ist. Sie schwebt über dem ganzen Sonnenkreis und umhüllt ihn mit ihrer Aura. Und das bedeutet, sie durchdringt ihn mit dem ihr eigenen Bewußtsein bis zu den fernsten Bahnen seiner Wandelsterne.

Für den Menschen aber ist sie vor allem Mutter des irdischen Lebens, also Erdenmutter, Demeter.

Wenn eine irdische, menschliche Mutter durch tiefe Versenkung dieser kosmischen Macht nahezukommen sucht, dann wird sie selbst eine schöpferische Macht.

Dann begreift sie, wieviel von dem Leben, das sie geboren hat, wieviel von der Form, die das Geborene annimmt, in ihre eigene Gewalt gegeben ist, und sie wird eine Mitschaffende der großen Göttin.

Aber auch die Göttin selber ist nicht ohne Schicksal. Es waltet ein Gesetz auch über ihr, ein Weltengesetz: *das Gesetz das Verkörperung.*

Darum durchlebt sie ein Schicksal, das verwandt ist dem Schicksal der menschlichen Mutter. Auch Demeter hat ein Kind, das ihr näherersteht als alle die unzähligen Wesen der Welten, die sie in die Verkörperung bringt. In höherem Maß als alle diese kann es ihre Tochter heißen, denn es ist selbst eine der kosmischen Mächte. Die himmlische Jungfrau, Kore, hat Demeter gleichsam selbst geboren, indem sie sie in die Verkörperung eintreten ließ.

Kore erscheint sich darin wie eine Gefangene. Eine unendliche Verführung hat sie in die Verkörperung hineingezogen, etwas, das ist, wie der Duft der Narzissenblüte, dem sie nicht Widerstand leisten kann. Das Bewußtsein wird ihr umnebelt durch diesen Duft, es schwindet ihr halb. Und es zieht sie noch weiter an die geheimnisvolle Schlucht heran, die noch tiefer in die Einengung hinabführt, nämlich in das Reich des *Hades*, des Dämonenfürsten, des Herrn der Schattenwelt. Und so gelangt sie auch dorthin.

Aber auch das irdische Leben ist für Kore das Leben in einer Unterwelt, denn sie vergleicht es mit dem ihr eigen gewesenen auf dem kosmischen, auf dem astralen Plan. Und eine unermeßliche Sehnsucht zurück nach dem Reich ihrer Mutter zerreißt ihr Herz.

Gleich einer menschlichen Mutter, die ein geliebtes Kind geboren und in die Welt entlassen hat, muß nun auch *Demeter* ihre Tochter suchen. Sie sucht sie auf allen Weltenplanen und findet sie endlich bei Hades, dem Höllenfürsten.

Demeter erkennt die Notwendigkeit des Wechsels von Verkörperung und Entkörperung, und sie muß sich mit dem ewigen Kreislauf abfinden:

Kore und alle Seelen können zu ihr nur zurückkehren über die Unterwelt, über den Tod, also nur durch Vernichtung des Leibes, das heißt jeder Seinsform, zu der ihnen Demeter verholfen hat.

Darum ist *Demeter*, auch als kosmische Macht, eine *tragische Gestalt*.

Aber das Tragische auf der kosmischen Ebene bedeutet nicht einen Untergang, sondern einen Zustand, denn das Sein der kosmischen Mächte vollzieht sich nicht in jenem Ablauf der Zeiten, der uns Irdischen den Tod bringt. Es ist gespeist vom Hauche der Ewigkeiten, und auch Demeter gebiert nicht nur Kore, die ewige Tochter, sondern alles

Leben auf den Wandelsternen, seit jeher und immer und für alle Zeiten ihrer Umläufe um den Helios.

Als die Bringerin der Vegetation und aller Fruchtbarkeit haben die Alten die Göttin *Demeter* verehrt, der alles Keimen, Blühen, Fruchttragen und Samenausstreuen zugehört. Darum war sie auch die Göttin des *Ackerbaues*.

Und da sie den Lebewesen zur Verkörperung verhilft und ihnen den einhüllenden Leib schafft, ist ihr auch das zu verdanken, was über den Leib hinaus eine Hülle des Lebens bildet, das gewebte *Kleid*, gewebt, wie der Leib selbst ein organisches Gewebe ist, dann das gemauerte *Haus* und schließlich die das Leben umfriedende schützende *Stadt*; aber auch das *Tongefäß*, welches die von ihr gespendete Speise des Ackers birgt; alles also, was sich wie eine Schale um einen Inhalt schließt.

Darum endlich auch das *Grab*, als das Haus des im Tode erstarrten Leibes, und der *Totenkult*, welcher die leibliche Erscheinung des Toten zu bewahren sucht über seinen Tod hinaus. Und damit im Zusammenhang auch die Nachbildung des menschlichen Leibes in *Figuren* von Ton und Holz, welche den Leib des Toten vorstellen, wenn der ursprüngliche schon der Verwesung anheimgefallen ist.

Alle diese Gaben zusammen bilden die Merkmale der anfänglichen *mutterrechtlichen Kultur* der Menschen. Alle diese Gaben sind in dieser Epoche den Menschen eigen geworden. Alle diese Gaben sind auch Erfindungen von Frauen.

Die Zeit, in der diese anfängliche mutterrechtliche Kultur auf der Erde entstanden ist und blühte, fällt auch astronomisch zusammen mit dem Zeitalter, in welchem der Frühlingspunkt der Sonne im Sternbild der Demeter stand, nämlich der Krebs; es ist das *Krebszeitalter*, ungefähr 9000 bis 7000 v. Chr.

Wie der Krebs dieses Tierkreiszeichen symbolisch darstellt, eine *Schale* um seinen Körper baut, so baut auch der Mensch in diesem Zeitalter vor allem Hüllen, Schalen, um sein Leben, die ihn einschließen und schützen sollen. Nach langen Zeiten freizügiger Wanderungen und einem Leben, nur geschützt von dem, was die Natur ihm an Schützendem bot, kommt er zum erstenmal bei sich selbst zur Ruhe und Geborgenheit. So wird der Krebs auch zum Symbol dieser Epoche, als der sich in eine Schale Einschließende, der Rückwärtsschreitende, das bedeutet: der sich in sich selbst Zurückziehende.

Als eine leuchtende Schale auch am Himmel erscheint den Menschen der *Mond*, eine Schale, die sich allmählich füllt und die allmählich wieder leer wird, so wie alle Frucht der Pflanzen, der Tiere und des menschlichen Leibes.

Der Mond ist darum das sichtbare himmlische Zeichen der Göttin Demeter, ihre himmlische leibliche Auswirkung in ihrer Bezogenheit auf die Erde.

Und seltsam: der Mond mit seiner erstorbenen, atmosphärelosen Oberfläche, der mit seinen Kratern und Höhlen als ein einziges Grab erscheint, er ist wie geschaffen dazu, ein Aufenthalt der Toten zu sein. In seinem Licht vollzieht sich der Totenkult. In seinem Licht wandeln die in einem Zustand wie fortschreitende Entleiblichung sich befindenden Toten. Und in seinem Licht werden die der Demeter geweihten Mysterien vollzogen, welche im Altertum die Eleusinischen waren.

Diese Charakterisierung des mutterrechtlichen Zeitalters wird von der Ethnologie auf Grund wissenschaftlicher Erforschung genau so gegeben, wie es hier geschehen ist. Das, was hier als Entsprechungen eines bestimmten mythischen Götterbildes erscheint, wird durch die ethnologische Forschung als Tatbestand einer vorgeschichtlichen Epoche und Kulturform aufgezeigt. Ackerbau und primitiver Hausbau, Weberei in einfachster Form aus Pflanzenfasern, Tontöpferei und Bildung von Tonfiguren, Bestattung der Toten in Grabkammern und damit zusammenhängend erste Formen des Totenkultes sowie die damit Hand in Hand gehende animistische Weltauffassung, das sind die charakteristischen Merkmale hier wie dort.

Innerhalb dieser Lebensform des matriarchalen Zeitalters gibt es noch kein Recht. Herrin und Besitzerin des Hauses ist die Frau, denn das Haus ist vor allem das, was im Tierreich Nest und Höhle bedeutet, Brutstätte und Schutzraum für Mutter und Kind. Daher vererbt natürlicherweise die Mutter das Haus der ihr nächststehenden, also der ältesten Tochter. Und damit auch den Namen ihres Geschlechts.

Seit Urzeiten wird der Mond als eine weibliche Gottheit aufgefaßt, schon wegen des Wechsels der Gestalt und des gleichrhythmischen Ablaufs der weiblichen Befruchtungsperiode. Der Mond ist daher die für eine weiblich betonte Epoche wichtigste Gottheit. Darum wird der Mond auch in den späteren Epochen der Hochkulturen stets der weiblichen Hauptgottheit als der ihr zugehörenden Himmelskörper beigegeben.

So erscheint die weibliche Gottheit einer späteren Zeit durch alle ihre Merkmale und die ihr zugeordneten Symbole als eine Erinnerung an ein längst vergangenes Zeitalter, in dem sie die wirkliche Lebensforms bildeten. Diese Rolle übernimmt im altgriechischen Götterreich Demeter, die Göttin der Fruchtbarkeit.

Nach dem antiken Mythos bleibt ja Demeter, nachdem sie ihre Tochter Kore gefunden und den Vertrag mit Zeus geschlossen hat, längere Zeit auf der Erde bei den Menschen. Vor allen anderen dankt sie der Königin Metanira von Eleusis, welche die ihr Kind suchende Göttin in ihrer Not gastfreundlich aufgenommen hat, dadurch, daß sie den Sohn der Metanira, Triptolemos, den Ackerbau lehrt und ihm den Samen des Weizens schenkt. Mit ihm im geflügelten Drachenwagen daherbrausend, verbreitet sie den Segen der Feldbebauung in allen Landen. Aber nicht genug damit. Ihrem Wesen gehorchend, welches die Fülle des Gedeihens verlangt, besucht sie auch noch andere Könige der Erde, um sie die neue Kunst zu lehren und sie mit dem Überfluß zu beschenken. So zeugt sie mit dem König Jasion von Kreta den Plutos, der die Verkörperung des Reichtums darstellt.

Dieses Überwuchern im Überfluß zeigt, daß das Reich der Demeter noch jenseits aller rechtlichen Bildungen und Bindungen steht, durch die alles eingeteilt und auf ein bestimmtes Maß gebracht wird. Das Quellen des organischen Wachstums bedarf keines Rechtes und nicht des abstrakten Denkens oder einer darauf beruhenden Einrichtung. Es strömt von selbst, so es nicht gewaltsam gehindert wird.

Wenn also bei den Alten, besonders in Athen, die Göttin Demeter als die Bringerin der Gesetze angesehen und verehrt wurde, so ist dies eine Unterschiebung aus späterer, nämlich vaterrechtlicher Zeit. Sie ist wohl die Bringerin der *Seßhaftigkeit* und damit eines milderen, weniger von äußeren Zufällen abhängigen Lebens, das ein in ihm selbst schwingender Rhythmus trägt, in dem sich aber noch nicht das Bedürfnis nach gesetzlicher Regelung fühlbar macht.

Demeter und ihr Reich stehen also noch diesseits des Gesetzes. Sein Wesen ist einfaches, naturhaftes Wachstum, Reichtum, Überfluß und darum eine gewisse Freiheit, die den Konflikt mit dem Gesetz noch gar nicht kennt. So fehlt auch der menschlichen einfachen und mütterlichen Frau oft ganz das Verständnis für das Rechtliche. Sie steht gleichsam außerhalb des Gesetzes. Denn nicht der Begriff, sondern die *Gestalt* und ihre Gewachsenheit ist ihr Gebiet.

Ein Symbol dieser Gewachsenheit ist die Grundlinie, in der sich alles Pflanzliche entwickelt, die *Spirale*. Wie die Maserung des Holzes in den Ringen des jährlichen Wachstums eines Baumes eine Spirale bildet, so auch die Anordnung der Blätter der krautartigen Pflanzen und ihrer Blütenstände. In einer Spirale vollzieht sich auch das Werden neuer Weltkörper und Himmelswelten, die wir am nächtlichen Himmel gewahren. Die Spirale ist also die Linie der Entstehung der körperlichen Form.

In der Spirale ist auch jene Rückwendung allen Lebens symbolisch ausgedrückt, die wir als den Kreislauf allen verkörperten Daseins bezeichnen, das es vom Leben zum Tode und wieder zurück zu neuem Dasein sich wandelt. So ist auch die Bewegung des Lebens von Wiedergeburt zu Wiedergeburt kein vollendeter Kreis, sondern es schwingt sich mit jeder neuen Verkörperung in spiralig sich weitenden neuen Umwendungen aus.

Wenn eine körperliche Gestalt sich schon vollendet hat und im organischen Wachstum nicht weiter über sich selbst ausdehnt, so setzt sie die Linie dieses Wachstums leicht in eine freie Bewegung um, mit welcher sie die Spirale in den Raum hinein fortsetzt. Das ist die Urform des *Tanzes*. Denn der Tanz beruht auf einem gesteigerten Körperspüren. Die Empfindungen des von organischen Lebensgefühlen durchfluteten Körpers weitet er aus, folgt ihnen gleichsam und wandelt sie in räumliche Bewegung. Nie ist Tanz ein geradliniges Fortschreiten, immer besteht er in Drehungen und Wendungen um die eigene Achse des bewegten Körpers. Und indem er durch gesteigerte Atmung, stärker pulsendes Blut das organische Körperspüren erhöht, nimmt er selbst die Impulse, Rhythmen und Wendungen des organischen Lebens und Wachsens an.

Darum müssen wir als der Göttin Demeter besonderes Gebiet auch den Tanz ansehen, obwohl, wie es scheint, der Mythos diesen Zusammenhang nicht aufgefunden hat.

Die Spirale der werdenden Himmelswelten kann uns darum auch als die Spur des göttlichen Tanzes der Demeter erscheinen, auf welcher sie aus ihrer eigenen lebendigen Wesenheit heraus die sich verkörpernden Welten erzeugt.

Zwischen dem Gebären und dem Tanz ist also ein geheimnisvoller Zusammenhang. Sie sind ihrem tiefsten Wesen nach dasselbe: Erzeugung einer Gestalt aus dem eigenen Leib, auf der Bewußtseinsstufe des organischen Körpergefühls. Die Tänzerin fühlt sich als schöpferischer Mittelpunkt ihres Gestaltens, allein ihre Gestaltungen sind nicht von Dauer, sie vergehen im selben Augenblick, da sie entstanden sind. Die Gebärerin dagegen bringt Wesen hervor, die fortbestehen und eigenes Dasein gewinnen, allein sie weiß sich nicht als Herrin dieses Erzeugens, sondern sie fühlt, wie eine höhere Macht durch sie hineinwirkt. Darum ist die Tänzerin freudig erregt, während die Gebärerin leidet. Nur bei der kosmischen Macht, deren Wirken auf einer höheren Ebene liegt, kann beides vereinigt sein, Schöpferbewußtsein und Erschaffung eigenbeseelten, fortdauernden Daseins.

Das Mysterium einer Gottheit zeigt immer die innerliche, die dem profanen Blick verborgen bleibenden Seite eines großen Tatbestandes auf. Es deutet uns an, was sich ergibt, wenn von einer der aufzuzeigenden Bewußtseinslagen oder Bewußtseinsstufen aus die *Rückwendung* nach dem Selbste erfolgt.

Wenn demnach Demeter den Menschen als die Macht des leiblichen Lebens, der Fruchtbarkeit, der Verkörperung erscheint, so wird ihnen in der Einweihung in die Mysterien der Demeter die verborgene Kehrseite alles Leiblichen, das Dasein der Seele, zum Bewußtsein gebracht. *Seele, Geburt* und *Wiedergeburt* sind der große geheimnisvolle Zusammenhang, von dem im irdischen Leben unmittelbar nur der eine Teil, die Verkörperung, sichtbar ist.

Durch eine Wandlung des Bewußtseins von der Erlebnismitte nach außen hin wird der Mensch seines Körpers inne. Durch die Einweihung in die Mysterien wird das Bewußtsein zu einer Rückwendung auf sich selbst gebracht, und der Mensch wird des seelischen Ursprungs allen Daseins gewahr.

Und wirklich, schon in der mutterrechtlichen anfänglichen Kultur der Menschen muß es eine Einweihung in diese Rückwendung des Bewußtseins gegeben haben, denn schon dort gab es den *Seelenglauben*, wie die Wissenschaft feststellen konnte.

In den *Eleusinischen Mysterien* erkennen wir eine solche Einweihung, wie sie auf dem Boden der griechischen Hochkultur erwachsen ist, und Teilnehmer an diesen Mysterien aus der antiken Welt berichten uns übereinstimmend, daß sie durch diese Einweihung des Daseins ihrer Seele unmittelbar gewiß wurden.

In den Eleusinischen Mysterien wurde der Kult der großen Mutter und des ihr geweihten Erntefestes mit dem Mythos von Kore und Hades verbunden und im Bilde vom Wandel der Jahreszeiten die Lehre von der Seele, von der Wiedergeburt und vom Kreislauf der Geburten, durch den die Seele hindurchgehen muß, dargetan.

Nur für den Außenstehenden war Kore das Sinnbild der Vegetation, die alljährlich für ein Viertel des Jahres unter die Erde verschwindet, das heißt, daß sie zu ihrem unterweltlichen Gatten zurückkehrt. Für den Eingeweihten aber bedeutet Kore die menschliche Seele selbst, die durch den Tod über die Unterwelt zu neuem Leben geboren wird. Immer aufs neue sterbend und wieder geboren, wiederholt sie den Kreislauf des irdischen Lebens so lange, bis sie ganz gereinigt und geläutert und dadurch würdig ist, in das überirdische Reich ihrer himmlischen Mutter endgültig zurückzukehren.

Durch viele verschiedene, wohl auch hypnotische Mittel wurde der Einzuweihende den Weg, den die Seele nach dem Tode zu gehen hat, geführt, wurde ihm die Reihe der Geburten gezeigt, durch die er hindurchzugehen habe, und die Erlösung gewiesen, die er anstreben müsse und die darin bestand, daß er durch Reinigung und Läuterung des ewigen Wesens der eigenen Seele innewerden sollte.

Für den Außenstehenden aber war und blieb Demeter die Göttin der leiblichen Fruchtbarkeit. Darum hat, gleich allen göttlichen Gestalten, die auf den Stufen der Wandlung des Bewußtseins und nicht der Rückwendung stehen, auch *Demeter* ihr Antlitz der Erde zugewendet und also auch der Unterwelt und hat dadurch einen Zug, der ins Dämonische weist. Freilich hat ihr Bewußtsein und das jeder kosmischen Macht noch andere Stufen als die, die das menschliche Bewußtsein umfaßt. Denn gerade das, was dem menschlichen Bewußtsein fremd und unerreichbar bleibt, hier also die Entstehung des vom Lebensgefühl durchpulsten organischen Leibes, das ist in die bewußte Gewalt der kosmischen Macht gegeben.

Die eine bestimmte Bewußtseinsstufe aber, die für die Göttin die vorherrschende ist, die der lebendigen organischen Leiblichkeit und des leiblichen Gefühles, diese vor allen hat der Mensch mit ihr gemeinsam. Und alle Menschen, bei denen auch diese Stufe die vorherrschende in ihren Bewußtseinen ist und dadurch die eigentliche Wirklichkeit für sie darstellt, bilden darum mit ihr einen *Typus*. Dies heißt nicht, daß diese Menschen und Schicksale wie Teile dieser kosmischen Macht anzusehen sind, noch auch, daß sie diese Macht verkörpern und auf der menschlichen Ebene darstellen sollen. Nein, denn jeder einzelne Mensch ist eine Wesenheit für sich. Aber diese Menschen sind ihrer Natur nach jener göttlichen Macht verwandt wie keiner anderen, und sie leben mit ihr wie *einer* Welt.

Darum ist diesen Menschen auch eine Gemeinsamkeit in ihren Schicksalen eigen, und ihr Schicksal ist verwandt mit dem der Göttin. Es ist bestimmt durch den organischen Kreislauf alles Lebens.

Nach dem Weltgesetz des organischen Kreislaufs steht Demeter in diametralem Gegensatz zu *Kronos* (Saturn), dem Gott der Zeiten. Kronos verschlingt nach dem griechischen Mythos seine Kinder. Demeter also setzt die Kinder in die Welt, Kronos aber holt sie daraus heraus. Sie führt in das irdische Leben und Leibsein hinein, er aber führt zum Absterben für das Leben, zum irdischen Tod. Sie führt zur äußeren Gestalt, er zur Verinnerlichung. Sie führt zum Lebensgenuß, zur Lebensfülle, er zur Beschränkung des Lebens, zur Askese. Die Gefahr, die von Demeter ausgehen kann, liegt in der Überfülle, im *chaotischen Wuchern*, wie es die Vegetation zuweilen zeigt; die, welche von Kronos ausgeht, liegt in der Verknöcherung, der Einengung, der Vereisung alles Lebens.

Da aber alle organische Gestaltung schließlich im Tode endigt, so mündet das Reich der Demeter in das des Kronos, und es bedeutet die Heraufkunft des Reiches des Vaters Kronos oder Saturn das Ende des Reiches der Mutter Demeter.

Diese göttliche, kosmische Macht, die wir hinter all den Mythen von der Magna mater ahnen, hat verschieden Spiegelungen im menschlichen Lebenskreis gefunden. Wir sehen sie zunächst in den göttlichen Gestalten, die der Mythos bei den verschiedenen Völkern gebildet hat.

Als die am stärksten ausgeprägte davon erscheint uns die *griechische Göttin Demeter*, die, ihre geliebte Tochter Kore suchend, auch in die Menschenwelt herabsteigt, menschliche Gestalt annehmend. Nachdem sie von dem Raub der Kore durch Hades vernommen hat, der mit Willen und Wissen von Kores Vater Zeus geschehen ist, stößt sie den Fluch der Unfruchtbarkeit über die Erde aus und beschließt, nicht eher in den Himmel zurückzukehren, als bis sie ihre Tochter wiedergesehen habe. In Gestalt einer alten Bettlerin gelangt sie, an Göttern und Menschen verzweifelnd, nach Eleusis. Allein sie wird dort von der Königin Metanira und deren Töchter so liebevoll aufgenommen, daß sie nicht anders kann, als ihrem innersten Wesen zu gehorchen und Eleusis auszunehmen, welche die Folge ihres Fluches war, und dort Segen und Fülle zu verbreiten.

Von allen Göttern gebeten, daß sie den Fluch der Unfruchtbarkeit wieder von der Erde nehmen solle, willigt sie in den von Zeus vorgeschlagenen Vertrag ein, nach dem Kore drei Viertel des Jahres in der Oberwelt bei der Mutter, ein Viertel aber in der Unterwelt bei Hades verbringen soll.

Gleichviel nun, ob dieser Mythos so ausgelegt wurde, daß Kore die symbolische Verkörperung der Vegetation darstelle, die durch drei Jahreszeiten hindurch die Erde blühen und fruchten macht, in der vierten, im Winter, aber unter der Erde verschwindet, wie ihn die Volksreligion deutete, oder ob er die tiefere Bedeutung erhielt, die ihm die Mysterienlehre unterschob, nämlich die von der Wanderung der Seele nach dem Tode durch die Gefilde der Unterwelt zu neuer Verkörperung – in beiden Deutungen ist das Gesetz alles Lebendigen ausgesprochen, *der Kreislauf alles Lebens von der Geburt zum Tode* und zu neuem Erblühen.

Der Mutter Demeter Einwilligung in den ihr von Zeus vorgeschlagenen Vertrag bedeutet die Anerkennung dieses Weltengesetzes durch die Göttin. Durch dieses Gesetz alles Lebendigen gewinnt sie selbst eine geheimnisvolle Beziehung zum Tode. Sie ist umwittert von einem Hauch der Verwesung. Und von der Verwesung lebt ja auch alles Pflanzliche, das ihr untersteht.

Zu ihr gehört das Symbol vom Samenkorn, das in den Boden versenkt wird, stirbt und aus der Erde wieder aufersteht zu neuem Wachstum und Leben. Darum sind ihr auch die fruchtenden Gewässer heilig. Darum ist ihr unter den Zeichen des Tierkreises ein Wasserzeichen gewidmet, der Krebs, darum ist sie als Mondgöttin-Mutter mit dem Mond verwandt, der mit seinem periodischen Zu- und Abnehmen den Rhythmus des organischen Lebens beherrscht.

In das organische Kleid, den Leib, das Demeter der Kreatur schafft, ist kraft dieses Weltengesetzes das Schicksal dieser mit hineingewebt. Deshalb sind auch die *Parzen* ihre besonderen Helferinnen, die des Menschen und aller Kreatur Schicksal weben und beenden, indem sie den gesponnenen Faden durchschneiden. Auf menschlicher Ebene aber sind es die häuslichen Mägde, die der Mutter des Hauses unterstehen und unter ihrer Anleitung weben.

Die älteste Ausprägung der göttlichen Urmutter freilich ist nicht Demeter, sondern die uralte *Gaia*, die Erzeugerin des Göttergeschlechts und der Kyklopen und Titanen. Aber ihre Gestalt erscheint im griechischen Mythos durch die menschlicheren Göttergestalten der späteren Zeit in den Hintergrund gedrängt.

Vielleicht aus noch älteren Zeiten stammend als sie ist die göttliche Urmutter des indischen Mythenkreises, die indische Göttin *Maya*. Entstanden aus dem Urgott, ist sie die eigentliche Erzeugerin aller Wesen, die Demiurgin der indischen Götterwelt.

Sie schafft aber die Wesen durch *Weben*. Gleich einer riesigen Spinne erzeugt sie weben fort und fort den Stoff des

Weltalls. Das Gewand, das sie umhüllt, ist ein wunderbarer Schleier. In den sind alle Gestalten der Wesen mit hineingewoben. Aus diesem Schleier lösen sie sich wie vereinzelt heraus, bleiben aber dennoch ständig in ihn gehüllt, solange sie sich in dieser Welt des Scheines bewegen. Das Weben erscheint also auch hier als die den Leib schaffende, die Seele in die Erscheinung einhüllende Tätigkeit.

Auch schon bei den Sumerern, den Vorläufern der alten Babylonier, im 6. Jahrtausend vor Christus, gibt es eine Gottheit der Großen Mutter, *Inin* genannt, deren Wesenheit später mit dem der Ischtar, der Liebesgöttin, verschmolzen ist. Auf den Plastiken dieser Göttin, die in Uruk ausgegraben wurden, kann man bereits den eigentümlich resignierten Zug um den Mund erkennen, der allen Bildern der Großen Mutter seit undenklichen Zeiten wesentlich ist.

Als das Rätselwesen der Sphinx erscheint *Demeter* in der altägyptischen Religion, in der ganzen Wucht ihrer Bedeutung für das irdische Dasein. In Ägypten, wo sich mutterrechtliche Lebensformen auch in den Zeiten der Hochkultur erhalten haben und in die spätere Rechtsbildung eingegangen sind, mußte sie als übermächtige Wesenheit erscheinen. Als Sphinx ist sie diejenige, mit der viele andere Kräfte des Tierkreises verbunden sind: Stier und Löwe, Adler und Jungfrau. Diesen Zeichen entsprechen jene göttlichen Wesen, mit denen Demeter auch in den Eleusinischen Mysterien vereinigt wird.

Das Rätsel aber, das die Sphinx den Menschen zu lösen aufgibt, ist kein anderes als das des Lebens selbst und seiner Gebundenheit an die leibliche Form, also dasselbe Rätsel, das auch Demeter den Menschen aufgibt, indem sie sie in die Verkörperung bringt. Wehe uns, wenn wir es nicht lösen können, dann verwandelt sich die Sphinx in ein Ungeheuer, das uns zerreißt und vernichtet. Das bedeutet aber, wir sind dem Tode anheimgegeben, wenn wir das Rätsel des Lebens nicht zu lösen vermochten.

Noch viele einzelne Gestalten der Großen Mutter müßten wir hier anführen, wenn wir alle aufzählen wollten. Es gibt wohl kein Volk im Orient und Okzident, das in seinem Göttermythos eine solche Gestalt vermissen ließe. Aber sie weist überall die gleichen Züge auf.

In der späteren Zeit sehen wir eine weitere Spiegelung der großen kosmischen Macht der Demeter, jetzt schon auf rein menschlicher Ebene: *Maria*, die Mutter des Erlösers. Freilich spiegeln sich in ihr zugleich drei verschiedene Urtypen, denen auch drei verschiedene Bewußtseinsstufen entsprechen, je nachdem Maria als die Mutter Jesu, als Jungfrau oder als Himmelskönigin verehrt wird.

Betrachten wir ihr Schicksal, das sie als Mutter des Heilands hat, so ist es wieder das gleiche, das aller Mutterschaft beschieden ist, nur daß es hier noch eine besondere Wendung erhält. Auch Maria verliert ihr Kind an die Welt, in der es den Tod erleidet, den bittersten sogar, der denkbar ist. Auch sie sucht, nachdem einige Zeit vergangen ist, den Leichnam des Sohnes in der wieder geöffneten Grabkammer, wie es einst die Frauen des mutterrechtlichen Zeitalters taten. Indem sie den Toten wieder ausgruben, glaubten sie ihn vielleicht wieder lebendig machen zu können. So schufen sie einst den Totenkult.

Maria freilich findet den Leichnam des Sohnes nicht mehr im Grabe vor, sondern erhält die Botschaft seiner Auferstehung. So ist hier mit dem Mythos zugleich das Mysterium verbunden, das von der Wiederverkörperung der Seele nach dem Tod und der Wanderung durch die Unterwelt, die ja auch Jesus vollzieht. Darum wird Maria auch immer auf dem Mond stehend dargestellt.

Dies bedeutet die höchste Erfüllung, die wohl je einer mütterlichen Sehnsucht zuteil geworden ist. Und bald nach der frohen Botschaft erscheint Jesus seiner Mutter ja auch selbst. Es ist im Grunde das gleiche Geschehen, wie wenn Kore aus dem Reich des Hades emporsteigt und die Oberwelt wieder betritt.

23

Und doch handelt es sich hier noch um etwas wesentliche anderes. Denn die Auferstehung Christi bedeutet nicht nur, wie die der Kore, die Wiederkehr der himmlischen Seele zu neuer Verkörperung, sondern die Wiedergeburt erfolgt hier auf einer anderen als der ursprünglichen Seinsebene. Hier wird ein Mensch in die göttliche Sphäre hinaufgehoben und der Beweis erbracht, daß dies möglich ist. Darum liegt in der Auferstehung Christi etwas Triumphales, das wir bei der Wiederkehr der Kore nicht in gleicher Weise finden. Da die Erhöhung der Seinsstufe bei der Auferstehung Christi von der menschlichen Bewußtseinsebene aus stattfindet, lag darin für die ganze Menschheit eine unermeßliche Verheißung. Bei Demeter und Kore aber spielt sich alles von vornherein auf einer übermenschlichen, nämlich der göttlichen Bewußtseinslage ab. Die Auferstehung Christi zeigt uns eine Einweihung, durch die die erstrebte Erlösung wirklich gelungen und ihre Möglichkeit darum bewiesen erscheint.

Maria ist also zunächst eine menschliche Seele, und als solche befindet sie sich auch im Zustand einer inneren Entwicklung. Diese wird dadurch gefördert, daß sie voll Sehnsucht nach dem Göttlichen ist, was in ihrer Frömmigkeit zum Ausdruck kommt. Die Erfüllung dieser Sehnsucht wird ihr in der Verkündigung zuteil, durch die sie zur Mutter des Erlösers ausersehen wird. In seinem Schicksal vollzieht sich dann auch ihr tragisches Muttergeschick durch den furchtbaren Tod des Sohnes und danach ihre Erhöhung durch seine Auferstehung vom Tode.

Kein menschliches Schicksal hat je eindeutiger und vollkommener die Tragik des mütterlichen Wesens widergespiegelt als das ihre. Und doch vollzieht es sich nicht mehr allein aus der Lebensform des nur mütterlichen Menschen, erwächst nicht mehr eindeutig aus der Bewußtseinsstufe des organischen leiblichen Spürens und Wachsens und Mitlebens, sondern ist schon wesentlich beeinflußt durch das Mitschwingen der religiösen Tiefenschichte, die, indem sie

ständig erstrebt wird, als eine zweite, ebenso bedeutungs-
volle Bewußtseinslage zu der ersten hinzutritt.

Dies Hinzutreten einer zweiten Bewußtseinsstufe, die
beinahe oder ebensosehr im Zentrum der Aufmerksamkeit
steht wie die erste, ist nicht nur bei Maria, sondern auch bei
Jesus der Fall. Es bedeutet dies eine eigenartige Nachinnen-
wendung, die den ursprünglich nach außen orientierten
Typus des mütterlichen Wesens umkehrt und zu einem
rückgewendeten, der Innerlichkeit zugekehrten macht.
Darum unterscheidet sich auch Jesus so wesentlich von
dem ursprünglichen Prinzip des Sonnensohnes, das ihm als
Sohn seiner Mutter entsprechen müßte. Durch diese hinzu-
tretende zweite Bewußtseinsstufe wird das ganze Leben
und Geschehen um Maria und Jesus in jenes eigentümliche
mystische Licht getaucht, das für die ganze christliche Kultur bestimmend wurde, das mystische Licht der Bewußtseinsstufe der All-Liebe.

Eine vierte Spiegelung des Demeterwesens ist *Jokaste*,
die Mutter des Ödipus. Hier erscheint das Mutterschicksal
wieder in einer besonderen Umwandlung. Der Sohn ist der
Mutter bald nach der Geburt geraubt und in der Wildnis
ausgesetzt worden. Darum kann sie ihn nicht in der Welt
suchen. Aber die unterbewußte Verbundenheit zwischen
Mutter und Sohn bleibt dennoch bestehen. Und aus dieser
gefühlsmäßigen Verbundenheit gleichsam entsteht eine
neue andere Vereinigung zwischen ihnen, nachdem der ge-
rettete Sohn als erwachsener Mensch, unerkannt, der Mutter wieder gegenübertritt.

Ödipus hat die Rätsel der *Sphinx* erraten und Theben
dadurch von dem Ungeheuer befreit. Dafür erhält er die
Hand der verwitweten Mutter und Königin. Aber Jokaste
und die Sphinx sind dasselbe Wesen. Die Sphinx ist nur
eine andere Gestalt der von dem Sohn gesuchten Mutter,
nämlich jene, die ihn vor dem Inzest schützt. Indem er jene
vernichtet, tritt die Mutter in der Gestalt einer begehrens-
werten Frau für ihn in Erscheinung.

Da die Mutter das ausgesetzte Kind nicht suchen und retten konnte, muß der Sohn die Mutter suchen, auch ohne selbst darum zu wissen. Und die geborene Seele, die nach dem Weltgesetz der Verkörperung den Weg zur Mutter zurück nur über den Tod finden kann, findet hier einen Weg zu ihr, der zu schauervollen Verkehrung aller Gesetze des Lebens führt, weil sie das große Weltgesetz des Kreislaufes zu durchbrechen, zu umgehen, den Kreislauf gleichsam abzukürzen, die Pforte des Todes zu vermeiden gesucht hatte.

Nach der Erkenntnis des grauenvollen Irrtums verwandelt sich für Ödipus die Mutter wieder in die Sphinx, deren Rätsel er gelöst zu haben glaubte, deren Rätsel er aber in Wirklichkeit nicht durchschaut hat. Sondern genarrt von ihm steht er wieder vor dem Ungeheuer. Erblinden muß sein geistiges Auge vor dieser Verstrickung des Schicksals, vor dieser schaudervollen Verflechtung von Wissen und Nichtwissen.

Eine fünfte Spiegelung des Demeterwesens erkennen wir in *Medea* nun schon ganz in vermenschlichter Form. Medea ist die Mutter, die ihre Kinder nicht von sich in die Welt entlassen will, welche ihr fremd und schlecht erscheint. Um jeden Preis will sie sie bei sich behalten. Zwar gelingt ihr dies. Nicht werden ihre Kinder in der ihr so fremden Welt leben und sterben müssen. Aber dem Weltgesetz der Verkörperung den Tribut bezahlend, muß sie ihnen mit eigener Hand den Tod geben.

Eine sechste Spiegelung sehen wir in *Niobe*. Sie hat so viele und so herrliche Kinder geboren, daß sie wohl glaubt, das Gesetz des Todes überwunden zu haben und ihr ahnungsloser Stolz die Götter beleidigt. Je mehr Leben aber eine Mutter erzeugt hat, auf desto mehr Tod muß sie gefaßt sein. Und wirklich, alle ihre Kinder sterben vor ihren Augen dahin, von den tödlichen Pfeilen Apollos getroffen. So wird der Verzweifelnden die Macht des Weltgesetzes bewiesen.

Eine siebente Spiegelung können wir in dem tragischen Schicksal der *heldischen Mütter* von Sparta und Rom erfassen, die ihre Söhne lieber tot als ruhmlos aus dem Krieg heimkehren sehen. Allein diese stehen schon an der Grenze des Demetertypus. Denn bei ihnen ist bereits eine andere Schichte des Bewußtseins in den Vordergrund getreten und hat die der organisch lebendigen Leiblichkeit und leiblichen Verbundenheit mit dem Kind an die zweite Stelle treten lassen, nämlich die ihr folgende der dinglichen oder gegenständlichen Erfassung der Wirklichkeit.

Diese Frauen stehen schon gleichsam an der Wende des mutterrechtlichen zum vaterrechtlichen Zeitalter, und ihre weibliche Natur hat sich hier einem anderen Prinzip gebeugt.

Eine ins *Männliche* gewendete Form der Spiegelung, also ein Vaterschicksal, stellt die Parabel vom *verlorenen Sohn* dar. Aber auch hier ist schon eine Verschiebung der ganzen Bewußtseinslage Voraussetzung. Denn wohl kehrt auch der Sohn, wie Kore, aus einer Unterwelt, der Welt des Unrechts und der Sünde, in das Vaterhaus zurück. Aber die Welt des Vaters ist eine andere als die der Mutter. Es ist eine Welt des Rechtes. Dahin zurückzukehren ist kein Frevel, sondern naturgemäß und gut. Aber in die Welt der Mutter kann der Sohn nicht zurückkehren, es sei denn als Sterbender.

Im menschlichen Lebenskreis ist jede Frau, sofern sie *Mutter* ist und das Mütterliche in ihr vorherrscht, eine Spiegelung der Demeter.

Sie ist stets der Mittelpunkt der seßhaften Lebensform. Diese umfaßt das Haus und die nächstumliegenden Grundstücke. Denn diese Lebensform steht zu der organischen Entstehung des Kindes in unmittelbarer Entsprechung. Darum ist auch in der Bauernwirtschaft die Bäuerin, sofern sie das Haus betreut und alles, was damit zusammenhängt, die anerkanntermaßen wichtigere Persönlichkeit als selbst der Bauer, wenn sich die rechtlichen Verhältnisse auch zu ihren Ungunsten verwandelt haben.

Die Frau, die ein Haus verwaltet, als Bäuerin, Landwirtin oder Wirtin, die Frau, welche Mutter einer Großfamilie ist, die Frau, welche Vorsteherin eines Pensionates, Krankenhauses oder Klosters ist, sie ist meistens unter den mütterlichen Typus zu rechnen, und es bleiben ihr immer Herrenrechte bewahrt, auch wenn diese im öffentlichen Recht nicht zum Ausdruck kommen. Sie fallen ihr zu, weil es in der Natur ihres Wirkens liegt und ihre organisch aufbauende Kräfte ihr so eigentümlich sind, daß sie durch andere nicht ersetzt werden können.

Im Wesen des *Menschen* liegt es, daß jede Gestaltung, die es annimmt, zu einer *Problematik* führt. Jede Durchbildung zu einem Typus schließt auch die Möglichkeit der *Einseitigkeit* in sich. Betonung einer bestimmten Bewußtseinsstufe kann zur Verdrängung, ja Auflösung anderer führen.

Bei dem mütterlichen Typus entsteht nun, wenn die Kräfte des organischen Wachstums dominierend werden, die Gefahr chaotischen Wucherns und weiterhin der Verlust des Ichs. Und wirklich, die Gefahr der mütterlichen Frau ist es, *ichlos* zu werden.

Das Lebensgebiet, auf das sich der wuchernde Überfluß ergießt, ist beschränkt. Darum beginnt die Form zu zerrinnen, Formlosigkeit entsteht. Die Form der leiblichen Erscheinung einer solchen Frau geht auseinander. Die typische Krankheit der organischen Überwucherung ist der Krebs. Oder es entsteht übergroße, schädliche Sorge, Anhangen an das Kind, Aufgehen in körperlichen Zuständen, Affenliebe.

Dieser Verlust des Ichs und damit der Persönlichkeit und die Zerstörung der höheren Bewußtseinskräfte, das ist das *Böse*, zu Fürchtende, das aus dem mütterlichen Wesen hervorgeht, obwohl es ursprünglich die natürlichste Form der Liebe, nur Reichtum und Fülle war.

Es liegen also schon im mütterlichen Typus des Menschen große Spannungen, die zum Konflikt und damit zu einer Höherentwicklung oder zum Untergang führen. Das Bewußtsein der Göttin Demeter ist über diese menschlichen Spannungen freilich erhaben und es umfaßt ja auch den ganzen Kreislauf des Lebens, die Nachtseite ebensosehr wie die Tagseite. In diesem Kreislauf hat die Göttin den Rhythmus ihres Lebens. In ihm kehrt sie in ewig erneuter Welle zu sich selbst zurück. Sie ist eine *astrale* Gestalt.

Aber das menschliche Bewußtsein reicht nur über die eine Hälfte dieses Kreislaufs und kann sich die andere nur durch große Anstrengung erobern. Die menschliche Mutter ist eben eine *irdische* Gestalt.

So wie nun Demeter immer aus der astralen Welt zur irdischen herabsteigen muß, wenn sie sich der Verkörperung nähert, so hat auch die menschlich-mütterliche Frau stets das Gefühl, aus einer besseren Welt gekommen zu sein, als die ist, in die sie ihre Kinder eintreten sieht.

Darum ist ihr Blick eher der Vergangenheit zugewendet als der Zukunft, und dies bringt sie dazu, im menschlichen Lebenskreis zur Hüterin der *Tradition* zu werden. Sie ist dadurch auch wieder gleichsam eine Rückwärtsschreitende, wie es das Sinnbild des Krebses andeutet.

In der Tradition sieht die mütterliche Frau darum oft den Maßstab ihrer Persönlichkeit. Sie verkörpert noch die ältere und für ihr Empfinden bessere Welt. Das hat auch insoferne seine Berechtigung, als die menschliche Welt ja wirklich im Sinne der Wandlung des Bewußtseins fortschreitet und sich also auf jeden Fall verändert. Ob im Sinne einer Vervollkommnung oder einer Verschlechterung, das ist Ansichtssache des Einzelnen. Die Welt, in welche die Mutter ihre Kinder eintreten sieht, ist auf jeden Fall eine *andere*, als es *die* ihrige war.

Die Wahrung der Tradition aber ist eine Kraft, welche der mütterlichen Frau hilft, die Beschränkung des Bewußtseins auf das Nur-Organische hintanzuhalten. Denn es ist ein Kampf, in den die Frau eintritt, der sich in den Spannungen zwischen der Welt der älteren und der jüngeren

Generation auswirkt. Um diesen Kampf zu bestehen, muß sie aber alle ihre Bewußtseinskräfte aufwecken, und eben dadurch wird sie dazu gebracht, ihre Persönlichkeit auszubilden und ihr Ich zu bewahren.

Daraus ergeben sich nun mehrere *Entwicklungsphasen* des mütterlich weiblichen Typus.

Als die erste davon erscheint uns die Frau des *natürlichen Mutterberufes*. Aus dieser Stufe befindet sich auch gegenwärtig die große Mehrzahl aller mütterlichen Frauen sowie auch die Frauen der Primitivkulturen. Denn nicht nur in den Hochkulturen, sondern auch in den primitiven, gibt es jeweils eine bestimmte Lebensform, welche die Tradition bildet und die als solche überliefert wird. In der Regel gehört auch die Bäuerin hierher, denn bei dem Bauernstand, der durch Jahrhunderte und Jahrtausende fast unverändert derselbe bleibt, ist die Wahrung der überlieferten Lebensform eine besonders große Macht.

Die Frauen dieser Entwicklungsphase sehen das Mutterschicksal als etwas Unausweichliches an. Sie machen in keiner Weise den Versuch, darüber hinauszugelangen oder aus eigenen Kräften es zu wenden. Die Lebensstimmung, in der sie sich, besonders im späteren Alter, befinden, hat darum etwas Resignierendes. Und das um so mehr in noch primitiveren Zuständen, als durch den geringeren Lebensschutz hier noch häufiger der Umstand eintritt, daß sie ihre Kinder vor sich hinsterben sehen. Die Gefahren, die das gezeugte Leben bedrohen, sind groß. Nur zu oft muß die Mutter erfahren, daß die Schmerzen und Kümmernisse, mit denen sie die Kinder geboren und aufgezogen hat, umsonst waren.

Es liegt in dem Blick solcher Frauen etwas traurig Fragendes. Er scheint zu sagen: Wozu war denn das alles, was ich geschaffen und getan habe? Nun sind die Kinder dahin und mir ist nichts von allem zurückgeblieben!

Die *schwarze Madonna*, deren Bild uns in den östlichen Darstellungen der mütterlichen Frau so oft entgegentritt, zeigt uns diesen Typus auf.

Als zweite Entwicklungsphase des mütterlichen Typus erscheint uns die *Mutter* eines *Helden*, das heißt eine Frau, die einen besonderen Menschen geboren hat und dies mit vollem Bewußtsein, und die nun das Schicksal dieses Menschen mit erlebt und erleidet.

Wir haben viele Beispiele solcher Frauen im Mythos und in der Geschichte, von den Müttern der Heroen bis zu denen der Genies.

Die höchste Stufe dieses Typus ist die Mutter des Erlösers, die Madonna, die von Anbeginn an wußte, daß sie den Heiland gebären würde, und auch wußte, daß am Ende seines Lebens das Kreuz steht. Wir nennen ihr zu Ehren diese Stufe die *blaue Madonna*, weil sie immer mit dem blauen Mantel dargestellt wird. Das bedeutet die weltweite Größe, die sie auszeichnet. Denn eine Frau, die das Schicksal ihres großen Sohnes mit erleiden will, muß auch imstande sein, die Größe seines Bewußtseins zu erfassen, das heißt aber, sie kann nicht nur von dem Kind und der Liebe zu ihm erfüllt sein, sondern sie muß die ganze Welt mit umschließen, und ihre Liebe darf nicht nur dem eigenen Kind gelten, sondern der Menschheit.

Die dritte Entwicklungsphase des mütterlichen Typus erkennen wir in der *Mutter* als *Eigenpersönlichkeit*. Es ist die Frau, welche selbst eingreifen will, um die Welt für ihre Kinder und schließlich auf für alle Menschen zum Guten umzuwandeln.

Das ist die Frau, welche zur Seele des Hauses und der Familie und zu deren geistigen Führerin wird. Alle mutterrechtlichen Bildungen der primitiven und der Hochkulturen sind von ihr ausgegangen. Sie bringt die Seele jeder Kultur in die Gestaltung, indem sie den Geist des Hauses, der Burg und der Stadt erschafft, als Gegengewicht gegen die ständig lebendigen Expansivkräfte des Mannes.

Wir wollen diese Stufe des mütterlichen Typus die *weiße Madonna* nennen, um damit das Licht zu symbolisieren, das sie in das Leben der Menschen bringt.

Freilich muß die Frau, um dieses Stadium zu erreichen, aus ihrer in sich geschlossenen Eingesponnenheit einigermaßen heraustreten und viele andere Bewußtseinskräfte über die ihr ursprünglich eigensten hinaus entwickeln. Darum ist sie auch kein ganz eindeutiger Demetertypus mehr, denn nur die Göttin vermag alle Bewußtseinsstufen zu beherrschen und gleichzeitig ihrem eigensten Wesen ganz treu zu bleiben.

Daß alle diese Muttergestalten ins *Tragische* hineinwachsen, zeigt die enge Todverbundenheit an, die allen gemeinsam ist. Was für die göttliche Gestalt in höchstem Maße gilt, das zeigt sich bei jeder einzelnen der menschlichen Spiegelungen in der ihr entsprechenden Form. Weil diesen Schicksalen aber letzten Endes eine metaphysische Notwendigkeit zugrunde liegt und durch sie hindurchschimmert, ist ihnen die Größe eigen, die sie zum Tragischen erhebt.

Die wirklich menschliche Tragödie entsteht freilich erst dort, wo der Kampf um das Ich in Erscheinung tritt. In ihm ergeben sich erst die Spannungen, die das Geschehen weitertreiben.

Die göttliche Gestalt ist über diesen Kampf schon wieder erhaben. Der Kampf, der sich in ihrem Bewußtsein abspiegeln mag, geht um die Anerkennung eines Weltgesetzes, das sie in seiner ganzen Auswirkung durchschaut. Die menschliche Frau jedoch und der Mensch überhaupt kämpft um sein Ich, weil dieses Ich zu erkennen seine wesentliche Aufgabe ist.

Denn da dem Menschen nur die eine Hälfte des großen Kreislaufes alles Lebens beleuchtet ist, kann er sein eigenes Ich nicht ganz erfassen und muß es sich erkämpfen. In dem Maße, als dieser Kampf fortschreitet, werden ihm allmählich auch die Umrisse oder Teile des nicht beleuchteten Bogens des Lebenskreises bewußt. Wenn also für den mütterlich-weiblichen Typus auch immer jene Stufe der Wandlung des Bewußtseins Ziel und Ende seines Lebens bleibt, welche wir die des lebens-organischen Körpers nennen, so entsteht doch jeweils ein ganz anderer Einzelmensch aus ihm, je nachdem wie weit auch die anderen Stufen des Bewußtseins ausgebildet sind.

Demnach kann die höchste Gestalt der menschlichen Mutter nur die sein, welche alle Stufen, auch die der *Tiefenschichtung*, ihn ihrem Bewußtsein umfaßt.

Gelangt sie so weit, dann wird sie der Göttin Demeter am ähnlichsten sein.

DER SONNENSOHN
HELIOS-APOLLO

DIE DER MUTTER NÄCHSTE GESTALT IST DER SOHN.
DAS SCHICKSAL DES SOHNES IST ES, SICH LOSZUREISSEN AUS DER UMHEGENDEN MUTTERWÄRME UND NACH AUSSEN ZU STÜRZEN, IM GEHEIMEN ABER SICH ZURÜCKZUSEHNEN NACH DEM URSPRUNG.
DAS IST DAS MENSCHLICHE SOHNESSCHICKSAL.

Durch jeden Menschensohn aber waltet eine kosmische Macht. Sie bringt es zustande, daß Leben nicht nur ein Ruhen und Strömen im eigenen bleibt, sondern daß es sich von sich weg nach außen wendet, wo ihm ein anderes, ein zweites entgegentritt, das nicht mehr es selbst ist. Ein Gegenstand wird ihm so bewußt. Aus den Empfindungen seines eigenen Leibes gebildet, löst er sich dennoch von ihm ab und steht ihm nun drohend gegenüber. Da er in den Empfindungen des eigenen Leibes besteht, scheint er ja zunächst ein Geschöpf des Menschen selber zu sein, ähnlich wie das geborene Kind. Aber nicht gleich diesem fügt sich der Gegenstand in die organischen Lebensströme ein, sondern zeigt ein von ihnen oft ganz abweichendes Wesen. Oft auch erregt er am Leibe die schmerzhaftesten Empfindungen oder trifft die menschliche Gestalt in vernichtender Weise. Darum erfaßt der Mensch wohl den Gegenstand mit den sensiblen Werkzeugen seines eigenen Leibes und fühlt sich ihrer mächtig, aber dennoch bemerkt er zugleich in dem Gegenstand das Walten einer ihm überlegenen Macht, ohne deren Hilfe er es nicht vermöchte, den Gegenstand zu erfassen, denn er weiß ja nicht, wie es geschieht, daß mit Hilfe seiner Sinneswerkzeuge das Gesehene, das Wahrgenommene als Gegenstand vor ihm erscheint.

Da der Gegenstand anders ist in seiner Kräfteausstrahlung als das Kind und alles Geborene, aus dem Leibe Stammende, muß auch der Mensch den Gegenstand anders behandeln, als er mit dem Geborenen umgeht. Er schiebt ihn von sich weg, er zieht ihn an sich heran. Er bemerkt, daß er ihn verändern, bearbeiten, umformen kann. Seine ganze Einstellung ist darauf gerichtet, den Gegenstand in seiner Kräfteausstrahlung zu erfassen und sich in seiner Behandlung ihm anzupassen.

Diese Einstellung ist für den auf das Gegenständliche gerichteten Menschen typisch. Dieses Den-Gegenstand-Wahrnehmen, -Erforschen, -Umformen, -Bearbeiten ist für ihn die wesenhafteste Stufe seiner Bewußtheit, auf die sich alles bezieht. Der Endpunkt dieser Entwicklung aber ist, daß er auch den anderen Menschen nicht mehr als einen Geborenen empfindet, sondern gleichfalls als einen Gegenstand ansieht und behandelt, insbesondere dann, wenn er ihm feindlich gegenübertritt.

Die kosmische Macht aber, die das Seiende als Gegenstand in Erscheinung treten läßt, ist die Macht der *Vergegenständlichung*.

Es ist ein schaffendes Wesen da, das beim Schauen und Wahrnehmen alles Geschauten und Wahrgenommenen auf der Erde schöpferisch waltend eingreift, um dem Suchen, das sich aus dem Innern nach außen gewendet hat, ein Etwas entgegenzubringen, das es finde, ein Wesen, welches mit sanfter Gewalt in den Bewußtseinen der Menschensöhne die Wandlung zur Innewerdung der Gegenstände erzwingt.

In die Macht dieses kosmisch-sohnhaftes Wesens sind alle Seelen gegeben, deren Sein sich zum Erschauen der sichtbaren, wahrnehmbaren Gegenstände durchringen will, deren Bewußtseine in die bestimmte irdische Form der Wandlung zur Innewerdung der sichtbaren, wahrnehmbaren Gegenstände eingehen sollen.

Wir heißen dieses Wesen HELIOS-APOLLO.

Helios bedeutet Sonnengott, Apollo bedeutet Sehergott. Und wie Sonne und Sehen eines Wesens sind und untrennbar zusammengehören für den Menschen, so sind auch

Helios und Apollo als Gott oder kosmische Macht derselbe, Einer. Darum wurden auch der Sonnen- und der Sehergott bei den Alten zu einem einzigen Gott verschmolzen.

Er waltet nicht nur bei der Entstehung alles Schauens und Geschauten auf Erden, sondern auf allen Wandelsternen des Sonnenkreises. Ja das Sichtbarwerden aller Wandelsterne selbst ist in seine Macht gegeben. Er durchdringt den ganzen Sonnenkreis mit seinen Strahlen, das heißt, er formt ihn in der Art und Stufe seines Bewußtseins zu sichtbarer Erscheinung bis zu den fernsten Bahnen seiner Wandelsterne.

Für den Menschen aber ist er vor allem Herr alles Sichtbar-Erscheinenden innerhalb des irdischen Horizontes.

Wenn ein Mensch durch tiefe Versenkung dieser kosmischen Macht des Helios-Apollo nahezukommen sucht, dann wird sein Schauen selbst zu einer schöpferischen Macht.

Dann begreift er, wieviel von dem Geschauten, das er erfährt, wieviel von der Form, die das Geschauter annimmt, in seine eigene Gewalt gegeben ist, und er wird zu einem Mitschaffenden des großen Gottes.

Aber auch der Gott selber ist nicht ohne Schicksal. Es waltet ein Gesetz auch über ihm, ein Weltengesetz, das in der Vergegenständlichung liegt, das *Gesetz der Vergegenständlichung.*

Darum durchlebt er ein Schicksal, das verwandt ist dem Schicksal des menschlichen Sohnes. Auch Helios-Apollo hat sich aus dem unendlichen Schoße des Weltalls losgerissen und nach außen gestürzt, im geheimen aber sich zurücksehnend nach dem Ursprung. Als einer von den unermeßlich vielen Sternen, als eine unfaßbare Ballung von Energie, durchrast er den Weltenraum. Aber er kann trotz seiner unermeßlichen Kraft den Sturz nach außen nicht vollenden. Ein geheimes Band hält ihn zurück von dem Äußersten; die Sehnsucht, den Ursprung doch wieder zu finden, zwingt ihn in eine Bahn, die sich, wenn auch in großer Entfernung, doch wieder zurückwendet zu ihrem eigenen Ausgang.

Die Bahn, die er nimmt, ist darum keine Gerade, sondern die *Ellipse*, so wie auch die Bahnen aller Wandelsterne, die ihn umkreisen als seine jüngeren Brüder, in elliptischen Kurven sich um ihn bewegen.

So auch entführt alles Wahrnehmen, alles Schauen, das Ich des Schauenden in die Ferne, aus dem eigenen Innern heraus. Aber nicht kann es in die Ferne weiterstürzen, wie weit auch die Kraft seines Blickes reichen mag, von dem Gegenstand, den es erschaut hat, muß es wieder zurück sich kehren und in das eigene Zentrum sinken.

So entreißt sich der Sonnengott, so entreißt sich *Osiris* der ruhigen Heimstatt, bis er im Westen in seine Vernichtung hinabstürzt. Aus ihr aber errettet ihn die Mutter-Schwester-Gattin *Isis*, welche durch die Liebe alle Dinge zu ihrem Ursprung zurückbringt, indem sie ihm freiwillig in die Unterwelt folgt, Isis, die schon im Mutterleib mit ihm vereinigt war. So errettet *Ischtar* den *Marduk*, welcher der babylonische Sonnengott war. So errettet *Ariadne* den *Theseus*, der eine menschliche Spiegelung des Sonnenprinzips ist, aus der Unterwelt des Labyrinths.

Gleich einem menschlichen Manne, der, jegliche Heimstatt verlassend, immer wieder hinausstürzt in die unbekannte Welt, einem unsteten Triebe folgend, so entstürzt der Sonnensohn seinem eigenen Innern und findet, das Empfinden seines eigenen Körpers verlassend, mit der Empfindung gleichsam nach außen langend, das andere, das da ist, den Gegenstand, die Dinge. Er kann auf diesem Wege aus sich heraus aber nicht weiter gelangen; das, was er als sich gegenüberstehend findet, drängt ihn mit unwiderstehlichem Zwang wieder zu sich selbst zurück. Den Blick von außen nun auf sich selbst zurückwendend, erkennt er, daß er auch selber ein solcher Gegenstand, ein Ding, ein Körper ist. Mit dieser Erkenntnis ist aus dem fortstürzenden *Helios* der schauende *Apollo* geworden, der Gott, dessen mystischer Weisheitsspruch lautet: Erkenne dich selbst!

Und während *Helios* immer aufs neue aus sich heraus-
tritt, nachdem er in sich zurückgedrängt worden war,
gleich dem fluchbeladenen Sisyphos, sein Bemühen immer
wieder erneuernd, bleibt *Apollo* bei sich ruhend, in seinem
Körper sich findend, und sendet nur den Blick seines
Auges, des weitschauenden, in die Ferne.

Der Gott muß sich abfinden mit dem Zwang, den das
Gegenständliche ausübt, er erkennt die Notwendigkeit,
daß alles Sein auseinanderfällt in ein Innen und Außen,.die
Notwendigkeit des ständigen Wechsels von Vergegenständlichung und Entgegenständlichung. Der Gegenstand, auf
den er stößt, in einem Sturz nach außen, erweist sich als ein
Drache, ein Ungeheuer, mit dem er wird kämpfen müssen.
So erlegt Apollo die *pythische Schlange*, so kämpften Marduk, Herakles, Siegfried mit dem Unterweltsdrachen. Das
Ziel und Ende seines Dranges nach außen ist Töten, *Töten*
oder *Getötetwerden*. Am Beginn der stürmischen Bahn des
Sonnensohnes steht der drängende Trieb, am Ende die Fin-
sternis; am Beginn steht das triumphierende Schauen, am
Ende das Erblinden. Und jeder Blick, selbst der strahlende
des Gottes, erblindet schließlich an der Ferne.

Darum ist *Helios-Apollo*, auch als kosmische Macht, eine
tragische Gestalt.

Aber das Tragische auf der kosmischen Ebene bedeutet
nicht einen Untergang, sondern einen Zustand, denn das
Sein der kosmischen Mächte vollzieht sich nicht im Ablauf
der Zeiten, der uns Irdischen den Tod bringt, sondern ist
gespeist vom Hauch der Ewigkeiten. Und so vollendet
auch Helios-Apollo nicht in *einem* Kampf, in *einem* Aufstieg und Untergang, in *einem* Schauen und Erblinden sein
Schicksal, sondern er ist in *allem* drängenden Triebe und
gibt ihm das Ziel nach außen, er ist in allem Kampfe, Töten
und Bezwungenwerden, er ist in *allem* Schauen und in
allem Erblinden.

Als den Bringer des *Lichtes* und der *Lichtwelt* und des
heiteren Lebens des Tages haben die Alten darum den Gott

Helios-Apollo verehrt. Und als Bewirker aller sinnlichen Wahrnehmung, die in die Ferne reicht, ist er auch der Gott des von ferne herdringenden *Tones* und damit der *Musik* und des *Gesanges*.

Aber da die Alten in Helios-Apollo zwei Gottheiten zu einer verschmolzen haben, müssen wir auch die Unterscheidung zwischen den beiden machen. Und es entspricht auch jedem der beiden eine andere Form der gleichen Bewußtseinsstufe, indem beim apollinischen Typus gegenüber dem Typus des Sonnengottes eine bestimmte Rückwendung auf sich selbst stattgefunden hat. Daher werden diesen beiden Gottheiten auch zum Teil andere Gaben zugeschrieben.

Auch dem Sonnengott so wie der Großen Mutter entspricht ein bestimmtes Zeitalter im Kulturleben der Menschen. Dieses würde in der Datierung noch vor das Krebszeitalter gesetzt werden müssen, nämlich in jene Zeit, in der der Frühlingspunkt der Sonne im Zeichen des Löwen stand, dem zugleich auch die Sonne zugeordnet wird. Doch sind wir in diesen frühen Zeiten mit der Datierung noch im unklaren. Das Löwenzeitalter muß angesetzt werden in die Zeit von ungefähr 11000 bis 9000 v. Chr. Wohl wissen wir, daß es die Verehrung des Sonnengottes sehr früh gegeben hat, aber die Kenntnis dieser Zeiten ist für uns noch zu ungewiß, um Sicheres darüber aussagen zu können. Die Lebensformen der gleichzeitig mit der mutterrechtlichen Kultur sichtbar werdenden vaterrechtlichen anfänglichen Kulturgestaltung scheinen auf eine solche Einstellung dieser Menschen hinzuweisen. Die vaterrechtliche Kultur, die mit der Großviehzucht zusammenhängt, zeigt den Zug in die Weite und Ferne, die Weiträumigkeit, die durch das Umherziehen der Herden bedingt ist und die dem Sonnenprinzip entspricht.

Das *Löwenzeitalter* der Menschheit dürfte jenes gewesen sein, in dem der Kampf mit den wilden Tieren der Erde den Mittelpunkt des Lebens gebildet hat.

Wie der Löwenkopf, der rund ist und mit einer Mähne wie von Strahlen rund umgeben zum Symbol der *Sonne* geworden ist, so entspricht auch die Art seiner Lebensweise und aller seiner Artgenossen – das Gewahrwerden der Beute und das plötzlich Zuspringen auf sie – der kämpferischen Einstellung wie die keines anderen Wesens. Auch sind die katzenartigen Raubtiere mit dem vorzüglichsten Gesichtssinn ausgestattet, der die gegenständliche Wahrnehmung schon aus großer Ferne ermöglicht.

Und wie die heißen Strahlen der Sonne in der Mittagszeit gleich glühenden Pfeilen auf den Menschen niederprasseln, so war die Hitze der Sonne gleich der Hitze des Kampfes und sie erschien den Menschen selbst als ein Kämpfer und Held. Auch vermochten ihre Pfeile zu töten wie die der Kämpfer, und noch der Gott Apollo führte ihren tödlichen Pfeilschuß.

Die größte Erfindung und Gabe des Löwenzeitalters war darum auch die Erfindung der *Waffe*, war *Schwert* und *Lanze*, *Bogen* und *Pfeil*, mit denen der Mensch Herr über die Tiere der Erde geworden ist.

Die Waffe aber wird in der Hand des auf das Gegenständliche eingestellten Menschen zugleich zum *Werkzeug* überhaupt, in erster Linie zu allen Werkzeugen, mit denen ein Ding geteilt, zerschnitten, getrennt werden kann, also alles, was die Form eines *Messers* aufweist, dann auch die Keule, die Hacke, der Hammer und vor allen der *Pflug*.

Auch die Entfachung und der Gebrauch des *Feuers* muß dem Menschen in diesem Zeitalter aufgegangen sein. Denn alles irdische Feuer stammt ja von der Sonne, und ihre Kräfte gewinnt der, der sie zum Vorbild erwählt.

Die erste typische Ausprägung des göttlichen Sonnensohnes ist also der *Kämpfer* und *Held*. Der faßt seinen Gegner ins Auge, springt auf ihn zu, kämpft mit ihm und tötet ihn. Dieses Handeln zeigt die denkbar schärfste Zuspitzung des Bewußtseins der äußeren Wahrnehmung. Denn wann könnte die äußere Wahrnehmung noch mehr bedeuten und das ganze Bewußtsein erfüllen als im Moment des Kampfes, wo jedes *Versehen* den Tod bringt?

So hängt Wahrnehmen und Töten aufs engste miteinander zusammen, denn Wahrnehmen, Sehen ist Vergegenständlichen und Vergegenständlichen ist Töten.

Denn das Wahrgenommene, das wir nicht mehr mit dem einfühlenden Körperspüren unseres eigenen organischen Lebens erfassen, sondern das uns als ein Fremdes gegenübertritt, in das unser Inneres nicht mehr einfühlend einschwingt, und das uns eben deswegen Gegenstand geworden ist, das *lebt nicht mehr* für unser Bewußtsein, sondern es ist tot, ein toter Gegenstand.

Und da wir absichtlich unser Gefühl davon zurückhalten, mit dem solcherart Wahrgenommenen mitschwingen, so gleicht unsere Haltung ihm gegenüber derjenigen, die wir einnehmen, wenn wir töten. Und wie wären wir auch imstande, die tötende Waffe zu erheben, anders, als indem wir den Gegner, sei er Mensch oder Tier, so anschauen, als ob er nur ein Gegenstand wäre, mit dem eiskalten Blick einer räumlichen und zugleich seelischen Distanzierung!

Welch ein Gegensatz zu der Bewußtseinslage der Mütterlichen! Nie kann der Mutter das Kind zum Gegenstande werden. Aber es gibt Situationen, in denen das Bewußtsein zwischen diesen beiden Gegensätzen tragisch hin und her schwankt.

In einer solchen Verfassung sehen wir den ersten Töter, den Brudermörder *Kain*. Der Neid um das von Gott wohlgefällige aufgenommene Opfer bewirkt in Kain die Distanzierung von seinem Bruder *Abel*. Er wird ihm dadurch zeitweise so fern und fremd, daß er ihn wie eine unliebsame Sache ansieht und wie eine solche schließlich vernichten kann. Aber Kain vermag diese Einstellung nicht dauernd aufrechtzuerhalten. Kaum liegt Abel nun wirklich als toter Körper vor ihm, so fällt er in die frühere Bewußtseinslage des Miterlebens zurück und erkennt nun das Fruchtbare seines Tuns.

Hier liegt ein Urkonflikt der menschlichen Seele deutlich vor unseren Augen. Die Entwicklung der typisch menschlichen Bewußtseinslage zur Wahrnehmung des Gegenständlichen führt die ganze Menschheit in dieses tragische Übergehen von dem mitlebenden Einsseins mit dem Geborenen zu dem Wahrnehmen des räumlich und seelisch Entfernten, des gegenständlich Gewordenen, und führt sie damit immer wieder zum Mord.

Die *ersten Ausprägungen* der göttlich-kosmischen Macht des Sonnensohnes finden wir darum in allen Kulturen in der *Heldensage*.

So ist *Indra*, der indische Sonnengott, zugleich der Lenker der Schlachten, so ist *Marduk* als oberster Gott der Babylonier dem Sonnengott Baal gleichgesetzt, der Bekämpfer und Vernichter des Weltungeheuers der Tiamat. So ist der ägyptische Sonnengott *Osiris* zugleich auch ein Kriegsheld. So sind auch alle großen Helden aller Völker Spiegelungen des Sonnensohnes: *Achilles, Theseus* und *Herakles* ebenso wie *Gilgamesch, Arjuna* und *Siegfried*. Alle Helden sind es, die ausziehen, um in der Welt große Taten zu vollbringen, alle Ritter sind es, die, bis an die Zähne bewaffnet, Abenteuer suchen.

Die *zweiten Ausprägungen* des Sonnensohnprinzipes sind die Erfinder von Waffe und Werkzeug und des Feuergebrauches. Auch sie werden in der Heldensage hervorgehoben.

In der griechischen Sage finden sie eine Spiegelung in dem Gott *Hephaistos*, dem kunstreichen Schmied, dann in *Prometheus*, dem Bringer des Feuers. Als Erfinder des Pfluges galt *Triptolemos*, der Liebling der Göttin Demeter. Oft aber sind die Helden auch selbst Erfinder und Schmiede ihrer Waffen. So ist Siegfried der Schmied seines Schwertes und Herakles der Erzeuger seiner Keule.

Dem Sonnengott unterstehen also nicht nur die Helden, sondern alle diejenigen, die mit einem einzelnen Werkzeug in der Hand einen bestimmten Gegenstand bearbeiten.

Darum ist der Sonnensohn der Erfinder und Beschützer der *Künste* (griechisch = Techne, Technik) im einfachen Gebrauch dieses Wortes, nämlich als Bezeichnung des künstlich Hergestellten im Gegensatz zum Naturgewachsenen.

Helios bedeutet den Sonnenbrand, *Apollo* aber die Lichtwelt.

Es entsteht also auf dieser Bewußtseinsstufe eine zweite Art von Ausprägungen der kosmischen Macht des Sonnensohnes, das sind die Spiegelungen des Lichtgottes *Apollo*.

In ihnen ist aus dem Kämpfer der *Seher* geworden.

Dies geschah aber dadurch, daß die Macht der Vergegenständlichung sich in ihm auf sich selbst zurückgewendet hat. Er wird sich dadurch also selbst zum Gegenstand. Darum tritt der Seher vom Kampf zurück – kann er sich doch nicht selbst bekämpfen – und verharrt fortan im Schauen, im Wahrnehmen.

Durch diese Rückwendung seines Blickes auf sich erwacht aber das *Selbstbewußtsein*, durch das er sich nun unterschieden erkennt vom Sein der wahrgenommenen Dinge. Während die Große Mutter stets Eins ist mit ihrem Gegenstand, dem Kind, eins durch die Stufe des organischen Lebensgefühles und darum eigentlich noch kein Selbstbewußtsein kennt, ist der Typus des Sonnensohnes ausgezeichnet durch ein besonders hervorgehobenes Selbstbewußtsein. Es ist ebenso betont wie die äußere Gegenständlichkeit, weil er sich ja nun selbst zum Gegenstande wurde.

Auf diesem betonten Selbstbewußtsein beruht auch der Stolz des Helden. Überall dort, wo dieser Stolz hervorgehoben wird, ist der Held schon auf einem Übergangsstadium zum Apollinischen.

Wie aber auf der Stufe des Helios aus dem Bewußtsein des Gegenständlichen die einfachen Techniken entstehen, so entwickeln sich auf der Stufe des Apollo nach dieser Rückwendung des Bewußtseins zum Selbst, indem das

Schauen nun zugleich auch Selbstzweck wird, die *Künste* im höheren Sinne, besonders aber jene Künste, die mit einem Werkzeug dieser Kunst, einem Instrument erzeugt werden, wie es die Leier des Apollo, die Flöte, aber zuletzt auch die menschliche Kehle selber ist.

So erscheint Apollo als der Gott der schönen Künste, besonders aber des *Gesanges*. Und sind die Helden selber Spiegelung des Helios, so ist er der Urheber des Gesanges, durch den sie und ihre Taten gefeiert werden, des Heldengesanges, des Heldenepos.

Als dem Gott der schönen Künste sind ihm die *Musen* zugeteilt, von denen jede eine der seelisch-sinnlichen Empfindungen beherrscht und mit ihr schaltet, die die Grundlage der verschiedenen Künste bilden.

Vor allen anderen Künsten ist jedoch dem Apollo die *Schauspielkunst* heilig. Denn dadurch, daß er seinen Blick auf sich selbst zurückgewendet hat und seiner als eines Körpers gewahr wird, geht ihm auch die Möglichkeit auf, den eigenen Körper wie ein Instrument zu gebrauchen und mit ihm zu spielen. Und sind nicht schon die Ritterturniere kämpferische Schauspiele, die einem schaulustigen Publikum dargeboten wurden?

Aber noch eine andere Möglichkeit ergibt sich aus der Rückwendung des Schauenden auf sich selbst und dem daraus folgenden Erkennen, daß der Schauende selbst auch ein Körper ist: das ist die Heilkunst, die eben deshalb auch eine Kunst heißt. Deshalb erscheint auch Apollo als der Vater des Gottes der Heilkunst, *Asklepios* (Äskulap), was in der Sprache der Mythos so viel bedeutet, wie daß die Heilkunst durch eine bestimmte Form der Bewußtseinslage des Apollo entsteht.

In dieser Bewußtseinslage wird die schon erfolgte Vergegenständlichung zurückverbunden mit der des organischen Körperspürens und ergibt so die geistige Grundeinstellung des Heilers, die gerade die umgekehrte als die des Tötenden ist. Es wird aber eben durch die vorausgegangene Vergegenständlichung des Gewahrwerden des Körpers als Körper bedingt – obwohl es sich diesmal um ein geborenes, ein lebendes Wesen handelt –, durch die mütterliche Einstellung des leiblichen Mitfühlens aber die gewonnene Erkenntnis im Sinne des Lebenden angewendet. Auch der Arzt schlägt also öfters Wunden, wie der Held, aber zu Nutzen und Frommen des Getroffenen.

Und zweifellos hängt die Einstellung des Arztes mit dem Kampfprinzip zusammen. Denn wer die Waffen erfunden hat und damit Wunden schlägt und empfängt, der muß wohl auch im Laufe der Zeit dazu gelangen, diese Wunden lindern und heilen zu wollen. Schauspieler aber sind sie alle drei: Der Held, der dem Kampfplatz betritt, der Künstler, der sich auf die Bühne stellt, und weniger sichtbar auch der Arzt, der das Vertrauen des zu Behandelnden gewinnen muß.

Aus dem Prinzip des Lichtes, das zur Wahrnehmung aller Dinge der Nähe und Ferne und auch zur Erkenntnis des eigenen Selbstes führt, wird dann das Licht überhaupt zum Symbol wacher und bewußter Durchdringung des Lebensraumes. Und darum ist Apollo in seiner höchsten Gestaltung des Gott der *Weisheit*.

Es ist ein großer Bogen, der die Endpunkte der Bewußtseinsspanne des Sonnensohnes zusammenschließt. Das zeigt sich auch in seinen menschlichen Spiegelungen.

Der Mensch als Typus des Sonnensohnes ist triebhaft. Diese Triebhaftigkeit, die das Gegenständliche sucht, kann sich ins Dämonische und Tierische verlieren, als eine das Menschliche überrennende brutal-egoistische Stoßkraft. Diese verkörpert sich in dem Drachen, mit dem der Held zu kämpfen hat, und stellt sich ihm als die eigene ins Tierische verzerrte Wesenheit gegenüber. Dieser Zusammenhang ist bei dem christlichen Helden, dem Drachentöter *Georg*, deutlich ins Bewußtsein getreten.

Der Mensch als Sonnensohn stellt aus dieser Triebhaftigkeit zu große Anforderungen an sich, er weiß seine Kraft noch nicht einzuschätzen und zerbricht an ihnen. Er zieht überhaupt keine Grenzen und lebt immer aus der Explosion seiner Kräfte. Darum kommt auch er oft genug mit allem, was Grenzen zeigt, also auch dem Gesetz, in Konflikt.

Er ist derjenige, der immer im Aufgang lebt und stets in den Untergang hinunter muß.

Der Sonnensohn ist der Bringer des *Heldenzeitalters* eines Volkes und steht wie die Große Mutter noch jenseits oder außerhalb der Gesetze. Es ist diejenige Zeit, in der jeder einzelne Mensch noch die Waffe trägt und die Bildung der Gemeinschaft ihm noch nicht den Verzicht auf das Tragen der Waffe aufgenötigt hat. Oder er bildet einen Stand, der in dieser Hinsicht außerhalb der Gesetze steht, der eine Ausnahme bildet. In dem Tragen der Waffe sieht er die Betonung seines Selbstes, es ist der *Ehrbegriff*, der aus dieser Einstellung herauswächst.

Das Symbol des Sonnensohnes bleibt also immer die Waffe und deutet diejenigen Eigenschaften an, die mit ihrem Gebrauch zusammenhängen: Aggressionslust, Mut, Tapferkeit, *Beherztheit*.

Und wie die triebhafte Wallung im organischen Herzen und in der Verstärkung des Blutkreislaufes spürbar wird, so bildet auch das *Herz* die körperliche Entsprechung des Heliostypus. Das Herz ist das Zentrum des Leibes, wie das Ich das Zentrum des ganzen Bewußtseins. Und wie die Sonne der Mittelpunkt aller Planetenbahnen ist, so ist auch das Herz der Mittelpunkt der Blutbahnen im menschlichen Körper, die, gleich den Bahnen der Wandelsterne, elliptische Form haben, in deren einem Brennpunkt das Herz steht, während der andere ungefähr durch den Schwerpunkt im Becken gebildet wird. Dieser stellt den physischen Mittelpunkt des Demetertypus dar. Dieser Schwerpunkt mit allen Organen, die darum herum gelagert sind, wird vom Becken, wie von einer Schale, getragen.

Während die Linie des physischen Wachstums, wie uns die Pflanzen zeigen, immer die spiralige Form nimmt, ist die des gegenständlichen Bewußtseins stets die *Ellipse*, denn es kehrt, wenn es sich auch noch so weit vom eigenen Zentrum entfernt hat, immer wieder zu diesem zurück, bildet also nicht eine unbegrenzte fortschreitende, sondern eine in sich geschlossene Linie. Ein Kreis kann diese Linie nicht sein, weil das gegenständliche Bewußtsein nicht wie die Kreislinie vom Mittelpunkt, vom eigenen Zentrum, immer gleich entfernt bleibt, sondern im Gegenteil, einmal, wenn es zum Gegenstand sich wendet, vom eigenen Zentrum abrückt, dann wieder, wenn es zum Ich zurückfindet, sich diesem Zentrum bedeutend nähert. Sie ist also eine Ellipse. In dem einen Brennpunkt dieser Ellipse steht das Ich in seiner körperlichen Form, in dem anderen der Gegenstand.

Wie der Tanz zum räumlichen Ausdruck der Bewußtseinsstufe des organischen Körperspürens wird, indem im Tanz die spiralige Form des physischen Wachstums über den Körper hinaus in den Raum hinein fortgesetzt wird, so bildet der *Kampf* den räumlichen Ausdruck der Bewußtseinsstufe der gegenständlichen Wahrnehmung. Zwei stehen sich im Kampf gegenüber, sie sind nicht nach außen schlechthin, sondern einer auf den anderen gerichtet: sie erscheinen wie von einer unsichtbaren Linie umschlossen. Diese Linie ist eine Ellipse. In dem einen Brennpunkt dieser Linie steht der Kämpfer, in dem anderen sein Widerpart.

Wenn also die Sonne in dem einen Brennpunkt einer Ellipse steht als eine große Anhäufung von Energie, als ein Zentrum ungeheurer Spannungen, während der andere Brennpunkt ein unsichtbares Zentrum entgegengesetzter Spannungen bildet, so ist die Vorstellung der Sonne als eines Helden und Kämpfers, welche die Alten von ihr bildeten, gar nicht so ungereimt.

Hier besteht also vielleicht ein großer Zusammenhang, den wir noch nicht ergründet haben. Der Mensch freilich ist gegenüber den Erscheinungen, gegen den Widerpart, den sie ihm im Lebenskampf bieten, passiv und fühlt sich nicht Herr über sie. Er kann ihrer nur im Kampf Herr werden, indem er sie besiegt und vernichtet. Der Gott aber läßt sie schöpferisch entstehen durch sein Bewußtsein. Die Spannung, in die er zu ihnen tritt, ist aktiv und lustvoll, ähnlich vielleicht der Spannung, die der Dichter gegenüber den Gestalten seiner Phantasie empfindet. So fühlt auch der *Schauspieler* zu einem Gegenspieler im Drama. Er fühlt sich schöpferisch und frei, als der Held im Spiel, während der wirkliche Kämpfer unter der Bedrängnis des Kampfes leidet.

Steht Helios-Apollo in dem einen Brennpunkt der elliptischen Bahn, die seiner Bewußtseinsstufe entspricht, als im Punkte seines Aufganges, so steht im anderen, welcher zugleich der seines Unterganges ist, die Mutter-Schwester-Gattin, die ihn aus dem Untergang zurückholt, zu einem neuen Anfang. Als eine anders gerichtete und daher gleichsam unsichtbar bleibende Macht tritt sie an die Stelle des Gegners und hilft dem gefallenen Helden aus der Unterwelt wieder emporzusteigen an das Licht des Tages. So erscheint die Prinzessin im Märchen dort, wo der Drache besiegt ward.

Die Mutter-Schwester-Gattin ist entweder eine Ausprägung des Demiterwesens, wie Isis oder ein Abbild ihrer, wie Ariadne. Damit wird angedeutet, daß der neue Aufgang auch eine neue weitere Spirale im Lebenskreislauf ist. Das Wesen der Ariadne ist es, daß sie stets die zweite Verkörperung darstellt, die zweite Entwicklungsstufe, während Demeter-Isis die erste bedeutet.

Durch diese neue Stufe der Entwicklung wird aus dem Helios der Apollo, aus dem Helden der Weise, aus dem Kämpfer der Seher.

Diese neue Entwicklung wird bewirkt durch die Einweihung in die orphischen Mysterien, und *Orpheus* selbst stellt jenen Menschentypus dar, der diese Entwicklung durchgemacht hat. Er ist eine Spiegelung des Apollo. Da aber die Einweihung stets durch die Rückwendung des Bewußtseins erreicht wird, so kehren sich natürlicherweise alle Beziehungen um. Deshalb ist es hier *Euridike*, welche den Orpheus in die Unterwelt zieht, und er folgt ihr freiwillig dahin, um sie von dort zurückzuholen, was ihm freilich nicht gelingt. Aber wenn er auch allein in die Oberwelt zurückkehren muß, so bleibt doch seine Seele bei ihr und auf das Jenseits gerichtet, das heißt, sein Bewußtsein bleibt in der Betonung der Rückwendung, und sein Schauen ist nicht mehr der irdischen Welt, die ihn umgibt, sondern in Träumen und Hellgesichten der anderen zugewendet. Diese Träume und Gesichte schildert er in seinen Gedichten und Gesängen, welche die Menschen so verführerisch berühren, wie ihn einst die Sehnsucht nach der verlorenen Euridike. Wie er dadurch in den Hades gezogen wurde, so vermag er mit ihnen die Menschen in die andere Welt zu versetzen. Deshalb rächen sich auch zuletzt die Mächte dieser Welt an ihm, in der er doch immer noch leben muß. In der Gestalt rasender Bacchantinnen zerreißen sie ihn und bereiten seinem Dasein ein jähes Ende.

Das *Mysterium* einer Gottheit zeigt immer die innerliche, die dem profanen Blick verborgen bleibenden Seite eines großen Tatbestandes auf. Wenn demnach Helios-Apollo als die Macht des sinnlichen Wahrnehmens, der Lichtwelt, der Vergegenständlichung erscheint, so wird den Menschen in der Einweihung in seine Mysterien die verborgene Kehrseite alles Gegenständlichen, das *Selbstbewußtsein* und die aus ihm kommenden Bilder, das *Hellsehen*, das *überirdische Schauen*, zur Innewerdung gebracht. Die Selbsterkenntnis und die *prophetische Schauung* sind der große geheimnisvolle Zusammenhang, von dem im irdischen Leben unmittelbar nur der eine Teil, die Schauung der dreidimensionalen irdischen Sphäre gegeben ist.

Durch eine Wandlung des Bewußtseins von seiner Erlebnisseite nach außen hin, geht der Mensch von der organischen Eigenempfindung zu der empfindenden Wahrnehmung der ihm gegenüberstehenden Dinge. Durch die Einweihung in die Mysterien wird das Bewußtsein zur Rückwendung auf sich selbst gebracht; der Mensch wird der Fähigkeit inne, auch in einer anderen als der irdischen Sphäre Wahrnehmungen zu haben, hellzusehen, hellzuhören, und dadurch verborgene und künftige Dinge zu erfassen.

Und wirklich, schon in den anfänglichen Kulturgestaltungen der Menschen muß es diese Einweihung in die Rückwendung des Bewußtseins von der Schauung aus gegeben haben, denn überall waren *Orakel* und Prophezeiungen im Gebrauch.

In den *orphischen Mysterien* erkennen wir eine solche Einweihung, wie sie auf dem Boden der griechischen Hochkultur erwachsen war. Sie finden ihre weitere Entsprechung in dem *Delphischen Orakel*, in welchem die Kunst des Hellsehens von Priesterinnen geübt wurde, die dafür ausgebildet waren.

Das Hellsehen, das sie und alle Propheten übten, stellt eine weitere Vergegenständlichung von einer tieferen Bewußtseinsstufe aus dar. Hier wird die Vergegenständlichung selbstschöpferisch, so wie im Traum und in der Phantasie.

Insofern gehört der *Traum* zum Wesen des Apollo, als in ihm Gegenstände erscheinen, die so wie die Dinge der wirklichen Welt dem Schauenden gegenüberstehen. Und dasselbe ist auch mit den Dingen der Fall, die wir in der *Phantasie* schauen. Traum und Phantasie bilden daher den Übergang zu den Gegenständen des Hellsehens. Sie sind darum der Ausgangspunkt der apollinischen Mysterien, der Anfangszustand der mystischen Schauung.

Gleich allen göttlichen Gestalten, die auf den Stufen der Wandlung des Bewußtseins stehen und nicht der Rückwendung, hat auch *Helios-Apollo* sein Antlitz der Erde zugewendet und also auch der Unterwelt, und hat darum, trotz seines lichthaften Wesens, einen Zug, der ins Dämonische weist. Freilich hat sein Bewußtsein und das jeder kosmischen Macht noch ganze andere Stufen als die, welche das menschliche Bewußtsein umfaßt. Denn gerade das, was dem menschlichen Bewußtsein fremd und unerreichbar bleibt, nämlich die aus den Empfindungen entstehende Wahrnehmung äußerer Bilder, das ist in die bewußte Gewalt der kosmischen Macht gegeben.

Die eine bestimmte Bewußtseinsstufe aber, die für den Gott die vorherrschende ist, nämlich die der aus Sinnesempfindungen entstehenden äußeren Wahrnehmung, hat der Mensch mit ihm gemeinsam. Und alle Menschen, bei denen auch diese Stufe die vorherrschende in ihren Bewußtseinen ist und dadurch die eigentliche Wirklichkeit für sie darstellt, bildet darum mit ihm einen *Typus*. Dies heißt aber nicht, daß diese Menschen und ihre Schicksale wie Teile seiner kosmischen Macht anzusehen sind, noch auch, daß sie diese Macht verkörpern und auf der menschlichen Ebene darstellen sollen. Nein, denn jeder einzelne Mensch ist eine Wesenheit für sich. Aber diese Menschen sind ihrer Natur nach dieser göttlichen Macht verwandt wie keiner anderen, und sie leben darum mit ihr wie in *einer* Welt.

Darum ist diesen Menschen auch eine Gemeinsamkeit in ihren Schicksalen eigen, und ihr Schicksal ist verwandt mit dem des Gottes. Es ist bestimmt durch das Gesetz der Vergegenständlichung oder Veräußerlichung.

Nach diesem Weltgesetz steht Helios-Apollo in diametralem Gegensatz zu *Uranus*, der das Prinzip der größtmöglichen Entgegenständlichung oder *Verinnerlichung* bedeutet. Apollo läßt die Gegensätze als Wirklichkeit erscheinen, Uranus aber den inneren Zustand. Apollo führt den Lebenden zu Kampf und irdischem Tod, Uranus aber zur Kampflosigkeit und Unsterblichkeit, Apollo zur äußeren Anspannung und Entgegenstemmung, Uranus zur Entlassung aller Spannungen und äußersten Ruhe. Die Gefahren, die von Helios-Apollo ausgehen, liegen in der Sucht, das Unmögliche zu wollen. In Uranus aber sind alle Gefahren überwunden.

Da aber alle dinghafte Vergegenständlichung in der Rückkehr zum eigenen Innern aufgelöst wird, so bedeutet auch die Heraufkunft des Reiches des Uranus die Auflösung des Reiches des Helios-Apollo. Da allein von der Bewußtseinsstufe des apollinischen Schauens aus auch eine Rückwendung möglich ist, kann das Reich des Helios-Apollo in dem des Uranus in verwandelter Form wieder auftauchen.

Die Gefahr, die von der apollinischen Einstellung ausgehen kann, liegt in dem übermäßigen Haften und Festhalten am Gegenständlichen, sei es der Dinge oder der Erscheinung des eigenen Selbstes; die, welche von Uranus ausgeht, in der Verflüchtigung alles Gegenständlichen und dem völligen Verlassen des Bodens der Realität.

Eine weitere Spiegelung des Apollo im menschlichen Lebenskreis ist die tragische Gestalt des *Ödipus*. Ödipus wurde geboren als ein Königssohn, also als ein Held. Durch sein besonderes Schicksal aber, dadurch, daß er ausgesetzt wurde und aus seiner natürlichen Bahn gerissen, entwickelt sich in ihm die Sehergabe. Er findet in Theben das Ungeheuer der Sphinx und bekämpft es, nicht mit der Gewalt seiner Waffe, wie es einem Helden zukäme, sondern durch seine Weisheit, indem er die Rätsel der Sphinx löst. Schon glaubt er sich im Besitz höherer Kräfte und ergreift die ihm gebotene Herrschaft über Theben und die Hand der Königinwitwe.

Allein, er hat sich getäuscht. Mit seinem ganzen Wesen auf Macht und Größe in dieser Welt sich einstellend, hat er die Wandlung nicht vollzogen, welche die höhere Bewußtseinsstufe erfordert, hat nicht das Leben eines Sehers begonnen, sondern wollte ein Held und König bleiben. Damit hat der das Prinzip des Apollo verletzt, das heißt den Gott beleidigt. Und nun zeigt ihm der Gott und beweist ihm, daß er kein Seher und Weiser ist, und daß er seine Macht auf unrechtmäßige Weise erworben hab, indem er ihm die ganze Täuschung enthüllt, in der er bis dahin befangen war.

Nicht die Mutter-Schwester-Gattin im mystischen Sinne, die zur Rückwendung des Bewußtseins führt, hat er gewählt, sondern die eigene leibliche Mutter. Nicht den Gegner hat er als Held gefunden, indem er den König Laios im Zweikampf erschlug, sondern als ein Mörder den eigenen Vater.

Wenn nun Ödipus sein Augenlicht zerstört, die Gabe des Licht- und Sehergottes, so ist dies nur die notwendige Folge, die er aus der gegebenen Schicksalsverwicklung zieht. Er vollzieht an sich die Strafe, die Apollo ihm schon auferlegt hat. Er hat erkennen müssen, daß er blind ist, blinder als die anderen, die sich niemals gedünkt hatten, Weise und Seher zu sein.

Fortan wird er weder ein Held noch ein Seher sein, sondern das Leben eines blinden Bettlers führen. Ein Leben der Buße. Ödipus müßte, indem er dieses Leben der Buße auf sich nimmt, indem er, durch seine Blendung absterbend für die irdische Welt, das Schauen höherer Welten erwirbt, nun den Weg finden, der die zweite Bewußtseinsstufe des Apollowesens eröffnet, und nun wirklich ein Seher werden. Die Alten haben dieser Wendung des Schicksals auch in dem dritten Teil der Tragödie des Sophokles schon angedeutet. Ödipus wird nach Vollendung seiner Buße in wunderbarer Weise entrückt. Das ist eine schon beinahe *christliche* Wendung seines Schicksals. Vielleicht ist hier auch indischer Einfluß zu spüren. Aber vielleicht ist es auch nicht möglich, alles dies in *einem* Leben zu durchleiden, und Ödipus könnte diese neue Entwicklungsphase seiner Bewußtheit nur in einem neuen Leben, in einer neuen Verkörperung gewinnen, in der er dann schon als Blinder geboren werden müßte. Dies wäre wohl die *wirkliche indische* Deutung seines merkwürdigen Schicksals.

Wieder eine andere Spiegelung des Sonnenprinzips ist die Sage von *Theseus*. Der griechische Held hat den Auftrag erhalten, mit dem schrecklichen Unterweltstier, dem kretischen Minotaurus, zu kämpfen. Wohl gelingt es ihm, das Untier zu töten, aber er hätte den Weg zurück an das Licht des Tages nicht finden können, wenn nicht die Priester-Prinzessin *Ariadne* durch ihre Klugheit die Gefahr der Verirrung von ihm abgewendet hätte. So gelangt er, nachdem er durch die Welt des Todes gegangen, in ein neues Leben, reif zu der Erkenntnis der höheren Entwicklungsstufe. Theseus aber will dieses neue Leben nicht. Er lehnt es ab. Er will zurückkehren nach Griechenland und dasselbe Leben fortsetzen, das er vorher gelebt hat, ohne einen Anspruch zu erheben, jetzt als ein Weiser und Verwandelter angesehen zu werden. Dies ist der Sinn davon, daß er Ariadne auf der Heimkehr verläßt, während sie, schon in die neue Bewußtseinsstufe eingetreten, eines Gottes für würdig gefunden wird.

So hat der griechische Mythos verschiedene Möglichkeiten der Helios- und Apollostufe und ihres Wandels dargestellt.

Im biblischen Mythos gibt es zwei Gestalten, die als Ausprägungen des Sonnensohnes angesehen werden können. Das ist *Luzifer*, der von Gott sich entfernende höchste Engel, und *Christus*, der Sohn Gottes. So wie der Sonnensohn wird auch Luzifer zu dem göttlichen Ursprung dereinst zurückkehren müssen, wenn die ganze Weltperiode der Entstehung und Vergehung durchlaufen sein wird. Aber nur in Hinsicht seines triebhaften Nachaußenstürzens ist Luzifer ein Sonnensohn. Sein Bewußtsein wird sehr wesentlich noch durch eine zweite Stufe bestimmt, die unterweltlich, welche zuletzt ganz dominiert.

Dasselbe ist bei Christus der Fall, wenn auch in ganz anderem Sinne. Auch die Bewußtseinslage des Christus ist nicht ausschließlich die des Sonnensohnes, sondern wird wesentlich mitbestimmt durch die der All-Liebe, welche wiederum zuletzt die herrschende bleibt. So ist im Christentum alles verwandelt. Es sind nicht die Urtypen, die uns in seinen Gestalten entgegentreten, sondern kompliziertere Persönlichkeiten. Darum gibt es auch im Christentum keine ranggleiche höchste Muttergottheit, und der Ursprung des Sohnes wird nicht auf sie, sondern letzten Endes auf Gott selbst zurückgeführt. Auch die Heimkehr des verlorenen Sohnes, der die menschliche Spiegelung des Sohnesprinzips im Christentum darstellt, vollzieht sich daher nicht als eine Rückkehr zur Mutter, sondern zum Hause des Vaters.

Eigentlich sind ins Weibliche gewendete echte Spiegelungen des Sonnensohnes nicht vorstellbar. So wie die Männer, die unter das Mutterprinzip fallen, meistens recht verunglückte Typen sind, so sind auch die Frauen, die das Gegenstandsbewußtsein als dominierende Stufe haben, eigentlich keine richtigen Frauen. Aus den männlichen Muttertypen werden Köche, Kellner und Hauswirte oder – wenn die Bewußtseinslage schon nach dem Gegenständlichen verschoben ist – Tänzer mit femininem Einschlag, Akrobaten, Jongleure, Seilkünstler. Wenn umgekehrt die Frau zur Heldin oder Seherin wird, muß schon eine zweite Bewußtseinsstufe hinzukommen, die dann gleich dominierenden Einfluß ausübt, so daß die Frauen, die unter dem Sonnenprinzip stehen, weit kompliziertere Persönlichkeiten sind als die Männer.

Die Betontheit der Bewußtseinsstufe des organischen Körpergefühls prädestiniert zur Weiblichkeit, die des abgelösten Gegenstandsbewußtseins zur Männlichkeit. Das liegt daran, daß die Typen durch die Hervorhebung einer bestimmten Bewußtseinsstufe ihre Entsprechung nicht nur im Psychologischen, sondern auch im Physiologischen haben. Daher ist es auch berechtigt, den Urtypen nicht nur bestimmte Körperteile als besonders betroffene zuzuordnen, sondern auch bestimmte Krankheiten, Gebrechen und andere körperliche Eigenheiten.

Im menschlichen Lebenskreis ist jeder Mann, soferne er *Sohn* ist, das heißt, soferne er nach außen gewendet vom Zentrum fortstrebend und expansiv ist, eine Spiegelung des Sonnensohnes. Die Expansion liegt also im Wesen des Mannes.

Der Mann, der Frauen und Kinder im Hause zurückläßt und auszieht, um den Lebensunterhalt zu erkämpfen, sei es, daß er Tiere erjagen will, sei es, daß er in schon entwickelteren Zuständen einem Beruf nachgeht, der ihn vom Hause wegführt, sei es, daß er auch nur aus dem natürlichen Trieb seines Wesens Gelegenheiten zu Abenteuern sucht, er ist meistens unter den Sohnestypus zu rechnen. Durch die Erfindung der Waffen und Werkzeuge macht er sich den Frauen unentbehrlich und gewinnt so mehr und mehr Gewalt über das Heimwesen und die bebaute Scholle, die doch von den Frauen geschaffen wurden, und dadurch, daß er sich mit seinesgleichen zusammentut und schließlich die Männerbünde gründet, wird er allmählich völlig der Herr, Gebieter und Besitzer der Heimstatt, was rechtlich zunächst durch den Übergang von der weiblichen zur männlichen Erbfolge zum Ausdruck kommt. Darum bleibt auch in den meisten Hochkulturen der Mann Herr und Gebieter der ganzen Familie und hat in allen rechtlichen Beziehungen den Vorrang, ja oft sogar das Recht über Leben und Tod der doch von der Frau geborenen Kinder und manchmal sogar über Leben und Tod der Frau selbst.

Im Wesen des Menschen liegt es, daß jede Gestaltung, die es annimmt, zu einer *Problematik* führte. Jede Durchbildung zu einem Typus schließt auch die Möglichkeit der Einseitigkeit in sich. Die Betonung einer bestimmten Bewußtseinsstufe kann zur Verdrängung, ja Auflösung anderer führen.

Beim dem Sohnestypus entsteht nun, wenn die Kräfte der triebhaften Nachaußenwendung dominierend werden, die Gefahr übertriebener Expansion. Und da alle Expansion zuletzt wieder auf das Ich zurückbezogen wird, die der Überbetonung dieses Ichs, des *Egoismus*.

Der Egoismus äußert sich in Machtbegierde, Habgier, soweit er die gegenständliche Welt betrifft, in Hoffart und Eitelkeit, soferne er auf das leibliche Ich sich richtet. Es entsteht Anhangen an die Gegenstände, Aufgehen in der Fürsorge um die eigene Person.

Diese Überbetonung des Ichs und damit die Zerstörung der höheren Ichkräfte ist das zu Fürchtende, das *Böse*, das aus dem Sohnestypus hervorgeht, obwohl es ursprünglich nur die natürliche Entfaltung des menschlichen Wesens nach außen ist.

In dieser Wendung nach außen aber liegen die größten Spannungen, denen das menschliche Wesen überhaupt ausgesetzt werden kann. Sie führen unweigerlich zu Konflikten, die zur Höherentwicklung oder zum Untergang drängen. Das Bewußtsein des Gottes Helios-Apollo ist über diese menschlichen Spannungen erhaben und es umfaßt ja auch nicht nur die irdische dreidimensionale Gegenständlichkeit, sondern es sind ihm die höheren Welten wie diese offen. Im Wandeln durch die uns unbekannten Räume hat der Gott den Rhythmus seines Lebens. In ihm kehrt er ewig in erneuter Welle zu sich selbst zurück. Er ist eine *astrale* Gestalt.

Aber das menschliche Bewußtsein reicht nur über die irdische Ausdehnung dieser Sphären und kann sich die anderen nur durch große Anstrengung erobern. Der Menschensohn ist eben eine *irdische* Gestalt.

Sowie nun Helios-Apollo immer aufs neue triebhaft aus sich herausstürzen muß, wenn er sich der Vergegenständlichung nähert, so hat auch der Menschensohn immer das Gefühl der Ausdehnung und Erweiterung, wenn er sich von seinem Ursprung weg nach außen wendet.

Darum ist sein Blick eher der Zukunft zugewandt und er glaubt, durch seine Macht über die Gegenstände eine neuen und besseren Zustand herbeizuführen. Er hält sich leicht für den Retter und Heilbringer, und auch dadurch fühlt er sich mächtig und Herr der Dinge, wie es das Symbol des Löwen andeutet.

In seiner Macht über die Gegenstände, in seiner kämpferischen Leistung sieht daher der Menschensohn den Maßstab seiner Persönlichkeit. Durch ihn vergegenständlicht sich die für sein Empfinden bessere Welt. Das hat auch insofern seine Berechtigung, als die menschliche Welt ja wirklich im Sinne der Wandlung des Bewußtseins fortschreitet und sich also auf jeden Fall verändert. Ob im Sinne einer Vervollkommnung oder einer Verschlechterung, das bleibt Ansichtssache des Einzelnen. Die Welt, welche der Sohn um sich vergegenständlicht, ist auf jeden Fall eine andere, als es die seiner Väter war.

Die Vergegenständlichung einer neuen Welt aber ist ein Kampf, und um diesen Kampf zu bestehen, muß der Sohn alle Bewußtseinskräfte aufwecken, und eben dadurch wird er dazu gebracht, seine Persönlichkeit auszubilden und sein Ich immer umfänglicher zu machen.

Daraus ergeben sich dann die verschiedenen Entwicklungsphasen des menschlich sohnhaften Typus.

Als der erste davon erscheint uns der Mann des *natürlichen Männerberufes*. Auf dieser Stufe befindet sich auch gegenwärtig die große Mehrheit aller männlicher Männer sowie auch die Männer der Primitivkulturen. Denn nicht nur in den Hochkulturen, sondern auch in den primitiven gibt es jeweils eine bestimmte Lebensform des männlichen Mannes, die in den Stammessymbolen, dem *Totemtier*, ihren äußeren Ausdruck gewinnt. Alle kämpfenden Männer, Männerbünde und Standesverbände führen *Wappen*, meistens mit einem Tiersymbol. Mit dem Wappen verbindet sich der Ehrbegriff, den zu wahren die Lebensform des kämpfenden Mannes bildet. Er ist ihn dasselbe wie für die mütterliche Frau die Tradition.

Der Ritter oder der Offizier oder in allgemeinster Form der Soldat, bilden den Idealtypus der Männlichkeit, auch für die Frauen. Dieser Mann betrachtet die Frau wie einen Gegenstand, den man besitzen kann. Die Frau dagegen umfängt ihn mit ihren Organgefühlen, und daraus ergibt sich die Möglichkeit eines Ausgleiches zwischen den beiden ersten Typen. Der Mann kehrt siegend oder verletzt und besiegt immer wieder zu dem Hause zurück, das ihm die Frau als Ersatz seiner ersten mütterlichen Heimstatt behütet. Durch diese Notwendigkeit, immer wieder dahin zurückzukehren, kommt die Expansionslust des Mannes mit der Lust des Weibes an der Seßhaftigkeit zusammen, und auf diese Weise finden sich die beiden so extrem verschiedenen Typen.

Auf höherem Niveau, gewissermaßen auf der zweiten Stufe der Entwicklung, verwandeln sich beide durch Ausbildung weiterer Bewußtseinsstufen und es entsteht daraus die Kulturblüte des ritterlichen Zeitalters.

Wir finden das niedrigere und das höhere *Rittertum* aller Völker in unzähligen Bildwerken und Dichtungen verewigt.

Die zweite Entwicklungsphase erscheint dann erfüllt, wenn durch die Rückwendung des Bewußtseins aus dem Kämpfer der Seher entsteht. So sehen wir die Ritter des Mittelalters sich in Dichter verwandeln, so wird der Held durch die Fülle seiner Erlebnisse im späteren Alter zum Weisen. Aber diese Gestaltung ist selten, genau so selten wie die blaue Madonna auf der Bewußtseinsstufe des lebendigen Organgefühles.

Dagegen ist der niedere Apollotypus sehr häufig, der entsteht, wenn die Rückwendung nur bis zur Vorstellung der eigenen Körperlichkeit gelangt. Es entsteht dann der *eitle Mann*. Er hält das Höchste von sich, ohne doch das tiefe Sein zu haben. Sein Selbstbewußtsein schnellt an jeder kleinen Leistung in die Höhe. So wird der Soldat zum Bramarbas. Der eitle Mann wird zum Schauspieler seiner selbst.

Die Eitelkeit ist die Krankheit des nicht gesicherten Selbstbewußtseins. Die Umkehrung davon ist das Minderwertigkeitsgefühl, von dem jene Menschen befallen werden, die, obwohl sie Sonnenmenschen sind, doch von vornherein einen körperlichen oder geistigen Mangel aufweisen, der mit ihrem Selbstbewußtsein als Sonnenmenschen nicht vereinbar ist.

Die höchste Stufe des Sonnensohnes stellt der *königliche Mensch* dar, in dem sich der hohe Ritter und der weise Seher in einer Person vereinigen. Er bedeutet dann meistens den nur kurz verweilenden Höhepunkt einer Kultur, wie die Zeit des Perikles in der altgriechischen oder die Ludwigs XIV. in der abendländischen oder die der Renaissance in Italien. Unter seiner Führung entfalten sich alle Formkräfte zur höchsten Blüte, indem sich alle anderen Stufen des Bewußtseins in ihrer Art in den Dienst des königlichen Bewußtseins stellen. In diesem Zusammenhang bedeutet das apollinische Wesen die klassische Gestaltung in allen Dingen des Lebens und der Kunst.

Diese Gestaltung bleibt immer nur kurze Zeit bestehen, sie endet in einem baldigen Untergang wie das Leben des großen Helden. Aber in diesem Gestalten wird der Mensch als *Schauender* schöpferisch. Hier nähert er sich dem Gott. Das Strahlende jedes solchen Königtums, das die Zeitgenossen stets mit dem Strahlen der Sonne vergleichen, ist der Glanz der schöpferischen Schauenskraft. Oft wird sie verwechselt mit dem Glanz der bloßen Macht. Es liegt eben im Wesen des Apollinischen, daß es dazu verführt, die Erscheinung mit dem Wesen zu verwechseln, weil die Erscheinung, das Geschaute und Wahrgenommene, seine betonte Bewußtseinsstufe bildet.

Um das königliche Wesen zu erreichen, muß der Mann freilich aus seiner eindeutigen Bewußtseinslage als Menschensohn heraustreten und viele andere Bewußtseinsstufen über die ihm ursprünglich eigenste hinaus entwickeln. Darum ist er dann auch kein ganz eindeutiger Sonnensohntypus mehr, denn nur der Gott vermag alle Bewußtseinsstufen zu beherrschen und gleichzeitig seinem eigensten Wesen ganz treu zu bleiben.

Daß alle diese Ritter- und Heldengestalten ins *Tragische* hineinwachsen, zeigt die enge Todverbundenheit an, die ihnen eigen ist. Was für die göttliche Gestalt in höchstem Maße gilt, das zeigt sich bei jeder einzelnen der menschlichen Spiegelungen in der ihr entsprechenden Form. Weil diesen Schicksalen allen aber letzten Endes eine metaphysische Notwendigkeit zugrunde liegt und durch sie hindurchschimmert, ist ihnen die Größe gegeben, die sie zum Tragischen erhebt.

Die wirklich menschliche Tragödie entsteht freilich erst dort, wo der Kampf um das Ich in Erscheinung tritt. Aus ihm ergeben sich erst die Spannungen, die das Geschehen weitertreiben.

Die göttliche Gestalt ist über diesen Kampf schon wieder erhaben. Der Kampf, der sich in ihrem Bewußtsein abspielen mag, geht um die Anerkennung eines Weltgesetzes, das sie in seiner ganzen Auswirkung durchschaut. Der menschliche Mann jedoch und der Mensch überhaupt kämpft um sein Ich, weil dieses Ich zu erkennen seine wesentliche Aufgabe ist.

Denn da dem Menschen nur die irdische Seite des großen Weltzusammenhanges beleuchtet ist, kann er sein eigenes Ich nicht ganz erfassen und muß es sich erkämpfen. In dem Maße, als dieser Kampf fortschreitet, werden ihm allmählich auch die Umrisse der nicht beleuchteten Teile der Welt bewußt. Wenn also für den sohnhaft-männlichen Typus auch immer jene Stufe der Wandlung des Bewußtseins Ziel und Ende seines Lebens bleibt, die wir die der gegenständlichen Dinge nennen, so entsteht doch jeweils ein ganz anderer Einzelmensch aus ihm, je nachdem auch die anderen Stufen des Bewußtseins ausgebildet sind.

Demnach kann die höchste Gestalt des Menschensohnes nur die sein, welche alle Stufen, auch die der Tiefenschichtung, in ihrem Bewußtsein umfaßt.

Gelangt der Menschensohn so weit, dann wird er dem Gott Helios-Apollo am ähnlichsten sein.

DIE HIMMLISCHE JUNGFRAU
KORE

DIE DRITTE DER GESTALTEN IST DIE JUNGFRAU.

DAS SCHICKSAL DER JUNGFRAU IST DIE VERFÜHRUNG, DURCH DIE SIE AUS DEM TRÄUMENDEN ZUSTAND IHRES DASEINS HERAUSGERISSEN WIRD UND IRDISCHEN LEIDEN SICH UNTERWERFEN MUSS. DENN DIE JUNGFRAU IST DAS SINNBILD DER VON DEN IRDISCHEN NOTWENDIGKEITEN NOCH UNBERÜHRTEN MENSCHLICHEN SEELE.

VERFÜHRT ZU WERDEN DURCH DAS, WAS DIE ERDE DARBIETET, DAS IST DAS MENSCHLICHE SEELENSCHICKSAL.

Durch jede Menschenseele aber waltet eine kosmische Macht. Sie bringt es zustande, daß lebendiges Bewußtsein nicht nur in dem Gegenüber von Ich und Gegenstand sich auswirkt, sondern daß die Gegenstände auch als untereinander in Verbindung stehende auftreten, daß sich vor dem menschlichen Auge eine Welt in den Raum hinein erstreckt. Wohl läßt der Mensch sein schauendes Auge, sein sinnhaftes Wahrnehmen von einem Gegenstand zum anderen übergehen, allein er vermöchte nicht zu erfassen, daß auch Zusammenhänge zwischen den Dingen bestehen, vermöchte es nicht, sie als eine ihn umgebende *Welt* zu verstehen ohne die Hilfe jener kosmischen Macht, denn er weiß ja nicht, wie es geschieht, daß sich aus den Gegenständen eine räumlich geordnete Welt um ihn formt.

Mehr noch als in den einzelnen Gegenständen selbst erfaßt der Mensch in den Zusammenhängen der Dinge geheimnisvolle und ihm weit überlegene Mächte. Die Kräfteausstrahlung dieser Mächte übt auf ihn bald anziehende, bald abstoßende Wirkung aus. Er wird dessen gewahr, daß er seinen eigenen Leib in den Raum hineintragen kann, der sich vor ihm auftut. Ausgehend von seinem Zentrum, dem Mutterschoß, dem er entstammt, erobert er sich schrittweise immer neue Zonen oder er zieht sich fluchtartig und

schutzbedürftig wieder in das Zentrum zurück, das nun
dargestellt wird durch einen höhlenartigen Raum, der die
Behausung bildet. Die den Menschen umgebende Welt
verändert sich selbsttätig, formt sich um, wird hell und
dunkel, warm und kalt. Der Mensch bemerkt, daß er sich
diesen Wirkungen entziehen kann durch Flucht ins Zentrum oder daß er sie aufsuchen kann, indem er sich in den
Raum hineinbegibt. Seine ganze Einstellung ist darauf gerichtet, der Umwelt zu erfassen und durch Bewegung seines Körpers dieser Kräfteausstrahlung teilhaftig zu werden
oder sich ihr zu entziehen.

Diese Einstellung ist für den auf das Umwelterfassen
gerichteten Menschen typisch. Dieses Die-Umwelt-Wahr-
nehmen, -Aufsuchen, Sich-in-sie-Hineinbegeben, Sich-ihr-
Entziehen ist für ihn die wesenhafteste Form seiner Bewußtheit, auf die er alles andere bezieht. Der Endpunkt
dieser Entwicklung aber ist, daß er auch die die Umwelt
bildenden Zusammenhänge der Dinge, wie wenn sie ein
einziger Gegenstand wären, zu beeinflussen, zu ordnen, zu
verändern, umzuformen beginnt.

Die kosmische Macht aber, die das Seiende als Umwelt
in Erscheinung treten läßt, ist die Macht der *Verweltlichung.*

Es ist ein schaffendes Wesen da, welches beim Wahrnehmen alles im Raume Erscheinenden schöpferisch waltend
eingreift, so daß die Gegenstände nicht als vereinzelte da
sind, sondern einander berühren und einen Zusammenhang
bilden, ein Wesen, welches mit sanfter Gewalt in den Bewußtseinen der Menschen die Wandlung zur Gewahrwerdung einer Umwelt erzwingt.

In die Macht dieses kosmisch-jungfräulichen Wesens
sind alle Seelen gegeben, deren Sein sich zur Wahrnehmung
der sie umgebenden räumlichen Umwelten durchdringen
will, deren Bewußtseine in die bestimmte irdische Formen
der Wandlung zur Umweltwahrnehmung eingehen sollen.

Wie heißen dieses Wesen KORE.

Kore bedeutet soviel wie Mädchen, Jungfrau. Als solche versinnbildlicht sie das unberührte Wesen der Seele, die in eine Welt hineingezogen wird und dadurch in Verstrickungen gerät. Aber nicht nur bei der Entstehung der irdischen Umwelten waltet sie, sondern bei der aller Wandelsterne des Sonnenkreises. Ja die Entstehung des Himmelsbildes selbst ist als eine alles umgreifende Umwelt in ihre Hand gegeben. Sie umhüllt *den* ganzen Sonnenkreis mit einer sichtbar-unsichtbaren Grenze, durch die auch er erst zu einer eigenen Welt wird.

Für den Menschen ist sie aber vor allem Herrin des irdischen Horizontes und aller darin zu gewahrenden Umwelten.

Wenn ein Mensch durch tiefe Versenkung dieser kosmischen Macht der Kore nahezukommen sucht, dann wird sein Gewahren der Umwelten selbst eine schöpferische Macht.

Dann begreift er, wieviel von den Umwelten, die er erfährt, wieviel von der Form, die die Umwelten annehmen, in seine eigene Gewalt gegeben ist, und er wird zu einem Mitschaffenden der großen Göttin.

Aber auch die Göttin selber ist nicht ohne Schicksal. Es waltet ein Gesetz auch über ihr, ein Weltengesetz, das in der Bildung der Umwelten liegt, das Gesetz der *Verweltlichung*.

Darum durchlebt sie ein Schicksal, das verwandt ist dem Schicksal der menschlichen Jungfrau. Auch *Kore* unterliegt einer Verführung, der sie nicht Widerstand leisten kann. Durch diese Verführung wird sie in die niedrigeren, weniger reich dimensionierten Welten hinabgezogen, während sie doch in der astralen Welt ihre wahre Heimat hatte. Der Zwang, Welten zu bilden, führt sie zunächst in die irdische, nur mehr dreidimensionalen Raumwelt, aber auch hier ist sie noch nicht am Ende, weiter noch hinab gelangt sie in die bloß zweidimensionale Schattenwelt, und muß auch an diese einen Teil ihrer Wesenheit anpassen.

69

Die Schattenwelt wird ihr verkörpert durch *Hades*, den Herrscher der Dämonen. Mit ihm sich verbindend und zur Königin der Schatten gemacht, gestaltet sie auch für diese eine Umwelt, die Unterwelt, den Tartaros. Noch mehr beschränkt durch die bloß zweidimensionale Ausdehnung der Schatten als durch die dreifache der irdischen Sphäre, leidet ihre Seele noch tiefere Beklemmung, als die menschliche zu leiden gewohnt ist, in dem sie gezwungen wird, in der dreifach ausgedehnten irdischen Welt sich zu ergehen. Denn die Seele ist wie die Luft, sie möchte sich erstrecken nach allen Richtungen und sich verwandeln in unendliche Raumdimensionen. Aber der Zwang, Welten zu bilden, bringt auch die Beschränkung mit sich, nämlich die Beschränkung auf bestimmte Ausdehnungsrichtungen.

Darum bannt sie sich selbst in die irdische dreifach ausgedehnte und noch weiter in die nur mehr zweifach ausgedehnte Sphäre. Und sie kann die Lösung ihrer damit entstehenden Leiden nur finden dadurch, daß es ihr erlaubt ist, auch zeitweise wieder in die astrale Welt zurückzukehren. Das bedeutet aber, daß sie mit Teilen ihrer Wesenheit in den oberen Welten wandelt.

Der Weltenraum ist vierdimensional, der der irdischen Sphäre dreidimensional, der der Unterwelt zweidimensional, so umspannt die göttliche Jungfrau mit ihrem Bewußtsein drei Welten, so wenigstens erscheint es von der menschlichen Sphären aus gesehen. Denn der Mensch sieht von seinem Standort aus diese drei Welten: den Himmel, die Erde und die im Innern der Erde gedachte Unterwelt.

Diese drei Welten liegen in einer Vertikalen übereinander angeordnet. In dieser *Vertikalen* bewegt sich das Wesen der Kore, indem sie aus dem Weltenraum in die irdische und unterirdische Welt hinabsteigt und aus den unteren Welten wieder empor zum Weltenraum.

So zeigt auch der göttliche Mythos die himmlische Jungfrau zwischen den drei Welten wandelnd und vermittelnd,

Kore, die Tochter der Demeter, welche drei Viertel des Jahres in den oberen und ein Viertel in der Unterwelt bei dem Unterweltsgotte Hades zubringt.

Gleich einer menschlichen Jungfrau, die noch unberührt von den gröberen Seiten des irdischen Lebens, aber doch schon zum vollen Bewußtsein ihrer ganzen menschlichen Wesenheit erwacht ist, also dem Kindesalter schon entwachsen, aber doch noch keine Frau des irdischen Lebens, so ist *Kore* im vollen Bewußtsein der ihr eigentümlichen Welten, und doch nicht ein Wesen, das ganz der irdischen Sphäre angehört. Der bei der menschlichen Jungfrau rasch vorübergehende *Zwischenzustand*, in dem sie noch gleichsam im Jenseits lebt und dadurch den besonderen Reiz erhält, der bewirkt hat, daß die Jungfrau zu allen Zeiten der Kultur eine hohe Schätzung erfahren hat, dieser macht das Wesen aus, das der Göttin dauern eigentümlich ist. Und wie die Göttin in der Bildung aller Umwelten waltet, so schafft sich auch jede Jungfrau eine Welt um sich, eine seelisch betonte Welt, die freilich bald einer anderen irdischeren Gestaltung weichen wird.

So auch darf Kore, die Göttin, in den von ihr gebildeten Welten nicht verbleiben, sondern muß alsbald ihr Werk unter erschwerten Bedingungen, in einer niedrigeren und beengteren Sphäre von neuen beginnen.

Und darum ist auch *Kore* als kosmische Macht eine *tragische Gestalt*. Ihre Tragik liegt darin, daß sie immer gezwungen ist, in die niedrigere Welt zu gelangen, und daß sie anerkennen muß, daß jede Weltenbildung nur durch Beschränkung auf bestimmte Dimensionen möglich ist, obwohl ihr innerstes Wollen, die Schaffung der Umwelten, doch zunächst eine Ausweitung und Verbreiterung des Bewußtseins bedeutet.

Aber das Tragische auf der kosmischen Eben ist nicht ein vorübergehender, sondern ein dauernder Zustand, denn das Sein der kosmischen Mächte vollzieht sich nicht in jenem Ablauf der Zeit, der uns Irdischen den Tod bringt, es ist gespeist vom Hauch der Ewigkeiten, und auch Kore schafft nicht nur die eine menschliche Umwelt, sondern alle Weltgestaltungen auf den Wandelsternen, seit jeher und immer und für alle Zeiten ihrer Umläufe um den Helios.

Da sie aber auch für den Menschen viele verschiedene Umwelten geschaffen hat, wurde sie auch bei den Alten in verschiedenen Gestalten verehrt. Sie ist es, in deren Erscheinen sich den Alten die *Landschaft* belebt hat. Sie ist es, deren Wesen in allen *Nymphen*, *Najaden* und *Dryaden* sich spiegelt. Wenn die Landschaft, wenn der Wald, der Hain, die einzelne Baumgruppe, wenn das Meer und die Flüsse und Quellen, wenn die Wolken und die Luft und der Anhauch des Windes Leben gewinnen, dann erscheint den Menschen in ihnen die Gestalt und das Antlitz der Jungfrau mit den Rätselaugen. Sie verlockt und entzieht sich doch der Nähe, sie verführt, ihr zu folgen, und entschwindet doch in der Ferne. Der Zauber der Umwelt kann nur gefühlt, nie aber ergriffen werden. So ist das Wesen der Jungfrau: ihr Reiz verlockt, aber wenn sie ergriffen wird, verwandelt sie sich in das Weib. Denn ihr Reiz liegt in der Unberührtheit.

Darum ist die Jungfrau alle unberührte Natur geweiht und alles, was den Menschen mit der naturnahen Umwelt verbindet. Sie lebt in den *Feen*, in den *Elfen*, und sie ist in den verzauberten Prinzessinnen aller Märchen zu finden. Die Welt des *Märchens* ist ihre erste Umweltgestaltung. Und im Märchen auch wird ihre Beziehung zur Unterwelt dargetan. Denn die Verzauberung bedeutet eben das Gebanntsein in die Unterwelt. Auch ist die Prinzessin immer begleitet von den Zwergen, den Unterweltsgestalten des Märchens.

Wie aber die menschliche Behausung in die Landschaft hineinwächst und mit ihr eines wird, sei es als Burg, Turm oder als Stadtbild, so lebt die himmlische Jungfrau auch als Schutzgeist in den Stätten der Menschen und wird zur Schirmherrin einer ganzen *Stadt*. So haben die alten Griechen ihre herrlichste Stadt, Athen, der Parthénos geweiht, auf diese Weise zum Ausdruck bringend, daß sie ihnen selbst ein Märchen, ein unberührbares Heiligtum bleiben sollte, das Sinnbild hoher Kultur.

In solchen Zusammenhängen tritt freilich auch die andere Seite der Jungfrau ans Tageslicht, nämlich ihre *Klugheit*, die im Märchen weniger zum Ausdruck kommt. Besteht doch die Umwelt nicht nur in dem einheitlichen Bild der umgebenden Landschaft, sondern auch in dem Zusammenhang der einzelnen Dinge untereinander. Diesen Zusammenhang der Dinge herzustellen, liegt darum im Wesen der Kore. In der Art aber, wie sie es tut, zeigt sich ihre Klugheit, je nachdem ein Zusammenhang entsteht, der dem Menschen nützt oder schadet.

In dieser Bewußtseinslage also entdeckt der Mensch viele für ihn brauchbare Verbindungen der Gegenstände. Es geschieht durch Kombination in der Anschauung, nicht auf begrifflichem Wege. Auf diese Weise wird das Werkzeug ausgebaut. Von dem einfachen Werkzeug, das nur in einem einzelnen Gegenstand besteht, gelangt der Mensch durch Kombination bis zu vielfach zusammengesetzten Maschinen. Das wichtigste dieser kombinierten Werkzeuge ist das *Rad*, welches denn auch zum Symbol der Jungfrau geworden ist. Alles, was mit dem Rad bezweckt und erreicht wird, vor allem der *Wagen*, hat eine Beziehung zu der Umwelt als Landschaft. Auch sehen wir in der Achse des Rades wieder die *Vertikale*, um die herum die Welt zu einer Umwelt wird, so wie um die Vertikale, die durch den aufrecht gehenden Menschen hindurchgeht, der *Horizont* seiner Umwelt als Rad sich herumlegt.

Der Wagen ist es, der dem Menschen die Landschaft erschließt, indem er ihm die Möglichkeit des Reisens eröffnet. Ebendadurch wird er langsam Herr seiner Umwelt. Und noch jetzt, im Zeitalter der entwickelten Technik, ist jedes Werkzeug der Fortbewegung mit dem Rad verbunden, sogar noch das Flugzeug, wo es in Gestalt des Propellers erscheint.

Die erste Beziehung des Menschen zur Umwelt geschieht freilich nicht durch das Reisen, sondern durch *Wandern*. Ganz etwas anderes ist doch das Wandern als das Nach-außen-Stürzen des Helios. Denn der Helios sucht ein Ziel, und es entsteht vor seinem gerichteten Blick der Gegenstand. Aber der Wanderer kennt sein Ziel nicht. Er kann es mit seinem Blick noch nicht erreichen. Er läßt sich in die Landschaft hineinziehen. Es sind die magnetischen Kräfte der Jungfrau, die ihn an sich ziehen, nicht die elektrischen Spannungen, die den Helios antreiben. Merkwürdig, daß der Handwerker, der das verfeinerte Werkzeug beherrscht, immer auch der Wanderbursche ist, der mit leichtem Gepäck von Ort zu Ort zieht, ohne ein bestimmtes Ziel zu haben.

Die Eigenschaften, welche die Bewußtseinsstufe der anschaulichen Umweltbildung für den Menschen mit sich bringt, entsprechen aber nicht so eindeutig den Merkmalen der Geschlechter wie die der Verkörperung und der Vergegenständlichung. Im Gegenteil, es sind männliche und weibliche Typen auf dieser Stufe gleicherweise denkbar. Darum hatten die Alten auch einen männlichen Gott, der ihnen der Beherrscher der Umwelten und ihrer wechselweisen Verbindung war, nämlich den *Hermes.*

Diesem griechischen Hermes entsprach bei den alten Ägyptern der Erfindergott *Thoot.* Erfinder aber sind beide Gottheiten durch ihre besondere Fähigkeit, aus den einzelnen Dingen durch Zusammensetzung etwas Neues herzustellen. Dies geschieht immer auf der Bewußtseinsstufe des anschaulich, also dinghaft Gegebenen, nicht aber etwa auf der begrifflichen. Es tritt also zu der Bewußtseinsstufe der Umweltbildung als stärkstbetonter die der einfachen Gegenständlichkeit als zweitbetonte hinzu. Da der Stufe der Gegenständlichkeit aber der *männliche* Charakter wesentlich ist, so erscheint auch der Erfindergott in männlicher Gestalt.

Hermes ist vor allem der Bote der Götter, aber auch derjenige, der die Seelen der Verstorbenen in den Hades

geleitet. So verbindet auch er die drei dem Menschen erscheinenden Welten. Daher wird er auch zum Gott der
Wege und Straßen und zum Wegweiser in der irdischen
Welt. Alles auf *Geschicklichkeit* und geschickter Kombination Beruhende ist sein Gebiet. Er erfindet also nicht nur
die komplizierteren Werkzeuge, sondern auch die im
Anschaulichen liegenden Elemente der *Rechenkunst,* das
Zählen, und also *Maß* und *Gewicht.* Diese aber bilden die
Grundlage des Handels, und darum ist er der Gott der
Kaufleute und jeglichen Verkehrs.

Aber auch die *Buchstabenschrift* beruht auf Kombination anschaulicher Elemente, und auch sie dient dazu, Verbindungen zwischen den Menschen herzustellen. Darum
wird also auch die Erfindung der Schrift auf seine Einwirkung zurückgeführt. Apollos Sprache ist die reine Poesie,
denn sie dient nur dem Ausdruck, seine Worte sind ein
Lied, dieses wird weitergetragen von Mund zu Mund. Aber
mit der Hermes' Rede beginnt die *Prosa.* Sie dient der sachlichen Mitteilung. Und darum liegt es auch nahe, sie in der
Schrift sie wiederzugeben.

Mit dieser Stufe der Umweltbildung und also auch der
Verbindung der Dinge untereinander setzt ein Prozeß ein,
der in der Entwicklung des menschlichen Bewußtseins eine
Wende bedeutet. Es beginnt nämlich die Ablösung der
Vorstellungsbilder aus der Erlebnisverbundenheit. Die *Objektivität* kommt hier zum erstenmal zu ihrem Recht. Aber
damit beginnt auch leise eine Wandlung des Lebensgefühles
sich zu vollziehen: Auch hier hebt die Prosa an.

Alle diese Gaben des Hermes wurden den Menschen am
Beginn einer jeden der auf der Erde entstehenden Hochkulturen bekannt. Zur Zeit aber, als der Frühlingspunkt der
Sonne im Zeichen der Jungfrau stand, etwa 13.000 bis
11.000 v. Chr., sehen wir noch keine entwickelte menschliche Kultur auf der Erde, wohl aber verschiedene Stämme
auf weite *Wanderungen* begriffen, die über die ganze Erde
reichten.

Das Zeitalter der genannten Erfindungen schiebt sich jedoch als vorübergehender Teil anderer Epochen in die Entwicklung hinein, hauptsächlich in jener Zeit unter dem Zeichen der Zwillinge, ungefähr 6500 bis 4500 v. Chr., in welchem Zeichen eigenartigerweise Hermes als der Planet *Merkur* als Herrscher angegeben wird.

Dem Hermes entspricht als weibliche Gottheit derselben Bewußtseinsstufe die Göttin *Athene* bei den Griechen und *Neith* bei den Ägyptern. Daß bei der weiblichen Gottheit die an sich weiblich erscheinende Bewußtseinsstufe des organischen Körpergefühls an Stelle der männlich erscheinenden der Gegenständlichkeit als zweitbetonte zu der der Umweltbildung hinzutritt, ist natürlich.

Darum erscheint es auch als richtig, daß die Stufe der Umweltbildung durch zwei Gottheiten, eine männliche und eine weibliche, dargestellt wird, je nachdem, ob die Stufe der Gegenständlichkeit oder des organischen Körpergefühls als zweitbetonte hinzukommt.

Daß Athene ihrem bevorzugten Land Attika den *Ölbaum* schenkte, erinnert noch an ihre Verbindung mit den Baum- und Quell- und anderen Naturwesen. An Stelle des Webens bringt sie den Menschen die kunstvolle Geschicklichkeit erfordernden Gaben des Stickens und Nähens und aller weiblicher Kunstfertigkeiten.

Zugleich ist Athene freilich auch die Göttin des Krieges. Aber nicht des eigentlichen Kämpfens, sondern, wie es ihrer Bewußtseinsstufe entspricht, des *kunstmäßigen Krieges* und der Anwendung kriegerischer Werkzeuge, deren Erfinderin sie ist.

Auch im indischen Göttermythos gibt es eine kriegerische Jungfrau, die *Durga Pondjah*. Sie erscheint wie Hermes als Abgesandte der Götter und hat die Aufgabe, Ordnung in die von dem Geisterfürsten Mahischassur gestörte Weltgliederung zu bringen. In ihren zehn Händen trägt sie zehn verschiedene Waffen, was wohl auch auf die Mannigfaltigkeit ihrer Erfindungsgabe hinweist.

In der Welt des Märchens stellt der Prinz die männliche Gestalt dieser Bewußtseinsstufe dar. Es ist auch eigentümlich, daß im Märchen der männliche Held, also der Prinz, nie durch Gewalt und Kraft siegt wie der Held in der Sage, sondern stets durch seine jugendliche Unschuld oder seine Klugheit und Geschicklichkeit; damit dokumentiert er sich als echter Ermistypus, der im Märchen noch mit der Poesie der Elfen und Nixen verwoben erscheint.

Die *Loslösung* der auf der Stufe der Umweltbildung miteinander in neue Verbindung tretenden Dinge aus ihrer unmittelbaren Erlebnisverwobenheit in der menschlichen Seele vollzieht sich aber auf dieser Stufe allmählich. Und darum ergeben sich verschiedene Ausprägung, die auf diesem Übergange stehen.

Mit der Loslösung entsteht aber hier auch zum erstenmal die Möglichkeit *verbrecherischen* Eingriffs. Der Mensch sieht die Möglichkeit, die Dinge untereinander zu verschieben, indem er die ursprüngliche Verbundenheit, in der sie zu einem Subjekt, einem menschlichen Ich, stehen, absichtlich außer acht läßt. Daraus aber entsteht die *Dieberei*; und, da er mit Worten dasselbe machen kann wie mit Dingen, die *Lüge*.

Auch diese Seiten der Bewußtseinsstufen der Umweltbildung hat der Mythos erfaßt. Und so sehen wir, daß der griechische Hermes, der die am weitesten ausgebildete Form dieser Bewußtseinsstufe darstellt, auch der Gott der Diebe und Lügner ist. Unabhängig von allen moralischen Bedenken hat der Mythos auch die negativen Seiten dieser Bewußtseinslage aufgegriffen und sich nicht gescheut, auch diese dem Gott zuzuschreiben. Und damit bezeugt er erst seine große Tiefe. Diese Götter sind nicht aus einem Begriff entstanden. Sie sind aus der Erfahrung genommen. Sie sind Wirklichkeiten. Diese Götter *leben*...

Geschicklichkeit und Poesie, handwerkliche Fertigkeit und anschauliche Kombination werden in einer der Künste vor allem anderen gefordert, nämlich in der *Malerei*. Sie gehört darum auch auf die Stufe der Jungfrau, obwohl sie freilich von den Alten weder dem Hermes noch der Athene zugeschrieben wurde, sondern in der Gabe der Kunstfertigkeit mit gemeint ist. Sie ist Darstellung der Umwelt. Und die Täuschung, die in der Kunst im allgemeinen liegt und hier mit bewußter Absicht verfolgt wird, ergibt sich auch eben aus der allmählichen Ablösung der Umweltzusammenhänge aus der Erlebnisverbundenheit dieser Stufe. Übrigens scheint die Kunst der Malerei eine der ältesten Erfindungen der Menschen zu sein, denn schon in den Höhlenzeichnungen der Primitiven sehen wir ihren Beginn. Wahrscheinlich ist sie somit eine Erfindung schon des *Jungfrauzeitalters.*

Das sichtbare himmlische Zeichen der Jungfrau ist der Planet *Merkur,* der, nahe der Sonne stehend, den raschsten Umlauf von allen Planeten um sie vollendet. Die kurzen Rhythmen seiner Wiederkehr und der Aspekte, die er bildet, zeigen die kluge Wendigkeit an, mit welcher auch der Mensch seine merkurischen Kräfte gebraucht, sowie die Häufigkeit ihrer Anwendung. Es ist das Tempo des Alltagslebens, des Marktes mit seiner vielfachen Beweglichkeit.

Das *Mysterium* einer Gottheit zeigt immer die innerliche, die dem profanen Blick verborgen bleibenden Seite eines großen Tatbestandes auf. Wenn demnach Kore den Menschen als die Macht erscheint, die ihn mit verschiedenen Welten umgibt, die ihm den Zusammenhang der Dinge untereinander und damit die Loslösung dieser Dinge aus der seelischen Verwobenheit aufzeigt, so wird ihnen in der Einweihung in die Mysterien der Jungfrau die verborgen bleibende Kehrseite aller Verweltlichung, die Verbundenheit der Dinge mit der Innerlichkeit zum Bewußtsein gebracht. Dadurch entsteht in den Menschen die Innewerdung dessen, daß es auch *höhere Weltzusammenhänge*, als der irdische ist, geben kann. Der *Aufbau* der *höheren Welten* ist der große geheimnisvolle Zusammenhang, von dem im irdischen Leben unmittelbar nur der eine Teil, die dreifach ausgedehnte irdische Sphäre, sichtbar ist.

Durch eine Wandlung des Bewußtseins von der Erlebnismitte nach außen geht der Mensch über die organische Eigenempfindung und die empfindliche Wahrnehmung der ihm gegenüberstehenden Dinge zu der Gewahrwerdung der ihn umgebenen Umwelt über. Durch die Einweihung in die Mysterien wird das Bewußtsein zu einer Rückwendung auf sich selbst gebracht, und der Mensch wird der Fähigkeit inne, auch höhere Weltzusammenhänge ahnend zu erfassen. Er erschaut *Himmel und Höllen.*

In der griechischen Welt waren die Mysterien der Kore mit denen der Demeter zu den *eleusinischen* vereinigt. In dem Handelsstaate der Phönizier aber gab es die *Mysterien* des Gottes Thoot. Von dorther stammte auch die *hermeneutische Kunst*, das ist die Kunst der Auslegung aus den Buchstaben, aus welcher sich die tieferen Zusammenhänge gewinnen ließen. In späthellenischer Zeit gaben die Gnostiker eine Einweihung in die Mysterien der Kore unter dem Namen der *Pistis Sophia.*

Ganz wie es der Bewußtseinsstufe, auf der die anschauliche Kombination die wesentliche Form ist, entspricht, bezog sich die hermeneutische Kunst nicht auf eine gedankliche Erfassung des tieferen Sinnes bestimmter heiliger Schriften, sondern auf die Kombination des anschaulichen Schriftbildes der einzelnen Buchstaben. Aus diesem kam man zu allegorischen Deutungen der gegebenen Texte. Diese Kunst wurde in der vorderasiatischen Welt lange Zeit geübt. Noch in den Zeiten des frühen Christentums breitete sie sich von dorther über den ganzen hellenistischen Kulturkreis aus.

Gleich allen göttlichen Gestalten, deren betonteste Stufe eine Stufe der Wandlung und nicht der Rückwendung des Bewußtseins ist, hat auch Kore ihr Antlitz der Erde zugewendet, aber abwechselnd hebt sie ihren Blick von der Erde empor zu der Himmelswelt oder durchdringt mit ihm das Erdinnere bis zu dem Schattenreich. Darum ist sie mehr als alle anderen Mächte mit dem Dämonischen verwoben. Aber freilich hat ihr Bewußtsein wie das jeder kosmischen Macht noch ganz andere Stufen als die, welche das menschliche Bewußtsein umfaßt. Denn gerade das, was dem menschlichen Bewußtsein fremd und unerreichbar bleibt, daß sich aus den wahrgenommenen Gegenständen eine Umwelt herausbildet, das ist in die bewußte Gewalt der kosmischen Macht gegeben.

Die eine bestimmte Bewußtseinsstufe aber, die für die göttliche Jungfrau die vorherrschende ist, nämlich die der aus den Dingen entstehenden Umwelt, hat der Mensch mit ihr gemeinsam. Und alle Menschen, bei denen auch diese Stufe die vorherrschende in ihren Bewußtsein ist und dadurch die eigentliche Wirklichkeit für sie darstellt, bilden darum mit ihr einen *Typus*. Dies heißt aber nicht, daß diese Menschen und ihre Schicksale wie Teile ihrer kosmischen Macht anzusehen sind, noch auch, daß sie diese Macht verkörpern und auf der menschlichen Ebene darstellen sollen. Nein, denn jeder einzelne Mensch ist eine Wesenheit für sich. Aber diese Menschen sind ihrer Natur nach dieser göttlichen Macht verwandt wie keiner anderen, und sie leben darum mit ihr wie in *einer* Welt.

Darum ist diesen Menschen auch eine Gemeinsamkeit in ihren Schicksalen eigen, und ihr Schicksal ist verwandt mit dem der Göttin. Es ist bestimmt durch das *Gesetz der Verweltlichung*.

Nach diesem Weltgesetz steht Kore in diametralem Gegensatz zu der göttlichen Yogini *Amphitrite*, welche das Prinzip der *Entweltlichung* darstellt. Denn Kore läßt aus den Gegenständen die Welten entstehen, die Yogini aber löst sie auf in Erlebnis und Innerlichkeit. Kore schafft die Umwelten, in denen zuerst die Innerlichkeit der Seele noch schwingt, aber allmählich lösen sich die Weltzusammenhänge von der Erlebnisverbundenheit ab. Die Yogini aber führt sie in die Erlebnisverbundenheit zurück, indem sie hinter allen wahrgenommenen Zusammenhängen das lebendige Du zeigt, die Seele der anderen Wesen, unserer Brüder. Durch Kore verfestigen sich die Weltzusammenhänge und werden irdisch, durch Amphitrite lockern sie sich wieder auf zu einer Welt der Seelen.

Darum bedeutet auch die Heraufkunft des Reiches der großen Yogini das Ende des Reiches der Jungfrau. Da aber sich beide in ihrer Gegensätzlichkeit wechselweise bedingen, reichen sie einander friedlich die Hände wie Schwestern.

Die Gefahr, die von der Einstellung auf die Ebene der Jungfrau ausgehen kann, liegt also in allzu großer Ablösung der Dingzusammenhänge von der seelischen Innerlichkeit des Menschen und in der dadurch entstehenden Verschiebbarkeit der Dinge, durch welche ihre Entfremdung von der Seele noch weitergetrieben wird. So kann sich der Mensch leicht an die gefundenen Zusammenhänge der Dinge verlieren und gerät dadurch in den Zustand der *Vielgeschäftigkeit*. Damit beginnt er aber selbst seelenlos zu werden und in Kleinigkeiten aufzugehen. Darin besteht nämlich die *Verführung*, der der Mensch nur zu leicht erliegt. Durch die Verweltlichung wird er verführt und entfernt sich dadurch von seinem wahren Ich. Er läßt es verdorren. Und wenn er kein Maß kennt, sich mit dem „Verschieben" der Dinge zu befassen, wird er zuletzt ein Dieb und Verbrecher.

Der Mensch als Jungfrautypus ist derjenige, der stets eine Welt um sich schaffen will, um sein Dasein zu erfüllen und auszuweiten und der eben durch diese Weltzusammenhänge zuletzt eingeschnürt und in Grenzen eingefangen und in Fesseln geschlagen wird.

Dieses Eingefangensein wird dem Menschen auch bewußt als das Gebanntsein an den eigenen Körper, aus dem er nicht heraustreten kann, um sich die Welten zu erstrecken, die er rund um sich, über und unter sich gewahr wird. Diese Sehnsucht der menschlichen Seele, überall zu sein, ist symbolisch ausgedrückt durch den luftigen Planeten Merkur im Erdzeichen der Jungfrau als Sternbild, dessen Erdhaftigkeit die gleichzeitige Festbannung an das Irdische anzeigt.

Die neue, dem Menschen wesentliche Gerichtetheit in den Raum wird also angedeutet durch die *Vertikale*, sie ist die eigentlich menschliche Linie, während das tierische Bewußtsein sich hauptsächlich in der Horizontalen erstreckt. Das Tier sieht in der Regel den Himmel nicht. Der Mensch wird zum Menschen durch die Hinzunahme dieser dritten Dimension. Damit hängt es zusammen, daß er sich aufrichtet und die Hauptachse seines Körpers die Vertikale ist. Die Jungfrau, die also die Verbindung der drei Welten in der Vertikalen schafft, ist darum ein Sinnbild des Menschen überhaupt.

Die Spirallinie des Tanzes liegt noch ganz in der Horizontalebene, ebenso die Ellipse des Kämpfers, erst die Jungfrau erhebt ihren Blick in der Senkrechten empor zum Himmel. Die *Ikarus-Sehnsucht*, emporzufliegen, ist in ihr lebendig. Wenn dem Demetertypus als räumliche Bewegung der Tanz entspricht, dem Helios der Zweikampf, so entspricht der Jungfrau das *Fliegen*, das Sicherheben in die lichteren Regionen des Himmels, der Sturz nach oben, der aber stets in tragischer Weise sich in einen Sturz abwärts verwandelt.

In der Welt des Märchens freilich ist das Fliegen keine Unmöglichkeit. Die Elfen und Feen und anderen Zwischenwesen bewegen sich fliegend, wohin sie wollen, und nehmen auch die von ihnen beschützten Menschen oft auf ihre wunderbaren Flügel. Auch der Gott Hermes trägt als Zeichen seiner Fähigkeit, zwischen den Welten sich zu bewegen, Flügel an seinen Füßen oder an seiner Kopfbedeckung.

Der Mensch hat das Fliegen erst auf Grund der Entwicklung anderer Bewußtseinsstufen und Fähigkeiten gelernt, als jene sind, welche die Stufen der Jungfrau vermittelt.

Darum ist sein Fliegen ganz anderer Art. Er ist dadurch auch nicht in höhere Welten aufgestiegen, sondern trotzdem in der irdischen befangen geblieben.

Die *erste* Ausprägung des Jungfrauwesens also ist *Kore*. In ihr ist die Weltenbildung noch ganz erlebnisgebunden.

Auf der zweiten Stufe des Umweltbewußtseins, auf der sich die allmähliche Loslösung der Dingzusammenhänge vom seelischen Erlebnis schon vollzieht oder vollzogen hat, stehen die Götter *Hermes* und *Athene*, eine männliche und eine weibliche Gestalt als zweite Ausprägung der Jungfrau.

Die *dritte* Ausprägung bilden die Zwischenwesen des *Märchens*, die Elfen, Feen, Nixen, Nymphen, Najaden und Dryaden. Sie entsprechen in ihrer Art der Kore. Die Prinzen und Prinzessinnen des Märchens wieder bilden männliche und weibliche Gestalten auf derselben Stufe. Sie sind zwar noch ganz in den Märchenzauber verwoben, aber doch schon einen kleinen Schritt dem Irdischen, also der Loslösung, näher, haben sie jedoch noch nicht ganz erreicht.

Alle die Märchenprinzessinnen leben zwischen zwei Welten und haben eine Beziehung zur Unterwelt. So muß *Schneewittchen* sterben, weil sie den vergifteten Apfel geschluckt hat. Ihr Sarg ist aber nur aus Glas. Sie kann aus der Unterwelt wieder hervorkommen zum Leben. So sinkt *Dornröschen* und ihr ganzes Schloß in einen langen, todähnlichen Schlaf, aus dem sie nur durch einen Zauber befreit wird. *Aschenbrödel* wird vom Glanz des Festes nur in die einsame Küche an die Aschenputte verbannt, aber auch das bedeutet nur in leichter Verkleidung die Verbannung in die Unterwelt.

So wie die Geschichte der Kore wurden auch die Märchen als Jahreszeitenmythen gedeutet. Allein diese Deutung ist zu flach. In Wahrheit ist der Gedanke, daß die Seele in den Umwelten wie in Unterwelten gefangen ist, der wesentliche, und nur er erklärt den Zauber, der über den Märchen liegt.

Eine weitere Spiegelung des Jungfrauwesens können wir in der *Eva* des alttestamentlichen Mythos erkennen. Zwar erscheint Eva hier als die Verführerin, aber sie ist in gleichem Maße auch eine Verführte durch die Schlange. Und auch hier handelt es sich um einen Wechsel der Welten, der durch die Verführung verursacht wird. Denn das Paradies bedeutet die höhere Welt, die irdische aber, in welche das Menschenpaar nach der Vertreibung aus der höheren gelangt, eine Unterwelt im Verhältnis zu der paradiesischen. In dieser muß Eva dann all das erleiden, was das Schicksal jeder Jungfrau in der irdischen Welt bildet. Und der Fluch, mit dem beladen das Menschenpaar sie betritt, stellt den Zwang der Einengung dar, der mit dem Eintritt in die niedriger dimensionierte Welt verbunden ist. Die Schlange aber, die gleich einem Schatten dahinhuscht und deren Körper gleichsam nur *eine* Ausdehnung hat, ist ein Dämon aus dem Schattenreich und vertritt dieses in dem Mythos.

Der Eva steht im biblischen Mythos als eine weitere Spiegelung des Jungfrauwesens die Jungfrau *Maria* gegenüber. Maria wird nicht von der niedrigen Welt verführt, allein sie wird von der höheren Welt aus beauftragt, die Leiden der niedrigeren auf sich zu nehmen. Der Engel verkündigt ihr diese ihre Aufgabe. Sie wird in dieser niedrigeren Welt auch nicht bleiben, sondern in die höhere dauernd zurückkehren. In ihrer Bewußtseinslage schwingt die zweite Bewußtseinsstufe, die ihres diametralen Gegenteils, der All-Liebe, ebenso stark betont mit wie die der Umweltbildung. Darum ist sie das einzig geeignete Wesen, welches zur Gottesgebärerin ausersehen werden konnte.

Hierher gehört auch die Legende von den törichten und klugen Jungfrauen, die bezeichnenderweise die Klugheit als die wichtigste Eigenschaft der Jungfrauen hervorhebt.

Unter den griechischen Helden, also durch Verbindung mit der Bewußtseinsstufe des Helios-Apollo, finden wir den *Odysseus*, welcher durch seine weiten Fahrten und die dabei bekundete Schlauheit viel von dem Wesen des Hermes an sich hat. Auch führt ihn sein Weg sogar bis in das Reich der Unterwelt.

Die besondere Beschützerin des Odysseus auf seinen Reisen ist aber die Göttin Athene, was wiederum auf die Bewußtseinsstufe der Umweltbildung als die betonteste bei diesem Helden hinweist.

Stark verbunden mit der Bewußtseinsstufe des Koretypus erscheint die Gestalt der griechischen *Antigone*. Auch sie ist eine Jungfrau, auch sie vertritt gegenüber dem König Kreon die andere, in ihren Augen höhere Welt. Hier ist es die Tradition und Liebesverbundenheit des mutterrechtlichen Zeitalters mit den heiligen Sitten des Totenkultes, für die sie kämpft und ihr Leben einsetzt. Sie wird den toten Bruder Polyneikes begraben, auch gegen den Willen des Königs, der ihn den Raubvögeln zum Fraß hinwerfen ließ. Daß sie der König zur Strafe dafür nun selbst, und zwar lebendig, begräbt, indem er sie in eine Gruft einmauern läßt, ist wieder ein Hinweis auf die Einengung, die Antigone mit dem Abstieg in die Totenwelt auf sich nehmen muß.

Für die Frauen der späteren männerrechtlichen Zeiten erscheint überhaupt das Zeitalter der mutterrechtlichen Kultur, an das eine halb mythische Erinnerung bewahrt wird, leicht als eine vergangene höhere Welt, als ein goldenes Zeitalter. Und wirklich war der Frau damals wohl jede ihr erwünschte Freiheit gegeben, während die Jungfrau und ihre Bewußtseinslage recht eigentlich die Frau im Zustand der männerrechtlichen Zeit darstellen. Schon die Hochschätzung der Jungfräulichkeit als solcher durch den herrschenden Mann bedeutet eine Einengung der freien Entfaltung des weiblichen Wesens, die gewaltsame Übertragung des vom Manne geforderten weiblichen Ehrbegriffs eine weitere. Aus dieser Einstellung heraus wird die Mutterschaft ohne die vom Manne erfolgte Anerkennung zu einer Schande und Schmach und einer Tragödie für die Mutter.

Kore ist die gefangene, die in Unfreiheit gebrachte Frau, die Frau, wie sie im Vaterrecht entstehen kann. Ihres Kindes beraubt, in die Gewalt des Mannes gesetzt, ist sie selbst als Königin, wie Persephone in der Unterwelt, eine Machtlose und Gefangene. Sie kann nur siegen durch das Gefühl und durch die Anerkennung ihres den Mann fremdartig und magisch berührenden seelischen Seins. Sie erscheint ihm zuweilen als ein Wesen, das aus einer anderen Welt zu ihm gekommen ist. Ein „Mädchen aus der Fremde", das zarte und fremdartige Gaben austeilt.

Als solche erscheint sie später besonders den Dichtern in der romantischen Epoche der Kulturentwicklung. Die *Romantik* ist eine späte Wiederbelebung der Märchenwelt. *Diotima* und alle anderen Mädchengestalten der romantischen Dichtung sind Spiegelungen des Korewesens, sind die Jungfrau in einem neuen Gewand.

Eine ganz auf der menschlichen Ebene liegende Spiegelung des Jungfrauwesens ist demgegenüber die Tragödie *Gretchens*. Verführt und verlassen, von ihrer Umwelt verstoßen und verurteilt, wird sie zu dem ihrer Natur unnatürlichsten Verbrechen getrieben, zur Ermordung ihres Kindes. Sterbend und sühnend wird auch sie wieder emporgehoben in die höhere Welt ihrer ursprünglichen Reinheit, die sie verloren hat, und zeigt uns so auch das Wesen einer mit der ihr fremden Umwelt in Konflikt kommenden Seele.

In diesem Zusammenhang gehören die Jungfrauen, die den Tod dem Verlust ihrer Jungfräulichkeit vorziehen. So *Virginia*, die Tochter der Römers Virginius, die von ihrem Vater erstochen wird, um sie nicht in die Hände des Dezemvirn Claudius fallen zu lassen, oder in näher liegender Zeit *Emilia Galotti*, welche das gleiche Schicksal erlitt.

Auch die kriegerische Jungfrau hat auf der menschlichen Ebene eine Spiegelung erhalten in der Gestalt der *Jungfrau von Orleans*. Diese kämpft auch nicht für sich und die Ihrigen, sondern ergreift Rüstung und Waffen im Auftrag einer höheren Welt. Ihr Schicksal wendet sich alsbald zum Tragischen, denn auch an sie tritt die Verführung heran, und sie verliert dadurch ihre überirdischen Kräfte und endet als Gefangene.

Eine ganz eigenartige Spiegelung der göttlichen Jungfrau ist die Gemahlin des Großmoguls Jahan, die Perserin *Mumtaz-i-Mahal*. Welch ein Zauber muß von dieser Frau ausgegangen sein, wenn sie würdig des größten Wunders aller Grabdenkmäler der Welt, des Tadsch Mahal, gewesen ist. Es heißt von ihr, daß sie, obwohl sie in den vierzehn Jahren ihrer Ehe mit dem Mogul diesem dreizehn Kinder geschenkt hat, aus jeder Geburt wieder wie eine unberührte Jungfrau hervorgegangen sei. Wenn ihr auch alle Hilfsmittel der Pflege zu Gebote standen wir nur einer Kaiserin, so muß sie doch noch außerdem die Gabe besessen haben, den Zauber ihres Wesens immer neu zu entfalten, eine Gabe, um die sie wohl die meisten Frauen beneiden können. Damit scheint das Wesen der Jungfrau an eine äußerste Grenze gekommen zu sei, dahin, wo sie ihr eigentümliches Schicksal, nämlich aus dem Zauberhaften in das Irdische hineingezogen zu werden und damit den Zauber zu verlieren, überwunden hat, an einen Punkt, an dem das Himmlische den Sieg über das Irdische davonträgt und sich im Irdischen verwirklicht.

An dieser Grenze steht auch Psyche, die Heldin des spätantiken Märchens von Amor und Psyche, in dem die Psyche als das Jungfrauwesen selbst schon den Namen „Seele" trägt. Auch Psyche unterliegt einer Verführung, freilich hier einer himmlischen durch den Gott Eros selbst. Nach vielen Leiden und Wanderungen, auf denen sie auch in den Hades geschickt wird, findet sie zurück in die himmlische Seligkeit an der Seite des Geliebten. Aber ihre Schönheit war auch über das Maß des Irdischen hinaus, darum steht auch sie an der Grenze zu einer anderen Bewußtseinsgestalt.

Im menschlichen Lebenskreise ist jede *Jungfrau*, solange sie im Reiz des erwachenden Mädchentums prangt, so etwas wie die Verkörperung einer anderen, besseren Welt.

Darum hat die Jungfrauenschaft eine besondere Weihe und priesterliche Schätzung bei den Völkern erhalten, abgesehen von der Schätzung der körperlichen Unberührtheit durch den Mann. Unter ihren Typus gehören viele von den Frauen, welche in irgendeiner Weise über den häuslichen Lebenskreis hinausgewachsen sind.

Sie sind nicht so ausschließlich auf das Kind eingestellt wie der mütterliche Typus, sondern bewegen sich freier und weit herum, oft das Haus verlassend. Ihr Interesse gehört Arbeiten, die mit Kunstfertigkeit, Geschick und Erfindungsgabe ausgeführt werden müssen. Oft sind sie Näherinnen und Stickerinnen; eine große Ordnungsliebe, manchmal bis zur Pedanterie gesteigert, zeichnet sie aus. Durch diese Eigenschaften und die daraus entspringenden Leistungen machen sie sich dem häuslichen Leben unentbehrlich und stellen den äußeren Umweltkreis um dieses herum vor. In der entwickelteren Kultur arbeiten sie auch gerne im Kaufmannsstand, sei es als selbständige Kauffrauen oder als Verkäuferinnen und verschiedenartige Beamtinnen in größeren Betrieben. Sie haben entschieden die Fähigkeit, sich einer sachlich gebundenen Welt einzufügen, ganz entgegengesetzt dem mütterlichen Typus der Frau, die immer geneigt ist, jede äußere Ordnung zu durchbrechen.

Aus diesen Eigenschaften heraus eignet sich der Jungfrauentypus auch sehr zur Erzieherin, Lehrerin und Lenkerin der Jugend. Dieser Typus hat die Fähigkeit, auch im kindlichen Leben das Prinzip der Ordnung und Disziplin zur Geltung zu bringen. Er lehrt die Jugend die einfachen merkurischen Fähigkeiten, das anschaulich-kombinatorische Rechnen, die Kenntnis der Buchstaben und des Schreibens.

Der ins *Männliche* gewendete Typus, der diese Bewußtseinsstufe der Umweltgestaltung verwirklicht, ist Handwerker, Kaufmann, Lehrer und der sich einem schon vorgefundenen Rahmen einer Umweltsgestaltung einfügende

Beamte, dessen Aufgabe es ist, eine Ordnung in freilich vom Erlebnis entfernten Zusammenhängen herzustellen.

Im Wesen des Menschen liegt es, daß jede Gestaltung, die es annimmt, zu einer *Problematik* führt. Jede Durchbildung zu einem Typus schließt auch die Möglichkeit der Einseitigkeit in sich. Die Betonung einer bestimmten Bewußtseinsstufe kann zur Verdrängung, ja Auflösung anderer führen.

Beim Jungfrauentypus entsteht nun, wenn die Kräfte der Umweltbildung dominierend werden, die Loslösung der Umweltdinge von der Erlebnisseite und damit eine Zurückdrängung des Seelischen im Menschen. Man verwechselt den daraus sich ergebenden Typus oft mit dem „Verstandesmenschen", man findet sie berechnend und in diesem Sinne materiell gesinnt. In Wirklichkeit handelt es sich bei ihnen aber nicht um eine bewußte Anwendung des Verstandes, sondern nur um einen sozusagen immanent, in den Dingen selbst wirkenden Verstand. Es ist vielmehr ein Verhaftetsein an die Dingzusammenhänge der äußeren Welt, denen diese Menschen unterliegen. Mit der Verweltlichung geht die *Entseelung* Hand in Hand.

Diese Überbetonung der Dingzusammenhänge und damit die Zerstörung der seelischen Ichkräfte ist das zu Fürchtende, das *Böse*, das aus dem Jungfrautypus hervorgeht; sie werden zuletzt zu Trägerinnen des Alltagsbewußtseins, der Prosa, obwohl doch gerade sie zuerst diejenigen waren, die von Poesie ganz umgeben schienen.

In dieser Loslösung der Dingzusammenhänge vom Seelischen entstehen die Spannungen, die zuletzt zu Konflikten werden. Das Bewußtsein der göttlichen Kore – und des Gottes Hermes – ist über diese Spannungen erhaben, und es umfaßt ja auch nicht nur die irdische dreidimensionale Welt, sondern es sind ihr noch andere Welten offen. Indem sie zwischen diesen Welten wandelt und vermittelt, findet sie den Rhythmus ihres Lebens. In ihm kehrt sie in ewig erneuter Welt zu sich selbst zurück. Sie ist eine *astrale* Gestalt.

Aber das menschliche Bewußtsein reicht nur über die irdische Welt und kann sich die Ahnung der anderen nur mit großen Anstrengungen erobern. Die menschliche Jungfrau bleibt trotz aller poesievollen Verklärung doch eben eine *irdische* Gestalt.

So wie nun die göttliche Jungfrau Kore immer aufs neue aus der himmlischen Welt herab in die irdische und unterirdische sich begeben muß, so hat auch die menschliche Jungfrau, wenn sie zum Bewußtsein ihrer Entwicklungsstufe kommt, den Wunsch, etwas aus der ihr innerlich mitgegebenen Welt in die irdische hineinzutragen. Sie möchte ihr an Stelle des Gesetzes der brutalen Gewalt, die jene beherrscht, das Gesetz der Seele geben. Allein sie ahnt schon, daß ihre Kräfte nicht ausreichen werden, darum ist sie zurückhaltend und schamhaft. Sie kann ja nur sich selbst und das Leben ihrer Seele darbringen. Und so kann sie nur geschehen lassen, was eben geschehen muß und was ihr Schicksal ist. Versucht sie aber darüber hinaus mit eigenen Kräften aktiv einzugreifen, dann ist sie auch schon der drohenden Entseelung verfallen. Und so bleibt sie auch als menschliche Erscheinung immer eine tragische Gestalt. Die Leiden dieser Welt bleiben ihr nicht erspart.

Der Übergang aber von der Bildung der seelisch gebundenen Welt zu jener der vom Erlebnis der Seele sich loslösenden Dingzusammenhänge ist ein Kampf. In diesem Kampf stellt die Jungfrau ein retardierendes Moment dar. Um ihn zu bestehen, muß sie alle ihre Bewußtseinskräfte aufwecken, und eben dadurch wird sie dazu gedrängt, ihre Persönlichkeit auszubilden und ihr Seelisches zum Ausdruck zu bringen.

Daraus aber ergeben sich die verschiedenen Entwicklungsstufen des menschlich-jungfräulichen Typus. Diese Entwicklung liegt offenbar darin, die gewonnenen Weltzusammenhänge so in das Erlebnis zurückzunehmen, daß der erste Zauber wiederhergestellt erscheint. Diese Eigenschaft besitzt vor allen anderen die unberührte Natur, weshalb sie ja auch jungfräulich genannt wird. Nun hat es die Natur gewissermaßen in dieser Hinsicht leicht, weil sie durch den Wechsel der Jahreszeiten immer wieder neu und darum reizvoll erscheint. Dem Menschen mangelt aber innerhalb seines Erdenlebens dieser Wechsel im Kreislauf, denn das Erdenleben stellt nur einen Teil des Kreislaufes vor, und es fehlt dem Menschen daher das Bewußtsein der ständigen Erneuerung.

Trotzdem ist so etwas wie ein wiederholtes Neuwerden aus sich selbst heraus möglich. Dazu bedarf es aber eines hohen Grades der Entwicklung der menschlichen Natur, insbesondere in den Schichten der Erlebnisbewußtseins, der selten erreicht wird. Die erste Phase der Entwicklung des jungfräulichen Wesens ist die der *nur einmal blühenden Jungfrau*, die über den natürlichen Verlauf des menschlichen Lebens durch keinerlei besondere Schicksale oder geistige Kräfte hinausgehoben wird. Der Zauber ihrer Jugendblüte schwindet bald, und das Vorherrschen der sachlichen Zusammenhänge, die das Leben einer einfacheren Frau ausfüllen, tritt an seine Stelle und bannt sie so in den Kreis der übernommenen Pflichten, daß sie darüber nicht mehr zu dem Bewußtwerden höherer und weiterer Zusammenhänge gelangt und auch nicht dazu, sich selbst in der ursprünglichen Erlebnisverwobenheit wiederzufinden. Das Schicksal solcher Frauen erscheint nicht eigentlich tragisch, sondern mehr traurig zu sein und ist nicht eben interessant, es sei denn unter dem Gesichtspunkt einer künftigen Wiederverkörperung.

Merkwürdig ist, daß auch die männlichen Typen dieser ersten Entwicklungsstufe dasselbe Schicksal haben. Auch sie erleben eine Phase der Jugendblüte, die mit der Zeit der Brautwerbung und der Hochzeit zusammenfällt, um dann immer mehr und mehr den sachlichen Zusammenhängen ihres Berufes ausgeliefert zu werden.

Die zweite Stufe dieser Entwicklung erscheint dann erfüllt, wenn das Schicksal die Jungfrau zwingt, über ihre naturgegebene Blüte hinaus besondere Kräfte zu entwickeln, wie es etwa bei Antigoni der Fall ist. Wir können sie als die *doppelt Blühende* bezeichnen. Denn durch das Schicksal geschieht es, daß eine neue Verbundenheit der äußeren Zusammenhänge mit dem Seelischen, den Erlebniskräften hergestellt wird.

Die dritte Stufe endlich ist diejenige, auf der die Frau selbst, aus eigenen Kräften und mit vollem Bewußtsein, die Erlebnisverbundenheit wiederherstellt und dies immer wieder aufs neue tut, wenn die Welt um sie herum zu einem geschlossenen und beengenden Ring geworden ist. Wir mögen sie dann die *vielfach Blühende* nennen, wie es die berühmte Mumtaz-i-Mahal gewesen zu sein scheint.

Um diese Stufe zu erreichen, muß die Frau freilich aus der eindeutigen Bewußtseinslage als Jungfrau heraustreten und viele andere Bewußtseinsstufen über die ihr ursprünglich eigenste hinaus entwickeln. Darum wird sie dann auch kein ganz eindeutiger Jungfrauentypus mehr sein, denn nur die Göttin vermag alle Bewußtseinsstufen zu beherrschen und gleichzeitig ihrem eigensten Wesen ganz treu zu bleiben wie Kore, die immer wieder erblüht im jährlich erneuten Rhythmus der sich verjüngenden Natur.

Daß besonders die beiden höheren Typen der Jungfrau ins *Tragische* hineinwachsen, zeigt die enge Todverbundenheit an, die ihnen eigen ist. Was für die göttliche Gestalt in höchstem Maße gilt, das zeigt sich bei jeder einzelnen der menschlichen Spiegelungen in der ihr entsprechenden Form. Weil diesen Schicksalen aber allen eine metaphysische Notwendigkeit zugrunde liegt und durch sie hindurchschimmert, ist ihnen die Größe eigen, die sie zum Tragischen erhebt.

Die wirklich menschliche Tragödie entsteht ja immer dort, wo der Kampf um das Ich in Erscheinung tritt. Aus ihm erst ergeben sich die Spannungen, die das Geschehen weitertreiben.

Die göttliche Gestalt ist über diesen Kampf schon wieder erhaben. Der Kampf, der sich in ihrem Bewußtsein abspielen mag, geht um die Anerkennung eines Weltgesetzes, das sie in seiner ganzen Auswirkung durchschaut, des Gesetzes der Verweltlichung. Die menschliche Jungfrau jedoch und der Mensch überhaupt kämpft um sein Ich, weil dieses Ich zu erkennen die wesentliche Aufgabe gerade des Menschen ist.

Denn da dem Menschen nur die irdische von allen Welten gegeben ist, kann er sein Ich nicht ganz erfassen und muß es sich erkämpfen. In dem Maße, als dieser Kampf fortschreitet, werden ihm allmählich auch die Umrisse der ihm nicht unmittelbar gegebenen Welten bewußt. Wenn also für den jungfräulichen Typus auch immer jene Stufe der Wandlung des Bewußtseins Ziel und Ende ihres Lebens bleibt, welche wir die der anschaulichen Umwelten nennen, so entsteht doch jeweils ein ganz anderer Einzelmensch, je nachdem, in welchem Maße auch die anderen Stufen des Bewußtseins ausgebildet sind.

Demnach kann die höchste Gestalt der menschlichen Jungfrau nur die sein, welche alle Stufen, auch die der *Tiefenschichtung*, in ihrem Bewußtsein umfaßt.

Gelangt sie aber so weit, dann wird sie der göttlichen Kore am ähnlichsten sei.

DAS VERGÖTTLICHTE WEIB
APHRODITE

DIE VIERTE DER GESTALTEN ABER IST DAS WEIB.
DAS SCHICKSAL DES WEIBES IST DER SIEG
DURCH DAS GESCHLECHT. DURCH DIE IHR ANGE-
BORENEN GABEN DER ANMUT, SCHÖNHEIT UND
DES GENUSSES, DEN SIE BIETET, TRÄGT SIE AUCH
ÜBER DIE BESITZER GRÖSSTER KÖRPERLICHER
UND GEISTIGER VORZÜGE DEN SIEG DAVON, JA
MACHT SIE SICH UNTERTAN.
DAS IST DAS MENSCHLICHE SCHICKSAL DES
WEIBES.

Durch jedes menschliche Weib hindurch aber waltet eine
kosmische Macht, die in jedem einzelnen Weib das Geschlecht erkennen läßt. Sie bringt es zustande, daß dem
Menschen nicht nur eine räumliche Welt zusammenhän-
gender Dinge erscheint, sondern daß er auch an bestimmten Merkmalen das Gleichartige an diesen zusammenhängenden Dingen wiedererkennt, indem er sich davon einen
Begriff bildet.

Das erste dieser Begriffsbilder nun ist das Geschlecht.
Denn der Vater, die Mutter, der Bruder, die Schwester, die
bis zur Geschlechtsreife seine hauptsächlichsten Lebensge-
nossen waren, sind bestimmte einmalige Erscheinungen,
Einzelpersonen. Wenn aber der Mensch geschlechtsreif
geworden ist, erwacht in ihm eine neue Bewußtseinsstufe,
und er erkennt plötzlich in vielen verschiedenen Personen
das *eine* Bild, das *eine* Wesen wieder: in allen weiblichen
Gestalten sieht er *das Weib.* In allen Männern erkennt das
heranreifende Weib *den Mann.*

Diese Betrachtungsweise der Umweltdinge und Zusammenhänge dehnt er aber auch alsbald auf die ganze ihm zur
Verfügung stehende Welt aus, und er beginnt zu ahnen, daß
er mittels ihrer der ihn bisher überwältigenden Kräfteausstrahlung der Umwelt auf unerwartete Weise wird beikom-
men können. Allein, der Mensch vermöchte dies nicht

ohne die Hilfe jener kosmischen Macht, denn er weiß ja nicht, wie es in seinem Geiste geschieht, daß sich die gleichen Merkmale vieler verschiedener Wahrnehmungen, die er hat, plötzlich zu einem Bild zusammenfügen, das er in den einzelnen Erscheinungen wiederfinden kann. Seine ganze Einstellung ist nun darauf gerichtet, das Gleichartige an den Dingen und Zusammenhängen zu erfassen und mit Hilfe solchen Erfassens zu verstehen, welche Einwirkung er von ihnen zu erwarten hat, beziehungsweise welche Einwirkung sie ihm selbst gestatten werde.

Diese Einstellung ist für den auf das Erfassen der Begriffsbilder gerichteten Menschen typisch. Dieses: in der ihn umgebenden Welt das Gleichartige aufzugreifen und in den verschiedenen Dingen das eine Bild, das eine Wesen wiederzuerkennen und sie sich dadurch vertraut zu machen, das ist für ihn die wesenhafteste Form seiner Bewußtheit, auf die er alles andere bezieht. Der Endpunkt dieser Entwicklung aber ist, daß er mit der ihn umgebenden Welt in ein dauerndes und harmonisches Verhältnis kommt.

Die kosmische Macht aber, die in der Umwelt das Gleichartige in Begriffsbildern in Erscheinung treten läßt, ist die Macht der *Erkenntnis*.

Es ist ein schaffendes Wesen da, welches bei der Erkenntnis des Gleichartigen in der Umwelt schöpferisch waltend eingreift, so daß die Umwelt nicht mehr eine verwirrende Fülle von Einzelheiten, nicht ein Irrgarten bleibt, sondern daß der Mensch imstande ist, Gleichartiges an seinen Merkmalen wiederzuerkennen, ein Wesen, welches mit sanfter Gewalt in den Bewußtseinen der Menschen die Wandlung zum Gewahrwerden der Begriffsbilder erzwingt.

In die Macht dieses kosmisch-weiblichen Wesens sind alle Seelen gegeben, deren Sein sich zur Erkenntnis der sie umgebenden Welten durchdringen will, deren Bewußtseine in die bestimmte irdische Form der Wandlung zur Schaffung der Begriffsbilder eingehen sollen.

Wir heißen dieses Wesen APHRODITE.

Aphrodite bedeutet die Schaumgeborene, aber vielleicht auch die Unbekümmerte, Sorglosmachende. Aber nicht nur bei der Entstehung der Erkenntnis des Geschlechtes waltet sie, sondern bei der aller Begriffsbilder der Dinge der Erde und aller Wandelsterne des Sonnenkreises. Indem der Mensch das Begriffsbild der Dinge formt, erkennt er gleichsam ihr Geschlecht. Da er aber die Dinge durch das Begriffsbild an ihren Merkmalen wiedererkennt, entkleidet er sie des Fremden und Furchterregenden, das sie als noch Unerkannte haben, und wird dadurch sorglos und unbekümmert.

So durchdringt Aphrodite den ganzen Sonnenkreis mit einer Atmosphäre der Vertrautheit und freudigen Erkenntnis.

Für den Menschen aber ist sie vor allem Herrin der Erkenntnis der irdischen Dinge und Zusammenhänge.

Wenn ein Mensch durch tiefe Versenkung dieser kosmischen Macht der Aphrodite nahezukommen sucht, dann wird sein Erkennen selbst eine schöpferische Macht.

Dann begreift er, wieviel von den Bildern, die er sich von den Dingen formt, in seine eigene Gewalt gegeben ist, und er wird zu einem Mitschaffenden der großen Göttin.

Aber auch die Göttin selber ist nicht ohne Schicksal. Es waltet ein Gesetz auch über ihr, ein Weltengesetz, das in der Formung der Begriffsbilder zum Ausdruck kommt, das Gesetz der *Erkenntnis*.

Darum durchlebt auch sie ein Schicksal, das verwandt ist dem Schicksal des menschlichen Weibes. Auch *Aphrodite* siegt durch das Geschlecht. Sie ist die einzige von allen Gestalten, deren Schicksal keine Tragik in sich schließt. Denn durch die Erkenntnis ihrer Art und Gattung erkennt sie alle Dinge und Verhältnisse und weiß die passende Stellung zu ihnen einzunehmen, aber auch die Dinge untereinander in die richtige Lage zu bringen. Sie schafft und vollendet stets den Ausgleich der entgegengesetzt wirkenden Kräfte.

Ob sie in den oberen oder den unteren Welten weilt, verändert nichts an ihrer Eigenart. Sie wird überall alles zur Harmonie bringen. Durch die Erkenntnis der wesentlichen Merkmale eines jedes Dinges vermag sie jedem den ihm von Natur aus zukommenden Platz zu geben. Dadurch kommen alle Dinge unter ihrer Hand ins Gleichgewicht. Sie hält gleichsam je ein Ding in ihren beiden Händen und wägt sie gegeneinander ab. Darum ist auch ihr Symbol die *Waage* und die Linie, in der sich ihr Wirken bewegt, die *Waagrechte*, die Horizontale.

Aphrodite lebt in allen Dingen und geht nicht über sie hinaus, schafft nicht über die Dinge hinaus eine neue Welt. Und doch sind alle Dinge verwandelt, die sie berührt. Denn sie werden unter ihrer Berührung gleichsam dünner, weniger materiell, milder, zarter, durchsichtiger, geistiger. Aphrodite lebt in den Dingen und doch nicht ganz in ihnen, sondern nur in der durch das Begriffsbild durchsichtig gewordene Form der Gegenstände und Umweltsbeziehungen, also gleichsam in den ätherisierten Dingen, im Ätherkreis, den die Dinge und Umwelten um sich haben. Dort ist sie zu Hause, und in diesem Element bleibt sie, in welche der Welten sie sich auch begeben mag. In der Oberwelt, in der irdischen und in der Unterwelt bleibt sie immer in ihrer Sphäre. Darum ist sie stets mit sich selbst im Gleichgewicht und hält alle Dinge in der Waage.

So zeigt auch der göttliche Mythos die himmlische Aphrodite stets als Siegerin auch über die obersten Götter, und unbeschadet ihrer Wesenheit vermag sich sich auch dem häßlichen Hephaistos zu vermählen, dem der Unterwelt so nahe wohnenden Gotte.

Gleich einem menschlichen schönen Weib, das sich in der Macht seines geschlechtlichen Reizes erkannt hat, verbreitet auch die Göttin eine Fülle von Freude und Genuß. Diese Freude, die in der geschlechtlichen Vereinigung eine materielle, körperhafte Form annimmt, lebt auch auch in jeder sinnlichen Erkenntnis, indem in der Erkenntnis gleichsam eine Vereinigung des erkennenden Geistes mit dem erkannten Ding stattfindet. Nicht mehr wie im Kampf, in dem der Mensch und der Gegenstand sich feindlich gegenüberstehen, nicht mehr wie bei der Gewahrwerdung der Umwelten, die ihn oft fremdartig, drohend und Bangigkeit erregend umgeben, sind ihm jetzt die Dinge. Die erkannten Gegenstände und Umweltszusammenhänge sind dem Menschen vertraut, und liebend werden sie von ihm an sein Herz genommen. Nicht mehr wie im Kampf sind der Mensch und sein Gegenüber feindlich aufeinander gerichtet, nicht mehr umkreisen sie sich gegenseitig, ohne doch zueinander zu finden, sondern zwischen dem Menschen und dem Ding ist nun eine wirkliche Verbindung entstanden. Eine *feste* Verbindung ist da, auch zwischen den erkannten Dingen untereinander. Das bedeutet der *Waagebalken* in dem Symbol der Waage.

Darum ist *Aphrodite* auch als kosmische Macht die einzige *nicht tragische Gestalt*.

Nur in der Verwicklung der irdischen Schicksale kann auch die aphrodisische Frau in tragische Beziehungen geraten. Sonst bleibt nur das natürliche Altern ein Feind ihrer Kräfte, und selbst über diesen wird sie oft noch in hohem Maße Herr.

Aber auf der kosmischen Ebene gibt es den Vorgang des Alterns nicht. Denn das Sein der kosmischen Mächte vollzieht sich nicht im Ablauf der Zeiten, der uns Irdischen den Tod bringt. Es ist gespeist vom Hauch der Ewigkeiten. Und so vollendet auch Aphrodite nicht in *einem* Erblühen und Welken, nicht in *einem* Lieben und Vereinen ihr Schicksal, sondern sie ist in *aller* erkennenden Liebe und in *allem* liebenden Erkennen.

Als die Bringerin der Freude und des Genusses, der Vereinigung und Harmonie und der frohen Geselligkeit der Menschen haben darum die Alten die Göttin Aphrodite verehrt. Und als Bewirkerin aller sinnhaften Erkenntnis ist sie auch die Göttin aller für den Genuß hergestellten Dinge und der Fähigkeit des Menschen, sich mit angenehmen, genußreichen und harmonischen Gegenständen zu umgeben.

Es entspricht aber, soweit unser Wissen reicht, der Aphrodite kein anfängliches Zeitalter im Kulturleben der Menschen. Dieses müßte schon um das Jahr 15.000 v. Chr. begonnen haben, in jener Zeit, als der Frühlingspunkt der Sonne im Zeichen der Waage stand, dem Tierkreiszeichen, dem die Aphrodite als Planet Venus zugeordnet wird. Ihrem Wesen entsprechend, hätte dies freilich nur das „Goldene Zeitalter" sein können, von dem die Alten erzählen. Oder wir können es auch mit jener Zeit gleichsetzen, in der die neuerschaffenen Menschen noch im Paradies weilten. Auf jeden Fall hat es nur sagenhafte Bedeutung. Wir können es auch als eine Zeit auffassen, in der die Menschen noch in einer anderen Welt waren, ehe sie der Verkörperung auf der Erde übergeben wurden.

Mit dem Eintreten in die Bewußtseinsstufe der begrifflichen Erkenntnis erreicht der Mensch erst die wahrhaft menschliche Seinsart. Diese Stufe muß mindestens schon in ihm vorhanden sein, damit ein Wesen entstehen kann, welches überhaupt den Namen des Menschen verdient. Wann immer also diese Stufe in der Entwicklung erreicht worden ist, wenn auch noch keine weitere, über sie hinausgehende, da war, so war mit ihr die Geburt der Menschheit vollzogen.

Darum ist Aphrodite diejenige unter den Gestalten, der im wesentlichsten die *Menschenwelt* geweiht ist. Indem der Mensch sich als ein *Gleichartiger* unter vielen erkannte, wurde er sich seines Menschtums erst bewußt. Und dadurch, daß er sich in dieser Erkenntnis mit den ihm Gleichartigen zusammentat, begründete er die *menschliche Gemeinschaft*.

Denn der Mensch war von Urbeginn nicht ein Herdentier, das instinkthaft in Rudeln lebt, sondern er war eher ein Einzelner. Darum sind alle menschlichen Verbände, wo weit zurück in die Primitivzeit unsere Kenntnisse reichen, stets mit einem Begriff verbunden. Sie sind keine Selbstverständlichkeit, sondern bilden sich unter bestimmten Zeichen, Wappen, Fahnen, Totemtieren, die das begriffliche Moment des Zusammenschlusses versinnbildlichen.

Und da das Geschlecht das erste Begriffsbild ist, das der Mensch formte, so ist auch die erste Bildung der menschlichen Gemeinschaft eine geschlechtliche, es waren *Männerbünde* und *Weibergemeinschaften*. Erst indem die einen die anderen überwanden und die Überwundenen gefangennahmen, entstand eine *beide* Geschlechter umfassende Form der Gemeinschaft, die aber immer noch die Betonung des siegenden Geschlechtes aufwies, die mutterrechtliche oder die Sippen und Klane hervor, die dorfartigen Zusammensiedlungen und die unzähligen Formen, welche die Primitivzeiten aufweisen.

Nachdem diese Entwicklung einmal begonnen war, führte sie weiter zum *Stadtstaat*, den die altgriechische Kultur zeigt und welcher der Bewußtseinsstufe des Anschaulich-Begrifflichen im vollsten Maße entspricht, da innerhalb seiner noch alle menschlichen Beziehungen im *anschaulichen* Rahmen der Gemeinschaft stattfinden und in keiner Weise der Abstraktion bedürfen. Der *Staat* also in seiner klassischen Form ist ein Werk des aphrodisischen Geistes.

Die Beziehungen der so entstandenen menschlichen Gemeinschaft zu regeln und alle auseinander und gegeneinander strebenden Willensrichtungen der Einzelnen miteinander in Ausgleich und Einklang zu bringen, das ist das Werk der *Politik* und der *Diplomatie*. Stets wird dieses Werk vom Menschen auf der Stufe der anschaulichen Begrifflichkeit aufs neue geschaffen, solange und wo immer es eine Polis gab. Und weil es in typischer Weise eben auf dieser Bewußtseinsstufe der anschaulichen Erkenntnis sich vollzieht, darum ist alle Politik und Diplomatie eine Sache der Aphrodite. Wenn die menschliche Gemeinschaft später auch über den Rahmen des Anschaulichen hinauswächst und abstrakte Formen annimmt, so vollzieht sich doch die

letzte Verwirklichung des menschlichen Gemeinschaftslebens immer wieder auf der Stufe des Anschaulich-Begrifflichen und ist ihrem Wesen nach an diese gebunden.

Es tritt auf der Basis dieser Bewußtseinslage aber nicht
nur die Gemeinschaft unter den Menschen durch Ausgleich
und Harmonisierung in Erscheinung, durch sie gewinnt
der Mensch auch erst die Möglichkeit, seine Umwelt
harmonisch zu gestalten und in ihr solche Formen und
Bildungen zu veranlassen, daß sie seiner Fähigkeit, sie an-
schaulich-begrifflich zu erkennen, entgegenkommt. Zuerst
vollzieht er diese Formung an den Gegenständen seines
Gebrauches, an den Waffen, Werkzeugen und Geräten, an
den Wänden seiner Behausung. Er gibt ihnen eine *Aus-
schmückung*. Diese besteht zunächst in einer bestimmten
Zeichnung oder Einprägung, durch die das Gerät und seine
Zweckbestimmung deutlicher kenntlich wird. Später entsteht aus diesem Bestreben die *Kunst*, indem der Mensch
auch selbständige Gebilde schafft, die nur den Zweck eines
Merkzeichens haben. Die im Begriffsgebilde erfaßten gemeinsamen Merkmale bestimmter Dinge werden mit mög-
lichster Betonung jener nachgebildet, und der so entstehende „Kunstgegenstand" wird als Merkzeichen da und dort
aufgestellt oder vorangetragen. Dabei geht man von dem
natürlichen Material bald ab und verwendet für die Nachbildung jede formbare Materie.

Auf diese Weise entstehen der Reihe nach das *Kunst-
handwerk*, die *Architektur*, die *Malerei*, die *Bildhauerei*
und der *ästhetische* Sinn in allen Belangen. So verfeinert,
pflegt und schmückt der Mensch auch sein eigenes Erschei-
nungsbild. Er formt seine Gewandung, frisiert sein Haar,
bemalt seine Haut, übt seine Bewegung, bis sie die Ausge-
glichenheit der Anmut gefunden hat.

Unter dem Einfluß dieser Bewußtseinsstufe verfeinert
sich überhaupt alles, was der Mensch in Gebrauch hat. So
wird auch aus dem Werkzeug selbst das verfeinerte *Instrument*, dessen Sinnbild wiederum die Waage ist.

Es ist aber die Stufe der anschaulichen Begrifflichkeit der erste Schritt in der *Rückwendung* des Bewußtseins. Denn obwohl der Übergang vom wahrgenommenen Zusammenhang der Dinge in der Umwelt zu ihrer begrifflichen Erfassung zunächst eine weitere Stufe der Wandlung bedeutet, einen weiteren Schritt des Nachaußengehens, ein wirkliches Objektiverwerden des Gegebenen, so ist doch zugleich auch eine Rückwendung damit verbunden, was auch darin zum Ausdruck kommt, daß dem einfachen Verstand das Bilden der Begriffe in höherem Grade als das Wahrnehmen der Gegenstände und der Umwelt als eine vom Ich, also vom Subjekt, ausgehende Tätigkeit erscheint.

Die Bewußtseinsstufe der anschaulichen Begrifflichkeit bildet eben wie keine andere die Mitte zwischen der Wandlung und der Rückwendung; die beiden Bewegungsrichtungen des Bewußtseins halten sich hier wirklich die Waage. Indem der Mensch sich von den Gegenständen Begriffe bildet, erscheinen ihm die Gegenstände in ihrem Sein deutlicher, mehr in sich beruhend, sicherer. Sie verlieren den Anschein des Traumhaften. Zugleich aber wird sich der Mensch dessen bewußt, daß dieses Deutlicher- und Sichererwerden der Dinge auf einer Tätigkeit seines *eigenen* Geistes beruht. In diesem Bewußtwerden aber liegt der Schritt der Rückwendung des Bewußtseins nach dem eigenen Ich hin, der mit dieser Stufe wesentlich verbunden ist.

Es entsteht dadurch mit dieser Stufe zwischen dem Innen und Außen gleichsam eine höhere Spannweite des Bewußtseins. Das bedeutet die große Veränderung, die mit dem Übergang von der Kindheit zur Reife bei jedem jungen Menschen vor sich geht. Dieselbe Erweiterung ist es, die in der Entwicklung der Menschheit bei dem Übergang von den Stufen der Vorzeit zu der der Hochkultur zustande kommt.

Darum ist beim Menschen der Eintritt der geschlechtlichen Reife zugleich das Eintreten in das *Reich* des *Geistes*. Dies ist das Wesen der *Aphrodite*, die bei den Alten eine uranische, keine irdische betonte Gottheit war.

Während der Mensch sich auf der Stufe der Gegenständlichkeit in der Rückwendung auf sich selbst als sichtbarer, wahrnehmbarer Körper erkannte, erkennt er sich nun auf der aphrodisischen Stufe als *Geist*. Da aber durch das geschlechtliche Leben der Leib auch wieder betont wird, so entsteht im Selbstbewußtsein eine Spannung. Der Mensch erfaßt sich selbst als zweierlei, als ein Doppelwesen: er ist zugleich Leib und Seele, Körper und Geist.

Diese Doppelheit, dieses Zweisein, hat wiederum in der Waage seinen symbolischen Ausdruck, insofern es ja zwei Waageschalen sind, die sich durch die Waage im Gleichgewicht halten. So hält das körperliche und das geistige Selbst sich auf der Stufe der anschaulichen Begrifflichkeit die Waage.

Es ist nur natürlich, daß auch bei den körperlichen Entsprechungen ein Organ, das doppelt vorkommt, als Symbol für die aphrodisische Stufe angenommen wurde. Es sind die *Nieren*, die ja auch in nächster Beziehung zum Geschlechtsorgan stehen.

Am Himmel aber entspricht der Aphrodite als sichtbare Erscheinung der Planet *Venus*, der eigenartigerweise auch in doppelter Gestalt erscheint, nämlich als Morgen- oder als Abendstern. Er ist das schönste und hellste Gestirn des ganzen Firmamentes und schon darum geeignet, ein Sinnbild der Aphrodite zu sein. In ihrer Umlaufszeit einen langsameren Rhythmus einhaltend als der Merkur, gehört die Venus doch zu den häufig wiederkehrenden Gestirnen. Ihr mittelrascher Rhythmus zeigt die Beweglichkeit des erwachten Geistes, zugleich aber auch die Häufigkeit an, mit der der Mensch von der aphrodisischen Sehnsucht heimgesucht wird.

Das Mysterium einer Gottheit zeigt immer die innerliche, die dem profanen Blick verborgen bleibende Seite eines großen Tatbestandes auf. Aphrodite erscheint den Menschen als die Macht, welche sie die gemeinsamen Merkmale jeder Gattung, jedes Geschlechtes im Begriffsbilde erkennen läßt. Dies geschieht in der auf das Gegenständliche gerichteten Nachaußenwendung. In der Rückwendung dieser Stufe wird ihnen durch das Mysterium die neuerwachte Innerlichkeit des Selbstes, *das Geistsein*, zu deutlicherer Bewußtheit gebracht. Da aber auf der Bewußtseinsstufe der anschaulichen Begrifflichkeit als der mittelsten selbst schon der erste Schritt zur Rückwendung des Bewußtseins vollzogen werden muß, so bilden die äußerliche und die innerliche Seite hier eine untrennbare Einheit. Deshalb gibt es praktisch eigentlich keine Mysterien der Aphrodite. Die Einweihung in sie vollzieht sich gleichsam von Natur aus, von selbst jedesmal dann, wenn eine Menschenseele diese Stufe erreicht, in der Entwicklung zur Reife, wenn sie in den *Zustand des Eros* gerät.

Die *Jugendweihen*, durch die der junge Mensch in die Gesellschaft der Erwachsenen aufgenommen wird – seien es die der Primitiven mit ihren eigenartigen Zeremonien oder die ihnen entsprechenden sakralen Handlungen in den Religionen der Hochkulturen –, die Jugendweihen bilden daher die Mysterienfeiern, die wir als solche der Aphrodite ansehen können. Das *geschlechtliche Leben* ist also der große, geheimnisvolle Zusammenhang, den der Mensch auf der Erde selbst erfährt und der sich ihm als der Sinn des Erdenlebens enthüllt.

In diesen Zustand des *Eros* aber ist zugleich der Beginn jener *geistigen* Triebkraft gesetzt, die auf weiteren und höheren Stufen des geistigen Lebens zum philosophischen Eros sich wandelt. Und das Erfassen der einfachen anschaulichen Begriffsbilder ist zugleich der Ausgangspunkt für alle höheren Stufen der Erkenntnis, die in weiteren Wandlungen des Bewußtseins zur Abstraktion, zum Ideendenken und zum Denken der letzten Begriffe führen.

Darum hat auch Aphrodite gleich allen göttlichen Gestalten, die auf den Stufen der Rückwendung des Bewußtseins stehen, ihr Antlitz nicht mehr der Erde, sondern dem Himmel zugekehrt. Und darum hat sie auch keinen Zug an sich, der ins Dämonische weist, so sehr auch die Menschen selbst, die auf diese Stufe gelangen, bestimmten Dämonien ausgesetzt sind. Aber freilich hat das Bewußtsein der Aphrodite, wie das jeder kosmischen Macht, noch ganz andere Stufen als die, welche das menschliche Bewußtsein fremd und unerreichbar bleibt, nämlich die Verdichtung der aus der Umwelt heraustretenden gemeinsamen Merkmale der Dinge zu ihren Begriffsbildern, das ist in die bewußte Gewalt der kosmischen Macht gegeben.

Die eine bestimmte Bewußtseinsstufe aber, die für die Göttin die vorherrschende ist, nämlich die der begrifflichen Verdichtung der Anschauungen, hat der Mensch mit ihr gemeinsam. Und alle Menschen, die denen auch diese Stufe die vorherrschende in ihren Bewußtseinen ist und dadurch die eigentliche Wirklichkeit für sie darstellt, bilden darum mit ihr einen *Typus*. Dies heißt aber nicht, daß diese Menschen und ihre Schicksale wie Teile ihrer kosmischen Macht anzusehen sind, noch auch, daß sie diese Macht verkörpern und auf der menschlichen Ebene darstellen sollen. Nein, denn jeder Mensch ist eine Wesenheit für sich. Aber diese Menschen sind ihrer Natur nach dieser göttlichen Macht verwandt wie keine anderen, und sie leben darum mit ihr wie in einer Welt.

Darum ist diesen Menschen aber auch eine Gemeinsamkeit in ihren Schicksalen eigen und ihr Schicksal ist verwandt mit dem der Göttin. Es ist bestimmt durch das Gesetz der Erkenntnis.

Nach diesem Weltgesetz steht Aphrodite in diametralem Gegensatz zu dem Gott der Zerstörung *Shiwa*, welcher das Gesetz der Disharmonie darstellt. Denn Aphrodite stellt unter allen Dingen die Harmonie her, Shiwa aber löst sie auf, indem er die Dinge zerstört. Aphrodite führt das menschliche Bewußtsein mit einer neuen Stufe der Wandlung zugleich zur ersten Rückwendung, Shiwa aber aus der tiefsten Rückwendung zurück zu einer neuen Wandlung. So vereinigen diese kosmischem Mächte beide Wandlung

und Rückwendung des Bewußtseins in dichter Zusammen-
drängung, die eine in Harmonie, der andere in Disharmonie. Sie haben daher trotz ihrer Gegensätzlichkeit eine tiefe
innere Verwandtschaft.

Infolge dieser inneren Verwandtschaft stellen sie zusammen die Umspannung des ganzen Bewußtseinskreislaufes
des Menschen dar. Und darum bedeutet die Heraufkunft
des Reiches des Shiwa zugleich auch in weiteren Stufen die
Heraufkunft des Reiches der Aphrodite.

Darum ist auch die erste Ausprägung der Aphrodite, die
indische *Parwati*, in engster Verbindung mit dem Gott
Shiwa. Ja, die Liebe Shiwas zu Parwati ist so groß, daß er
dieser in seinem göttlichen Leib die linke Seite zum ständigen Aufenthalt angewiesen hat. Aphrodite fürchtet auch
die gewalttätigsten Männer nicht und hat stets zu ihnen
eine gute Beziehung. Denn von ihrer Anmut, von dem Reiz
ihrer erotischen Anziehung wird auch der rauheste Mann
besiegt. Die Macht der sinnlich-anschaulichen Erkenntnis
mit ihrer unmittelbar einleuchtenden Kraft siegt über jede
physische Gewalt, indem sie sie in die rechten Bahnen
überführt und ihr so alsbald zum Ziele zu kommen hilft.

Diese Erkenntnis arbeitet also nicht gegen die physische
Kraft, sondern mit ihr.

Auch die zweite Spiegelung des Aphrodite-Wesens, die
altgriechische Göttin *Aphrodite*, ist mit dem zerstörenden
Kriegsgott Ares in Liebe verbunden.

Sie ist wohl die menschlichste Gestalt unter den alten
Göttern. Ihr heiteres Wesen hat dazu geführt, daß der
Mythos ihr oft auch leicht kosmische Züge andichtet. Besonders ihre Ehe mit dem häßlichen Gott Hephaistos, dem
sie durchaus nicht immer die Treue hält, entbehrt der kosmischen Züge nicht.

Ja, Aphrodite ist es, durch die der Mensch das *Lächeln*
und Lachen gelernt hat. Wenn das wilde Herauslachen
als Entspannung von Furcht und Schrecken auch schon
dem Urmenschen eigen gewesen sein mag, die eigentlich

menschliche Form des entspannten Ausdrucks der Freude ist doch erst das anmutig lächelnde Gesicht des aphrodisischen Weibes, denn erst die Erkenntnis enthebt den Menschen der Furcht und macht ihn zum lächelnden Sieger über die Erde.

Da das aphrodisische Wesen nicht zur Tragik führt, verbirgt sich in dieser Bewußtseinsstufe auch keine Gefahr für den Menschen durch übermäßige Betonung derselben. Sie kann nur in etwas Negativem liegen, darin, daß der Mensch aufhört, tiefere Schichten seiner Natur aufzuwecken: In der *Oberflächlichkeit* also, in der leichtfertigen Tändelei, der eitlen Spielerei mit den Dingen des Genusses und der ästhetischen Annehmlichkeiten.

So wie sich auf der Stufe der Jungfrau der Zusammenhang der wahrgenommenen Umweltdinge von der Erlebnistiefe abzulösen beginnt und in der merkurischen Bewußtseinslage eigene erlebnisentfernte Kombinationen bildet, so löst sich auf der Stufe der Aphrodite die sinnliche Erkenntnis vom Erlebniszustand ab und schafft sich losgelöste, erlebnisentfernte ästhetische Gebilde, mit denen ihre Zeit zu vertrödeln die Jugend oft verleitet ist. Aber auch darin liegt noch keine ernste Gefahr.

Da die Bewußtseinsstufe der Aphrodite den ersten Schritt zum Geistigen hin bedeutet, liegt auch kein Widerspruch darin, daß es auch *männliche* Spiegelungen des Aphroditewesens gibt. So erscheint die griechische Göttin selbst verbunden mit *Adonis*, der in seiner männlichen Schönheit und Anmut nichts als das männliche Gegenbild ihrer eigenen Natur ist.

In jedem Volk weist der Mythos eine oder mehrere weibliche Gestalten auf, die der Aphrodite entsprechen. Es gibt in Indien neben der Parwati die Gattin Vishnus *Lakschmi*. In Syrien und Karthago wird *Astarte* als Göttin der Schönheit verehrt, in Phrygien die *Cybele*. Aber auch *Hera* oder Juno bedeutet nur eine andere Form dieses Typus.

Als *Isis* ist sie in der ägyptischen Mythologie dem Osiris, als *Ischtar* in Babylonien dem Marduk zugeordnet. Da ist sie die Retterin des heldischen Mannes, die ihn aus dem tragischen Untergang zurückholt. Wie anders könnte dies aber geschehen, wenn es im Mythos selbst auch nicht klar zum Ausdruck kommt, als durch ihre heitere Erkenntnis?

Im Gegensatz dazu hat im griechischen Mythos Aphrodite keine nähere Beziehung zu dem Sonnengott Helios-Apollo. Dies ist wohl darauf zurückzuführen, daß dieser sich selbst erlöst, indem er aus dem kämpfenden zum schauenden Gott wird und durch die Rückwendung des Bewußtseins zur Selbsterfassung gelangt. Das aber bedeutet ja auch ein Zurücktreten vom untergangbringenden Kampf.

Wird die Aphrodite als Göttin und in ihren geistigen Auswirkungen überall zur Retterin und Befreierin des in Kämpfe verstrickten Mannes, so ist ihr als menschliche Erscheinung oft das Umgekehrte beschieden. Sie wird in die Kämpfe der Männer mitverwickelt. Denn gerade sie ist es, um deretwillen die heftigsten Kämpfe unter den Männern entbrennen. Hat sie es doch selten mit einem Mann allein zu tun, sondern es sind stets mehrere da, die sich um ihre Gunst bewerben.

So hat die schönste der griechischen Frauen, *Helena*, die schrecklichsten Kämpfe und Kriege der Männer verursacht. Unter diesen hatte sie viel zu leiden, wenn sie auch selbst nicht dabei untergegangen ist. Eine ruhige Ehe ist ihr nicht beschieden sowie keiner der Frauen vom Aphroditetypus.

Sie verhalten sich in allen Konflikten mehr abwartend und passiv. Keineswegs fühlen sie sich als die Unverstandenen. Die Frau des Aphroditetypus fühlt sich immer verstanden, weil sie ihrer Wirkung gewiß ist. So kommt das Bedürfnis, verstanden zu werden, gar nicht in ihr auf. Sie lebt sie die Göttin in ihrem eigenen Kreis. Durch diese eigenen Unabhängigkeit macht sie die anderen von sich abhängig.

Darum liegt ihr auch meist wenig daran, durch Leistungen weiblicher Art Anerkennung und Schätzung zu gewinnen. Sie ist weder wirtschaftlich noch besonders mütterlich-aufopfernd. Sie bleibt vielmehr auch in der Ehe das, was sie immer war, die Geliebte. Lange bewahrt sie sich ihre Jugend und verwendet viel Pflege dafür, und ihre Wirkung hält auch im Alter noch an.

Mischen sie diese Eigenschaften mit negativen aus anderen Bewußtseinsstufen, so wird ein ränkesüchtiges, verlogenes und verschwenderisches Wesen daraus, denn da sie von Hemmungen frei ist, kennt sie keine besonders lebhafte Beziehung zur Moral und setzt sich lächelnd über diese hinweg. Ihre natürliche Lebenslinie ist, sich um nichts zu bemühen. Denn es fällt ihr alles von selber zu.

Darum hat die aphrodisische Frau stets eine königliche und erhabene Art, die selbst dann noch zum Ausdruck kommt, wenn sie in den primitivsten und niedrigsten menschlichen Verhältnissen lebt, erst recht aber, wenn sie wirklich vom Glanz der Macht umgeben ist.

Solche Frauen finden wir in der Renaissance, wie *Catharina Sforza, Lucrezia Borgia* und in späterer Zeit *Maria Stuart* oder *Katharina von Rußland*.

In solcher Stellung entfaltet sich ihr diplomatisch-politisches Talent in höchstem Maße, wie bei den Favoritinnen der französischen Könige, wie der *Pompadour*, oder bei den Hetären der griechischen Staatsmänner, wie der *Aspasia*.

Das Ästhetische ist ihr Wesen. Darum fördern diese Frauen überall die Kultur, und es kommt unter ihrem Einfluß zur höchsten Entfaltung der aufstrebenden Großstadt. Das sehen wir in Athen wie auch in Paris. Wo ein Herrscher unter dem Einfluß einer solchen Frau steht, da öffnet er die Kassen der Kunst, und es entstehen Bauwerke großen Stils und eine künstlerische Gestaltung der ganzen menschlichen Umwelt sondergleichen. Das Wesen dieser Frauen und die Art, wie sie leben, entspricht der vollen Entwicklung der Hochkulturen. Das zeigt sich im alten

Hellas genau so wie in der arabisch-sarazenischen Kultur, im Italien der Renaissance, im Frankreich des Sonnenkönigs, und sicherlich war es auch in allen Hochkulturländern der Fall, in denen wir die Entwicklung nicht so genau verfolgen können.

Die aphrodisische Frau wird zum Objekt der Darstellung in allen Künsten. Selbst die Himmelskönigin *Maria* wird in den Darstellungen der Renaissancekünstler durchaus zu einer Aphrodite.

Das typische Geschehen um diese Frauen ist, daß der Mann irgendwo an ihnen versagt und seine Schwäche zeigt. Dadurch sind solche Frauen stets veranlaßt, immer wieder ein neues Bündnis einzugehen. In diesem Punkt aber sind sie unerschöpflich an gestaltender Fähigkeit. So wie Demeter immer neue Wesen in die Welt setzt, so wie Helios immer neue Taten vollbringt, so gestaltet Aphrodite immer neue Liebesverhältnisse. Während aber Helios und Demeter und auch die Jungfrau in ihrem eigensten Schaffen stets durch die tragische Zerreißung hindurchgehen müssen, ist das Ende und die Auflösung jeder Liebesbeziehung für die aphrodisische Frau nur etwas Trauriges, das sie nicht im Innersten erschüttert.

Und selbst dort, wo sie selbst mit zugrunde geht, ist es kein tragisches Ende. Da die aphrodisische Frau meistens hochherzig ist, wird sie auch immer bereit sein, wie Ischtar, das Höchste für den Geliebten zu tun und auch mit ihm in den Tod zu gehen, wie *Julia*, wenn die Vereinigung mit ihm unmöglich wird. Aber selbst dann scheint ihr Wesen den Tod noch lächelnd zu überdauern. Denn es lebt in ihm etwas Ewiges, Unzerstörbares, die Schönheit.

Im menschlichen Lebenskreis ist jede *Frau*, so sie im Schmuck ihrer geschlechtlichen Reize prangt, eine Verkörperung des aphrodisischen Wesens. Rundum weiß sie die Männer an sich zu ziehen und den Mittelpunkt eines Kreises zu bilden, in dem sich die Rivalitäten und Kämpfe um ihre Gunst abspielen. Trotzdem weiß sie diesen Kreis durch ihre diplomatische Kunst, die sich auch im kleinen zeigt wie im großen, zu einer angenehmen Geselligkeit zu formen. Sie ist die Urheberin der *gesellschaftlichen Sitte*, durch welche sie das Gleichgewicht zwischen den Rivalitäten herstellt. Gleich einer vorzüglichen Schachspielerin weiß sie ihre Figuren an die richtige Stelle zu bringen, wie es die Leonore Sanvitale in Goethes „Tasso" so ausgezeichnet versteht. Sie bestimmt, was innerhalb dieses Rahmens geschätzt zu werden hat. Sie ist die Urheberin des *Eleganten* wie des *Galanten* in jeder Gesellschaft.

Gerne unterstellt sich ihr in diesen Belangen der männliche Partner ihres eigenen Typus, der *Diplomat*, *Politiker* und *Staatsmann*. Er arbeitet mit ihr Hand in Hand und benützt ihre Fähigkeiten für seine weitergesteckten Aufgaben und Pläne. Auch er liebt als Mann das Elegante und die geschmeidige Art des liebenswürdig-ausgleichenden Wesens. Nicht mehr in der räumlichen Anordnung mehr materieller Gegebenheiten der Umwelt liegt seine Aufgabe. Kraft des Begriffes, den er bildet und dem er je nach Bedarf verschiedene Wendungen und Aspekte zu geben vermag, wird seine Tätigkeit ein dynamisches Ausbalancieren verschiedener Möglichkeiten, bleibt sie immer ein Spiel, das jeden Moment aufgelöst werden kann, das aber zuletzt doch in seiner wirklich-unwirklichen Art das ganze menschliche Leben bestimmt.

So findet die aphrodisische Frau im Rahmen des ganzen menschlichen Gemeinschaftslebens überall ihre Aufgaben, von der niedrigsten Stufe bis zur höchsten, von der einfachen Spionin bis herauf zur Herrscherin, die ein Zeitalter mit ihrem Geist erfüllt.

Da sich diese Frau selbst stets auf der Stufe der anschaulichen Begrifflichkeit bewegt und darin, daß sie dies tut, ihren Stolz erblickt, so liegt ihr naturgemäß auch eigene Betätigung auf allen Gebieten des künstlerischen Schaffens. Sie ist Malerin, Musikerin, Sängerin, ja auch Dichterin oder Tänzerin und Schauspielerin, je nachdem sie die Fähigkeiten auch anderer Bewußtseinsstufen hinzuentwickelt. Da sie aber zuletzt doch im wesentlichen auf der aphrodisischen Stufe sich bewegt, dienen alle diese Fähigkeiten hauptsächlich dazu, ihren eigene Reiz zu erhöhen, denn vor allem anderen erkennt sie sich selbst als Weib.

Daraus erwächst schließlich die dieser Stufe eigentümliche menschliche Problematik.

Denn im Wesen des Menschen liegt es, daß jede Gestaltung, die es annimmt, zu einer Problematik führt. Jede Durchbildung eines Typus schließt auch die Möglichkeit der Einseitigkeit in sich. Und die Betonung einer bestimmten Bewußtseinsstufe kann zur Verdrängung, ja Auflösung anderer führen.

Durch die anschaulich-begriffliche Erkenntnis der Dinge besteht nun die Gefahr, das Wesen der Gegebenheiten in ihrer Oberfläche zu suchen. Diese Oberflächlichkeit wird nun auch besonders durch die gesellschaftlichen Formen gefördert, durch welche die Menschen in ein äußerlich geregeltes Zusammenleben gelangen. Die anschaulich-begriffliche Erkenntnis ist ja auch auf den Menschen selbst anzuwenden und erzeugt hier eine *Menschenkenntnis*, die ein Eingehen auf die Tiefe des Nebenmenschen zu erübrigen scheint.

Während nämlich die Erfassung des Du auf den noch nicht begrifflichen Stufen des Bewußtseins stets durch eine unmittelbare Rückwendung auf das andere Ich hin, also das Erlebniszentrum des Du, geschieht, erkennt nun der Mensch auch den Menschen als eine bestimmte Art oder Gattung. Damit beginnt er den anderen aus seinen Bedingungen her begreifen zu wollen, er fängt an, den Nebenmenschen zu psychologisieren. Und die Kunst der Diplomatie und alle politische Fähigkeit hängt eben damit zusammen, daß der Mensch die anderen aus ihrer Art und ihren Bedingungen her auffaßt und sie so nicht mehr als unberechenbare Eigenwesen, sondern als bestimmte Faktoren unter anderen in seine Berechnungen einstellt.

Dies ist eine Entwicklung, die mit der begrifflichen Erkenntnis naturnotwendig zusammenhängt, die allein es aber auch ermöglicht, die Menschen in einer Vielzahl, als *Gesellschaft*, zu gestalten und ihr Leben zu einem staatlichen Leben auszubauen.

Gelingt es also dem Menschen dadurch, daß er die Dinge begrifflich erfaßt, sie ihres Bedrohlichen zu berauben und sich selbst dadurch von Furcht und Angst vor ihnen zu befreien, so setzt er andererseits doch gerade durch diese Erkenntnis auch den Anfang der eigenen Unfreiheit. Denn auch auf den Menschen selbst läßt sich ja diese Art der Erkenntnis des Gattungsmäßigen anwenden. Und indem der Mensch dies tut, teilt er auch seine eigenen Artgenossen wieder in verschiedene Gattungen. An diesem Punkt aber entspringen *List*, *Schlauheit* und *Intrige*, durch die die Menschen sich gegenseitig ihrer Freiheit wieder berauben.

In diesem Zusammenhang liegt das Tragische, das mit der *Freiheit* immer und überall, wo es menschliche Gemeinschaften gibt, verbunden ist. Dies kommt aber auf der Bewußtseinsstufe des Aphrodisischen noch nicht zu vollem Ausdruck. Es entsteht vielmehr erst dann, wenn die Zahl der Menschen, die eine Gemeinschaft bilden, über ein gewisses Maß hinausgewachsen ist. Je mehr Menschen nämlich unter einer begrifflichen Form zusammengefaßt werden, desto allgemeiner und also auch inhaltsleerer muß dieser Begriff werden. Je inhaltsleerer, desto *oberflächlicher*. Je oberflächlicher er aber wird, desto weniger kann er von der Tiefe des Menschlichen enthalten, und desto oberflächlicher muß also auch der Mensch selbst erscheinen, um sich innerhalb dieses Begriffes noch als frei fühlen zu können.

Diese Überbetonung der Oberfläche und die daraus folgende Zerstörung der Erlebnistiefe ist das zu Fürchtende, das *Böse*, das hinsichtlich der menschlichen Gemeinschaft aus dem Aphroditetypus hervorgehen kann, obwohl dieser doch ursprünglich nur die erste Entfaltung des geistigen Wesens des Menschen bedeutet.

Durch diese Loslösung der Erkenntnis vom tieferen Seelischen entstehen auch hier zuletzt Spannungen, die zu Konflikten führen. Das Bewußtsein der göttlichen Aphrodite ist über diese Spannungen wohl erhaben, und es umfaßt ja auch nicht nur die irdische dreidimensionale Welt, sondern es sind ihm noch andere Welten und Verankerungen in anderen Tiefenschichten des Seelischen offen. Indem sie in diesen Tiefenschichten lebt, findet die Göttin den harmonischen Rhythmus ihres Daseins. In ihm kehrt sie in ewig erneuter Schwingung zu sich selbst zurück. Sie ist eine *astrale* Gestalt.

Das menschliche Bewußtsein enthält aber nur die eine Dimension der seelischen Tiefe, die zu seinem Selbst führt, es kann sich andere nur mit großen Anstrengungen ahnungsweise erobern. Die menschliche Aphrodite ist eben eine *astrale* Gestalt.

Darum ist der Zauber, der von ihr ausgeht, auch nicht von ununterbrochener Dauer. Oftmals erlischt er für den Mann, wenn dieser sein Ziel beim Weib erreicht hat. Dann erweist sich ihm das, was tiefstes seelisches Erlebnis schien, als eine bloße Benebelung seiner Sinne durch die äußere Erscheinungsform und die eitlen Veranstaltungen des Weibes. Und wenn es der Frau auch oftmals wieder gelingt, das frühere Erlebnis beim Mann wachzurufen, so schwankt doch die Einstellung des Mannes gegenüber der Frau zwischen dieser Bezauberung und der Ernüchterung hin und her.

So wie nun die göttliche Aphrodite immer aufs neue ihren Zauber zu entfalten weiß, indem sie sich und den anderen als Weib bewußt wird, so auch sucht das menschliche Weib seinen Zauber immer wieder zu erneuern. Und es gelingt ihr auch. Das Verlangen aber, sie in dieser Wirkung zu behaupten, ist ein Kampf. In diesem Kampf sieht sie sich veranlaßt, alle ihre Bewußtseinskräfte aufzuwecken, und eben dadurch wird sie dazu gebracht, ihre Persönlichkeit zu entwickeln und ihr Seelisches zum Ausdruck zu bringen. Dadurch aber entgeht sie der Gefahr der Oberflächlichkeit.

Freilich ist dem aphrodisischen Wesen der Gedanke an eine innere Selbstentwicklung durchaus fremd. Denn wie keine zweite der Gestalten lebt sie vor allem in der *Gegenwart* und darin, den Augenblick zu erfüllen, indem sie mit ihrer sinnhaft-sinnlichen Erkenntnis immer gerade im gegenwärtigen Moment das Ziel zu erreichen meint. Darum ergibt sich die Entwicklung stets aus äußeren Schicksalswendungen und es entstehen so die verschiedenen Stufen des menschlich-aphrodisischen Typus.

Auf der ersten Stufe einer solchen Entwicklung erscheint die Frau als *Geliebte*, die alles tut, um ihre geschlechtliche Wirkung zu erhöhen. Dies liegt zunächst in der Pflege ihrer äußeren Erscheinung. Dieser Typus ist sehr stark den Gefahren ausgesetzt, die in der Oberflächlichkeit wurzeln. Nehmen diese überhand, was bei der geringen Ausbildung der anderen Bewußtseinslagen sehr leicht der Fall sein kann, so entsteht die Gefahr der Verlogenheit, Betrügerei und Käuflichkeit. Es ist also der Typus der *Dirne*, welcher die unterste Stufe des Aphroditewesens darstellt.

Erstreckt sich aber die Pflege der eigenen Persönlichkeit auch auf andere Gebiete, insbesondere die ästhetische Gestaltung der ganzen Umgebung und des geselligen Lebens, auf künstlerische Fertigkeiten und auch geistige Stufen, wie Dichtung und Poesie, so entsteht eine immer höhere und höhere Form, die in der Gestalt der *Dame* ihren Gipfel erreicht. Immer aber ist die Persönlichkeit noch Mittel für das Geschlechtliche und seine Wirkung.

Die zweite Entwicklungsphase des Aphroditetypus tritt dann in Erscheinung, wenn die Kräfte der Persönlichkeit schon die überwiegenden sind. Dann entsteht die Möglichkeit, die geschlechtlichen Vorzüge als Ausdrucksmittel einer hochentwickelten Individualität zu gestalten und durch sie andere und höhere Ziele zu gewinnen. Diese können auf dem Gebiet der Kunstbetätigung liegen, vor allem aber auf dem des Zusammenlebens. Solche Frauen werden bedeutende Schauspielerinnen, Musikerinnen, Sängerinnen, wenn sich ihre Begabung mit den Kräften der Stufe des Apollo verbindet oder wenn sie in der besonderen Betonung der eigenen Bewußtseinsstufe bleiben, große Erzieherinnen, Politikerinnen und Frauen, die im Kulturleben eine bedeutende Rolle spielen. Sie werden zu Frauen der *Öffentlichkeit*.

Der höchste Gipfel dieser Stufe ist die *königliche Frau*, von der wir einige Beispiele in der Geschichte aller Völker kennen. Hier wird das Weiblich-Ästhetische und zugleich Politische sowie die hochkulturell wirkende Kraft zur größtmöglichen Entfaltung gebracht. Eine solche Frau wirkt nicht nur als schaffende Energie, sondern stellt selbst die Hochblüte einer Kultur in ihrer Persönlichkeit dar.

Der weibliche Typus gewinnt die Stufe des königlichen Menschentums also unter der Betonung einer anderen Bewußtseinsstufe als der männliche. Es muß auch in der menschlichen Kultur eine weitere Stufe der Entwicklung erreicht sein, damit überhaupt eine Frau eine solche Stellung erlangen kann. Dadurch, daß bei dem königlichen Typus sowohl des Mannes wie der Frau fast alle Bewußtseinsstufen neben der eigenen als höchstbetonten schon entwickelt sein müssen, entsteht zwischen dem männlichen und dem weiblichen königlichen Typus auch wieder eine gewisse Ähnlichkeit. Doch ist das Ziel ihrer Willensrichtung ein unverkennbar anderes. Der männliche Typus wird stets mehr die Machtentfaltung, der weibliche mehr die harmonische kulturelle Ausbreitung betonen. Nebeneinander können diese beiden Typen nicht bestehen. Ein jeder von ihnen braucht zuviel Raum um sich, als daß sie nebeneinander wirken könnten. Es dürfte auch in der Geschichte kaum ein Beispiel dafür gefunden werden.

Gelangt der königliche Typus der Frau zur vollen Entfaltung, so wird eine solche Frau kraft der harmonischen Richtung ihres ganzen Wesens ihre Laufbahn auch meist in Harmonie zu Ende bringen, ohne ein tragisches Schicksal zu erleiden, wie es umgekehrt dem betont männlichen königlichen Typus fast immer beschieden ist.

Was für die göttliche Gestalt in höchstem Maße gilt, das zeigt sich bei jeder einzelnen der menschlichen Spiegelungen in der ihr entsprechenden Weise. Weil diesen Schicksalen allen aber letzten Endes doch eine metaphysische Notwendigkeit zugrunde liegt und durch sie hindurchschimmert, ist ihnen eine Größe gegeben, die sonst nur im Tragischen zum Ausdruck kommt.

Die wirklich menschliche Form eines Aphroditeschicksals entsteht freilich erst dort, wo der Kampf um das Ich in Erscheinung tritt. Aus ihm ergeben sich erst die nötigen Spannungen. die das Geschehen in Bewegung setzen.

Die göttliche Gestalt ist über diesen Kampf freilich schon wieder erhaben. Der Kampf, der sich in ihrem Bewußtsein abspielen mag, geht um die Anerkennung eines Weltgesetzes, des Gesetzes der Erkenntnis, das sie in seiner ganzen Auswirkung durchschaut. Die menschliche Frau und der Mensch überhaupt kämpft um sein Ich, weil dieses Ich zu erkennen seine wesentliche Aufgabe ist.

Denn da dem Menschen nur die menschliche Seite der Erkenntnis gegeben ist, nicht aber auch die kosmische, kann er sein Ich nicht ganz erfassen und muß es sich erkämpfen. Im Maße, als dieser Kampf fortschreitet, werden ihm allmählich auch die Umrisse der nicht unmittelbar menschlich gegebenen Erkenntnisse bewußt. Wenn also für den aphrodisischen Typus auch immer jene Stufe der Wandlung und zugleich Rückwendung des Bewußtseins Ziel und Ende seines Lebens bleibt, welche wir die der anschaulichen Begrifflichkeit nennen, so entsteht doch jeweils ein ganz anderer Einzelmensch, je nachdem, in welchem Maße auch die anderen stufen des Bewußtseins ausgebildet sind.

Demnach kann die höchste Gestalt der menschlichen Aphrodite nur die sein, welche alle Stufen, auch die der Tiefenschichtung, in ihrem Bewußtsein umfaßt.

Gelangt sie aber so weit, dann wird sie der göttlichen Aphrodite am ähnlichsten sein.

DER FÜRST DER DÄMONEN
HADES

DIE FÜNFTE DER GESTALTEN IST DER DÄMON.

DAS SCHICKSAL DES DÄMONS IST DAS VERBRE-
CHEN. MIT HILFE DES ABSTRAKTEN BEGRIFFS
MACHT ER BESONDERE ENTDECKUNGEN, UND
DIESE WENDET ER AN, DAS MASS DES IRDISCH-
MENSCHLICHEN DAMIT VERLETZEND.

DAS IST DAS MENSCHLICHE SCHICKSAL DES
DÄMONISCHEN.

Durch jeden dämonischen Menschen aber waltet eine kosmische Macht. Sie bringt es zustande, daß der Mensch es
lernt, die Begriffsbilder von den ihnen zugrunde liegenden
Anschauungen abzulösen und die so abgetrennten für sich
allein in seinem Geist zu erwägen. Diese Beschäftigung im
Geiste besteht nun darin, die gemeinsamen Merkmale, die
in den Anschauungsbildern vereinigt vorkommen, einzeln
herauszugreifen und, ohne Rücksicht auf ihren Zusammenhang in den Anschauungen, untereinander zu kombinieren.
Dadurch entstehen die abgezogenen oder abstrakten, bereits unanschaulich gewordenen *Begriffe*.

Viele der so gebildeten Begriffe erweisen sich als un-
brauchbar. Bei vielen aber zeigt sich eine unerwartete Ver-
wendbarkeit. Bald entdeckt der Mensch, daß er mit Hilfe
dieser abgezogenen Begriffe noch viel mehr gegen die Kräfteausstrahlung der ihn umgebenden Welt ausrichten kann
als mittels der anschaulichen Begriffsbilder. Denn er kann
nun viele Merkmale, die wohl an dem Wirklichen noch
vorkommen, im Begriff als unwesentlich weglassen und
braucht auch in seinen Handlungen auf sie keine Rücksicht
mehr zu nehmen. So entledigt er sich vieler Hemmungen,
die aus der noch erlebnisverbundenen Auffassung der
Dinge geflossen waren, sei es aus ihrer magischen, pietät-
vollen, gemüthaften, ästhetischen oder sittlichen Verwobenheit. Von diesen Hemmungen befreit, ordnet sich der
Mensch nun das Irdische nach seinen Zwecken und macht

dabei die Erfahrung, daß sich seine Macht über die irdische Welt durch die Anwendung der abstrakten Begriffe ins Ungemessene steigert. Berauscht von dieser Machtsteigerung, kommt er zu der Annahme, sich selbst für eine das Irdische überragende Macht zu halten. Allein er vermöchte es nicht, die abstrakten Begriffe zu bilden ohne die Hilfe jener kosmischen Macht, denn er weiß ja nicht, wie es in seinem Geist geschieht, daß er die einzelnen Merkmale von den Anschauungsbildern abtrennen kann, um sie dann selbständig und für seine Zwecke wieder zusammenzufügen.

Seine ganze Einstellung ist aber nunmehr darauf gerichtet, die anschaulichen Begriffsbilder zu analysieren, in ihre Merkmale zu zerlegen, diese zu abstrakten, nicht mehr anschaulichen Begriffen zusammenzufügen und mit Hilfe ihrer die ihn umgebende Wirklichkeit zu bezwingen und in den begrifflichen Rahmen hineinzupressen.

Diese Einstellung ist für den auf die abstrakte Begrifflichkeit gerichteten Menschen typisch: die Begriffsbilder zu zerlegen, abstrakte Begriffe aus den losgelösten Merkmalen zu bilden, um sie der Wirklichkeit aufzuprägen, das ist für ihn die wesenhaftesten Form der Bewußtheit, auf die er alles andere bezieht. Der Endpunkt dieser Entwicklung aber ist, daß sein Verhältnis zu der ihn umgebenden Welt nicht mehr so harmonisch wie auf der Bewußtseinsstufe der anschaulichen Begriffsbilder bleibt, denn es hält der menschliche Geist sich nicht mehr im Gleichgewicht zu den Dingen, sondern die Waage erscheint zugunsten des Geistes einseitig verzerrt. Die Dinge haben für ihn an Gewicht verloren.

Die kosmische Macht aber, die dem Menschen das Instrument der abstrakten Begrifflichkeit gewinnen läßt, ist die Macht der *Verbegrifflichung*.

Es ist ein schaffendes Wesen da, welches bei der Entstehung der abstrakten Begriffe schöpferisch waltend eingreift, so daß der menschliche Geist nicht allein an die anschaulichen Begriffsbilder gebunden bleibt, sondern darüber hinaus abgezogene Begriffe bildet, die unabhängig von der Wirklichkeit in seinem Geiste hausen.

In die Macht dieses kosmisch-dämonischen Wesens sind alle Seelen gegeben, deren Sein sich zur Bildung der losgelösten Begriffe durchdringen will, deren Bewußtsein in die bestimmte irdische Form der Wandlung eingehen sollen, in der die Schaffung der von den Anschauungen abgetrennten Begriffe sich vollzieht.

Wir heißen dieses Wesen HADES.

Hades bedeutet der Unsichtbare, der Unterweltliche. Und wirklich ist er der Herrscher der Unterweltlichen, des Schattenreiches. Denn so wie die Seelen der Abgestorbenen, die in den Hades gelangen, und die Dämonen, die dort ihren Wohnsitz haben, selber ohne sichtbare Körper und nur Schatten sind, so ähnlich sind auch die von den Anschauungsbildern abgezogenen Begriffe gleichsam nur Schatten der lebensvollen Wirklichkeit. Sie haben wie jene ihre eigene Form des Daseins und bilden eine Welt für sich. Ihr Wesen gleicht dem der Gespenster und durch sie allein vermag Hades auch unter Menschen und Göttern seine Macht zu zeigen, indem er aus der Unterwelt, aus der Welt der zweidimensionalen Schatten, die oberen Welten mit den abgezogenen Begriffen durchwirkt.

Darum waltet Hades auch nicht nur bei der Entstehung der abgezogenen Begriffe der Erdendinge, sondern bei der aller Wandelsterne des Sonnenkreises. Und so umgibt er den ganzen Sonnenkreis mit einem Hauch des Schattenhaften und Entwirklichten.

Für den Menschen aber ist er vor allem Herr der begrifflichen Erkenntnis der irdischen Dinge und Zusammenhänge.

Wenn ein Mensch durch tiefe Versenkung dieser kosmischen Macht des Hades nahezukommen sucht, dann wird seine begriffliche Erkenntnis selbst eine schöpferische Macht.

Dann erfaßt er, wieviel von den Begriffen, die er aus den Anschauungen abgezogen hat, in seine eigene Gewalt gegeben ist, und er wird so zu einem Mitschaffenden des großen Gottes.

Aber auch der Gott selber ist nicht ohne Schicksal. Es waltet ein Gesetz auch über ihm, ein Weltengesetz, das in der Bildung der abgezogenen Begriffe zum Ausdruck kommt, das Gesetz der *Verbegrifflichung.*

Darum durchlebt auch er ein Schicksal, das verwandt ist dem Schicksal des dämonischen Menschen. Auch *Hades* hat die Entdeckung gemacht, mit Hilfe der abgezogenen Begriffe Macht zu gewinnen, und auch er verletzt damit das Maß des Irdischen und Himmlischen.

Alle Dinge, die er berührt, bringt er dadurch aus dem Gleichgewicht. Er gibt ihnen einen Anstoß zu ihrer Vernichtung. Sie bleiben nicht mehr, was sie waren, sondern kommen ins Stürzen. Stürzend sinken sie abwärts, denn sie halten sich nicht mehr wechselweise im Gleichgewicht. Sie haben alle einen einseitigen Zug bekommen, und diesem Zuge folgend, der in ihrem Schwerpunkt einsetzt, gleiten sie der Tiefe zu. Gleichzeitig aber verflüchtigen sie sich zu Schatten. Darum ist Form und Symbol der Wirkung des Hades die abwärtsgerichtete *Parabel,* die ins Tiefe stürzende Kurve jegliches Fallenden. Diese Linie ist keine in sich geschlossene Kurve oder begrenzte Strecke. Sie geht von einem bestimmten Ding aus, aber sie fällt ins Unbegrenzte weiter. Denn immer weiter lassen sich Begriffe aus den Dingen abziehen. Immer abgezogenere, immer leerere, immer weitmaschigere Schemen lassen sich bilden, und es kommt damit zu keinem Ende.

So lebt auch Hades in allen Dingen und zeigt den Menschen die Linie ihres Falles, ihrer Schattenhaftigkeit. Und obwohl diese Kurve von den anschaulichen Begriffsbildern ihren Ausgang nimmt, führt sie die Dinge doch ins Unübersehbare und zuletzt ins Unsichtbare weiter.

Bevor sie aber noch ins Unübersehbare hinabgleiten, gleichsam auf dem Weg ihrer Unsichtbarwerdung, läßt sich vieles und Ungeahntes mit ihnen beginnen. Indem der

Mensch diese abgezogenen Begriffe auffängt, solange sie sich noch auf dem steigenden Ast der Parabel bewegen, gewinnt er erstaunliche Kräfte. Unerwartet aber haben sie dann den Gipfelpunkt ihres parabolischen Aufstiegs erreicht und bewegen sich auf dem absteigenden Ast dem Unübersehbaren zu. Und indem sie dem Menschen und seinen geistigen Organen dergestalt entgleiten, verliert er die Herrschaft über sie und sie zerstören ihm wieder, was er erst mit ihrer Hilfe aufgebaut hat, zerstören ihm mehr, als er gewonnen hatte. So bricht seine menschliche Welt an ihnen zusammen. So wird er selbst zum Brecher seiner Welt, zum *Verbrecher*.

Deshalb zeigt auch der Mythos den unterweltlichen Gott Hades bei gewaltsamen Unternehmungen, indem der mit seinem durch die Luft brausenden Drachenwagen die himmlische Kore raubt, sie in die Unterwelt entführt und an eine Seite fesselt.

Gleich dem menschlichen Dämon gelingt auch dem Gott sein Unternehmen nicht vollständig. Denn wie dem Menschen, der durch seine Begriffe alle Möglichkeiten bedacht und mitberechnet zu haben glaubt, dennoch die eine oder andere entgeht, indem der Begriff eben ins Unübersehbare hinabgleitet, so hat auch Gott nicht alle Möglichkeiten ergriffen, welche im Bereich der Himmlischen liegen. Darum kann auch er sich nicht unbeschränkt seines Raubes erfreuen, sondern muß einem Vertrag sich fügen, der ihm die geraubte Braut für drei Viertel der Zeit eines jeden Jahres wieder entführt.

Und so ist auch *Hades* als kosmische Macht eine *tragische Gestalt*. Seine Tragik liegt darin, daß auch er die göttliche Ordnungen mit seinen persönlichen Machtmitteln verletzt und dafür büßen muß.

Aber das Tragische auf der kosmischen Ebene bedeutet keinen Untergang, sondern einen Zustand, denn das Sein der kosmischen Mächte vollzieht sich nicht in jenem Ablauf der Zeiten, der uns Irdischen den Tod bringt. Es ist gespeist vom Hauch der Ewigkeiten. Und so vollendet auch Hades nicht in *einem* Abziehen und Begreifen, Entdecken und Verwenden sein Schicksal, sondern er ist in allem begreifenden Erkennen und in allem vergeistigenden Abstrahieren.

Als den Bringer von mancherlei Früchten haben darum die Alten den Gott Hades verehrt und als den gerechten Herrscher im Reich der Schatten. Aber sie haben sich von seiner Welt abgewendet. Sie sind seiner Führung nicht gefolgt und haben auf der Erde nur wenig von dem verwirklicht, was in seinem Bereich möglich ist. Darum gehörte er nicht zu den zwölf Hauptgöttern und war ihnen mehr gefürchtet als geehrt.

Wohl aber müßten die späteren, die *abendländischen* Menschen ihn aufs höchste schätzen, denn sie sind es, die sein Reich auf der Erde errichtet und bis zum Rand alles Möglichen ausgebaut haben.

Es entspricht aber der Bewußtseinslage des Hades kein anfängliches Zeitalter mehr im Kulturleben der Menschen. Unser Wissen darüber reicht nicht bis in jene Zeiten zurück, in denen der Frühlingspunkt der Sonne im Skorpion, dem dem Hades zugehörigen Tierkreiszeichen, stand. Aber innerhalb der Entwicklung der Hochkulturen ist ihm in jeder einzelnen die Epoche der entfalteten Zivilisation, die Zeit des großstädtischen Lebens, zuzuordnen. In diesen Epochen ist das menschliche Gemeinschaftsleben nicht mehr ein durch die Anschauung zu umfassendes Ganzes, sondern kann wegen der großen Zahl der Menschen, die an ihm teilhaben, nur mehr mit Zuhilfenahme abgezogener, unanschaulicher Begriffe zustande kommen und zusammengehalten werden.

Mit dem Eintreten in die Bewußtseinsstufe der abstraktbegrifflichen Erkenntnis erreicht der Mensch einen Zustand, in dem weit primitivere Seelenkräfte zur Wirksamkeit kommen können, als der Entwicklung seines Geistes gemäß sind. Die Trennung der Begriffe vom Anschaubaren ermöglicht eine noch weiterreichende Ablösung von der Tiefe des Erlebens, als es auf den Stufen der Gegenstands- und Umweltwahrnehmung und der anschaulichen Begriffs- bilder möglich ist und geschieht. Denn wenn das mensch- liche Bewußtsein bis zu der Stufe des abstrakten Begriffes vordringt, so entsteht zwischen dem ursprünglichen Erle- ben und dem endlich erreichten abgelösten Begriff gleich- sam eine so große Spannweite, daß das ursprüngliche Er- lebnis, aus dem der Begriff kam, schon längst abgeklungen und vergessen sein kann, ehe er im Bewußtsein deutlich erfaßt wird. Das neue Erleben, das nun nachquillt und weiterhin das Bewußtsein trägt, kann ein solches sein, das oberflächlicheren Schichten angehört als das anfängliche. Dadurch entsteht die Möglichkeit, die Macht, die durch die abstrakte Begrifflichkeit dem Menschen in die Hand gege- ben wird, zur Auslebung weniger tiefer, sondern eher pri- mitiver und ungeläuterter Seelenzustände zu mißbrauchen, sie zur gesteigerten Befriedigung niedriger Triebe, unbe- herrschter Affekte auszunützen.

Eine solche Entwicklung kann zum Beispiel folgenden Verlauf nehmen:

Es ist eine natürliche Regung des menschlichen Mitge- fühls und der Hilfsbereitschaft, wenn die Bewohner eines Dorfes zusammenlaufen und rettend eingreifen, sobald bei einem der Bauern eine Feuersbrunst ausgebrochen ist. Nicht der Zwang einer Vorschrift oder staatlichen Institu- tion bringt sie dazu, sondern es ist ungeschriebenes Gesetz eines noch kleinen menschlichen Gemeinwesens, daß ein jeder dem anderen in der Not helfen muß. Ein *Gefühl* ist es also, das die Dorfbewohner zum Handeln veranlaßt. Und dieses Gefühl kommt nicht etwa aus den oberflächlichen, noch körpernahen Schichten, nicht aus egoistischen Antrie- ben, sondern aus dem zentralen der wirklich *erlebten Ein- heit* der Gemeinde. Dieses Erlebnis ist so tief, daß es oft sogar das völlige Absehen vom eigenen körperlichen Da- sein mit sich bringt, wenn unter Umständen der eine oder andere der Helfenden mit Einsatz seines Lebens Leben und Gut anderer rettet.

Wird das menschliche Gemeinwesen aber größer und wächst es schließlich über jenes Maß hinaus, innerhalb dessen noch jeder einzelne den anderen als Person kennt, dann entwickelt sich aus der zuerst völlig freiwilligen, aus dem Ereignis unmittelbar entstehenden Hilfsbereitschaft die Organisation der sogenannten „Freiwilligen Feuerwehr". Freiwillig wird sie *genannt*, weil sie nicht mehr freiwillig *ist*, das heißt nicht mehr aus dem unmittelbaren Erleben, sondern aus dem Vorsatz entspringt, bei Feuer zu helfen, der ein für allemal gefaßt wird. Hier ist das Miterleben der Katastrophe nicht mehr so unmittelbar, sondern schon etwas neutralisiert. Die helfende Tat entspringt nicht mehr der erlebenden Einheit der Gemeinde, sondern dem Pflichtgefühl, das den Feuerwehrmann veranlaßt, das Seinige zu tun.

Dieses Stadium der Entwicklung wird gewöhnlich in Märkten und kleineren Städten verwirklicht. Die „Freiwillige Feuerwehr" ist hier zu einem anschaulichen Begriff geworden, nachdem sie sich auch mittels bestimmter Einrichtungen vergegenständlicht hat. Immer aber hängt die ganze Veranstaltung noch mit dem Gefühl der Hilfsbereitschaft zusammen, das nun zwar nicht mehr so lebhaft und unmittelbar empfunden, dafür aber durch das der Pflichterfüllung ergänzt wird.

Fast völlig schwindet es aber und weicht dem einer neutralen Berufspflicht, wenn in einer Großstadt die Feuerwehr keine aus dem Zwang der Begebenheiten auf sich genommene Pflicht ist, sondern ein *Beruf*, der wie jeder andere von eigens dazu und zu nichts anderem bestimmten Menschen ausgeübt wird. Die Personen, denen bei Feueralarm geholfen wird, sind den Feuerwehrmännern zunächst auch ganz unbekannt und darum gleichgültig. Sie üben eben ihren Beruf aus, indem sie das Feuer löschen. Erst bei der Ausübung dieser Tätigkeit kann es unter Umständen

zu gefühlsmäßigen Reaktionen kommen. In der Regel wird
es nicht der Fall sein. Es ist die Hilfe bei Feuersbrunst also
zum *Begriff* geworden, der keine Verbindung mit dem
Gefühl hat und mehr und mehr in einen abstrakten sich
verwandelt.

Ganz abstrakt ist dieser Begriff auf jeden Fall dann geworden, wenn in der Großstadt infolge der Notwendigkeit,
bei Feuersgefahr zu helfen, eine Feuerversicherungsgesell-
schaft gegründet wird. Gewiß hängt eine solche Organisation auch noch letzten Endes mit dem ursprünglichen
Gefühl der Hilfsbereitschaft zusammen, aber es ist in den
Teilhabern und Aktionären sowie den Beamten der Feuer-
versichungsgesellschaft zu einem *völlig abstrakten Begriff*
zusammengeschrumpft. Da dies aber der Fall ist, können
nun ganz andere seelische Elemente nachquellen und den
Begriff mit unmittelbarem Interesse beleben, als die ursprünglichen waren, denen er sein Dasein verdankt, Elemente, die weit oberflächlicherer Natur sind und sicherlich
nie zu einem Einsatz des eigenen Lebens führen würden,
nämlich die rein egoistische Erwartung, am Monatsende
sein Gehalt ausbezahlt zu bekommen oder nach Abschluß
des Geschäftsjahres eine möglichst große Dividende zu
beziehen.

So kommt es also, daß die Hilfe bei Feuer sich in einen
abstrakten Begriff verwandelt, der zu ganz anderen
Zwecken verwendet wird, als seiner inneren Bedeutung
entspricht, Zwecken, die unter Umständen der ursprünglichen Intention ihrer im Gefühl gelegenen Entstehung
völlig zuwiderlaufen, ja sie selber aufheben können.

Wenn der Mensch das entdeckt hat, daß er mit Hilfe des
abgelösten Begriffs die Hemmungen wegräumen kann, die
der schrankenlosen Auslebung seiner Triebe und Affekte in
der noch anschaulichen Erscheinungsweise des Lebens ent-
gegenstehen, so wird er zum *Verbrecher.*

Bezieht aber ein Mensch den so abgelösten Begriff
dauernd wieder zurück auf die eigene Körperlichkeit,

indem er ihn laut in die Welt hinausschreit, ohne doch die Absicht zu haben, ihm irgendwie inhaltlich zu entsprechen, dann gelangt er schließlich zum *Irrsinn*.

Verbrechertum und Irrsinn gehören zusammen, sie bilden den schauerlichen Untergrund des menschlichen Lebens und der menschlichen Gesellschaft. Sie bedeuten innerhalb der menschlichen Gemeinschaft die *Unterwelt*. Sie sind ein Hinweis auf diese. Und wie dem abgelösten Begriff durch seine Loslösbarkeit vom Anschaulichen und Erlebnisbetonten etwas Schattenhaftes anhängt, so wird der Mensch selber auch zu einem Schatten, wenn der abgelöste Begriff und unter seiner Decke verborgen ein ungezügelter Trieb oder Affekt Herr seines Bewußtseins wird.

Diese Schattenhaftigkeit aber ist ein Schritt in der Richtung der wirklichen *Schattenwelt*, deren Wesen so beschaffen sind, daß sie mit ihrem Bewußtsein eine nur zweidimensionale Welt erfassen, in der alle Dinge in solcher Gestalt erscheinen wie für uns die Schatten. Wir heißen diese Wesen *Dämonen*. Ein ungezügelter Trieb oder Affekt wird, wenn er Herr im Bewußtsein eines Menschen würde, zu einem eigenen Wesen, das wie ein Schmarotzer in der Seele des betreffenden Menschen haust, seine besten Kräfte verzehrend. Ein solcher Mensch erscheint uns als von einem Dämon besessen. Er ist auf dem Weg, selbst ein solcher Dämon oder Schatten, ein Gespenst zu werden.

Die größte Gefahr, einen Trieb in einen Dämon zu verwandeln und von ihm beherrscht zu werden, stammt aus der Zone der Geschlechtlichkeit. Darum ist auch das *Geschlechtsorgan* dasjenige, welches den Kräften des Hades im Körperlichen zugeordnet wurde.

Aber nicht ohne einen abgezogenen Begriff gelangt der Mensch in die Nähe solcher Gefahr. Darum ist die Stufe der abgezogenen, unanschaulichen Begrifflichkeit diejenige, die ihn zu einem *Scheidewege* führt. Von ihr aus trennen sich die Wege, die zum Guten oder zum Bösen, zum seelischen Leben oder zum seelischen Tod leiten. Hier steht der Baum der Erkenntnis, von dessen Früchten zu essen dem Menschen im Paradies verboten war und durch deren Genuß das „Übel" in die Welt kam.

Von hier aus aber gelangte der Mensch auch zur Bildung mannigfacher Formen der Beherrschung von Natur und Umwelt. Durch die Fähigkeit, von dem gegebenen Anschaulichen und dem damit verbundenen Seelischen absehen zu können, findet er eine Einstellung zu den Dingen, die ihm größere *Objektivität* sichert, als er auf den früheren Stufen seines Bewußtseins besaß. Er gewinnt dadurch zum erstenmal die innere Einstellung der *Wissenschaftlichkeit*. Sich befreiend von der Gewalt des unmittelbaren Eindrucks, den die Umwelt in der Seele hervorruft, indem er ihn absichtlich ausschaltet, geht der Mensch nun darauf aus, die Natur zu erforschen. Mit Hilfe der abgezogenen Begriffe schafft er sich ein Schema, in das er die ihn umgebenden Erscheinungen ordnet und so alle in ein Netz von Begriffen einfängt, soweit er ihrer habhaft werden kann.

Aber nicht ohne einen Frevel an seinem seelischen Leben zu begehen, indem er es unterdrückt, nicht ohne die Gefühle des Großen, Erhabenen und Lebensvollen zu vernichten, welche ihm die Natur sonst einflößt, gelangt er zu dieser Einstellung. Darum bleibt ihm die Natur, die er im Netz der Begriffe gefangenhält, auch zuletzt etwas Totes. Er hat sie nun wohl in seine Gewalt, allein ihr inneres Leben erstirbt ihm. Sie erscheint ihm nur mehr als ein *Mechanismus*.

Freilich ist er nun aber imstande, selber solche Mechanismen im kleineren Maßstab der Natur nachzumachen, er erfindet die *Maschine*. Und aus Maschinen bildet er sich eine ganz eigene Welt.

Da er aber das Seelische am Anfang seines Forschungsweges unterdrückt hat und die großen seelischen Erlebnisse, die ihm die Natur ursprünglich brachte, nun längst vergessen sind und sich verflüchtigt haben, schiebt sich seinem Willen bei der Bildung der Maschinen zunächst nur das einfachste und an der Oberfläche liegende Seelische unter: die Befriedigung der wichtigsten Triebe, des Hungers, des Geschlechts- und des Aggressionstriebes.

Daher kommt es, daß die Maschinen im großen und ganzen recht eigentlich den Eindruck von Dämonen machen und mit ihrer Schwärze, ihrem Eisengeklirr und Lärm etwas Bedrückendes, das Leben, dem sie dienen sollen, eher Störendes und Vernichtendes haben.

Der Stachel, der den Menschen antreibt, Forscher zu werden, ist darum oft durchaus im Triebhaften entstanden, es ist nicht immer der reine Drang nach der Erkenntnis selbst. Deshalb sind unter den Gelehrten, die dieser Stufe entwachsen, auch keineswegs immer auf das Geistige eingestellte Menschen zu finden. Oft sind Affekte und Leidenschaften in ihrem Leben ausschlaggebend, von denen der Laie glaubt, daß sie auf der Stufe des Geistes, welche die Objektivität voraussetzt, schon überwunden sein müßten.

Bald lernt der Mensch es auch, die Fähigkeit der abstrakten Begriffsbildung nicht nur auf die Naturerscheinungen anzuwenden, sondern er erkennt, daß er auch das Gemeinschaftsleben mit ihrer Hilfe ordnen und gestalten kann. Daraus entsteht die Organisation, durch die in den späteren Stadien der Entwicklung Staat und Leben geordnet wird, wenn die Zahl der einer Gruppe angehörenden Menschen bereits über das Anschauliche und Übersehbare hinaus angewachsen ist. Es hebt damit die Epoche der *Zivilisation* an, welche auf den Höhepunkt der Kulturentwicklung zu folgen pflegt.

Damit treten neue Probleme des menschlichen Zusammenlebens in den Vordergrund: die *sozialen* Fragen tauchen auf, Beeinflussung der Menschen in ihrer Masse wird nötig, die *Massenpsychologie* entsteht, Probleme der *Reklame*, der *Propaganda* kommen hervor.

Unter dem Einfluß dieser Bewußtseinsstufe vergeistigt sich zwar alles um einen weiteren Schritt, vergröbert sich aber auch zugleich, indem es sich vereinfacht, verallgemeinert und verflacht. So wirkt auch die Maschine, die das Symbol dieser Stufe ist. Sie verallgemeinert und vereinfacht die menschliche Arbeit und den erzeugten Gegenstand, aber sie verflacht auch beide, indem sie sie aller persönlichen Beziehungen entkleidet.

Es bedeutet aber die Stufe der abstrakten Persönlichkeit zugleich auch den zweiten Schritt in der *Rückwendung* des Bewußtseins. Denn obwohl der Übergang von der Wahrnehmung der anschaulichen Begriffsbilder zu der Bildung der abgezogenen Begriffe zunächst eine weitere Stufe der Wandlung, also ein weiterer Schritt des *Nachaußengehens*, ein wesentlicher Schritt des Objektivwerdens des uns Gegebenen ist, so ist doch zugleich auch eine Rückwendung dabei möglich, die eine weitere Stufe der *seelischen* Bewußtheit eröffnet. Dies aber kommt auch darin zum Ausdruck, daß dem einfachen Verstand das Formen der abgezogenen unanschaulichen Begriffe in noch weit höherem Grade als das der anschaulichen Begriffsbilder als eine vom Ich, also vom Subjekt, ausgehende *Tätigkeit* erscheint.

Wenn der Mensch die der abstrakten Begrifflichkeit entsprechenden Stufe der Rückwendung des Bewußtseins erreicht, so erkennt er sich in einer von ihr bedingten Weise. Er objektiviert in sich die mehr an der Oberfläche liegenden Schichten seines seelischen Lebens und tritt mit seinem Ich gleichsam hinter sie zurück. Dadurch erfaßt er sich selbst in seiner Triebhaftigkeit, in seinen versteckten Beweggründen, in seinen uneingestandenen Absichten. Er entdeckt seine *Komplexe*, er erforscht sein *Gewissen*.

Alle jene Abschattierungen des Seelischen, die wir *Stimmungen* nennen, haben in diesen verborgen gehaltenen Erlebnisweisen der Seele ihren Ursprung. Sie sind stets das Zeichen von inneren Spannungen der nicht ausgeglichenen Seelenlage.

Das *Geistige* dieser Bewußtseinsstufe, dessen zweiten Grad sie bedeutet, kommt darin zum Ausdruck, daß der

Mensch sich selbst als *psychisches* Wesen erfaßt und den Erlebnisgrund des Geistigen als etwas noch Ichhafteres von dem seiner seelischen Innenwelt ablöst.

Auch die Innewerdung dieser dunkleren seelischen Schichte der verborgen gehaltenen Triebe und Komplexe erscheint uns gegenüber den helleren und dem Ausdruck freigegebenen seelischen Gefühlslage als eine Unterwelt, die Unterwelt der menschlichen Seele.

Also entspricht auch am Himmel als sichtbare Erscheinung der Planet *Pluto*, das Symbol des Unterweltgottes, der Bewußtseinslage der unanschaulichen Begrifflichkeit. Es ist einer der langrhythmischen Planeten, womit die Langsamkeit der abstrakt-begrifflichen Erfassung und die langsame Auswirkung seelischer Komplexe zusammenstimmt, die oft auch lange Zeit in der Seele leben können, ohne sichtbar in Erscheinung zu treten, bis sie sich dann plötzlich in Gestalt eines unbegreiflichen Verbrechens Luft machen. Doch werden die größten Verbrechen in diesem Sinne gewöhnlich nicht auf jenem Gebiet begangen, auf dem man mit den Gesetzen in Konflikt kommt. Als zweiter Planet wird dem Sternbild des Skorpion gewöhnlich der *Mars* beigegeben, in dessen Wesensart das Triebhafte ausgedrückt ist, das sich so oft mit dieser Bewußtseinslage verbindet.

Das Mysterium einer Gottheit zeigt immer die innerliche, die dem profanen Blick verborgen bleibende Seite eines großen Tatbestandes auf. Wenn demnach Hades den Menschen als eine Macht erscheint, die ihn die einzelnen Merkmale von den Begriffsbildern abzulösen und unabhängig von dem anschaulichen Zusammenspiel miteinander zu verbinden lehrt, so wird ihnen in seinem Mysterium die neue Stufe der Innerlichkeit des Selbstes zum Bewußtsein gebracht. Wir finden solche Mysterien nicht in der griechischen Welt, wohl aber in der indischen, wo sie die Vorstufe der Yogischulung sind, und in der *tibetanischen*, wo die Beschwörung der Dämonen eine besondere Form des Kultes bildet. Alles, was als *schwarze Magie* bezeichnet wird, gehört mit zu den Praktiken dieser Mysterienart. In der abendländischen Welt können wir die Institute der *Psychoanalyse* als Mysterienstätten dieser Stufe ansehen.

Darum hat auch Hades, obwohl er auf der Stufe der *Rückwendung* des Bewußtseines steht, sein Antlitz bald der Erde, bald dem Himmel zugekehrt, denn er hat einen Zug nach der zweidimensionalen Welt der Schatten, die wir im Innern der Erde suchen, und er ist vor allem Herr dieser unterirdischen, der dämonischen Welt. Aber freilich hat sein Bewußtsein wie das jeder kosmischen Macht noch ganz andere Stufen als die, welche das menschliche Bewußtsein fremd und unerreichbar bleibt, nämlich das Heraustreten der aus den Begriffsbildern sich ablösenden einzelnen Merkmale und ihre neue Zusammensetzung zu abstrakten Begriffen, das ist in die bewußte Gewalt der kosmischen Macht gegeben.

Die *eine* bestimmte Bewußtseinsstufe aber, die für den Gott die vorherrschende ist, hat der Mensch mit ihm gemeinsam. Und alle Menschen, bei denen auch diese Stufe die vorherrschende in ihren Bewußtseinen ist und dadurch die eigentliche Wirklichkeit für sie darstellt, bilden darum mit ihm einen *Typus*. Dies heißt aber nicht, daß diese Menschen und ihre Schicksale wie Teile seiner kosmischen Macht anzusehen sind, noch auch, daß sie diese Macht verkörpern und auf der menschlichen Ebene darstellten sollen, denn jeder Mensch ist eine Wesenheit für sich. Aber diese Menschen sind ihrer Natur nach dieser kosmischen Macht verwandt wie keiner anderen, und sie leben darum mit ihr wie in *einer* Welt.

Darum ist diesen Menschen aber auch eine Gemeinsamkeit in ihren Schicksalen eigen, und ihr Schicksal ist verwandt mit dem des Gottes. Es ist bestimmt durch das Gesetz der Verbegrifflichung.

Nach diesem Weltgesetz steht Hades in diametralem Gegensatz zu *Ariadne*, welche das Prinzip der Erlösung des

Menschen aus seiner Unterwelt bedeutet. Denn Hades zeigt dem Menschen seinen Zusammenhang mit der Dämonenwelt auf, mit der nächst tieferen Ebene denkbaren Daseins, Ariadne aber mit der nächst höheren. Hades führt das menschliche Bewußtsein mit einer neuen Stufe der Wandlung zugleich zu einer neuen Stufe der Rückwendung, Ariadne aber, die tiefsten Stufen der Rückwendung schon voraussetzend, zu einem zweiten Umkreis der Wandlung. Sie habe daher beide, trotz ihrer Gegensätzlichkeit, eine tiefe Beziehung zur Dämonenwelt. Infolge ihrer Gegensätzlichkeit jedoch bedeutet die Heraufkunft des Reiches der Ariadne zugleich den Untergang des Reiches des Hades.

Die erste Spiegelung des *Hades* ist, einem Wesen entsprechend, der bei allen Völkern zu findende Unterweltgott, bei den Indern der Dämonenfürst *Mahischassur*, bei den Griechen der Gott *Hades*, bei den Persern *Ahriman*, bei den Germanen *Alberich* und die Unterweltgöttin *Hel*. Es gibt kein Volk, das nicht neben den hellen, himmlischen, oberen auch einen unterirdischen, über die Dämonen herrschenden Gott kennte.

Charakteristisch ist, daß die Dämonenfürsten immer durch *Einflüsterungen* auf den Menschen einwirken, indem sie ihm zunächst zu helfen versprechen, um ihn dann zu vernichten. Dabei werden sie jedoch selber gleichfalls besiegt und vernichtet. Die Einflüsterung besteht eben in der Angabe eines Begriffes, den der Dämon dem Menschen enthüllt, durch dessen Gebrauch der Mensch aber sein eigenes Inneres und zugleich die Weltordnung verletzt. So gibt *Luzifer* den ersten Menschen im Paradies den Begriff des „Gott-Gleichseins", so flüstert er als Versucher dem Christus den Begriff des „Machthabens über das ganze Land" ein.

Es gibt aber keine göttliche Gestalt, welcher die Erfindung der Maschine zugeschrieben würde, denn ein Gott hat es eben nicht nötig, solche Hilfsmittel zu gebrauchen, da seine Macht durch eine andere Sphäre zum Ausdruck kommt. Darum erscheint der sagenhafte Erfinder der Flügel, *Dädalus*, im Mythos als Mensch, nicht als Gott, während Ephaistos, der Gott, noch ganz und gar ein Handwerker ist.

Die bedeutsamsten Ausprägungen dieses Typus aber sind im Abendland entstanden, wo sie freilich auch nicht als Götter, sondern eher als dämonische Helden erscheinen. Diese sind *Don Juan* und *Faust*.

Die Gestalt des Faust, eigentlich eine mittelalterliche Sagenfigur, ist durch die Dichtung Goethes auch der Gegenwart noch ganz lebendig. Hier können wir alle Bestandstücke des Hadestypus, des begrifflichen Menschen, in wunderbarer Vollständigkeit vorfinden. *Faust* ist theoretischer Mensch, er ist Gelehrter, sein Bewußtsein bewegt sich also mit Vorzug auf die begrifflich-abstrakte Stufe zu. Daß seine Anwendung des begrifflichen Wissens, das er besitzt, nicht immer einwandfrei ist, geht aus seinen Äußerungen über ihren problematischen Charakter hervor, besonders aber aus seinem Urteil über das famose Pestmittel, mit welchem sein Vater viel Geld und Ruhm erwarb. Wie nahe der Gelehrsamkeit das Verbrechen steht, zeigt auch aufs deutlichste der Dialog des *Mephisto* mit dem Schüler. Mephisto selbst, natürlich reinster Hadestypus der negativen Seite, *ist der Dämon*, welcher die Einflüsterung des Bösen in Gestalt bestimmter abstrakter Begriffe vollzieht. Wir können ihn unbedingt als das abgespaltene zweite Ich des Faust, den Körper gewordenen Dämon seines eigenen Naturells ansehen, wie es ja auch die Dichtung Goethes selber nahelegt.

Über die Faustgestalt selbst haben wir zwei entgegengesetzte Auffassungen vor uns: die mittelalterliche, die ihn als Verbrecher betrachtet und zuletzt in die Hölle fahren läßt, und die Goethesche, die in ihm den ewig Strebenden erkennt und ihn trotz vieler Irrwege und Frevel doch in den Himmel sendet. Wir sehen hieraus wieder, wie nahe beieinander beim Typus des begrifflichen Denkens Gelehrtentum und Verbrechertum, Genie und Dämonie, liegen.

Betrachten wir den Lebensweg des Faust im einzelnen: Was Faust vollbringt, sind ja tatsächlich lauter Verbrechen. Das erste davon ist die Verführung Gretchens, die die Vernichtung der ganzen Familie, der Mutter, des Bruders und Gretchens selbst mit ihrem Kind, zu Folge hat. Warum Faust sich neun Monate und mehr nicht daran erinnert, daß sein Zusammenkommen mit ihr Folgen gehabt haben könnte, und sich so lange vor ihr verborgen hält, bis es zu spät ist, ist schwer anders zu begründen als mit roher Gleichgültigkeit. Trotz der Erschütterung über die durch ihn verschuldete Hinrichtung Gretchens tritt er im zweiten Teil ohne jegliche Sühne und mit gutem Gewissen wieder vor uns. Nachdem die Szenen der Hexenküche und der Walpurgisnacht Fausts untergründige Sexualkomplexe beleuchtet haben, gelangt er im zweiten Teil sogar in den Besitz der Geheimnisse der schwarzen Magie, mit Hilfe deren er in einer Art Filmkunst die Erscheinung der Helena beschwört. Gleichzeitig gibt er dem Kaiser die Idee des Papiergeldes ein, durch deren Anwendung das ganze Reich in schwere Erschütterungen gerät.

Das Papiergeld ist als abstrakte Begriff des wirklichen Wertes der Dinge ein besonders einleuchtendes Beispiel. Es wird von der verschwenderischen Hofhaltung zur Befriedigung immer reger Triebe im egoistischen Sinne verwendet, anstatt, was sein ursprünglicher Sinn ist, zur Erleichterung des Warenaustausches im Lande. Diese mißbräuchliche Verwendung zeigt aufs deutlichste jenes verbrecherische Verhalten, das der Hadestypus so oft ungesühnt, ohne mit dem Gesetz in Konflikt zu kommen, an den Tag legt.

Goethe hätte kein besseres Beispiel eines mißbrauchten abstrakten Begriffes erfinden können als eben dieses vom Papiergeld. In der Entwicklung des Geldwesens sind überhaupt die einzelnen Bewußtseinsstufen noch sehr gut erkennbar. Der konkrete Warentausch, nämlich eines Dinges gegen ein anderes, bewegt sich ganz auf den Stufen der Gegenständlichkeit und der Umweltwahrnehmung; dem

Gold- und Silbergeld, das noch konkret den Wert selbst darstellt, den es bedeutet, liegt ein anschaulicher Begriff zugrunde; dem Papiergeld aber, das nichts mehr von dem Wert der getauschten Ware in sich enthält, ein abstrakter Begriff, es ist eine bloße Anweisung, ein Name, ein Aufdruck. Mit Gold- oder Silbergeld kann man durch konkrete Fälschung (minderes Gewicht) Schwindel treiben. Beim Papiergeld aber ist der Betrug noch viel leichter, weil seine Verwendung über einen nur geistig angenommenen Begriff geht, dessen konkrete Verwirklichung im Moment des Tausches anschaulich nicht nachgewiesen werden kann und erst in späteren und indirekten Folgen sich auswirkt.

Nachdem Faust sich im Reich der magischen, astralen Wirklichkeiten nicht halten kann und sein Sohn Euphorion ihm entschwunden ist, kehrt er reuig zu der konkreten Wirklichkeit der Erde zurück. Er gibt sich aber auch jetzt mit dem einfachen Bestand des Irdischen nicht zufrieden, sondern schreitet sofort daran, auch hier wieder einen neuen abstrakten Begriff in Funktion zu setzen, den der Kolonisation, der Landgewinnung. Wie er diesem Begriff zuliebe die letzten Regungen der Menschlichkeit opfert, indem er die beiden alten Leute, die ihm dabei im Wege sind, rücksichtslos vernichtet, das erinnert in seiner Art geradezu an nationalsozialistische Methoden der Umsiedlung. Nichtsdestoweniger ist er von seinem Werk hochbefriedigt und erlebt in der vorweggenommenen Vollendung desselben den höchsten Augenblick.

Wenn wir dies alles erwägen, bleibt die Rettung, die Goethe dem Faust am Schluß doch angedeihen läßt, eine problematische Entscheidung. Die Entscheidung zwischen dem Guten und dem Bösen liegt eben beim Hadestypus wie bei keinem anderen auf des Messers Schneide. Goethe wollte im Faust den Typus des abendländischen Menschen zeichnen, den es über alle Grenzen weg ins Grenzenlose weitertreibt und der dabei oft auch *die* Grenzen, die zwischen dem Guten und Bösen gezogen sind, überrennt, im abendländischen vor allem aber auch den deutschen Menschen. Denn gewiß, der deutsche Mensch hat viel vom Hadestypus in sich. Er *ist* der theoretische, der Mensch der abstrakten Begrifflichkeit, derjenige, der unter Umständen einem Begriff zuliebe jegliche menschliche Regung unterdrücken kann, der mit fanatischer Organisationswut eine schematische Ordnung in der Welt durchführen möchte, und wenn auch die Menschheit darüber zugrunde ginge – vorausgesetzt, daß ein Dämon ihn durch verführerische Einflüsterungen so weit gebracht hat, daß er ihm sklavisch dient, daß er in den Zustand der Besessenheit geraten ist. Er meint dann eine Zeitlang, der Verwirklichung einer hohen Idee alles opfern zu dürfen, während es dem Dämon auf diese gar nicht ankommt, sondern nur um die Befriedigung der gewöhnlichen Triebe, des Hungers, der Fortpflanzungs- und des Aggressionstriebes, zu tun ist, die in ungezügelter Wut in ihm rasen.

Bezeichnend für diesen dunklen Zug im Wesen des deutschen Menschen ist aber nicht nur die Gestalt des Faust, sondern auch andere Gestalten des germanischen Mythos weisen ihn auf. So vor allem *Siegfried*, der den König Gunther durch einen Betrug in den Besitz der Brunhilde setzt und diesen auch noch nach der Hochzeit fortführen muß. Ebenso *Hagen*, der auch von der Sage grausam genannt wird. Um des Begriffes der Macht seines Königs Gunther willen, der in Wirklichkeit ein Schwächling ist, scheut er sich nicht, eine hinterhältigen Mord auf sich zu nehmen.

In Goethes „Faust" erscheint als dritter Hadestypus der verhältnismäßig harmlose *Wagner*, der Famulus Faustens, der einzige im Drama, den die begriffliche Erkenntnis nicht zum Verbrechen treibt, der wegen seiner mangelnden Vitalität den Einflüsterungen des Dämons auch weniger unterliegt. Die naive Bewunderung, die er Faust entgegenbringt, charakterisiert auch die ahnungslose Verehrung, mit der das Volk vielfach den verbrecherischen Hadestypen seiner

Führung in politischer und geistiger Hinsicht Nachfolge leistet.

Freilich wäre es völlig verfehlt, um solcher dunkler Züge willen oder weil sie einmal in der Geschichte die Oberhand gewannen, ein ganzes Volk zu verurteilen. Neben den negativen Zügen hat jeder Typus höchst positive, und der Hadestyp hat solche in hervorragendem Maße. Außerdem ist, wie eine einfache Betrachtung ergibt, ein Volk niemals aus *einem* Typus allein zu charakterisieren.

Bei dem anderen der beiden großen Hadestypen des Abendlandes, bei *Don Juan*, ist nie der Versuch einer moralischen Ehrenrettung unternommen worden. Er war und blieb immer der schrankenlose und skrupellose Genießer, das bedeutet aber – der von allen tieferen Erlebniszuständen abgelöste Mensch. Daß seine übermächtige Sexualkraft mit einem abstrakten Begriff gepaart ist, zeigt die große Zahl der Frauen, die ihm zum Opfer fallen. Er hat zu keiner von diesen allen ein persönliches Verhältnis und für keine auch nur eine geringe menschliche Regung. Sie sind ihm alle nur *Nummern*, wie die einzelnen Arbeiter in einer großen Fabrik für den Unternehmer auch nur Nummern sein können. So wird auch folgerichtig das Ende des großen Verführers durch den eisernen Ritter, das ist den von ihm nicht mehr beherrschbaren *Begriff* der physischen Natur herbeigeführt, für welche wieder Don Juan nichts anderes ist als eine Nummer unter Millionen anderen Wesen.

Beide Typen, Faust sowohl wie Don Juan, haben in der Art, wie sie in der Sage auftauchen, etwas Übermenschliches an sich. Gewöhnliche Naturen sind sie nicht. Beide haben einen Zug zum Unermeßlichen und rühren daher an die Maße des Göttlichen. Dazu werden sie befähigt durch die Lichtkräfte, die beiden gegeben sind. So hat Faust viel von dem Uranischen, dem Unendlichkeitsstreben, Don Juan viel vom Aphrodisischen, dem Anmutig-Verführenden an sich. Durch diese Kräfte ist es ihnen möglich, so weit zu kommen, daß sie die Grenzen des Menschlichen erreichen. Denn um an die Unterwelt heranzukommen, dazu muß eine menschliche Natur so reich sein, daß sie auch imstande wäre, die Oberwelt, die Götterwelt, zu erreichen.

Wenn der Mensch auf dieser Stufe des Bewußtseins dazu kommt, den abgezogenen Begriff auf das Geschlechtliche anzuwenden, dann endet er dabei, auch dieses zu verwandeln und auch anderes als das, was von der Natur für die Auslebung des Geschlechtstriebes vorbereitet ist, zu diesem Zweck zu verwenden. Auf diese Weise kommt es zu den Erscheinungen der *Perversion*.

Die *Grausamkeit*, stets verbunden mit Sexualität, der Sadismus in allen seinen Formen, ist das eigentliche Laster, das auf diese Bewußtseinsstufe entspringt. Es ist bei den Primitiven schon, wo diese Stufe erst ins Licht des Bewußtseins kommt, wie auch bei den Völkern der Hochkulturen, zu finden. Das ist die schrecklichste der Dämonien, deren das menschliche Wesen fähig ist. Sie führt zum *Mord*. Sie macht den Menschen zum Angehörigen der schauerlichen Unterwelt. Sie bringt ihn unter die menschliche Stufe hinunter. Man kann aber nicht sagen, daß sie ihn tierisch macht. Denn die Tiere sind nicht grausam aus Absicht, sondern sie sind es nur kraft ihrer naturgegebenen Lebensform. In ihrem Bewußtsein kommt also die Grausamkeit als solche gar nicht vor. Hier zeigt sich deutlich, daß es eine Stufe unterhalb des menschlichen Wesens gibt, die nicht mit der Tierheit zusammenfällt, sondern ihrem Wesen nach etwas anderes darstellt.

Während alle den vorhergehenden Stufen des Bewußtseins entsprechenden Aktivkräfte des Menschen noch triebhafter Natur sind, heißen wir die durch einen abstrakten Begriff bewußt gelenkte Aktivkraft *Wille*. Die Rückwendung des Bewußtseins, die von der Stufe der abgezogenen Begrifflichkeit aus erfolgt, führt also innerlich zu der Stufe des Willenserlebnisses, daß durch den Affekt des inneren Kommandos charakterisiert wird. Dieser Wille ist imstande, kraft seiner Verbindung mit dem Begriff auch das Triebhafte zu zügeln. Es entstehen also auf dieser Stufe gleichzeitig mit den Kräften, die dem Trieb größere Auswirkungsmöglichkeiten geben, auch die Kräfte, die ihn in Schranken zu halten vermögen. Darum finden wir auf dieser Stufe nicht nur den Typus des lasterhaften Menschen und des Verbrechers, sondern auch den betont *moralischen* Menschen.

So gilt der alte *Römer* als ein Typus, bei dem die Zügelung des Triebhaften und die Selbstbeherrschung, ja die Enthaltsamkeit im höchsten Grade geübt wurde. Gerade bei diesem Volk aber kam es, als diese Kräfte der Zügelung aufgelöst worden waren, zu den scheußlichsten und grausamsten Veranstaltungen, welche die Erde wohl je bei einem Volk der Hochkultur gesehen hat, den als Schauspiel der Menge dargebotenen Gladiatorenkämpfen und Zerfleischungen von Menschen durch wilde Tiere.

Einen ähnlichen Zusammenhang wird man wohl auch bei den Veranstaltern der Inquisition und der Hexenprozesse mit Leichtigkeit finden können.

Wir verstehen also jetzt, daß ein *Mucius Scaevola* und ein *Nero* in ihrer Bewußtseinsstufe zusammenhängen. Nie konnte zum Beispiel aus dem griechischen Wesen diese Form der Perversion kommen, weil es auf anderer Bewußtseinsstufen als den betontesten schwingt. Bei diesem Volk ist nicht Grausamkeit, sondern List und Untreue die negative Seite, wie sie zum Beispiel in Alkibiades sich zeigen.

Lernt es der Mensch, auf der Stufe der Aphrodite den anderen Menschen zu psychologisieren, so kann sich auf der Stufe des abstrakten Begriffes das Erlebnismäßige am Du noch mehr verflüchtigen, der andere Mensch wird für diesen Typus zu einer bloßen Ziffer, einem Schema, das die geeignete Grundlage seiner *Organisationstätigkeit* bildet. Es ist nicht mehr die Gesellschaft mit ihren doch noch in der Anschauung sich verwirklichenden Zusammenhängen, sondern der Millionen-*Staat*, der auf der Grundlage dieser Bewußtseinsstufe aufgebaut wird.

Indem sich nun der Mensch selbst erkennt als einen, der unter ein bestimmtes Begriffsschema gestellt wird, muß es notwendig in sich eine Teilung dessen vollziehen, was an ihm eben unter dieses Schema zu rechnen ist und das, was sonst noch von ihm übrigbleibt. So entsteht auf dieser Stufe die Vorstellung des *Individuellen* als dieses Restes.

Nachdem aber auch, wenn der Begriff nur genügend allgemein gefaßt wird, die geschlechtlichen Unterschiede mit in das Gebiet dieses Individuellen fallen können, so besteht kein Hindernis, daß auch *weibliche* Typen auf dieser Stufe entstehen. Da die Frau meistens stärkere Betonung der Stufe des organischen Körperempfindens hat als der Mann, so werden bei ihr die Hemmungen aus dem Erlebnismäßigen stärker sein. Darum gibt es, wenn auch weniger an Zahl, doch auch weibliche Verbrecher und ebenso auch weibliche Erfinder und vor allem Gelehrte, ja sogar Organisatoren.

Unter die großen Verbrecherinnen zählen wir *Klytämnestra* und *Elektra*, die vor dem Mord nicht zurückscheuten.

Auf keiner anderen Bewußtseinsstufe tritt die Problematik des menschlichen Wesens so stark hervor wie auf der der abstrakten Begrifflichkeit. Wenn die Durchbildung eines Typus immer auch die Möglichkeit der Einseitigkeit in sich schließt, so liegt die Vereinseitigung bei dieser Bewußtseinsstufe besonders nahe. Ihre Betonung kann wie die keiner sonst zur Verdrängung, ja Auflösung der anderen führen.

Dies geschieht im Falle der *Besessenheit*. Das Bewußtsein wird dann in seinen anderen Schichten gleichsam wie aufgezehrt von der ständigen Bewegung nach einem Begriff hin. Verbindet sich nun mit der Anwendung dieses Begriffes ein bestimmter Affekt, wie Ehrgeiz, Eifersucht, Haß, oder ein Laster, wie eine geschlechtliche Perversion oder eine andere Süchtigkeit, so kommt es so weit, daß der

Mensch wie eine ausgedörrte Hülse ist, in der ein Dämon, ein anderes schmarotzendes Wesen, sein Leben eigenmächtig führt.

Aus diesem inneren Zustand des Bewußtseins eines solchen Menschen entstehen die Erscheinungen der Bewußtseinsspaltung, die *Amnesien*, das *Doppelgängertum* und alle anderen Krankheiten, die teils psychische, teils Geisteskrankheiten heißen, aber auch physische Erkrankungen, deren Ursache freilich nie in der Einseitigkeit des Bewußtseins gesucht wird.

Da der Mensch nun den abstrakten Begriff auch auf seinen Nebenmenschen anzuwenden beginnt, so verwandelt sich die Einstellung zu dem anderen, zum Du, auf dieser Stufe aus der Menschenkenntnis der anschaulichen Begrifflichkeit in die der wissenschaftlichen und mechanisierten Psychologie, bei der die Rückwendung zu dem lebendigen Du des anderen sich fast gänzlich verliert. Führt die Anwendung der anschaulichen Begrifflichkeit nur zur Oberflächlichkeit in der Betrachtung der Nebenmenschen, so führt diese Stufe bei der entsprechenden Anwendung zu vollkommener *Rücksichtslosigkeit*. In dieser Einstellung auf den Menschen erlangt die menschliche *Unfreiheit* ihren Höhepunkt.

Dies ist die Entwicklung, die mit der abstrakt begrifflichen Erkenntnis zusammenhängt, die es aber auch allein ermöglicht, die Menschen zu Millionenstaaten zusammenzufassen und die durch solche Lebensform gebotenen, über die Möglichkeiten des einzelnen und einer noch überschaubaren Gruppe weit hinausgehenden Einrichtungen zu treffen.

Durch den unanschaulich gewordenen abgezogenen Begriff bildet der Mensch Zusammenhänge, die von allen in Erlebnis und Anschauung gegebenen Bindungen weit abführen und diese in sich aufzuheben imstande sind. Das also ist das eigentliche *Böse*, das aus dem Hadestypus hervorgeht, obwohl diese neuen Zusammenhänge des Begrifflichen doch ursprünglich auch im Sinne der zuerst vorhandenen Bindungen angewandt werden konnten. Tritt diese Auflösung der Bindungen gegenüber dem Du ein, so entsteht Grausamkeit, tritt sie gegenüber der Menschengemeinschaft ein, so kommt es zur Vernichtung der Kultur.

So wird es in der Entwicklung des Bewußtseins unvermeidlich, daß es gerade auf dieser Stufe zu allergrößten Spannungen und Konflikten kommt. Das Bewußtsein des Unterweltgottes Hades freilich ist über diese Spannungen wohl erhaben, und es umfaßt ja auch nicht nur die unterirdische, zweidimensionale und die irdische, dreidimensionale Welt, sondern es sind ihm noch andere Welten und andere Verankerungen in uns unbekannten Tiefenschichten des Seelischen offen. Indem er auch in diesen Tiefenschichten lebt, findet er wohl den rhythmischen Ausgleich seines Daseins. Durch sie kehrt er in ewig erneuter Schwingung zu sich selbst zurück. Er ist eine *astrale* Gestalt.

Das menschliche Bewußtsein enthält aber nur die eine Dimension der seelischen Tiefe, die zu seinem Selbst führt, es kann sich andere nur mit großen Anstrengungen ahnungsweise erobern. Der menschliche dämonische Typus ist eben eine *irdische* Gestalt.

Darum ist die magische Kraft, die er durch das Fassen eines bestimmten abgezogenen Begriffes erhält, auch nicht von ununterbrochener Dauer. Seine Macht findet an der Wirklichkeit des Anschaulichen bald eine Grenze. Und dies ist auch wieder die Erlösung. Denn die Bannung durch einen Begriff, die der Mensch in seinem Bewußtseins erfährt, wird alsbald aufgehoben, und er erkennt, daß sich sein Geist in ein selbstverfertigtes Gefängnis gesperrt hatte. Daraus erwächst dann jene immer erneute Anstrengung des Geistes, die als faustischer Drang bezeichnet worden ist nach dem Typus jenes Mannes, dem er vor allen anderen charakteristisch war. Immer ein neuer Begriff wird gefunden, immer ein neuer Versuch wird von diesen Menschen unternommen, um das ersehnte Übermaß des Lebens sich zu eigen zu machen. In immer neuen Begriffen glauben sie die Schlüssel zu dem Geheimnis des Daseins und seiner Erfüllung zu finden. In immer neue und abstraktere Regionen der Erkenntnis versteigt sich ihr Geist. Und wenn sich dieser Drang seiner Natur nach auch als ein ewig unstillbarer erweist, so ist es doch die *Wissenschaft*, welche auf diesem Wege geboren wird, so ist es doch jener Drang, der sich im Laufe seines Strebens in den reinen Drang nach Erkenntnis wandelt.

Im menschlichen Lebenskreis nun ist jeder Mann, sofern er von der Stufe des Kampfes zu der der Erkenntnis gelangt, ein dem Dämonischen nahestehender Typus. Diese begriffliche Erkenntnis hat keine Grenzen und führt ihn immer weiter. Er lebt darum mehr in der *Zukunft* als in der Gegenwart und entfremdet sich dadurch leicht den Seinen und seinem ihm von Natur aus gegebenen Lebenskreis. Je nachdem nun, mit welchen anderen Stufen des Bewußtseins ein solcher Mensch seine begriffliche Erkenntnis verbindet, dementsprechend entstehen verschiedene Entwicklungsphasen seines Typus.

Als die erste Stufe einer solchen Entwicklung, wenn der Mensch seine begriffliche Arbeit noch ganz auf die ihm durch die menschlich-anschauliche Welt gegebenen Grundlage des Daseins bezieht und sein menschliches Leben in der Hauptsache noch durch das aphrodisische Element gezügelt wird, erscheint dieser Typus als fleißiger, nie rastender Arbeiter im Gebiet des Begrifflichen, als *praktischer Gelehrter*, Entdecker und Erfinder.

Bezieht er diese Bewußtseinsstufe jedoch auf seine triebhafte Natur und kommt dadurch zu der Möglichkeit, seinem Triebleben durch die gewonnenen Begriffe besondere Erfüllungsmöglichkeiten zu eröffnen, so wird aus ihm ein *pervertierter* Mensch oder ein Verbrecher.

Bezieht es dieses begriffliche Leben irgendwo zurück auf seine Körperlichkeit, dann entsteht Dämonie, Doppelgängertum, und er wird zuletzt ein *Irrsinniger*.

Wenn der Mensch dieser Art es aber versteht, seine Begrifflichkeit in der Tiefenschichtung des Seelischen aufzufangen und mit dieser in Verbindung zu durchleben, dann entsteht wohl das daraus, was wir mit *Genie* zu bezeichnen pflegen. Es kommt bei ihm zu jenen eigentümlichen Begriffsbildungen, die, weil sie mit der Tiefenschichtung des Seelischen als dem Urgrund des Lebens und aller seiner Erscheinungen zusammenhängen, gewöhnlich überraschende und umfassende neue Gestaltungen des Lebens oder einer bestimmten Seite desselben hervorrufen und die, verglichen mit allen von den Menschen früher in gleicher Richtung angestellten Versuchen, die weitaus einfachste und beste Lösung ergeben.

So sind innerhalb dieses Typus des Menschen wirklich die denkbar größten Spannweiten menschlichen Wertes vorhanden. Dieselbe Fähigkeit, die imstande ist, den Menschen bis in die Dämonenwelt herabzuziehen, ihn auf eine untermenschliche Stufe zu versetzen, vermag ihn auch hinaufzuheben zu einem Typus, der unter allen menschenmöglichen als einer der höchsten angesehen wird.

Um diese höchste Stufe des abstrakt begrifflich Erkennenden zu erreichen, muß der Mensch freilich schon aus seiner eindeutigen Bewußtseinslage als begrifflich Erkennender heraustreten und viele andere Bewußtseinsstufen über die ihm ursprünglich eigenste hinaus entwickeln. Er ist dann auch kein ganz eindeutiger Hadestypus mehr. Und nur der Gott vermag alle Bewußtseinsstufen zu aktivieren und dabei doch seinem eigensten Wesen ganz treu zu bleiben.

Daß alle diese Gestalten zuletzt doch ins Tragische hineinwachsen, zeigt die enge Todverbundenheit an, die ihnen eigen ist, denn sie bewegen sich alle an der äußersten Grenze des Menschlichen. Was für die göttliche Gestalt im höchsten Maße gilt, das zeigt sich bei jeder einzelnen der menschlichen Spiegelungen in der ihr eigentümlichen Form. Weil diesen Schicksalen allen aber letzten Endes eine metaphysische Notwendigkeit zugrunde liegt und durch sie hindurchschimmert, ist ihnen die Größe eigen, die sie ins Tragische erhebt.

Der Kampf, der im Innern des Menschen mit der Erreichung der Stufe der abstrakten Begrifflichkeit entsteht, ist für dem Menschen der entscheidungsvollste. Je nachdem wie er endet, kann die Entwicklung nach zwei ganz verschiedenen Richtungen weitergehen. Der Mensch gelangt entweder hinab in die dämonische Sphäre oder es gelingt ihm, durch tiefere Rückwendung des Bewußtseins zur Entwicklung der Tiefenschichtung des Seelischen vorzudringen. Je nachdem er diesen Kampf also entscheidet, dementsprechend wird er ein ganz anderes Schicksal erfahren. Darum ist es begreiflich, daß auf keiner Stufe des Bewußtseins so grundverschiedene Typen aufgefunden werden wie auf dieser.

Die göttliche Gestalt ist über diesen Kampf freilich schon wieder erhaben. Der Kampf, der sich in ihrem Bewußtsein abspielen mag, geht um die Anerkennung eines Weltgesetzes, des Gesetzes der Verbegrifflichung, das sie in seiner ganzen Auswirkung durchschaut. Der dämonische Mensch, der begonnen hat, seine Welt zu verbegrifflichen, kämpft aber um sein Ich, weil dieses Ich zu erkennen seine wesentliche Aufgabe ist.

Denn da dem Menschen nur die menschliche Seite der möglichen abstrakten Verbegrifflichung seiner Welt gegeben ist, nicht aber auch zugleich die kosmische, kann er auch sein Ich nicht ganz erfassen und muß es sich erkämpfen. Im Maße, als dieser Kampf fortschreitet, werden ihm allmählich auch die Umrisse der nicht unmittelbar menschlich erreichbaren Verbegrifflichung bewußt. Wenn also für den dämonischen Typus des Menschen auch immer jene Stufe der Wandlung und zugleich der Rückwendung Ziel und Ende seines Lebens bleibt, welche wir die der unanschaulichen, abgezogenen Begriffe nennen, so entsteht doch jeweils ein ganz anderer Einzelmensch, je nachdem in welchem Maße auch die anderen Stufen des Bewußtseins ausgebildet sind.

Der Kampf auf dieser Bewußtseinsstufe entscheidet aber nicht nur die Entwicklung des Einzelmenschen, sondern es zerfällt die ganze Menschheit von hier aus in diametral-entgegengesetzte Typen mit entsprechenden Entwicklungsmöglichkeiten. In den drei Typen des *Faust*, *Mephisto* und *Wagner* sehen wir diese Möglichkeiten dargestellt und den Kampf sich zwischen ihnen und in ihnen entscheiden. Innerhalb der Menschheit wird dieser Kampf aber immer noch weitergekämpft, und noch lange ist sie nicht so weit, daß seine Bedeutung überhaupt in ihr Bewußtsein zur Ganzheit eingegangen wäre. In einer jeden der Hochkulturen tritt er dort am stärksten hervor, wo das durch die Verbegrifflichung einsetzende Zeitalter der *Zivilisation* anhebt. Innerhalb der Menschheit als einem Ganzen wird er aber wohl erst dann endgültig ausgefochten werden, wenn, nach etlichen tausend Jahren, das *Skorpion-Zeitalter* eingetreten sein wird, in dem während ganzer zweitausend Jahre der Frühlingspunkt der Sonne im Zeichen des Skorpion stehen wird.

Die höchste Gestalt des dämonischen Menschen kann und wird jedenfalls nur diejenige sein, welche alle Stufen, auch die der Tiefenschichtung, mit ihrem Bewußtsein umfaßt.

Gelangt der Mensch aber so weit, dann wird er auch dem Gott am ähnlichsten sein, der seinem Wesen entspricht, und wenn es auch Hades, der Gott der Unterwelt ist.

DIE HOHE VERKÜNDERIN
ARTEMIS

DIE AUF DEN DÄMON FOLGENDE GESTALT IST
DIE VERKÜNDERIN.

DAS SCHICKSAL DER VERKÜNDERIN IST DER
UNGLAUBE IHRER MITMENSCHEN. MIT HILFE
EINER HOHEN GEISTESKRAFT HAT SIE EINE
NEUE WELT GEBILDET, DIE ANDEREN ABER ER-
KENNEN DIESE WELT NICHT UND VERSTOSSEN
IHRE URHEBERIN.

DAS IST DAS MENSCHLICHE SCHICKSAL DER
PROPHETIN.

Durch jeden prophetischen Menschen hindurch aber waltet eine kosmische Macht. Sie bringt es zustande, daß der
Mensch nicht nur abstrakte, von der Anschauung abgezogene Begriffe bildet, sondern daß bestimmte dieser
Begriffe, indem sie sich von dem Triebhaften der menschlichen Seele ganz entfernen, auch miteinander in Verbindung
treten und so eine neue, ungeahnte geistige Welt erkennen
lassen. Mit Hilfe dieser untereinander verbundenen, aber
trotzdem sowohl von der anschaulichen Welt als auch von
der Triebhaftigkeit fernen Begriffe schafft sich der Mensch
neue Richtlinien für sein Dasein. Er gibt seinem Dasein
einen bisher nicht gekannten *Sinn*. Durch diese neuen verbundenen Begriffe gewinnt er Einsichten in unsichtbare,
mit keinen Sinnen wahrnehmbare Zusammenhänge, die er
aber gleichwohl als bestehende anerkennen muß. Diese
neuen Begriffe sind also *Intuitionen* oder *Ideen*. Indem der
Mensch aber Intuitionen hat und durch sie neue Zusammenhänge des Daseins erfaßt, eröffnet sich ihm auch neben
dem noch triebverhafteten ein neues, tieferes Seinsgefühl
seiner eigenen Ichheit. Das *Ich* selbst wird ihm zum *Erlebnis*.

Die innere Loslösung vom triebgebundenen Ich ist also
die Voraussetzung dieser neuen Stufe des Bewußtseins. Es
werden darum nur diejenigen Menschen sie in sich ent-

wickeln können, die auf der Stufe der abstrakten Begrifflichkeit den Kampf im Sine der Zügelung des Trieblebens entschieden haben. Eine unübersteigbare Scheidewand erhebt sich zwischen denjenigen Menschen, die auf der Stufe des Dämonischen ihrer Triebhaftigkeit nachgegeben haben, und denjenigen, denen es gelungen ist, sie zu überwinden. Die ersteren werden alle ihre geistigen Kräfte, wie sehr sie auch ihr abstrakt-begriffliches Erkennen ausweiten und differenzieren lernen, doch immer nur im Sinne der Befriedigung ihrer Triebe anwenden, und es wird ihnen unverständlich sein, daß es auch Ziele geben kann, die im Geistigen selbst liegen. Den letzteren aber wird eine neue geistige Welt aufgehen und es wird ihnen immer unbegreiflich bleiben, daß diese höhere Welt in den Dienst der niedrigeren Triebsphäre gestellt werden soll. Darum klafft hier ein Riß zwischen den Menschen, der größer ist als auf irgendeiner anderen Entwicklungsstufe, und der die Menschen in zwei Lager teilt, die materiell Eingestellten und die geistig Eingestellten. Durch diese entscheidungsvolle Spaltung unter den Menschen ist das Schicksal des Propheten bedingt.

Die ganze Aufmerksamkeit des prophetischen Menschen aber ist darauf gerichtet, Verbindungen zwischen den abstrakten Begriffen herzustellen und dadurch neue ideelle Zusammenhänge zu erschauen, im Sinne dieser aber das ganze menschliche Dasein umzugestalten.

Diese Einstellung ist für den auf die ideelle Welt gerichtete Menschen typisch. Intuitionen zu haben, durch die Anstrengung der geistigen Zusammenschau zugleich zu einem tieferen Seinserlebnis vorzustoßen und durch diese großen Erlebnisse im ganzen Dasein einen höheren Sinn zu erkennen und es nun diesem Sinn entsprechend formen zu wollen, das ist für ihn die wesenhaftesten Art der Bewußtheit. Der Endpunkt dieser Entwicklung aber ist, daß ihm der größere Teil der ihn umgebenden Menschen bei seiner geistigen Schau nicht mehr zu folgen vermag und daß er daher bei dem Versuch, die menschliche Welt nach seinen Ideen zu formen, von den anderen gehindert wird.

Allein, der prophetische Mensch vermöchte nicht aus sich heraus diese geistige Welt zu gewinnen, sondern er kann es nur mit Hilfe jener kosmischen Macht, denn er weiß ja nicht, wie es in seinem Geist geschieht, daß ihm durch die abstrakten Begriffe auch neue geistige Zusammenhänge faßbar werden, und daß sein eigenes Inneres sich einem tieferen Seinserlebnis einer Knospe gleich erschließt.

Die kosmische Macht aber, die den Menschen die ideelle Welt erschauen läßt, ist die Macht der *Intuition*.

Es ist ein schaffendes Wesen da, welches bei der Entstehung der Intuitionen im Geiste schöpferisch waltend eingreift, so daß die menschlichen abstrakten Begriffe zu Organen werden, mit denen der Mensch ungeahnte Zusammenhänge erfaßt und mit deren Erfassung gleichzeitig eine tiefere Schicht seiner Ichheit, ein konzentrierteres, ichhafteres Seinsgefühl, sich ihm auftut.

In die Macht dieses kosmisch-prophetischen Wesens sind alle Seelen gegeben, deren Sein sich zur Bildung der Intuitionen durchringen will, deren Sein in die bestimmte irdische Form der *Wandlung* zur Schaffung der Ideen und der *Rückwendung* zur Innewerdung des *Ich*erlebnisses eingehen soll, ein Wesen, welches mit sanfter Gewalt in den Bewußtseinen der Menschen diese Wandlung und Rückwendung erzwingt.

Wir heißen dieses Wesen ARTEMIS.

Artemis bedeutet die Gerüstete oder auch die angemessen Zerteilende. Das deutet darauf hin, daß sie etwas besitzt, mit etwas ausgerüstet ist, das ihr besonders anvertraut wurde, und daß sie dies Anvertraute in Teilen zuweist denen, die es erhalten sollen. Sie erscheint also als eine Vermittlerin zwischen den Menschen und der neuen Welt, welche ihr die Ideen erschließen, die sie jenen zuteilt. Aber nicht nur bei der Entstehung der Intuitionen, welche die Dinge der Erde betreffen, waltet Artemis, sondern bei denen aller Wandelsterne des Sonnenkreises und so durchleuchtet sie den ganzen Sonnenkreis mit dem innerlichen Glanz der Ideen.

Für den Menschen aber ist sie vor allem Herrin der Intuitionen, welche die tiefere Bedeutung der irdischen und der menschlichen Dinge angehen.

Wenn ein Mensch durch tiefe Versenkung dieser kosmischen Macht der Artemis nahezukommen sucht, dann wird seine intuitive Erkenntnis selbst eine schöpferische Macht.

Dann begreift er, wieviel von den Ideen, die er über seine Welt sich bildet, in seine eigene Gewalt gegeben ist, und er wird so zu einem Mitschaffenden der großen Göttin.

Aber auch die Göttin selber ist nicht ohne Schicksal. Es waltet ein Gesetz auch über ihr, ein Weltengesetz, das in der Bildung der Ideen zum Ausdruck kommt, das Gesetz der *Idealisierung*.

Darum durchlebt auch sie ein Schicksal, das verwandt ist dem Schicksal des prophetischen Menschen. Auch *Artemis* hat mit Hilfe einer hohen Geisteskraft eine neue Welt gebildet. Die anderen erkennen aber diese Welt nicht und würden die Urheberin verstoßen, wenn sie sich nicht – ihrem göttlichen Wesen entsprechend – mit einer Aura der Unberührbarkeit umgäbe, die sie den anderen entzieht und für die höheren Welten behütet.

Darum ist Artemis diejenige von allen Gestalten, deren Blick und Wesen am stürmischesten nach oben gerichtet und den höheren Himmeln zugewendet ist. Ständig ist sie bereit, aus sich heraus mit jenen die Verbindung herzustellen, und ständig steigt der Pfeil ihres feurigen Entschlusses, aus ihrem Inneren entsendet, zu jenen Welten empor. Darum wird sie auch stets dargestellt mit Bogen und Pfeil und ist ihr Wesen gekennzeichnet durch die aufwärts gerichtete *Diagonale*, in deren Richtung sie ihre Pfeile emporschießt.

In solche Verfassung begeisterter Entschlossenheit versetzt sich auch die menschliche Seele, die sich in ihrer

Bewußtheit zu dieser Stufe aufschwingt. Herb zugleich und feurig ist sie. Und alle Dinge, die sie berührt, verwandeln sich, gewinnen ein anderes Aussehen, und nichts, das in ihre Nähe kommt, behält Bestand, sondern wird mit hineingerissen in eine jähe und rasche Bewegung.

Diese heftige innere Bewegung, welche das Wesen der Artemis kennzeichnet, drückt sich körperlich am besten als Sprung aus. Oder auch als Wurf nach oben. Der Sprung jedenfalls ist eine Bewegung, die gleich dem Flug nach oben trägt, in die dritte Dimension hinein, die aber zugleich ihren Ausgang nimmt von einer kraftvollen Anstrengung des emporgetragenen Körpers, während das Fliegen mehr als ein passives Leichtwerden erscheint.

Darum entspricht auch körperlich dem Artemiswesen derjenige Teil, der beim Springen sowie bei aller körperlichen Bewegung am meisten beteiligt ist und überhaupt die stärksten und größten Bewegungsmuskel aufweist, nämlich der *Oberschenkel.*

Die körperliche Bewegung, soweit sie über die normale des Gehens hinausreicht, wird also überhaupt dem Artemistypus angemessen sein, weil sie den willkommenen Ausdruck der stürmischen Bewegtheit der seelischen Erlebnisweise dieses Typus bildet.

Aus diesem Grund zeigt der Artemistypus immer einen großen Bewegungsdrang und hat darum eine starke Beziehung zum *Sport* und körperlichen *Übungen* aller Art.

Aber zugleich entführt sie das Nahe und Greifbare auch in eine unbestimmte und oft unerreichbare Ferne. Dieser Ferne zugetan sein, diese Ferne zu lieben, das liegt im Wesen des der Artemis verwandten Menschen. Er muß das Ferne dem Nahen vorziehen, sonst ist er nicht fähig, ein wahrer Verehrer ihrer Gottheit zu sein. Denn Artemis lebt nicht in den Dingen, sondern sie ist diejenige, die die menschliche Seele ständig von den Dingen der Umgebung abzieht und mit sich in die ungreifbare Ferne der Ideenwelten lockt. Jedes Ding weißt Artemis zu beflügeln und es steigt gleich einem Pfeil empor, aufwärts weisend in die anderen Sphären, mit sich entführend die menschliche Seele.

So zeigt auch der Mythos die göttliche Prophetin in unberührbarer herber Jungfräulichkeit, abgewendet von dem natürlichen Verlauf des menschlichen Schicksals, sich dadurch ein eigenes Schicksal bereitend und aufs schwerste bestrafend denjenigen, der diese Unberührbarkeit antastet. Sie trägt den sie kennzeichnenden Bogen und Pfeil, ständig auf der Jagd umherschweifend in fremden Gefilden, einsam wandelnd und dem Kreis der anderen Götter auch sich entziehend. Zugetan aber einem Höheren, dessen Wesen so hoch über die zwölf Gestalten erhaben ist, wie diese über den Menschen, dessen Wesen sie ahnt und dessen Tochter sie sich heißt. Jenes Höhere verkündend, aber nicht mit Worten es preisend, sondern nur durch den begeisterten Blick, die Geste, die Haltung, die Sprungbereitschaft, fordert sie auch von den ihrem Dienst sich Weihenden den Verzicht auf die menschlich-irdische Erfüllung des Lebens, um jenes Fernen, aber Großartigen willen, dessen Erreichung ihnen doch immer ungewiß bleibt.

Gleich einem menschlichen, dem Göttlichen zugekehrten und darum prophetischen Weib, das in der Begeisterung unter den Menschen und bewirkt, daß sie sich mit ganz anderen Dingen beschäftigen als die sind, die dem irdischen Wohl im einfachen Sinne dienen. Und einen starken, zielbewußten *Willen* weiß sie in den Menschen zu erregen, der doch wieder nicht ganz aus ihnen selbst zu kommen scheint, sondern unter der Führung einer höheren Macht steht, deren Stimme sie innerlich erlauschen. Durch diesen Willen gelingt es solchen Menschen aber häufig, die innerlich erschauten Welten und Bilder in der Wirklichkeit sichtbar zu machen. Sie verstehen es, sie auf irgendwelche Weise in irgendeinem Stoff hervorzubringen oder die wirklichen Dinge in solche Formen zu pressen, daß sie faßbare Abbilder von jenen werden. Darum war Artemis bei den Alten auch als Geburtshelferin verehrt. Denn die Ideen in die Wirklichkeit zu bringen und sie in einem Stoff zu gestalten, auch das ist eine Art des Gebärens und der leibschaffenden Tätigkeit. Aber es war nur ein Mißverstehen des höheren Sinnes, wenn die Alten diese Geburtshelferschaft der Artemis auf das leibliche Kindererzeugen bezogen haben. Was hätte die keusche, ewig unberührte und jungfräuliche Göttin mit diesem Tun gemein gehabt?

Aber der *Freiheit* war sie zugetan, und darum war sie in der Natur frei lebend und schweifend vorgestellt, in der Natur, die das weite Feld der göttlichen Schöpferkraft, der Auswirkung göttlicher Schöpfergedanken ist. Diese freie Natur war ihre Welt. Und mit den Wesen dieser Natur war sie auch immer als verbunden gedacht, besonders mit den schnellen Hirschen und dem anderen flüchtigen Wild, das wie sie, rasch dahineilt und nicht fähig ist, ein Tier des Hauses zu werden, das sich die Menschen zähmen.

Da aber auch Artemis gebunden ist an die Gesetze der Verwirklichung, findet auch sie bei den Menschen nicht das volle Eingehen auf die Welt, die sie ihnen eröffnet, und darum ist *Artemis* auch als kosmische Macht eine *tragische* Gestalt. Ihre Tragik liegt darin, daß sie sich aus der Welt, in die sie neue Gestaltung bringt, immer wieder zurückziehen muß.

Aber das Tragische auf der kosmischen Ebene bedeutet keinen Untergang, sondern einen Zustand, denn das Sein der kosmischen Mächte vollzieht sich nicht in jenem Ablauf der Zeiten, der uns Irdischen den Tod bringt. Es ist gespeist vom Hauche der Ewigkeiten. Und so vollendet auch Artemis nicht in *einer* Verkündigung und *einem* Unglauben der Menschen ihr Schicksal, sondern sie ist in *allem* Verkündigen der Ideen und in *allem* Verheißen anderer Welten.

Als die Bringerin besonderer Gaben haben darum die Alten die Göttin Artemis verehrt und ihr große Macht zugeschrieben. Aber sie auch gefürchtet als diejenige, welche mit schweren Strafen den trifft, der ihre Reinheit bedroht. Denn wer die Reinheit der Ideen verletzt, indem er sie benützen will für die Befriedigung niedrigerer Triebe, den ereilt schon im irdischen Leben die Rache der Göttin, weil in der Idee eine ganz andere Macht liegt als im Begriff. Denn da die Bildung der Ideen gleichzeitig eine tiefere Rückwendung zum Icherlebnis hin bedeutet, so zerreißt ein Mensch sich selbst innerlichst, wenn er statt in die Tiefe der Seele in die oberflächlichere Triebsphäre zurück sein Bewußtsein wendet. Er verliert die Macht über die Ideen und die Fähigkeit der Intuitionen.

Darum ist aber auch derjenige, der in solchem Bewußtsein dauernd lebt, daß es zwischen tieferer Rückwendung nach innen zu und höherer Ideenbildung des Geistes sich bewegt, nicht mehr als ein Mensch ihresgleichen von den anderen Mitmenschen eingeschätzt, sondern als ein besonderer und anders gearteter, den sie achten und verehren, dem sie aber aus dem Wege gehen oder den sie auch unter Umständen verachten und für einen Narren erklären.

Es entspricht aber der Artemis kein anfängliches Zeitalter mehr im Kulturleben der Menschen und es reicht unser Wissen nicht bis in jene Zeit zurück, in der der Frühlingspunkt der Sonne im Zeichen des Schützen stand, das ihr zugeordnet ist. Doch gibt es eine Erscheinung in der Entwicklung der Menschheit, welche ihrem Wesen nach der Artemis zugehört, zurückreichend in das erste bis zweite Jahrtausend vorchristlicher Zeitrechnung, die *Amazonen*.

Das waren gewappnete Frauen, die keinen Mann in ihrem Staate duldeten und eine kriegerische Lebensweise führten. Sie bildeten ein Gemeinschaftswesen mit Einrichtungen, wie sie sonst nirgends bekannt sind. Ihre Lebensweise war eine solche, wie sie allen sonst üblichen Begriffen von Weiblichkeit widerspricht. Daraus kann man erkennen, daß die Bildung solcher Gemeinschaftsform und Lebensart aus besonderen, über die gewöhnlichen hinausreichenden Kräften kommen mußte. Es mußte ihnen eine besondere Idee zugrunde liegen. Eine bestimmte Idee der Freiheit mußte dies wohl sein.

Vielleicht sahen diese Frauen in der Art, wie in dem siegenden Männerrecht und der patriarchalischen Lebensform das Verhältnis der Geschlechter geordnet wurde, die Quelle aller Unfreiheit. Darum machten sie sich frei von allen diesen Bindungen und gestalteten ihr Leben nach anderen eigenen Grundsätzen.

Sie holten sich die Männer mit Waffengewalt, indem sie Kriege führten und Gefangene machten. Die männlichen Kinder aber töteten sie und zogen nur die weiblichen auf. Die Männer schickten sie wieder heim. So blieben sie frei. Sie führten ein Leben des freien Schweifens und der Jagd, wie sich die Alten das der Göttin Artemis vorstellten. Diese Göttin mußte wohl die ihrige sein und besondere Verehrung genießen. Der Ursprung des Stammes der Amazonen scheint die Sarmatische Tiefebene gewesen zu sein, aus der noch heute kriegerische Frauen hervorgehen. Von dort breitete sich ihre Lebensform weit über Asien und Afrika aus.

Die Amazonen waren selbst Priesterinnen ihrer Göttin. Das Ichbewußtsein muß eine besondere Kraft in diesen Frauen erreicht haben. Den aus ihm kommenden Drang nach Freiheit und das Verlangen nach unbedingter Selbständigkeit war der Grundzug ihres Lebens. Dieser Selbständigkeit zuliebe verzichteten sie auf alles, was sonst als die naturbedingte Lebensweise der Frau erscheint, und übten sich in der größten Selbstüberwindung und körperlichen wie seelischen Stählung.

Eine große Tiefe des religiösen Erlebnisses solcher Freiheit und Selbständigkeit mußte diesen Frauen innewohnen. Diese befähigte sie dazu, auch *Priesterinnen* zu sein. Solches Erleben und Fühlen ist die Art eines bestimmtes weiblichen Typus. Und es ist schlecht, daß für diesen, den vierten bedeutungsvollen Typus weiblichen Wesens, in der abendländischen Kultur und insbesondere im Christentum kein Raum vorhanden ist. Denn weder gibt es eine Lebensform, welche bestimmten Frauen die naturnahe Freiheit gestattet, noch können sie, auf der geistigen Seite dieser Wesensart, Priesterinnen sein, ein Beruf, welcher diesem Typus des Weibes so natürlich ist, daß der männliche Priester Frauengewänder anlegt, um etwas von dieser ursprünglichen Art des weiblichen Wesens auf sich zu übertragen.

Läßt sich also zunächst nicht feststellen, unter welchen Einflüssen der menschheitlichen Entwicklung die eigenartige Lebensform der Amazonenstaaten entstanden ist, so gibt es doch innerhalb der Hochkulturen jeweils eine Epoche, in der diese Bewußtseinsstufe des Ideendenkens und der religiösen Vertiefung des Icherlebnisses besonderes Betonung erhält. Das ist die Zeit der sogenannten *„zweiten Religiosität"*, die Zeit des letzten Stadiums der geformten Zivilisation, nach welchem schon die allmähliche Auflösung beginnt. In der antiken Kultur ist es die Zeit des Hellenismus. In der abendländischen ist diese Epoche gerade im Beginn. Diese Zeit innerhalb der Hochkulturen ist unter anderem auch dadurch charakterisiert, daß es in ihr stets zu einer mehr oder weniger durchgreifenden Befreiung der Frau von den durch die patriarchalische Lebensform gegebenen Bindung kommt, in geschlechtlicher wie in beruflicher Hinsicht. Die *Frauenemanzipation* gehört also als Kulturerscheinung zu der Bewußtseinsstufe und dem Wesen der Artemis.

Mit dem Eintreten in die Bewußtseinsstufe der Intuitionen erreicht der Mensch einen Zustand, in dem alle Kräfte der Auflehnung und des Freiheitsdranges in ihm lebendig werden. Dadurch ist die Bindung zwischen dem Erlebnisbewußtsein dieser Stufe, das wir als das Icherlebnis bezeichnen, und der ihm entsprechenden Stufe der Vorstellungsseite, nämlich die Ideen, eine unbedingte. Ideendenken ist nicht möglich, ohne gleichzeitig die erste Tiefenstufe des Seelischen, nämlich das Icherlebnis, zu gewinnen und durch Rückwendung immer wieder in ihm zu finden. Denn nur in der Einheit des Icherlebnisses entsteht die

Einheit der Idee, deren Teile sonst auseinanderfallen würden, da sie ja in den Gegebenheiten der Außenwelt keine Stütze hat. Darum wird auf der Stufe der Intuitionen die Gefahr der Dämonie, welche das abstrakte Begriffsdenken mit sich führt, ganz überwunden. So sehr es also losgelöste Begriffe gibt, so wenig sind losgelöste Ideen überhaupt denkbar. Darum ist diese Stufe und die auf ihr lebenden Menschen stets getragen von einem enthusiastischen Schwung des Erlebnisbewußtseins.

Daraus erwächst ein neuer, eben vom Geistigen getragener Heriosmus. Er drängt zum todesbereiten Einsatz für die gemeinte Idee. Und da eine Idee stets einen Zusammenhang darstellt, der über die gegebene Wirklichkeit hinausgeht, so bedeutet der Kampf für die Idee auch stets zugleich einen Kampf gegen diese Wirklichkeit. Das heißt aber, daß der Ideenmensch stets auch *Revolutionär* ist.

Als Kämpfer für die Verwirklichung eines neuen Zusammenhangs ist er aber eben auch *Pionier* oder Vorkämpfer und besitzt oder entwickelt alle damit verbundenen Eigenschaften.

Da er über die Wirklichkeit des Gegebenen hinausgehen muß, ist seine eigentümliche Kraft in der *Phantasie* gelegen. Und je nachdem seine Kräfte mehr dahin entwickelt werden, das Neue zu verwirklichen oder deutlich zu machen, es aufzuzeigen, wird aus ihm entweder ein Vorkämpfer oder ein *Dichter*. Dichtung ist nicht nur Kombination des Anschaulich-Gegebenen zu harmonischem Ausgleich wie die Kunst im allgemeinen, sie ist vor allem Darstellung einer Idee durch das Medium der Kunst. Jede Kunst vermag sich auf das Niveau der Dichtung zu erheben, wenn sie ihre Mittel in den Dienst der Darstellung eines Ideenzusammenhanges stellt. Darum unterscheiden wir eigentlich zwei Stufen alles Künstlerischen: die in der Gruppierung des Materials aufgehende Kunst und die einer Idee dienende.

Innerhalb des Ideendenkens gibt es aber auch eine Stufe, deren Ideenzusammenhänge im Geistigen bleiben und sich ihrer ganzen art nach nicht in direkter Übertragung auf das Anschaulich-Gegebene darstellen lassen. Das sind die *religiösen* Ideen. Die Gestalten des Mythos, die Bilder der Götter, werden nur mit Verlust ihrer Wesensart sinnlich greifbar und vorstellhaft. Sie verlieren ihre letzte Kraft und Bedeutung, wenn sie ganz in das Vorstellbare übergeführt werden. Auch die Kunst kann sie also eigentlich nicht darstellen, sondern immer nur meinen. Und indem sie versucht, das Übersinnliche sinnlich zu gestalten, hat sie ihre letzte und höchste, aber auch unerfüllbare Aufgabe und damit ihre Grenze erreicht. Denn die Göttergestalten leben im vierdimensionalen Weltenraum, und die drei Ausdehnungen unserer sinnlichen Räumlichkeit fassen sie nicht.

Der Ursprung aber aller Göttergedanken liegt auf der Stufe der Artemis. Der primitive Mensch erreicht sie nur in einem Zustand der Ekstase, in den er sich durch Rauschmittel, Tänze und andere Praktiken versetzt. Für den entwickelten Kulturmenschen ist sie eine Stufe klarer, geistiger und durchaus ichgebundener Erhebung. Sein Bewußtsein vermag sie ohne Riß mit dem seiner ganzen sonstigen Existenz zu verbinden. Er findet zu ihr durch den *Eros* oder durch die Kunst oder durch besondere Schicksalsfügungen.

Wenn sich die Intuition des Menschen zum Übersinnlichen, das heißt zum Vierdimensionalen erhebt, dann erreicht er auch unschwer die Sphäre des *Hellsehens*, denn dieses bezieht sich auf jene. Er wird dann zum wahrhaften *Propheten*, dessen Worte eine hohe Macht entströmt. Propheten und Dichter sind *eines* Wesens, sie sind nahe miteinander verwandt. Ihre Kräfte, die ohne Grenze ineinander übergehen können, sind die gleichen.

Alle diese ideellen Zusammenhänge und ganz besonders die religiösen sind aber geeignet, das Leben der Menschen unter neuen Gesichtspunkten zu formen und ihm einen neuen Sinn zu geben. Der Gedanke, daß das Leben einen besonderen Sinn habe, also die Idee der *Sinngebung* überhaupt, stammt erst von dieser Stufe her.

166

Von der Sinngebung aber hängt die deutlichere Ausbildung des *Wertbewußtseins* ab. Es wird ein höchster Wert aufgestellt, und davon werden die sittlichen Gesetze abgeleitet, die der Mensch aus eigener Zustimmung als verbindlich anerkennt. Auf dieser Stufe also entsteht das eigentliche *Ethos*. Das ist schon die höhere, die mit dem Freiheitsgefühl verbundene Form des Ethischen. Die einfache Moral nämlich, welche auf Grund einer begrifflichen Vorschrift, ohne Rücksicht auf das Individuum und eine höhere Wertsetzung entsteht, hat als Grundlage den Zwang bestimmter realer Machtverteilung unter den Menschen und entspricht der Bewußtseinsstufe der abstrakten Begrifflichkeit.

Die eigentliche *Gesetzgebung*, durch welche ein geordneter Staat entsteht und die auch meistens auf einen Menschen zurückgeht, der als ein Weiser bezeichnet wird, kann daher erst auf der Stufe des Ideendenkens zustande kommen, wenn es dem Menschen gelingt, mit Hilfe einer Idee die Gesamtheit des Zusammenhanges eines Staatswesens zu erfassen und alle seine Teile dieser Idee harmonisch einzuordnen.

Darum entspricht auch dieser Seite der Bewußtseinsstufe des Ideendenkens nicht nur die Verkünderin Artemis, sondern vor allem *Zeus*, der Gott der Gesetze und der Gerechtigkeit, Zeus, welcher unter allen Göttergestalten die Mitte und also das betonte Ichzentrum bedeutet. Am Himmel ist er vertreten durch den Planeten *Jupiter*, den größten Himmelskörper des Sonnenkreises nächst der Sonne, den Gegenpol der Sonne bedeutend, und damit das geistige Zentrum gegenüber dem vitalen versinnbildlichend, welches der Sonne entspricht. Mit ihm beginnt der Kreis der äußeren, weit von der Sonne entfernten Planeten, deren lange Umlaufzeit einen wesentlich anderen Rhythmus bedingt als der der raschlaufenden inneren. So gibt auch die Stufe des Ideendenkens dem menschlichen Dasein einen ganz anderen, langen und langsamen Rhythmus mit.

Das ganze Leben kommt mit ihm unter eine neue Periodizität.

Das Mysterium einer Gottheit zeigt stets die innerliche, die dem profanen Blick verborgen bleibende Seite eines großen Tatbestandes auf. Wenn demnach Artemis den Menschen als die Macht erscheint, die ihnen das geistige Auge für die Welt der Ideen öffnet, so wird ihnen in ihrem Mysterium die neue Stufe der Innerlichkeit, *das Icherlebnis*, zu Bewußtsein gebracht. Eben durch dieses tiefere Seinserlebnis erweist sich die nach innen gewendete Seite der Stufe des Ideendenkens als Religiosität schlechthin. Und darum sind die Mysterienstätten der Artemis eigentlich nicht so sehr dieser selbst geweiht, als vielmehr allen jenen Göttergestalten, die sie dem Menschen durch die Bewußtseinsstufe des Ideendenkens faßbar gemacht hat. Mysterien der Artemis sind daher die *Kultstätten aller Götter*. Jeder Kult und jeder Tempel, in welchem bestimmten Göttern gehuldigt wird, sind zugleich Kult und Stätte der Erfüllung für die Sendung der Artemis. Darum heißt Artemis auch die Verkünderin. Nicht auf sich selbst weist sie hin, sondern auf die Welt der Götter überhaupt, auf die Stufe der vierdimensionalen Welt oder den Himmel.

Symbolisiert wird die Welt der Götter für die griechische Antike durch die Gestalt des *Zeus*, der als ihr Haupt und Zentrum erscheint. Artemis aber gilt als Kind des Höchsten wie Helios-Apollo, dessen Schwester sie ist, und alle drei sind als Feuerwesen innerlich verwandt. *Zeus* bedeutet das neugefundene *Ichzentrum*, das der Mensch mit der Stufe des Ideendenkens zugleich erreicht. Darum ist Zeus eigentlich eine transzendent bleibende, das heißt niemals in vorstellbare Gestalt übergehende Gottheit. Da der Mensch aber erst zu seiner wirklichen Wesensart erwacht, wenn das Ichzentrum in ihm lebendig wird, so wurde Zeus zum Idealbild des Menschen als solchem. Mit dem Innewerden des Ichzentrums wird dem Menschen das Ich-bin-Ich, die Beziehung Subjekt-Subjekt bewußt, das ist die dritte Koor-

dinate, die Senkrechte, in dem dreifachen Koordinaten-
system, durch welches das menschliche Wesen dargestellt
werden kann, jene Koordinate, durch durch den aufrechten
Gang des Menschen sinnlich-symbolisch angezeigt ist.

Keine besondere Stufe des Bewußtseins bildet bei *Zeus*
die wesentliche Schwingungsebene seines Seins, sondern
alle sind gleich stark betont, nur das *Ich-als-ihr-Zentrum*
überstrahlt mit seiner schöpferischen Kraft alle. Darum
erscheint er als der Vater nicht nur der Menschen, sondern
auch der Götter und ist auf göttlicher Stufe die menschliche
Bewußtseinsform überhaupt. Ihn zu gestalten ist darum
eigentlich unerlaubt. Aber derjenige ist er, den alle Propheten verkünden, gleichviel, welchen Namen er trägt.

Darum hält auch Artemis, wie keine andere Gottheit, ihr
Antlitz immer nach oben gewendet und ihren Blick in die
Ferne des Himmels gerichtet. Aber freilich hat ihr Bewußtsein, wie das jeder kosmischen Macht, noch ganz andere
Stufen als die, welche das menschliche Bewußtsein umfaßt.
Denn gerade das, was dem menschlichen Bewußtsein
fremd und unerreichbar bleibt, nämlich das Heraustreten
der hinter den abgezogenen Begriffen erscheinenden Ideen,
das ist in die bewußte Gewalt der kosmischen Macht gegeben.

Die eine bestimmte Bewußtseinsstufe aber, die für die
Göttin die vorherrschende ist, hat der Mensch mit ihr gemeinsam. Und alle Menschen, bei denen auch diese Stufe
die vorherrschende in ihren Bewußtseinen ist und darum
die eigentliche Wirklichkeit für sie darstellt, bilden dadurch
mit ihr einen *Typus*. Dies heißt aber nicht, daß diese Menschen und ihre Schicksale wie Teile ihrer kosmischen
Macht anzusehen sind, noch auch, daß sie diese Macht verkörpern und auf der menschlichen Ebene darstellen sollen,
denn jeder Mensch ist eine Wesenheit für sich. Aber solche
Menschen sind ihrer Natur nach dieser kosmischen Macht
verwandt wie keiner anderen, und sie leben darum mit ihr
wie in *einer* Welt.

169

Darum ist diesen Menschen aber auch eine Gemeinsamkeit in ihren Schicksalen eigen, und ihr Schicksal ist verwandt mit dem der Göttin. Es ist bestimmt durch das Gesetz der Idealisierung.

Nach diesem Weltengesetz steht Artemis in diametralem Gegensatz zu *Dionysos*, welcher das Prinzip der Verwirklichung des Menschen in seiner *realen* Gestalt bedeutet. Denn Artemis zeigt dem Menschen die zentrale Kraft seines Daseins als eine jenseitige, unerreichbare, stets nur Erlebnis bleibende und niemals zur Vorstellung werdende auf. Dionysos aber verbindet diese Mitte dauernd und sicher mit der menschlichen Gestalt. Artemis führt das menschliche Bewußtsein mit einer neuen Stufe der Wandlung zugleich zu der dritten Stufe der Rückwendung des Bewußtseins, Dionysos aber, die tiefsten Stufen der Rückwendung schon voraussetzend, zu einer dritten Stufe der Wandlung. Sie haben daher beide trotz ihrer Gegensätzlichkeit eine gleich tiefe Beziehung zu der Welt der Götter.

Infolge ihrer Gegensätzlichkeit aber bedeutet die Heraufkunft des Reiches des Dionysos den Untergang des Reiches der Artemis.

Die erste Spiegelung der Artemis ist die griechische Göttin *Artemis* oder *Diana*. Aber nicht alle Völker kennen eine solche göttliche Gestalt, und auch bei den Griechen ist sie nicht ganz in Erscheinung getreten, vielmehr ist nur die amazonenhafte Seite ihres Wesens ganz deutlich. Die geistige Seite aufzuzeigen, gehört schon zu ihrem Mysterium, und darum wird sie im Mythos noch nicht offenbar.

Die amazonenhafte Seite des Artemiswesens entspricht der Heliosseite ihres göttlichen Bruder Helios-Apollo, der heldischen; ihre priesterliche dagegen der seherischen oder apollinischen. So zeigen beide Geschwister doppelte Spiegelungen und sind darin auch einander verwandt. Wenn Apollo als Helios in der Sonne seinen physischen Ausdruck findet, so wurde Artemis später mit der Mondgöttin Selene zu eins. Nicht ganz mit Recht, denn der Mond entspricht der Göttin Demeter, der Artemis aber der Planet Jupiter. Darum fassen wir sie besser als *Göttin der Nacht* auf wie Helios als *Gott des Tages* und Lichtes. Die Nacht nämlich, welche Artemis über das einfache Irdische verbreitet, ist notwendig, damit die höhere Welt, die Welt der Ideen, für das geistige Auge des Menschen sichtbar werden, das sonst, geblendet von dem Glanz der Dinge ringsum, jene nicht zu erschauen vermag.

Wenn wir das Feuer, das *Prometheus* den Menschen bringt, als Symbol auffassen für die höhere Idee der Freiheit und der Ichheit, so gehört dieser Halbgott der griechischen Sage auch unter dieses Zeichen und stellt eine *männliche* Spiegelung des Artemiswesens dar. Er ist der ewige *Revolutionär*, der sich auflehnt gegen das Bestehende und einen Umsturz bringt. Auch in ihm ist die heldische Seite noch stärker betont als die priesterliche. Und sein Schicksal, daß er, der Freieste, an den Felsen geschmiedet wird, um seine Hybris zu büßen, ist das Typische des Befreiers und Propheten. Daß es gerade das Feuer ist, das er den Menschen bringt, zeigt seine innere Verwandtschaft mit Helios und Artemis an, die beide Feuerwesen sind.

In der Amazonenkönigin *Penthesilea* kommt die heldische Seite des Artemiswesens zur deutlichsten Spiegelung. Auch Penthesileas Schicksal ist tragisch. Ihr Freiheitsdrang führt sie zum Kampf mit dem Geliebten, dem Helden Achilles, den sie zuletzt zerfleischt, während er ihre Kampfbereitschaft nicht verstehen kann und sie als Gattin mit nach Hause führen möchte in patriarchalische Sitten, die für sie die Sklaverei bedeuten müßten.

In der nordischen Sage erscheint *Brunhilde*, Königin von Island, als Amazonenkönigin, die nicht nur mit heldischer Kraft und heldischem Mut, sondern auch mit hohen priesterlichen Kräften begabt ist. Sie gilt als die Tochter des Wotan, des obersten Gottes, der in mancher Hinsicht dem Zeus entspricht. Ihre hohen Gaben sind an ihre Keuschheit und Unbesiegtheit vom Manne gebunden. Es gelingt den

Helden des Nibelungenliedes, sie – allerdings nur durch einen Betrug – zu bezwingen. Furchtbar ist ihre Rache, als sie den Betrug entdeckt. Hier wie in der griechischen Sage von den Amazonenkämpfen vor Troja spiegeln sich wirkliche Kämpfe zwischen männer- und weiberrechtlichen Bildungen in vorhistorischen Zeiten.

Die *Walküren* der Göttersage sind eine Erinnerung an die bewaffneten Frauen der Amazonenreiche. Sie entsprechen im germanischen Mythos der Göttin Artemis des griechischen.

Die priesterliche Seite des Artemiswesens hat eine deutliche Spiegelung in *Kassandra*, der die Trojaner vor der griechischen List warnenden Prophetin, gefunden: der Unglaube ihrer Angehörigen führt den Untergang von Troja herbei und läßt sie selbst zu einer Gefangenen des Königs Agamemnon werden, dessen grauenhafte Ermordung sie auch vorhersagt.

Eine ähnliche priesterliche Erscheinung ist die zum Opfer bestimmte Königstochter *Iphigenie*, durch deren Reinheit und hohe ethische Gesinnung die Sühnung der Verbrechen ihres Vaterhauses zustande gebracht wird. In dieser ethischen Einstellung erscheint sie wieder als Artemiswesen. Sie ist ja auch die Priesterin dieser Göttin.

In schon ganz menschlicher Ausprägung, aber doch noch vom Sagenhaften umwoben, tritt uns in der griechischen Welt die Dichterin *Sappho* entgegen, die schon als Dichterin, aber auch als Ideenverkünderin dem Wesen der Artemis zugehört. Durch die Frauengemeinschaft, die sie um sich sammelte, war sie auch eine Art Amazonenkönigin, freilich auf geistigem Gebiet. Sie wollte dem weiblichen Geschlecht eine andere und höhere Bildung erschließen, als es damals üblich war. Auch ihr Schicksal aber war im selben Sinne tragisch wie das jeder Verkünderin, denn die Frauen verließen sie, meist wohl um der Männer willen, und ihre Gemeinschaft zerfiel, ohne einer Fortsetzerin zu finden.

Von den großen Dichtern der antiken Welt müssen wir besonders die Tragiker nennen, allen voran *Aischylos* und *Sophokles*. Sie sind die eigentlichen Schöpfer der Tragödie großen Stils. In ihren Dramen haben sie bestimmte hohe Ideen zum Ausdruck gebracht, und durch die grandiose Kunstform, die sie schufen und die nach ihnen nie wieder und von keinem Volk auf Erden erreicht wurde, haben sie ein Mittel gefunden, durch Erschütterung eine plötzliche Rückwendung des Bewußtseins zu erzielen und über die Stufe des Icherlebnisses hinaus die Tiefenschichtung des Erlebnisbewußtseins aufzureißen, so daß dem überwältigten Zuschauer mit einem Male die Hintergründe des menschlichen Daseins aufgingen.

Ein besonderer Fall dieses Typus ist der Philosoph *Platon*. Ursprünglich dramatischer Dichter, hatte er offenbar eine weitere Bewußtseinsstufe, die der letzten und höchsten Abstraktionen, ebenso stark ausgebildet wie die des Ideendenkens. Indem er sich unter dem Einfluß des Sokrates jener Stufe ganz zuwandte, gab er das Dichten auf und wurde Philosoph. Als solcher behielt er aber doch den Blick der geistigen Aufmerksamkeit auf seine zweitbetonte Stufe, die des Ideendenkens, gerichtet, und so machte er diese vor allem für sein philosophisches Denken fruchtbar. Infolgedessen beschäftigte er sich auch intensiv mit den Problemen der Ethik, die ja auf dieser Stufe entstehen, und mit der Bildung eines nach ideellen Gesichtspunkten gestalteten Staatswesens. Die Welt der Ideen erschien ihm so als die eigentliche Realität.

Eine dem Platon nicht unähnliche Gestalt, jedoch auf dem Boden der abendländischen Welt erwachsen, ist der Dichter Friedrich *Schiller*. Bei ihm war wohl das Ideendenken die betonteste Stufe des Bewußtseins, weshalb er auch vor allem Dichter blieb, aber er hatte diejenige der letzten philosophischen Abstraktionen doch so weit ausgebildet, daß es ihn auch zur philosophischen Produktion trieb. Diese Kombination seiner geistigen Kräfte wirkte sich dahin aus, daß sich seine philosophischen Gedanken vorzugsweise mit den Fragen der Dichtung und der Ästhetik befaßten. Auch das religiöse Element war bei ihm stark entwickelt, wenn er auf diesem Gebiet auch nicht schöpferisch war. Die ethische Seite des Ideendenkens war so stark hervorgehoben, daß er das Theater, wie bekannt, als „moralische Anstalt" wertete. Sein Freiheitsdrang war sehr groß, er war in seiner Gesinnung durch und durch ein Revolutionär. Das bezeugen besonders seine Jugenddramen. Auch seine Reinheit als Mensch und als Charakter war außerordentlich. So vereinigt sein Wesen fast alles, was den Artemistypus ausmacht. Er ruft mit seiner ganzen Persönlichkeit den Eindruck eines Sendboten aus einer anderen Welt hervor. Wenn seine Werke jene höchste Formung nicht erreichten wie die der griechischen Tragiker, so scheint es nur daran zu liegen, daß seine Ideen durch den Widerstand der Mentalität seiner Zeit nicht ganz zum Durchbruch kommen konnten. Er ist jedoch der Urform der griechischen Tragödie zu nahegekommen wie kein anderer der abendländischen Dichter.

Ähnlich wie er hat sich auch der Dichter *Kleist* mit dem griechischen Drama beschäftigt und seine Form zu ergründen versucht. Und auch der Dichter Friedrich *Hebbel* war ein solcher Ideenbringer. Bei ihm war wohl die Stufe der abstrakten Begrifflichkeit die zweitbetonte, denn seine dichterischen Gestalten sind stets stark im Sinne der psychischen Analyse und in ihrer verborgenen Untergründigkeit dargestellt.

Die *religiöse Seite* des Artemistypen finden wir besonders stark ausgebildet bei den *Propheten* des Alten Testaments und bei den Aposteln und Bekennern der Lehre Jesu. Bei ihnen allen und auch bei *Christus* selbst erscheint die Bewußtseinsstufe des Ideendenkens besonders hervorgehoben. Freilich steht sie bei den christlichen Bekennern und vor allem bei Jesus nicht im ersten Grad der Hervorhebung, denn es ist noch eine weitere Stufe da, bei der diese zutrifft. Daher können wir weder Christus noch die Gestalten der Apostel und Verkündiger des Christentums ganz zu dieser Stufe zählen.

In bestimmten Momenten seines Lehrens aber hat *Jesus* trotzdem ganz die Form eines Verkündigers angenommen, nämlich in allen jenen, wo er auf den „Vater" als auf das höhere Ich hinweist. Er erscheint in solchen Momenten – ganz wie Artemis als die Tochter des höchsten Gottes – als *Sohn* des Höchsten. Und so hat auch er den Weg zur Eröffnung der Tiefenschichtung des Seelischen über das Icherlebnis gefunden und gewiesen.

Die Bedeutung der Erlösungstat Christi liegt auch unter anderem darin, daß er die Befähigung zu der Stufe des Ideendenkens als in jedem Menschen vorhanden feststellte. Den Eintritt in diese Bewußtseinsstufe eröffnete er für alle durch die Taufe. Indem in jedem Menschen durch den Akt der Taufe das Bewußtsein erweckt wird, Sohn des Höchsten zu sein, so wird ihm eben damit das Icherlebnis vermittelt, das ihn zu einer bewußt im Überirdischen, das heißt im Metaphysischen – oder was dasselbe ist – in der Tiefenschichtung des Seelischen verankerten Wesenheit macht.

Auf der Bewußtseinsstufe des Ideendenkens wird der Versuch unternommen, die Problematik der menschlichen Natur zur Lösung zu bringen. Der Ideenmensch wird in sich selbst auch nie zur Problematik neigen, denn er löst durch die Kraft der Intuition und die ursprüngliche Bindung mit dem Seelischen, in der die Ideen sich befinden, alle inneren Schwierigkeiten. Er stürmt mit dem Flug der Ideen über sie hinweg. Er ist also in sich selbst stets harmonisch und in innerem Einklang. Dieser innere Schwung macht es ihm auch leicht, seinen Ideen und ihrer Verwirklichung Opfer zu bringen. Aber die Problematik entsteht für ihn immer und, wie es scheint, unausweichlich durch den Zusammenstoß mit der äußeren Welt, sei es mit ihrer materiellen Beschaffenheit oder mit der menschlichen Umgebung, die anderen Gesetzen folgt als der Ideenträger.

Dieser Konflikt wird aber dadurch wieder gemildert, daß der Ideenmensch selbst das größte Verständnis für die andere Art der Nebenmenschen hat, weil er nämlich diese, jeden einzeln in seiner Eigenart, aus der Idee seines Wesens oder seinem Icherlebnis heraus, versteht. Er bedarf daher keiner Psychoanalysen, um dem anderen nahezukommen, bleibt aber zuletzt mit seiner ideenmäßigen Forderung allein. So gelingt es ihm auch, oft großen Einfluß auf seine Umgebung zu gewinnen. Er hilft den anderen weiter, bleibt aber zuletzt mit seiner ideenmäßigen Forderung allein. Sowie ihm sein eigenes Ich deutlicher und wesenhafter bewußt wird, indem er diese Stufe des Bewußtseins erreicht, so erfaßt er auch im anderen ein tiefergreifendes Ich, er hat von ihm ein deutlich bewußtes Du-Erlebnis.

Meistens geschieht es, daß er in einer Umgebung lebt, die weniger tief entwickelt ist als er selbst. Darum kann von ihm auch nichts im eigentlichen Sinne *Böses* ausgehen. Vielmehr kann nur ihm Böses begegnen, obwohl er doch das Beste will. Viele Menschen dieses Typus werden dadurch zu Märtyrern ihres Glaubens. So ist es mit dem „Volksfeind", den Ibsen geschildert hat, so mit dem enthusiastischen Philosophen Giordano *Bruno*, so mit dem ersten Blutzeugen des werdenden Christentums *Stephanus* und den vielen, die ihm gefolgt sind. Märtyrer wird immer nur um einer Idee willen.

Es wird also durch die Entwicklung der Bewußtseinsstufe des Ideendenkens trotz der inneren Harmonie dieser Stufe einer der bedeutungsvollsten menschlichen Konfliktstoffe ausgelöst und innerhalb ihrer zur Entscheidung gebracht. Das Bewußtsein der Göttin Artemis freilich ist über diese Konflikte schon wieder erhaben, und es umfaßt ja auch nicht nur die irdische Welt, sondern es sind ihr noch andere Welten und andere Verankerungen in uns unbekannten Tiefenschichten und Umwelten lebt, findet sie wohl den rhythmischen Ausgleich ihres Daseins mit ihrer Umgebung. In ihnen kehrt sie in ewig erneuter Schwingung zu sich selbst zurück. Sie ist eine *astrale* Gestalt.

Das menschliche Bewußtsein enthält aber nur die eine Dimension der seelischen Tiefe, die zu seinem Selbst führt, und kann sich andere nur mit großen Anstrengungen ahnungsweise erobern. Der menschliche Artemistypus ist eben eine *irdische* Gestalt.

Darum ist die Kraft, die von den Ideen der Menschen ausgeht, auch nicht von ununterbrochener Dauer. Sie bricht sich an den Widerständen, die sie in der Umgebung findet, und kommt allmählich zum Erlahmen. Aber immer wieder wächst sie empor, und die Intuition bringt neue Ideen hervor, mit denen ihr Verkünder weiterzudringen hofft. Auf diese Weise ist sein Blick immer auf die Zukunft gerichtet, und er versäumt darüber das Leben in der Gegenwart. Der Drang aber, seinen Ideen Geltung zu verschaffen, ist ein Kampf. In diesem Kampf sieht sich der Mensch veranlaßt, alle Bewußtseinskräfte aufzuwecken und auch alle anderen Stufen des Bewußtseins zur vollen Entfaltung zu bringen. Dadurch aber kommt die Persönlichkeit zur vollsten Ausbildung.

Darum ist dem Artemiswesen der Gedanke der inneren Selbstentwicklung so natürlich und angemessen wie keinem anderen. Das erhöhte Icherlebnis, das dieser Stufe entspricht, gibt dem Gedanken der Entwicklung und dem darauf gerichteten Streben erst sein wirkliches Fundament. Deshalb bedeuten die äußeren Schicksalswendungen niemals das Entscheidende für diesen Typus, sondern sie werden immer nur zu Anlässen innerer Entwicklungen. Aus diesen ergeben sich die verschiedenen Stufen des Artemistypus, je nachdem, mit welcher Bewußtseinsstufe sich die des Ichdenkens vor allen anderen verbindet.

Im menschlichen Lebenskreis ist jede Frau und überhaupt jeder Mensch, sofern er in der Erkenntnis bis zum

Ideendenken fortschreitet, eine Verkörperung des Artemiswesens.

Verbindet sich die Idee mit der gesteigerten Köperbewe-
gung, so entsteht der *sportliche* Typus. Und zwar betrifft
dieser vorzugsweise die Frau. Denn wenn der Mann Sport
betreibt, so tritt meistens die Stufe des Kampfes in den Vordergrund, und kämpferische Übungen können sich leicht
in sportliche verwandeln. Wenn aber auch die Frau, trotz
ihrer scheinbar für einen anderen Zweck, nämlich den des
Gebärens, eingerichteten Körperlichkeit, Sport betreibt, so
drängt sie nicht der Kampftrieb, sondern die Idee der
körperlichen Ertüchtigung dazu. Es ist also ein ideelles
Moment da, das sie dazu veranlaßt.

Dieser sportliche Typus der Frau ist für die Gegenwart
sehr kennzeichnend. Auf dieser ersten Stufe wird ein
gewisser Grad des Ideendenkens sehr vielen Personen
erreichbar. Die sportliche Frau stellt ihre körperliche Ausbildung entweder in dem Kraftgefühl, erhöhten Körperspüren und ihm Ehrgeiz des Wettkampfes auslebt. Dieser
Typus entspricht unter den modernen Verhältnissen den
Amazonen des Altertums. Leicht neigt dieser Typus auch
zu der Ausdrucksform des Tanzes, wenn das Element des
Körperspürens und die Phantasie gut entwickelt sind.

Die zweite Entwicklungsphase des Artemistypus ist
dargestellt durch den *Dichter* oder die *Dichterin*. Hier verbindet sich das Ideendenken mit der Stufe der anschaulichen Kombination und schafft eine Wirklichkeit neben der
gegebenen. Dieser Typus gilt in der Regel als unpraktisch
und lebensfremd, und er lebt für sich und ohne scharfen
Konflikt mit der Umwelt. Alles, was er erreichen will, ist
Anerkennung, aber noch nicht Durchsetzung, das heißt
Verwirklichung seiner Ideen. Die Anerkennung strebt er
aber um so mehr an, je mehr vom Schauspieler und der
Eitelkeit der Apollostufe in ihm lebendig ist.

Ruhmverlangen und *Ehrsucht* kann daher leicht zum
Laster des Artemistypus werden; es ist jener Trieb, zu

welchem er am leichtesten abirrt. An die Stelle der Durchsetzung und Anerkennung der Idee tritt die der sie vertretenden Person.

Die dritte Entwicklungsphase erst ist der wirkliche *Prophet*, dem es nicht um die Anerkennung der eigenen Person, sondern einzig um die Gewinnung und Aufstellung der Ideen geht. Welche Art von Ideen immer er vertritt, er will sie in die Realität bringen, nicht in eine von dieser abtrennbares Gebiet, wie es die Dichtung darstellt.

Der Prophet erst ist es, der mit seiner Umwelt in Konflikt gerät. Von ihm erst werden die großen und größten Opfer verlangt.

Um diese höchste Stufe des Ideendenkens zu erreichen, muß der Mensch freilich schon wieder aus der eindeutigen Bewußtseinslage der ideenmäßigen Intuition heraustreten und viele andere Bewußtseinsstufen über die ihm ursprünglich eigenste hinaus aktivieren. Er ist dann auch kein ganz eindeutiger Artemistypus mehr. Denn nur die Göttin vermag alle Bewußtseinsstufen zu entwickeln und dabei doch ihrem eigensten Wesen ganz treu zu bleiben.

Daß alle diese Gestalten zuletzt doch ins Tragische hineinwachsen, zeigt die enge Todverbundenheit an, die ihnen eigen ist. Was für die göttliche Gestalt in höchstem Maße gilt, das zeigt sich bei jeder einzelnen der menschlichen Spiegelungen in der ihr eigentümlichen Form. Weil aber diesen Schicksalen allen letzten Endes eine metaphysische Notwendigkeit zugrunde liegt und durch sie hindurchschimmert, ist ihnen die Größe eigen, die sie zum Tragischen erhebt.

Der Sieg, den der Mensch gewinnt, indem er in die Stufe des Ideendenkens eintritt, ist für ihn die entscheidende Hinwendung zum Göttlichen. Seine Entwicklung kann *nach* dieser Entscheidung nicht mehr zum Dämonischen führen. Damit hängt es zusammen, daß die menschliche Seele sich nicht mehr in Tierformen inkarnieren kann, sondern nur noch in menschlichen. Die Prädestination des

Menschen für die Bewußtseinsstufe des Ideendenkens wurde mit dem Übergang von den Formen der Primitivkulturen zu den Hochkulturen errungen. Sie ist wahrscheinlich der Wirksamkeit der großen Mysterienstätten zu verdanken, die wie am Beginn einer jeden der Hochkulturen ihre Tätigkeit entfalten sehen. Wenn im Laufe der Entwicklung der Hochkulturen diese Mysterienstätten an Kraft verlieren, ihre Kraftreservoire gleichsam aufgezehrt sind –, dann sehen wir, daß der Mensch sich immer häufiger durch seine Leidenschaften nach dem Dämonischen hinreißen läßt. Die Folge davon ist, daß er wohl immer wieder inkarniert und zu tragischen Schicksalen vorbestimmt werden muß, bis er den Sieg um die höhere Stufe endlich erkämpft hat.

Die göttliche Gestalt ist über diesen Kampf freilich schon wieder erhaben. Der Kampf, der sich in ihrem Bewußtsein abspielen mag, geht um die Anerkennung eines Weltengesetzes, des Gesetzes der Idealisierung, das sie in seiner ganzen Auswirkung durchschaut. Der Mensch des Ideendenkens kämpft aber um sein Ich, indem er die einmal erfahrene Tiefe des Icherlebnisses nun mit jeder seiner Bewußtseinslagen zu verbinden sucht, weil dieses Ich zu erkennen eben seine wesentliche Aufgabe ist.

Denn da dem Menschen nur die irdische Seite des ganzen kosmischen Ideenzusammenhanges gegeben ist, kann er auch sein Ich nicht ganz erfassen, sondern muß es sich erst stufenweise erringen. Im Maße, als dieser Kampf fortschreitet, werden ihm allmählich auch die Umrisse der ihm nicht unmittelbar erreichbaren Ideenverbindungen bewußt. Wenn also für den Artemistypus des Menschen auch immer jene Stufe der Wandlung des Bewußtseins, die wir als die der Intuitionen bezeichnet haben, und jene der Rückwendung, die wir das Icherlebnis heißen, Ziel und Ende seines Lebens bleibt, so entsteht doch jeweils ein ganz anderer Einzelmensch, je nachdem, in welchem Maße auch die anderen Stufen des Bewußtseins ausgebildet sind.

Wenn nach weiteren zwei Sonnenmonaten, das heißt nach ungefähr 4500 Jahren, der Frühlingspunkt der Sonne in das Zeichen des Schützen eingetreten sein wird, dann wird das Ideendenken des Menschen wahrscheinlich so sehr erstarken, daß die Basis für die endgültige Überwindung alles Dämonischen gelegt werden wird.

Die höchste Gestalt des prophetischen Menschen wird jedenfalls immer nur diejenige sein, welche alle Stufen, auch die der Tiefenschichtung, mit ihrem Bewußtsein umfaßt.

Gelangt sie aber so weit, dann wird sie der göttlichen Artemis am ähnlichsten sein.

DER URVATER
KRONOS

DIE SIEBENTE DER GESTALTEN IST DER URVATER.

DAS SCHICKSAL DES ALTEN IST DIE VEREIN-
SAMUNG. MIT HILFE LANGER LEBENSERFAHRUNG
IST ER ZU EINER EIGENEN BEURTEILUNG DES
LEBENS IN DER WELT GEKOMMEN UND SIEHT ES
NUN, DAS GANZE ÜBERBLICKEND, ANDERS ALS
DIE JÜNGEREN. DIE NÄHE DES TODES ENTFERNT
IHN VON DEN SEINEN.

DAS IST DAS MENSCHLICHE SCHICKSAL DES
URVATERS.

Durch jeden alternden Menschen hindurch aber waltet eine
kosmische Macht. Sie bringt es zustande, daß der Mensch
nicht nur neue Zusammenhänge abstrakter Art – daß er
Ideen erfaßt, sondern daß er diesen von ihm selbst gefaßten
Ideen auch noch mit seinem Geiste gegenübertreten kann,
daß er sie *beurteilt*. Durch die Beurteilung erfahren die gefundenen Ideen eine *Bewertung*. Da nun der Standpunkt,
von dem aus auch eine Idee bewertet wird, notwendig ein
anderer und jenem überlegener sein muß, von dem aus
sie gefaßt wurde, so bedeutet jede Bewertung einer Idee
eigentlich bereits eine Abwertung, die Beurteilung wird infolge der Veränderung des Standpunktes zur Verurteilung.
Derjenige nämlich, der beurteilend eine Idee bejaht,
befindet sich natürlicherweise im selben enthusiastischen
Schwung wie der Ideenschöpfer. Er gewinnt also durch die
Bejahung eigentliche keine neue Bewußtseinsstufe über die
der Ideenschöpfung hinaus. Wenn es trotzdem auch be-
jahende und nicht nur verneinende Urteile gibt, so ist die
Bejahung eigentlich nur eine Wiederholung der Ideenbildung inbegrifflicher Form. Es verbindet sich aber kein
neues Erlebnis mit ihr, keines, das nicht schon mit der Stufe
der Ideenbildung dagewesen wäre. Die Verneinung aber
setzt ein neues und noch tieferes Erlebnis voraus, in dem
sich der neue Standpunkt gründet und von dem aus es

möglich wird, auch der gefaßten Idee noch gegenüberzu-
treten, zwischen sie und das Icherlebnis so viel Distanz zu
legen, daß eine über das Ideendenken noch hinausgehende
Stufe der Abstraktion im menschlichen Geiste entsteht.
Darum ist alles wirklich erlebte Bewerten ein Abwerten,
alles wirklich erlebte Beurteilen ein Verurteilen, alles *Denken* Kritik.

Wenn sich der Mensch also gegenüber einer gefundenen Idee kritisch einstellt und sie aus dieser Einstellung
heraus kritisch beurteilt, so schiebt sich zwischen die beiden Pole des Bewußtseins – und dem der innerlich erlebten
Distanzierung und der noch über die Stufe der Ideen hinaus weitergetriebene Abstraktion – gleichsam eine noch
größere Spannweite stattfindender Wandlungen des Bewußtseins als beim Ideendenken, das ja selbst schon eine
hohe Stufe der Abstraktion darstellt. Dieses immer weiter
getriebene Zurücktreten des Subjekts vor dem Objekt führt
den menschlichen Geist auf dieser Stufe zu der Erwägung
der *letzten* Begriffe und läßt ihn dabei nicht ruhen, bis er
die äußersten vom Irdischen aus erreichbaren Begriffe er-
wogen hat. Im Rahmen dieser letzten Begriffe gesehen,
wird das Dasein dünn und kühl und ruhig wie das eines
sehr alten Mannes, dessen Körper von seinen Kräften
schon verlassen wird und dessen Triebe eingeschlummert
sind.

Der Mensch des wahrhaft kritischen Denkens muß sich
also auch im Erleben noch weiter vom Triebhaften entfernen können als der Ideenschöpfer. Er muß imstande sein,
das Ganze des Lebens von sich wegzuschieben, so weit,
daß sein Blick es gleichsam nur mehr wie aus der Ferne erreicht. Er muß sich schon außerhalb seiner oder wenigstens
an seine äußerste Grenze stellen können. Das ist aber nur
dann möglich, wenn er gleichzeitig in seinem Erleben eine
Tiefe erreicht, in der er schon jenseits aller Formen des
Irdischen seinsmäßig verankert ist. Denn es müßte ihn
sonst ein geistiger Schwindel befallen, durch den er wähnen

würde, ins Nichts zu versinken. Nicht selten geschieht es auch, daß der Mensch des kritischen Denkens solcherart von Schwindel befallen wird. Wenn der menschliche Geist aber dennoch imstande ist, die Stufe des Denkens der letzten Begriffe auszubilden, so nur deshalb, weil es ihm nach und nach gelingt, des Schwindels Herr zu werden, indem er sich auch jener Erlebnistiefe bewußt wird, in der er sich außerhalb des irdischen Daseins verwurzelt fühlt.

Durch diese Erlebnistiefe, durch die er das Sein auch jenseits des irdischen Lebens gesichert glaubt, ist der Mensch des kritischen Denkens fähig, sich nicht nur gegen geistige Gebilde, wie es Ideen sind, mit seiner Kritik zu wenden, sondern auch das ganze irdische Dasein kritisch zu beurteilen. Der alternde Mensch neigt solcher kritischen Betrachtung der Dinge zu. Oft ist dies bei ihm auch der Fall, wenn er die Stufe der letzten Abstraktionen, in welcher die urteilende Kritik eigentlich erst begründet wird, nur mäßig ausgebildet hat.

Hier ist der Umstand mitzuberücksichtigen, daß bei den Typen der höchsten Bewußtseinsstufen oft ein Zurücksinken der wachen Intensität des Bewußtseins stattfindet, während die eingefahrenen Bahnen der Bewußtseinsformen und -funktionen weiterbestehen. Daher kommt es, daß oft noch der äußere Habitus der betreffenden Typen in Erscheinung tritt, während die entsprechenden Bewußtseinsstufen nur mehr wenig und selten aktualisiert werden.

Die ganze Aufmerksamkeit aber des voll ausgereiften Menschen des kritischen Denkens ist darauf gerichtet, durch die Kraft des Denkens zu den letzten Abstraktionen vorzudringen und, indem sich für einen solchen Geist das ganze Dasein begrifflich auflöst, auch mit seinem Erlebnisbewußtsein sich außerhalb dieses Daseins zu verankern. Der Endpunkt einer solchen Entwicklung aber ist, daß ein solcher Mensch seinen geistigen ·Standort von vornherein außerhalb der Gesellschaft der anderen Menschen nehmen muß und daß er dann auch mit seinem übrigen Dasein in die Einsamkeit gedrängt wird, wie es ja im Alter auch wirklich oft geschieht.

Diese Einstellung also ist für den auf die denkende Kritik gerichteten Menschen typisch: gegenüber allem einen distanzierten Standpunkt einzunehmen, alles einer kritischen Beurteilung zu unterwerfen und im Interesse dieser denkenden Bewertung zu den letzten, abstraktesten Begriffen vorzustoßen, deren das menschliche Denken überhaupt fähig ist.

Allein, der kritische Mensch vermöchte nicht aus sich allein heraus diese Einstellung zu gewinnen und durchzuführen, sondern er vermag es nur mit Hilfe jener kosmischen Macht, denn er weiß ja nicht, wie es in seinem Geiste geschieht, daß er seinen geistigen Standort gewinnt, von dem aus er noch über die Ideen hinausreichende weitere Abstraktionen zu bilden imstande ist.

Diese *kosmische* Macht ist die Macht der *Beurteilung* oder der Kritik.

Es ist ein schaffendes Wesen da, welches bei der Entstehung aller Beurteilungen im Geiste schöpferisch waltend eingreift, so daß die abstrakte Gewalt der Ideen noch weitergetrieben wird und der Mensch die durch die Ideen erfaßten unanschaulichen Zusammenhänge wieder aufheben und sich außerhalb ihrer stellen kann. Dies ist nur dadurch möglich, daß sich ihm gleichzeitig eine noch tiefere Schicht seiner Ichheit, ein noch konzentrierteres, kernhafteres Seinserlebnis erschließt.

In die Macht dieses kosmischen, urteilenden Wesens sind alle Seelen gegeben, deren Sein sich zur Bildung von Urteilen durchringen will, deren Sein in die bestimmte irdische Form der Wandlung zum kritischen Denken und der Rückwendung zur Innewerdung jener Stufe des Icherlebnisses eingehen soll, die von alters her die des „Hüters der Schwelle" benannt worden ist, – ein Wesen, welches mit sanfter Gewalt in den Bewußtseinen der Menschen dieser Wandlung und Rückwendung erzwingt.

Wir heißen dieses Wesen KRONOS.

Kronos bedeutet soviel wie Chronos, das ist die Zeit, die Dauer, das Greisenalter. Das weist darauf hin, daß der Gott alt, uralt ist, so alt, daß er selber zum Maß der Zeiten wurde. So steht er gleichsam jenseits des irdischen und himmlischen Zeitablaufs und aller Dinge, die in der Schöpfung sich verwirklichen. Er ist der Urvater, aus dem die Zeit selbst ihren Ursprung nimmt. Er bedeutet jene Erlebnistiefe, in der wir Menschen uns schaudernd des Ewigen und zugleich auch des Vergänglichen in uns bewußt werden. Aber nicht nur bei dem Entstehen aller Urteile, welche die Dinge der Erde betreffen, waltet Kronos, sondern auch bei jenen, welche es mit denen aller Wandelsterne des Sonnenkreises zu tun haben, und so umgibt er auch diesen mit bestimmten Grenzen im Raum und in der Zeit, durch die sogar auch der Sonnenkreis den Menschen in seiner Vergänglichkeit bewußt wird.

Aber zunächst ist er für den Menschen Herr und Meister der Beurteilung der irdischen Dinge und Wesen in ihrer Art und in ihren Zusammenhängen.

Wenn ein Mensch durch tiefe Versenkung dieser kosmischen Macht des Kronos nahezukommen sucht, dann wird die Kraft seines urteilenden Denkens selbst eine schöpferische Macht. Dann begreift er, wieviel von den Gedanken, die er sich über seine Welt bildet, in seine eigenen Gewalt gegeben ist, und er wird zu einem Mitschaffenden des großen Gottes.

Aber auch der Gott selber ist nicht ohne Schicksal. Es waltet ein Gesetz auch über ihm, ein Weltengesetz, das Gesetz der *Verneinung*, in sich schließend das der Vergänglichkeit.

Darum durchlebt auch er ein Schicksal, das verwandt ist dem Schicksal des alternden Menschen. Auch *Kronos* hat mit seiner hohen Geisteskraft einen Standort gebildet, von dem aus er die ganze Welt beurteilt. Aber durch dieses Beurteilen verneint er sie auch und vernichtet sie. Darum

189

steht er allein da und ist aus dem Kreise der anderen herausgetreten und ist einsam geworden durch den Standort seines Denkens.

Darum ist Kronos diejenige von allen Gestalten, deren Blicke still sinnend nach unten gerichtet ist, weil er alle Dinge *unter* sich zu sehen gewohnt ist. Und wie er einen Standort in seinem Inneren gefunden hat, in dem er gleichsam in sich erstarrt ist und die Bewegung seines Bewußtseins zur Ruhe bringt, so ist sein Wesen auch gekennzeichnet durch den *Punkt*, in dem im räumlichen Sinne alle Bewegung zur Ruhe kommt. Er wird dargestellt mit der Sichel in der Hand als dem Werkzeug, unter dessen hingleitender Schärfe alles wuchernde Leben der Vegetation fällt und dahinstirbt.

Im Punkt zieht sich alles Ausgedehnte zur Unausgedehntheit zusammen. Dieses Zusammenziehende liegt auch im Denken gegenüber dem, was durch das Denken beurteilt wird. Auf die feurige und stürmische Bewegung, welche die Stufe der Ideenschauung mit sich gebracht hat, folgt nun ein kühleres, ruhigeres, ja oft ganz zur Stille kommendes Erleben, wenn die Stufe des Denkens erreicht wird, Auf dieser Stufe gewinnt das *Objektive* die Oberhand. Das kritische Denken reduziert die geschaute Ideenwelt auf das Maß dessen, was vom menschlichen Sein aus daran haltbar und durchführbar ist.

Darum bedeutet der Gott Kronos auch in der Natur das Zusammenziehende: die Verknöcherung der organischen Körper, die Erstarrung der Oberfläche der Erde und der Wandelsterne, die Versteinerung und die Vereisung. Und diese Kraft der Zusammenziehung ist so mächtig, daß sogar das Denken selbst in sich zur Erstarrung kommen kann.

Aber auch in der Seele bringt er einengende Erlebnisse: Angst und Grauen, Neigung zu Einsamkeit, Askese und Lebensverneinung, auch den Geiz. Alle dieser Erlebnisweisen sind nicht aus dem positiven Ablauf des Lebens erwachsen, sondern sie beruhen allesamt zuletzt auf einem negativen Urteil über die gegebene Situation, über das Leben überhaupt, über die menschliche Natur, über den ethischen Charakter der Menschen im besonderen.

Das Denken als solches lenkt ab von der unbesorgten Hingabe an das Leben und die Sinnlichkeit. Wer einmal denkt, der hat weniger Zeit für die anderen Seiten des Daseins als die Nichtdenkenden, aber auch weniger Lust dazu. Er hat den Sinn der Lebensdinge schon durchschaut und bewertet und er weiß, was bestenfalls dabei herauskommen kann. So überblickt ein solcher das menschliche Dasein wie ein alternder Mensch, der durch die Erfahrung weiß, was es mit dem Leben auf sich hat.

Während die Ideenschauung also zu heftiger Bewegung Anlaß gibt, bringt das Denken zur Ruhe. Die äußere Bewegung setzt aus, es tritt ein Stillstand ein. Der Denker gewinnt einen Standpunkt, auf dem er steht. Diesem Ausdrucksbild entsprechen im Körperlichen die *Knie* als diejenigen Gelenke, durch welche vor allem die Standfestigkeit des Körpers bedingt ist.

Die letzte Erstarrung des Lebens freilich ist der *Tod*. Auch dieser letzte Schluß hängt mit der Bewußtseinsstufe des kritischen Denkens zusammen. Denn würde das Denken bis in seine letzte Auswirkung von Menschen verfolgt werden können, das aber heißt die völlige Objektivierung alles Subjektiven erreicht sein, dann würde eben damit auch das Leben aufhören, welches ja darin besteht, daß es einen ständigen Übergang vom Subjektiven zum Objektiven und vom Objektiven zurück zum Subjektiven bildet.

Die Stufe der größtmöglichen Objektivation erreicht das menschliche Denken aber in der Feststellung von Gesetzen allgemeiner Art. Für das griechische Denken war solche Gegensetzlichkeit in dem Schicksal, der Moira, gegeben. Für das indische hauptsächlich in der Lehre vom Karma. Das abendländische Denken hat den Gedanken der Naturgesetzlichkeit an dieser Stelle gebracht.

In einer solchen allgemeinen Gesetzlichkeit aber ist jedenfalls die eine Erkenntnis stets enthalten, daß das Leben vergänglich ist und in seinem Verlauf der Auflösung entgegengeht.

Dieser Erkenntnis gegenüber entwickelt sich in der Rückwendung zum Seelischen eine neue Bewußtseinsstufe: indem sich das Ich jener Gesetzlichkeit erkennend gegenüberstellt, wird es sich eines Kernes bewußt, den es von dieser Vergänglichkeit ausnimmt. Eine tiefere Stufe der seelischen Schichtung wird so lebendig, welche selbst auf der Ideenschauung noch nicht erreicht war. Freilich scheint diese Stufe zunächst außerhalb des eigentlichen Lebens sich zu befinden.

Der Denker gelangt zu ihr nur durch eine höhere Anstrengung seiner Aufmerksamkeit, sofern er diese auf sein Inneres lenkt, so wie auch das Denken mit den letzten Begriffen einen höheren Grad von Aufmerksamkeit erfordert als alle anderen Stufen des Bewußtseins, die meistens, gleichsam wie von selbst, im natürlichen Anschwung erreicht werden. Es entspricht dieser Bewußtseinsstufe also auch die Anstrengung der *Konzentration*, sowohl bei der über das einfache Maß des menschlichen Bewußtseins hinausgehenden Objektivation des eigentlichen Denkens als auch bei der Erreichung jener Stufe der Tiefenschichtung der Seele, die dieser so weit getriebenen Objektivation im Inneren, im Erleben entspricht.

Auch die Konzentration aber ist eine Art Zusammenziehung des Lichtes des Bewußtseins, bis es jene Intensität erreicht, daß es sowohl nach außen wie nach innen zu eine neue Stufe erfassen kann.

Gleich einem menschlichen, dem Inneren und der denkenden Erkenntnis zugekehrten, älteren, reiferen Manne verbreitet also auch der Gott Kronos den Zustand intensiver geistiger Konzentration unter den Menschen, und er erregt in ihnen einen in sich selbst arbeitenden, nicht mehr auf die Gestaltung der Außendinge gerichteten Willen.

Eine Abgeklärtheit geht von ihm aus, durch welche er die Seelen über die Verstrickung des Daseins hinauszuheben vermag. Es ist darum kein Wunder, daß dieser Gott zum „Hüter der Schwelle" geworden ist, das heißt zum Symbol der Überschreitung jener Bewußtseinsstufe, die als erste einen so hohen Grad der Konzentration fordert, daß er nur mit Mühe und Anstrengung erworben werden kann. Diesen Grad der Konzentration erreichen die Seelen aber auch nur dann, wenn es dem Menschen gelingt, sich von den Dingen des Lebens so weit fernzuhalten, daß sie ihn nicht mehr abzulenken vermögen und er imstande ist, bei jenen höheren Bewußtseinsstufen dauern zu verharren. Nur diejenigen unter den Menschen vermögen diesen Zustand zu erreichen, die nicht mehr durch schwere Verstrickungen an die Dinge des Lebens gefesselt sind, diejenigen also, die vor allem nicht mehr von ihren Affekten und Leidenschaften beherrscht werden.

Dies ist der tiefere Sinn des Mythos, welcher von dem Gott erzählt, daß er seine eigenen Kinder verschlinge, um von ihnen nicht in seiner Weltherrschaft bedroht zu werden. Die Triebe, die Leidenschaften, die Affekte, die verlockenden Bilder des Lebens, welche die Seele ständig aus sich heraus erzeugt und wie Kinder einer gebärenden Mutter aus sich herausstellt, sie alle muß sie wieder in sich selbst zurückschlingen, um jenen Blick festzuhalten und ihm die Herrschaft zu ermöglichen, der über das Vergängliche hinaus zu einem nicht mehr sich selbst entschwindenden Seinsgefühl vordringt. Ins Irdische und Menschliche gewendet, bedeutet aber diese Tätigkeit des Gottes die wirkliche Vernichtung der Lebewesen; dieser Gott ist es, der wirklich den Tod bringt.

Und eben darum ist der Gott Kronos auch als Gott eine *tragische* Gestalt. Seine Tragik liegt darin, daß er jene Vergänglichkeit, welche ihm das Dasein so wenig bejahenswert erscheinen läßt, selbst hervorruft, indem er durch seine Einstellung und um seine Bewußtseinsstufe zu erreichen, die für ihn die wesentliche ist, die von ihm erzeugten Kinder des Bewußtseins durch Rückwendung wieder in sich schlingt.

Aber das Tragische auf der kosmischen Ebene bedeutet keinen Untergang, sondern nur einen Zustand, denn das Sein der kosmischen Mächte überhaupt vollzieht sich nicht in jenem Ablauf der Zeiten, der uns Irdischen den Tod bringt, es ist gespeist vom Hauch der Ewigkeiten. Und so vollendet Kronos nicht in *einer* Erkenntnis und Rückwendung seines Bewußtseins sein Schicksal, sondern er ist in *allem* Sichrückwenden, *allem* Zurückkehren, *allen* Toden dieser und anderer Welten.

Als den Bringer besonderer Gaben haben darum die Alten den Kronos verehrt. Er ist es, der doch die Götter den Menschen gebracht hat, obwohl er sie, die seine Kinder waren, zuerst vernichten wollte, indem er sie verschlang. Aber durch den jüngsten Sohn, Zeus, gezwungen, mußte er sie wieder von sich geben, sie aus seinem Magen gleichsam noch einmal gebärend. Nach dieser zweiten Geburt waren sie unsterblich. Die Götter aber stürzten den Kronos, ihren Vater, von seinem Thron und herrschten nun selber abwechselnd über bestimmte Zonen der Welt, während der Alte, tragisch darum in seinem Schicksal, zurückstehen mußte und in die Urwelt hinabsinkend, außerhalb der Zeit, welche den Gang der Schöpfung bestimmt, verharrte.

Darum wurde er auch nicht so sehr verehrt von der großen Menge der Menschen wie die übrigen Götter, sondern nur von den wenigen, die gleich ihm von der tobenden Gegenwart des Weltgeschehens sich zurückzogen und in der Einsamkeit, im Denken die Erfüllung ihres Daseins fanden. In dieser von Denken erfüllten Einsamkeit aber ist es ihnen vielleicht gegönnt, eine Insel der Seligen, ein Elysium zu finden, über welches, wie die griechische Sage berichtet, der Gott Kronos das Zepter führt.

Solch eine Insel der Seligen schuf Kronos, lateinisch Saturn genannt, als ein Abbild jener anderen, auch auf der

Erde in dem gesegneten und rings von Gebirgen umschlossenen Latium, wo es den Menschen vergönnt gewesen sein soll, ein ähnliches Leben zu führen wie die Unsterblichen selber, in dem sie, allen Neides, Streites und Zankes enthoben, in dauernder Gesundheit und vollster Jugendkraft ein überaus hohes Alter erreichten, aus dem sie endlich sanft und ohne Schmerzen in die ewige elysische Stätte hinüberschliefen.

Die Römer, erdgebundener als die Griechen, machten dem Gott auf Grund dieser Sage ein ländlich-heiteres Fest, die Saturnalien, bei welchen sie ihn verehrten. Auch ließen sie die Faune Abkömmlinge von ihm sein. Vielleicht hat dies aber einen tieferen Sinn, denn auch der von dem menschlichen Treiben mehr und mehr sich zurückziehende und die Einsamkeit aufsuchende Denker findet oft in der freien Natur und im einfachen Leben mit ihr einen Ersatz für die menschliche Gemeinschaft. Die heiter durchsonnte Waldlandschaft in ihrer friedlichen Ruhe wird zum Ebenbild der heiteren Abgeklärtheit, welche nach langen Kämpfen das Denken auch dem Menschen beschert.

Es entspricht aber auch dem Saturn oder Kronos kein anfängliches Zeitalter mehr im Kulturleben der Menschen. Die Zeit, in der der Frühlingspunkt der Sonne im Tierkreiszeichen des Steinbocks stand, dem der Planet Saturn zugeordnet wird, liegt ungefähr zwanzigtausend Jahre zurück. In der griechischen Sage entspricht ihm das Zeitalter der *Titanen*. Es sind jene halb menschlichen, halb tierischen Urwesen, mit denen Zeus um die Herrschaft in dieser Welt kämpfen mußte. Weil aber Zeus die Herrschaft des Menschen bedeutet, da er das betonte Ichzentrum und also die Bewußtseinsgestalt des Menschen in ihrer Ganzheit darstellt, so versinnbildlicht auch Zeus' Kampf mit den Titanen den Kampf um die Heraufkunft des Menschen auf der Erde gegen die Urwesen, welche ihm das Dasein und das Herrscherrecht auf der Erde streitig machen wollten, die Geister des Urwaldes und der Tierheit.

Doch gibt es eine menschliche Lebensform, die ganz den wesentlichen Eigenheiten des Zeitengottes angepaßt erscheint, das ist das *Mönchswesen*. In der Abgeschlossenheit von der großen Welt lebend, diese nicht schätzend, gründet sich seine ganze Einstellung auf ein abwertendes Urteil gegenüber dem menschlichen Leben im allgemeinen. Der Mönch flieht die Gesellschaft und sucht die Einsamkeit auf. Er liebt asketische Gewohnheiten, indem er die Einschränkung seines physischen Lebens sucht; durch die Einsamkeit und Einschränkung der Natur nahegekommen, findet er in ihr Ersatz für die mangelnde menschliche Gesellschaft und zeichnet sich oft durch große Naturliebe und Verständnis für sie aus. Sein wesentlichstes Interesse aber ist dem Inneren zugekehrt. Er lebt für die Welt der religiösen Hingabe oder auch für die Welt der Gedanken. So stellt er sich gleich dem Gott Kronos aus dem Weltlauf und der Geschichte heraus, ein gleichsam außerzeitliches Dasein führend, verzichtend auf jegliche Macht und Ehre innerhalb dieser Welt. Und wie der Gott Kronos zuletzt Herrscher über die Insel der Seligen wurde, so findet auch der Mönch häufig ein Eiland stiller, in sich geschlossener Seligkeit und führt infolge seines strengen und einfachen, naturnahen Lebens oft ein Dasein ohne Krankheit, Neid, Kampf und Plagen wie die Menschen des Goldenen Zeitalters im alten Latinum.

Die schärfste Ausprägung des mönchischen Lebens zeigt der *asketische* Mensch, bei dem die Zucht als Mittel religiöser Erlösung im Vordergrund des ganzen Lebens steht. Finden nun in der Bewußtseinsbewegung solcher Menschen die äußeren Formen ihres Lebens eine größere Betonung als die Innerlichkeit oder das Gedankliche, so werden die mönchischen oder die asketischen Gepflogenheiten Selbstzweck, das heißt, sie sind dann losgelöst von der Erlebnisseite ihrer ursprünglichen Sinnhaftigkeit und können in dieser Gestalt oft extreme, ja abstruse Art annehmen.

Betrachten wir die Formen eines dem Denken ergebenen Menschendaseins, so werden wir finden, daß es in der äußeren Gestalt dem mönchischen Lebens sehr ähnlich verlaufen kann. Die großen Entdecker und Erfinder auf den Gebieten der theoretischen Wissenschaft und der Philosophie haben in der Regel ein ungeselliges Leben geführt. Oft sind sie auch unverheiratet geblieben. Der *Denker* ist von Natur aus ein mönchisch veranlagter Charakter.

Obwohl der ganze Wissenschaftsbetrieb mit den Universitäten und öffentlichen Forschungsinstituten den Gelehrten und Denker durchaus mitten in das Leben der Gemeinschaft hineinstellt, obwohl ihm damit im Zusammenhang in der Regel ein gutbürgerliches und materiell reichliches Leben bereitet ist, so wird der wirkliche Denker alle diese Beziehungen doch mehr als lästiges Beiwerk empfinden und sie mehr pflichtgemäß durchführen als aus Neigung.

Während sich das *Denken* im Verlauf der gegenständlichen Seite des Bewußtseins entwickelt, also in der Wandlung, tritt gleichzeitig in der Rückwendung eine neue Stufe der Innerlichkeit in das Licht des Bewußtseins, jene Stufe gleichsam kernhafteren, intensiveren Ichgefühls, welche die des „Hüters der Schwelle" genannt wird. Hinter der des enthusiastisch erhöhten Seinserlebnisses, das der Artemisstufe entspricht, taucht es wie ein großartiges, aber hintergründiges und granithartes Gebirge auf. Es ist dies zum zweitenmal, daß wir erkennen, wie eine bestimmte neue Stufe der Wandlung des Bewußtseins auch eine entsprechende der Rückwendung hervorruft. Zum erstenmal haben wir dies bei der Artemisstufe erkannt. Wenn sie das Ideendenken entwickelt, tritt auch die Erlebnisstufe des enthusiastischen Ichgefühls hervor.

So wie bei dem Artemistypus kann nun auch bei dem saturnischen die Stufe des kritischen Denkens, also die der Wandlung des Bewußtseins, oder die Stufe des Hüters der Schwelle, also der Rückwendung des Bewußtseins, welche die zweite Stufe der Tiefenschichtung der Erlebnisseite darstellt, stärker hervorgehoben sein. Demnach ergeben sich auf diesen Stufen auch zwei verschiedene Typen, die gleichwohl beide unter das saturnische Prinzip zu zählen sind, nämlich ein mehr denkerischer und ein mehr religiöser Typus. Den denkerischen Typus stellt der *Gelehrte*, der *Richter*, der *Denker*, der *Philosoph* dar, den religiösen der *Mönch*.

Diese beiden Typen stellen so ähnlich wie die der Artemisstufe nicht mehr das allgemein menschliche Maß dar, sondern gehen darüber hinaus. Das bedeutet, nicht jeder Mensch besitzt diese Stufen des Bewußtseins in deutlicher Entwicklung, sondern vielleicht nur schwach ausgebildet oder zwar entwickelbar, aber sozusagen noch nicht vorhanden. Deshalb bilden ihre Vertreter eine eigene Kaste unter den Menschen, sie sind innerhalb der menschlichen Gemeinschaft etwas Besonderes und darum auch abgesondert lebend. Bei dem Artemistypus, welcher den ersten Schritt über das Allgemein-Menschliche hinaus getan hat, ist diese Absonderung noch nicht ganz erfolgt. Noch will der Ideenmensch auf die anderen einwirken, daher kommt es so oft zum Konflikt zwischen ihm und der Gemeinschaft. Beim saturnischen Typus aber ist die Trennung schon vollzogen. Das Bewußtsein, anders zu sein und unter anderen Bedingungen des Lebens zu stehen, ist hier so stark, daß die Gemeinschaft nicht mehr gesucht, sondern eher gemieden wird.

Unter den Planeten entspricht aber dieser Stufe des Bewußtseins der *Saturn*, der nächste der äußeren Planeten nach dem Jupiter, der, ähnlich diesem, nur eine noch längere Umlaufzeit um die Sonne hat und dementsprechend auch einen noch langrhythmischeren Ablauf in der Bewußtseinsbewegung der Menschen andeutet. So wie der Planet Saturn die merkwürdige und im Sonnenkreis einzige Erscheinung des Gürtels aufweist, mit dem er sich umgibt und sich gleichsam eine eigene, nur ihm gehörige Welt schafft, so schafft sich auch der sich in die Einsamkeit zurückziehende Denker oder Mönch eine eigene, zunächst nur ihm allein zukommende Welt der Gedanken oder der religiösen Innerlichkeit, eine Welt, die nur ihm allein gehört und dennoch nicht mit ihm eins oder identisch ist, sondern die auch ihm selbst als eine von seinem Zentrum abgetrennte, eine *objektive* Welt erscheint.

Das Mysterium einer Gottheit zeigt stets die innerliche, die dem profanen Blick verborgen bleibende Seite eines großen Tatbestandes auf. Wenn demnach der Gott *Kronos* oder Saturn den Menschen zunächst als eine Macht erscheint, die sein geistiges Auge für die Welt der Kritik übenden Gedanken öffnet, so wird ihnen in einem Mysterium die neue Stufe der Innerlichkeit, die Stufe des Hüters der Schwelle, zu Bewußtsein gebracht. Da aber die mönchische Lebensweise diejenige ist, die vor allen anderen diese Stufe der Innerlichkeit angemessen ist, so können wir auch die *Mönchsklöster* aller Religionen als die eigentlichen Mysterienstätten des Gottes Kronos bezeichnen. Hier gewinnen die Mythen, die diesen Gott umgeben, eine neue, tiefere Bedeutung.

So hat hier die Urweltlichkeit dieses Gottes einen tiefen Sinn. Denn auch die Stufe des Icherlebnisses, die wir als Hüter der Schwelle bezeichnen, erscheint uns als wie hinter aller Zeit und allem Zeitlichen liegend. Erst im Ablauf der Wandlung des Bewußtseins aus dieser Stufe geht die Zeit – und alles Zeitliche mit ihr – hervor. Es ist der Punkt, wo gleichsam das Ewige und das Zeitliche aneinander grenzen. Wo aber das Zeitliche aufhört, da befinden wir uns im Elysium, im Ewigen. Daher hat es eine erstaunliche tiefe Bedeutsamkeit, wenn gerade dieser Gott von den Alten als der Herrscher über die Gefilde der Seligen angesehen wurde. Eine Insel der Seligen findet ja derjenige im Innersten seines Herzens, der, sich von der Welt zurückziehend, Einkehr hält in sich selbst und in der Tiefe des Ichs ein leuchtend erhöhtes Seinserlebnis entdeckt.

Die Macht des Gottes Kronos bedeutet also die zur *Konzentration gesteigerte Kraft der Rückwendung des Bewußtseins in die Tiefenschichtung der Erlebnisseite*. Und damit ist er freilich auch der Bringer der Götter. Denn auf der Stufe der Artemis konnten wir die Götter nur als Ideen erfassen, nur hinweisen konnten wir auf sie. In der Erringung der Stufe des Hüters der Schwelle werden sie in unserem Seinserlebnis geboren, nähern wir uns ihrem Sein. Wenn wir unsere Vorstellungen und unser irdisches Dasein durch Rückwendung des Bewußtseins gleichsam in uns hineinschlingen wie der Gott seine Kinder, dann gehen sie und wir selbst mit ihnen als Götter wieder daraus hervor, gezeichnet mit dem Siegel des Ewigen. Diese Vernichtung unserer Vorstellungen mitsamt der unserer eigenen Existenz und Körperlichkeit in der Rückwendung des Bewußtseins ist aber die Bedingung dafür, daß wir zur Stufe des Bewußtseins des Ewigen gelangen, und also mußte auch Kronos seine Kinder verschlingen, damit sie als Ewige wieder aus ihm hervorgehen konnten.

Darum blickt Kronos auch vor sich hin, über alles nahe Bewegte hinweg in die unverrückbare Ferne. Aber freilich hat sein Bewußtsein, wie das jeder kosmischen Macht, noch ganz andere Stufen als die, welche das menschliche Bewußtsein umfaßt. Denn gerade das, was dem menschlichen Bewußtsein fremd und unerreichbar bleibt, nämlich das Heraustreten der hinter der Welt der Ideen auftauchenden abstrakt begrifflichen Urteilsformen und das diesen entsprechende kernhafte Seinserlebnis, das erreicht wird, wenn die Konzentration sich steigert bis zur Überwindung der Schwelle, das ist in die bewußte Gestalt des Gottes gegeben.

Die eine bestimmte Bewußtseinsstufe aber, die auch für den Gott die vorherrschende ist, hat der Mensch mit ihm gemeinsam. Und alle Menschen, bei denen auch diese Stufe die vorherrschende in ihren Bewußtseinen ist und darum die eigentliche Wirklichkeit für sie darstellt, bilden dadurch mit ihm einen *Typus*. Dies heißt aber nicht, daß diese Menschen und ihre Schicksale wie Teile seiner kosmischen Macht anzusehen sind, noch auch daß sie diese Macht verkörpern und auf der menschlichen Ebene darstellen sollen, denn jeder Mensch ist eine Wesenheit für sich. Aber solche Menschen sind ihrer Natur nach dieser kosmischen Macht verwandt wie keiner anderen, und sie leben darum mit ihr wie in *einer* Welt.

Darum ist diesen Menschen aber auch eine Gemeinsamkeit in ihren Schicksalen eigen, und ihr Schicksal ist verwandt mit dem des Gottes. Es ist bestimmt durch das Gesetz der Beurteilung und Bewertung der Dinge.

Nach diesem Weltengesetz steht Kronos oder Saturn im diametralen Gegensatz zu Demeter, der Großen Mutter, die das Prinzip der Verkörperung und somit überhaupt der Wandlung des Bewußtseins bedeutet, während Kronos die Rückwendung als solche in seiner Bewußtheit besonders hervorhebt. Kronos also führt die Geschöpfe aus der Zeitlichkeit und dem zeitlichen Dasein heraus, Demeter aber durch das Prinzip der Verkörperung hinein. Kronos vernichtet daher die Kinder, die Demeter gebiert oder durch Geburt in die Welt treten läßt. Er führt sie zum irdischen Tod, Demeter dagegen zu immer erneuter irdischer Geburt. Nach dem Mythos ist Gaia – das ist Demeter – die Mutter des Kronos, aber auch Rhea, seine Schwester, die er zur Gemahlin nimmt, ist eines Wesens mit der Gaia. Sie alle bedeuten Demeter, die gebärende Kraft. Und indem er stets zur Verinnerlichung leitet, sie aber zur Verkörperung, er somit zur Askese, sie zum Lebensgenuß, so bedeuten beide zusammen einen Urgegensatz, welcher die Welt, obwohl nach entgegengesetzten Richtungen drängend, dennoch im gleichen Sinne vorwärtsbewegt. Und liegt die Gefahr, die von Demeter ausgehen kann, wenn ihre Kräfte einseitig wirken, im überwuchernden Chaos, so die des Kronos in der lähmenden Erstarrung.

Da aber aller irdische Tod schließlich immer wieder durch neues Gebären überwunden wird, so bedeutet auch die Heraufkunft des Reiches der Demeter das Ende des Reiches des Urvaters Kronos.

Die erste Spiegelung des Kronos ist der griechische Gott *Kronos* oder *Saturn*. Aber nicht alle Völker haben eine solche Göttergestalt ausgebildet, und es bedeutet eine besondere Tiefe des griechischen Geistes, daß er diese Gestalt erschaut und in den sie umgebenden Mythen auch die geistige Seite, welche in die Tiefenschichtung des Seelischen reicht, zum Ausdruck gebracht hat.

Eine zweite Spiegelung bildet die ebenso merkwürdige wie gleich den Kronosmythen tiefsinnige Gestalt des Gottes *Pan*. Als ein mehr auf irdischen Gefilden lebender Gott stellt er die naturverbundene Seite des großen Einsamen dar, der als sein Vater gilt. Ihm ist die lautlose und reglose Stille der mittägigen Landschaft geweiht, die im südlichen Sonnenglast entschlummert. Aber wirklich ist dies eine Stunde, die besondere Wirkungen auf das menschliche Gemüt ausübt und oft mit einer ruckartigen Bewegung die Erreichung der Tiefenstufe des Hüters der Schwelle mit sich bringt. Diese ruckartige Verwandlung des Bewußtseinszustandes geschieht auch im Erschrecken, welches man nach dem Gott den *panischen* Schreck nennt. Der panische Schreck tritt dann ein, wenn es zu einem plötzlichen Erwachen aus der Versunkenheit kommt und der Erwachende den Zustand der Versenkung und die Bilder, die er vielleicht mit sich brachte, mit der wiederauftauchenden Wirklichkeit vermischt, in der irgendeine plötzliche Bewegung ihn aus dem Halbschlummer gerissen hat. Denn die Erreichung einer Tiefenstufe geschieht, wenn sie unwillkürlich erfolgt, oft in Verbindung mit einem leichten Entschlummern, wobei sie freilich nach dem Erwachen oft nicht mehr festgehalten werden kann.

Eine noch seltsamere Spiegelung hat der Gott Kronos im Mittelalter gewonnen. Er, der mit der Sichel dargestellt wird, wurde im Mittelalter sehr realistisch zum Gott mit der Sense, zum *Tod*. In dieser Gestalt hat er freilich alle frühere Tiefsinnigkeit verloren, und es wird ihm nur die unausweichliche Gesetzlichkeit des Todes übriggelassen, die jeden und oft aus den verwegensten Situationen hinweggeholt, wenn seine Zeit abgelaufen ist.

Auf der menschlichen Ebene haben wir in den *sieben Weisen* des alten Griechenlands solche Männer zu sehen, deren Geist hauptsächlich vom kritischen Denken erfüllt war. Überhaupt sind alle Philosophen vor allem kritische Denker, und keiner kann ein Philosoph genannt werden, der diese Stufe des Bewußtseins nicht in hohem Grade ausgebildet hat.

Als ein philosophischer Geist von besonderer Kraft und Tiefe des kritischen Denkens wird aber alle Zeit *Sokrates* gelten, dessen überlegen-ruhige Einstellung zum Tode und dessen Bericht über das Dämonion, das ihn innerlich leitete, zeigt, daß er auch die Tiefenschichte des Hüters der Schwelle sehr wohl erkannt hat. Ja man kann sagen, daß das Dämonion, von dem er erzählt, daß es ihn stets vor unrichtigem Handeln bewahrte, seine Bezeichnung für das Erlebnis des Hüters der Schwelle war. Auch die als *Sophisten* bezeichneten Zeitgenossen des Sokrates waren Denker, in denen das kritische Element vorherrschte. Im späteren Altertum sind es die *Stoiker*, die einen stark asketischen Zug in ihren ethnischen Forderungen verraten, durch den sie die saturnische Betonung ihrer Geisteshaltung zeigen.

Während die kritische Haltung im Denken zur *Skepsis* hinführt, weist die ihr entsprechende auf der Erlebnisseite zum *Pessimismus* und zur *Asketik*. Abgesehen von allen Philosophen solcher Art ist es unter den Alten aber vor allem *eine* Persönlichkeit, die den Pessimismus in klassischer Weise vertritt und auch die daraus sich ergebenden Folgerungen asketischen Lebens in unübertroffener Weise gezogen hat. Das ist *Gotamo Buddho*. Freilich ist seine Persönlichkeit so groß, daß sie nicht nur diese Stufe des

Bewußtseins in höherem Grade ausgebildet zeigt als fast alle anderen Menschen, sondern daß sie auch die nächste Stufe des Denkens und der Tiefenschichtung, die uranische, in höchster Ausbildung besitzt, weshalb Buddha doch als der größte Geist der uranischen Stufe und Erlebnistiefe gekennzeichnet werden muß. Allein seine Erlebnisse bei der Begegnung mit dem Greis, dem Armen, dem Kranken und dem Toten, sein Entschluß, aus dem reichsten Leben als Kronprinz eines indischen Königshauses und dem glücklichsten Familienleben weg in die Armut, Einsamkeit und wilde Natur zu gehen und ein Asketenleben zu beginnen, sie sind ganz von der saturnischen Stufe des Denkens und Erlebens getragen. Ebenso der tiefe Pessimismus seiner Weltanschauung und die Folgerung der Auflösung der Welt vom Geiste her durch den achtfachen Pfad.

Zu den Typen des saturnischen Geistes gehören auch alle jene Männer des Denkens, denen der Aufbau des großen Gebäudes der modernen Wissenschaft zu danken ist, und zwar aller Wissensgebiete. Hierher zu zählen sind nicht nur die Naturwissenschaften, die den Anfang machten, sondern auch die Geisteswissenschaften, wie die Philologie, die Archäologie und alle anderen. Alle Wissenschaft ist nur dadurch entstanden und kann nur dadurch weiterbestehen, daß der Geist des kritischen Denkens in ihnen der vorherrschende wurde und bleibt. Freilich ist in ihnen allen mehr die gegenständliche als die Erlebnisseite dieser Bewußtseinsstufe betont. Die *großen Männer der Wissenschaft* sind also alle kritische Denker, nicht immer aber auch zugleich Naturen eines tiefen Erlebens.

Auch in der Philosophie der neueren Zeit ist der Geist der Kritik führend geworden. Hierher zählen besonders die englischen Philosophen von *Bacon* bis *Hume*, ferner *Descartes* und *Kant*. Nebst seiner Philosophie ist bei Kant auch die Persönlichkeit ganz unter dem Einfluß saturnischen Geistes und ebenso sein karges, eheloses, mit der Präzision einer Uhr geregeltes Leben von äußerster

Unbeweglichkeit. Hat er doch bekanntlich nie Reisen unternommen und seine Vaterstadt nicht verlassen. Er ist gleichsam stets beharrend auf seinem Standpunkt geblieben. Die Kunst hat er im großen und ganzen abgelehnt. Seine Werke schrieb er in relativ hohem Alter. Er wurde selbst auch sehr alt, und seine letzten Werke zeigen die Spure der Verknöcherung, die sich in den letzten Lebensjahren auch seines Geistes bemächtigt zu haben scheint.

Eine seltsame Mischung enthusiastischen Ideenschwunges und kritischsten Denkens bildet die Wesensart Friedrich *Nietzsches*, die zugleich aber auch stark in das uranische Denken hineinreicht. Ihm wurde die Kritik selbst zum größten Erlebnis, aus dem heraus er die Heraufkunft des *Nihilismus* erkannte und prophezeite.

Die *religiösen* Persönlichkeiten der Bewußtseinsstufe des Saturnischen sind weniger bekannt. Sie leben im Verborgenen und haben wohl auch keine sichtbaren Werke hinterlassen. Eine dieser Persönlichkeiten, die jedoch halb Philosoph, halb Asket ist, erkennen wir in dem *hl. Augustinus*. Sein ethischer Pessimismus, mit dem er vor allem die Natur des Menschen sah und das tiefe Sündenbewußtsein, in dem er jenen an sich selbst erlebte, sowie seine in der damaligen Zeit einzig dastehende erkenntnisphilosophische Kraft zeugen von der Stufe des kritischen Denkens sowohl hinsichtliche des Denkstandpunktes als auch hinsichtlich der Erlebnistiefe.

Obwohl alle diese Geister der Kunst und der musischen Betätigung meistens mehr gleichgültig oder gar ablehnend gegenüberstehen, gibt es doch eine Kunstart, die die Bewußtseinsstufe des Saturnischen, wenn auch nicht an erster Stelle, voraussetzt. Das ist die *Bildhauerei*. Scheinbar muß eine Gestaltbildung, die in den harten Stein hineingemeißelt werden soll, einer strengeren Betrachtung unterworfen werden, ehe man sich entschließt, sie dermaßen zu verewigen, als jede andere. Sie muß bis zum kritischen Denken hinauf, bis in die Geometrie ihrer Proportionen hinein durchgearbeitet werden und auch im Erlebnis des Künstlers durch die Stufe des Hüters der Schwelle hindurchgegangen sein, von der aus sie gleichsam als Rest in die apollinische Stufe der Gegenständlichkeit sich zurückverwandeln darf.

Darum gehören also auch die großen Bildhauer mit zu dem Typus der Stufe des Saturns. Vielleicht ist aus dieser Sachlage eine Persönlichkeit wie *Lionardo da Vinci* zu erklären, der sowohl theoretischer Wissenschaftler als auch Bildhauer und Maler war. So wie der saturnische Menschentypus selbst zur Erstarrung neigt, gleichsam sich selbst und alles versteinern möchte, so ist die Kunst, die ihm am nächsten ist, auch diejenige, die ihr Objekt in Stein verwandelt.

Eine weitere Spiegelung des saturnischen Prinzips ist die ganz eigenartige Persönlichkeit des Prinzen *Hamlet*, bekannt und viel besprochen in der Darstellung durch das berühmte Drama Shakespeares.

Hamlet ist seiner ganzen Natur nach der Typus des kritischen Denkers. Er wendet sich daher zuerst der Wissenschaft zu, und wir sehen ihn im Drama zunächst als Student. Wäre er nicht zugleich als Königssohn geboren, so wäre er wahrscheinlich ein stiller Gelehrter, Denker und Philosoph geworden. Aber in seiner Natur liegt ein Zwiespalt. Die Geburt ist kein Zufall. Als Königssohn ist er ein Mensch der heldischen, gegenständlichen Bewußtseinsstufe und als solcher zum Handeln vorbestimmt. Zwischen dem aus ihr entspringenden geheimen Zwang zur Tat und der Neigung zum Stillehalten, welche ihm das Denken eingibt, entsteht ein höchst tragischer und unlösbarer Zwiespalt. Dieser wird um so mehr verschärft, als ihm eine besondere Lebenslage, die neue Ehe seiner Mutter, Aufgaben der entschlossenen Tat auferlegt, während er doch eben die Problematik dieser Lebenslage kraft seines kritischen Denkens durchschaut.

Außer dem kritischen Denken, das er dank seines philosophischen Geistes auf das ganze Leben als solches aus-

dehnt und verallgemeinert, zeigt seine Gestalt auch eine
besondere Tiefe der Erlebnisseite, die sich in der Eigenart
seiner Äußerungen spiegelt und auch darin zum Ausdruck
kommt, daß er die hellseherische Gabe hat, die ihn mit dem
Geist des ermordeten Vaters in Kontakt kommen läßt.

Diese Gegensätzlichkeit zwischen tätigem Handeln und
denkendem Stillehalten entwickelt sich entsprechend mit
der steigenden Abstraktion der Stufe des denkenden Bewußtseins. Auf den Stufen des gegenständlichen Schauens,
der Umwelterfassung, aber auch denen der anschaulichen
und abstrakten Begrifflichkeit gibt es diesen Zwiespalt
noch nicht. Es ergibt sich aus ihnen selbst – oder durch unmittelbar einsetzende Rücktransformation auf die Stufe der
Gegenständlichkeit – die Möglichkeit des aktiven Eingriffs,
das Tun der Tat. Beim Schütze-Menschen, also auf der
Stufe des Ideendenkens, beginnt aber schon die Problematik, weil die in den Ideen erfaßten Zusammenhänge kein so
eindeutiges Korrelat mehr in der „realen Welt" haben, sind
sie doch durch *Absehen* von ihren Bedingungen entstanden. Nur für den Ideenmenschen selbst, dem in der Intuition der Zusammenhang aufgeleuchtet ist, findet diese Rücktransformation ohne Hemmungen statt, weil er in der Kraft
ihrer Intentionalität verharrt. Darum kommt er aber auch
in jenen Gegensatz zu seinen Mitmenschen, weil sie bei der
Anwendung seiner Ideen nicht mitgehen wollen, der seine
Tragik ausmacht.

Kommt also dem Ideenmenschen das Problem der Anwendung nur im Kontrast zu dem Verhalten seiner Mitmenschen zu Bewußtsein, während für ihn die Rücktransformation von seiner Idee zum Gegenständlichen noch
selbstverständlich ist, so erkennt der saturnische Mensch
auf der Stufe des kritischen Denkens diesen Zwiespalt vor
allem in sich selbst. Das kritische Denken, das noch eine
Stufe der Abstraktion höher gestiegen ist als das Ideendenken, ist noch schwieriger in einen bestimmten gegenständlichen Zusammenhang der Anschauungswelt rückzuverwan-

deln. Darum verzichtet der Denker darauf und beharrt weiter auf seinem Denkstandpunkt, ohne sich zu bewegen. Er ist als Typus ein nichthandelnder Mensch geworden, während der Ideenträger noch handeln will. Das Handeln wird ihm zu einem Problem, es wird ihm selbst ein Gegenstand des kritischen Denkens. Als wissenschaftlicher Theoretiker kommt er so zum Problem der Anwendung und findet bestimmte Anwendungsmethoden. Als Philosoph kommt er zu einer bestimmten Lebenshaltung, die, wie zum Beispiel die der Stoiker, in einer großen Zurückhaltung besteht, oder er gelangt, wenn die Erlebnisseite dieser Stufe die betontere ist, zur Negation der Lebensvorgänge und -äußerungen, die er auf ein Mindestmaß herabsetzen möchte. Auf jeden Fall handelt er langsamer, bedächtiger als die Menschen vom Typus einer der früheren Bewußtseinsstufen.

Auf der Bewußtseinsstufe des kritischen Denkens tritt dem Menschen daher die Problematik seiner eigenen Natur am stärksten vor das innere Auge. Kritisch denken heißt überhaupt problematisieren, heißt Probleme *sehen*. Darum ist hier auch der Ort, wo sich der Blick prüfend auf das eigene Innere richten kann und dessen Mängel erkennt. Deshalb kann auf dieser Stufe des Bewußtseins das Sündengefühl und das Gefühl der Schuld entscheidende Bedeutung gewinnen. Aus dem Sündengefühl entspringt dann der Drang nach Reinheit, nach Unbeflecktheit des innersten Kerns des Selbstes. So entscheidet sich hier auch die innere Wiedergeburt, durch die das Ich sich gleichsam noch einmal findet, nachdem es sich im Erlebnis der Selbstkritik fast verlorengab. Hier entscheidet sich der eigentliche Kampf um das tiefere Selbst, entscheidet sich, ob er Mensch auf der erste Entwicklungsstufe der Kulturmenschheit stehenbleiben oder ob er durch Ausbildung der Tiefenschichtung einen noch höheren Grad der Entwicklung anbahnen wird. Und diese Entscheidung gilt sowohl für den Einzelmenschen in seiner individuellen Eigenart als auch für die Menschheit als Ganzes.

Wenn es dem Menschen nicht gelingt, bei diesem Kampf bis zur Tiefenstufe des Seinserlebnisses zu gelangen, so endet er tragisch und in Selbstvernichtung. Er kann sich nicht weiter verwirklichen in seiner Gestalt und ist daher dem Tode preisgegeben. Er muß allmählich verknöchern, versteinern, erstarren. Alle Menschen, welche nicht vom Geist her beweglich bleiben, verfallen im späteren Alter diesem Zustand. Darum werden sie einsam und bleiben am Rande des Daseins stehen gleich absterbenden Baumstümpfen, die Krone, Zweige und Äste verloren haben und in die Luft ragen wie seltsame Fragezeichen. Freilich sterben auch die anderen. Aber ihr Tod ist ein anderer.

Das Bewußtsein des alten Zeitengottes Kronos ist über diese Kämpfe freilich schon wieder erhaben. Hat er doch dem Mythos nach seine Untaten im Tartaros verbüßt und das selige Eiland Elysium als Sieger und Herrscher empfangen. Und sein Bewußtsein umfaßt ja auch nicht nur die irdische Welt, sondern es sind ihm noch andere Weltenzusammenhänge und andere Verankerungen in uns unbekannten Tiefenschichten des Seelischen gegeben. Indem er in diesen Tiefenschichten und Geisteswelten lebt, findet er wohl den rhythmischen Ausgleich seines Daseins im ewigen Wechselspiel mit den Kräften der Großen Mutter Demeter. In diesem kehrt er als in ewig erneuter Schwingung zu sich selbst zurück. Er ist eine *astrale* Gestalt.

Das menschliche Bewußtsein enthält aber nur die eine Dimension der seelischen Tiefe, die zu seinem Selbst führt, und kann sich andere nur mit großen Anstrengungen ahnungsweise erobern. Der menschliche saturnische Typus ist eben eine *irdische* Gestalt.

Darum ist die Kraft, die von der Erringung der Tiefenstufe des Hüters der Schwelle ausgeht, auch nicht eine alle Zeit und ihre Folgen überwindende, und auch der geistig Siegende verfällt in irgendwelcher Hinsicht dem Prozeß des Alterns – wenn auch nicht im selben Maße wie der geistig nicht Reifende – und legt schließlich den Körper ab im Tode. Darum ist der Blick des Alternden doch immer mehr auf die Vergangenheit gerichtet, das gelebte Leben betrachtend und bewertend. In diesem Rückschauen wird ihm das Gesetz bewußt, dem sein und alles Leben unterworfen ist, ob er es nun Naturgesetz nennt oder Karma. Auf jeden Fall bleibt ein Rest da, den er nicht ganz auflösen konnte; die Entwicklung konnte er nicht so weit bringen, daß nicht die Vergangenheit noch hereinspielt und ihre Schatten wirft, mit der er gerne schon abgerechnet hätte. Die Erbmasse oder in tieferer Auffassung die Folgen der Taten und Entwicklungen vieler vor diesem gelebter Leben sind nicht ganz flüssig geworden, es blieben verkrustete Reste, welche die Gestalt seines jetzigen Lebens, seiner jetzigen Bewußtseinsform, noch beeinflussen oder gar bestimmen.

Das eigentlich *Böse*, dieser Stufe entwachsend, ist also diejenige Einschränkung des Bewußtseins, die im Festwerden liegt, ist das Nichtbereitsein zur Wandlung, das Anhangen an gelebte Formen, die sich überlebt haben, jene Art von *Konservativismus*, die um jeden Preis das Alte festhalten will, also die *Erstarrung*.

Im menschlichen Lebenskreis nun ist jeder alternde Mann und jeder alternde Mensch überhaupt, sofern er die Stufe des kritischen Denkens erreicht, ein saturnischer Typus. Ja nachdem nun der Kampf in seinem Inneren um das höhere Ich entschieden wird, je nachdem also, mit welchen anderen Stufen des Bewußtseins ein solcher Mensch sein kritisches Denken verbindet, dementsprechend entstehen verschiedene Entwicklungsphasen seines Typus.

Als die erste Stufe einer solchen Entwicklung, wenn der Mensch sein kritisches Denken noch ganz auf die ihn umgebende Welt menschlicher Beziehungen und Einrichtungen richtet, können wir die des *alterndes Menschen* im allgemeinen beziehen. Hier ist es die lange Lebenserfahrung und der Überblick über die Strecke des schon gelebten Lebens, welche den Menschen zur Kritik an den in den menschlichen Einrichtungen und in der menschlichen Umwelt überhaupt zum Ausdruck kommenden Ideen gelangen läßt. Aus dieser kritischen Einstellung kann Nörgelei oder Geiz, tyrannischer Eigensinn, aber auch Einsamkeit und Verbitterung oder auch große innere Reinheit und öfters freiwillig Armut hervorgehen.

Die zweite Stufe wird dargestellt durch den *Denker* und *Philosophen* einerseits und den *Mönch* und *Asketen* anderseits, je nachdem ob die denkende oder die Erlebnisseite dieser Stufe mehr hervorgehoben erscheint. Eine Abart des philosophischen Typus sind die Männer der *theoretischen Wissenschaften*.

Als die dritte Stufe können wir den *Weisen* bezeichnen, jenen Menschen, der das kritische Denken nicht nur auf bestimmte Lebensformen oder Erkenntnisse und Ideenbildungen anwendet, sondern es auch auf das eigene Innere richtet. Dieser Typus ist gekennzeichnet durch die *Selbstentäußerung*, deren nur er allein in solchem Maße fähig ist. Wenn er die Selbstentäußerung vollbringt, so erreicht er die tiefste Stufe des Erlebnisbewußtseins, welche sich mit der des kritischen Denkens paart, und findet durch die Überwindung des Hüters der Schwelle, das heißt des Aushanges an die verschiedensten Lebensgegebenheiten, das selige Eiland Elysium.

Um diese höchste Stufe des kritischen Denkens zu erreichen, muß der Mensch freilich schon wieder bereit sein, aus der eindeutigen Bewußtseinslage des kritischen Denkens heraustreten, und er muß alle anderen Bewußtseinsstufen über die ihm ursprünglich eigenste hinaus entwickeln. Er ist dann auch kein ganz eindeutiger Kronostypus mehr. Denn nur der Gott vermag alle Bewußtseinsstufen zu entwickeln und dabei doch seinem eigensten Wesen ganz treu zu bleiben.

Daß alle diese Gestalten zuletzt ins Tragische hineinwachsen, zeigt die enge Todverbundenheit an, die ihnen allen eigen ist. Was für die göttliche Gestalt in höchstem

Maße gilt, das zeigt sich bei jeder einzelnen der menschlichen Spiegelungen in der ihr eigentümlichen Form. Weil aber diesen Schicksalen letzten Endes eine metaphysische Notwendigkeit zugrunde liegt und durch sie hindurchschimmert, ist ihnen die Größe eigen, die sie zum Tragischen erhebt.

Der Kampf des Menschen um sein Ich erreicht auf dieser Bewußtseinsstufe einen Höhepunkt. Denn auf ihr muß er das höhere Ich eigentlich erringen.

Die göttliche Gestalt ist über diesen Kampf freilich erhaben. Der Kampf, der sich in ihrem Bewußtsein abspielen mag, geht um die Anerkennung eines Weltgesetzes, des Gesetzes der Vergänglichkeit, das er in seiner ganzen Auswirkung durchschaut. Der Mensch des kritischen Denkens aber kämpft um sein Ich, indem er die ganze Kraft seiner Konzentration daran wendet, die einmal erreichte Tiefe und Intensität des Seinserlebnisses festzuhalten, weil dieses Ich zu erkennen seine wesentliche Aufgabe ist.

Denn da dem Menschen nur die irdische Seite des ganzen kosmischen Schicksalszusammenhanges oder Weltgesetzes gegeben ist, so kann er auch sein Ich nicht ganz erfassen, sondern muß es sich erkämpfen. Im Maße, als dieser Kampf fortschreitet, werden ihm allmählich auch die Umrisse der nicht unmittelbar menschlich erreichbaren Schicksalszusammenhänge bewußt.

Wenn also für den Kronostyp des Menschen auch immer jene Stufe der Wandlung des Bewußtseins, welche wir als die des kritischen Denkens bezeichnet haben, und jene der Rückwendung, die wir den Hüter der Schwelle heißen, Ziel und Ende seines Lebens bleiben, so entsteht doch jeweils ein ganz anderer Einzelmensch, je nachdem in welchem Maße auch die anderen Stufe des Bewußtseins ausgebildet sind.

Wenn nach dem kommenden Zeitalter, dem des Wassermanns, also in ungefähr 2200 Jahre, der Frühlingspunkt der Sonne in das Zeichen des Steinbocks eingetreten sein wird, dann wird es sich für die Menschheit im allgemeinen wahrscheinlich schon entschieden haben, daß sie mit der Erwerbung des höheren Ichs in eine neue Phase ihrer Entwicklung eingetreten sein wird, in der dann die mit dieser Stufe gegebene Bewußtseinsbildung die *allgemeine* Grundlage des menschlichen Wesens darstellen und nicht nur den Ausnahmemenschen eigen sein wird.

Die höchste Gestalt des saturnischen Menschen wird jedenfalls immer nur diejenige sein, welche alle Stufen, auch die weiteren der Tiefenschichtung, mit ihrem Bewußtsein verbindet.

Gelangt er aber so weit, dann wird er auch dem göttlichen Kronos am ähnlichsten sein.

DER HERR DES DOPPELTEN
BEWUSSTSEINS
URANUS

DIE ACHTE DER GESTALTEN IST DER YOGI ODER
GEISTESMENSCH.

DAS SCHICKSAL DES GEISTMENSCHEN IST DIE
VERGÖTTLICHUNG. IM LAUFE LANGER GEISTI-
GER VERSENKUNGEN IST ER ZU EINEM NEUEN
ZUSTAND DES GANZEN LEBENS GEKOMMEN. EINE
TIEFE KLUFT TRENNT IHN DAHER VON DEN
ANDEREN MENSCHEN. ER ABER LEBT IN EINEM
WELTÜBERLEGENEN BEWUSSTSEIN.

DAS IST DAS MENSCHLICHE SCHICKSAL DES
GEISTMENSCHEN.

Durch jeden sich vergeistigenden, sich vergöttlichenden
Menschen hindurch aber waltet eine kosmische Macht. Sie
bringt es zustande, daß der Mensch nicht nur den von ihm
gefaßten Ideen mit seinem Geiste gegenübertritt und sie
bewertend beurteilt, sondern daß er sie am Begriffe des
Unendlichen mißt, ja daß er überhaupt imstande ist, den
Begriff des Unendlichen zu bilden. Am Unendlichen
gemessen aber erweist alles, auch die größte Idee, seine
Endlichkeit. Am Unendlichen gemessen werden alle Gegensätze bedeutungslos und alle Widersprüche fallen in
sich zusammen. Im Angesichte des Unendlichen löst sich
die ganze Welt in nichts auf.

Aber nicht auch die dieser Stufe des Denkens vorhergehenden Bewußtseinsstufen lösen sich auf. Alle Stufen der
sinnlichen Anschauung und der Begriffsbildung bleiben an
ihrer Stelle bestehen und bilden eine Leiter, die zum Unendlichen emporführt. Im *Denken* aber lösen sich dann alle
Zusammenhänge für den Blick vom Standpunkt des Unendlichen. Um aber zu diesem Standpunkt zu kommen,
muß der menschliche Geist eine noch über die des Bewer-
tens und Beurteilens hinausgehende, weitere und letzte
Abstraktionsstufe finden.

Dies ist aber nur dadurch möglich, daß sich dem Menschen gleichzeitig eine tiefste Schichte der Ichheit, tiefer als selbst die des Hüters der Schwelle, eröffnet, wenn sie mit der Bildung des Begriffes des Unendlichen zunächst vielleicht auch nur von ferne und leise anklingt. Wie aber gedanklich die Stufe des Unendlichkeitsbegriffes die *letzterreichbare* des Denkens zu sein scheint, so erscheint umgekehrt die ihr entsprechende Stufe der Tiefenschichtung des Seelischen – das Unendlichkeitserlebnis – als die *erste* einer neuen und höheren Seinsebene, einer höheren Ichheit. Wir heißen daher diese Stufe das Geistselbst oder mit einer indischen Bezeichnung den „goldenen Purusha", was soviel bedeutet wie den großen oder kosmischen Menschen.

Es ist aber klar, daß diese Stufe eine noch stärkere Überwindung aller triebgebundenen Regungen voraussetzt als die früheren, und daß die Spannungen zwischen dem Erlebniszentrum und der begrifflichen Funktion hier am größten ist. Die Wandlung und Rückwendung des Bewußtseins schwingen hier am weitesten aus. Der Mensch, der diese Stufe erreicht und besonders derjenige, für den sie die stärkstbetonte wird, muß diese Spannung ertragen können, ohne – bewußtlos zu werden. Denn das Bewußtloswerden ist ja der Ausweg der Natur, wenn die körperliche Kraft für eine Intensität, sei es der Empfindung, sei es der Seele oder des Geistes, nicht mehr hinreicht. Schon die körperliche Beschaffenheit des Geistmenschen muß daher eine außerordentliche sein. Er erwirbt und organisiert seine körperlichen Kräfte auf der Stufe des Hüters der Schwelle, um für die des Geistselbstes reif zu werden. Darum gehen immer auch physische, nicht nur geistige Übungen der Aktivierung dieser Stufe voraus.

Die ganze Aufmerksamkeit des voll entwickelten Geistmenschen aber ist darauf gerichtet, durch die Kraft des Denkens und des Erlebens sich mit dem Unendlichen denkmäßig und seinsmäßig zu verbinden. In diesem Bestreben hat er das irdische Dasein und seine Interessen so weit hinter sich gelassen, daß sie ihm nur als ein kleiner

Bruchteil seiner eigentlichen Existenz erscheinen. Was für die anderen Menschen das Zentrum bildet – nämlich die irdische Existenz mit allem was daran hängt –, ist für ihn nur von peripherer Bedeutung. Darum ist er von allem, was die menschliche Existenz ausmacht, unabhängig, auch von den geistigen Leistungen der Kultur, der Kunst, Literatur, Wissenschaft, den üblichen Formen des moralischen und religiösen Lebens, und sieht dies alles von einem weltüberlegenen Gesichtspunkt. Der eigentliche Ziel- und Endpunkt einer solchen Entwicklung aber ist unübersehbar und führt in Regionen des Geistes und Erlebens, die nur denjenigen bekannt sind, die bis dahin vorzudringen vermochten.

Diese Einstellung also ist für den auf das Unendlichkeitsdenken und -erleben gerichteten Menschen typisch: in geistigen Welten daheim zu sein, indem er den Begriff des Unendlichen faßt und sich so sehr in ihn hineinlebt, daß er mit seinem Seinserlebnis das Irdische hinter sich zurückläßt und darüberhinaus- und in andere Welten hineinragt.

Allein der Mensch vermöchte dies nicht ohne die Hilfe jener kosmischen Macht, denn er weiß ja nicht, wie es in seinem Geiste geschieht, daß er einen Standpunkt gewinnt, von dem aus er das Unendliche mit in seinem Denken hineinzunehmen imstande ist.

Die *kosmische* Macht ist die Macht des *Fortschreitens ins Unendliche*.

Es ist ein schaffendes Wesen da, welches bei der Entstehung des Begriffes des Unendlichen schöpferisch waltend eingreift, so daß die menschliche Gedankenbildung noch über die letzten Abstraktionen hinausreicht und ihre Fortsetzung und zugleich Auflösung an dem Maße des Unendlichen erkennt.

Wir heißen dieses Wesen URANUS.

Uranus heißt soviel wie der Himmlische. Er gilt in der griechischen Sage als der Vater des Kronos, durch den er der Weltherrschaft beraubt wurde, die er als erster innegehabt hatte. Er ist also noch älter als Kronos. Er ist der

Himmlische, also der Ewige, der zeitlose Uranfang alles Seins. Zugleich ist er auch der Unendliche, sofern der Himmel auch das Unendliche bedeutet. Uranus ist Herr der grenzenlosen Raumsphäre, welche nicht nur die Erde und ihre Bahn, sondern alle Wandelsterne des Sonnenkreises umschließt und, vom Sonnenkreise ausgehend, durch unendliches Fortschreiten den Weltenraum bildet, wie er sich auch dem menschlichen Denken auftut.

Doch hat der menschliche Begriff des Unendlichen nicht nur diese eine Seite, nämlich die des Fortschreitens ins unendlich Große, sondern auch die ihr entsprechende andere des Fortschreitens zum unendlich Kleinen. Dadurch wird nicht nur der Himmel für den Menschen eine unbegrenzte Größe, es wird auch jedes irdische Ding in seiner Endlichkeit zum Ausgangspunkt eines Fortschreitens zum unendlich Kleinen, sodaß jedes irdische Ding sogar noch die Anwendung des Unendlichkeitsbegriffes ermöglicht.

Darum ist Uranus zugleich auch der Herr und Meister der letzten Beurteilung der irdischen Dinge und Wesen in ihrer Art und in ihren Zusammenhängen.

Wenn ein Mensch durch tiefe Versenkung dieser kosmischen Macht des Uranus nahezukommen sucht, dann wird die Kraft seines irrealen Denkens selbst eine schöpferische Macht. Dann begreift er, wieviel von den Unendlichkeitsgedanken, die er über die Welt sich bildet, in seine eigene Gewalt gegeben ist, und er wird zu einem Mitschaffenden des großen Gottes.

Aber auch der Gott selber ist nicht ohne Schicksal. Es waltet ein Gesetz auch über ihm, ein Weltengesetz, das Gesetz des Fortschreitens ins Unendliche, der Auflösung aller Endlichkeit.

Darum durchlebt auch er ein Schicksal, das verwandt ist dem Schicksal des sich vergöttlichenden Menschen. Auch *Uranus* hat mit seiner hohen Geisteskraft einen neuen Zustand des ganzen Lebens geschaffen. Darum ist er nicht mehr Herrscher in der endlichen Welt des Sonnenkreises, wie die anderen Götter, sondern es trennt ihn eine tiefe Kluft von den Seinigen und er lebt in einem weltüberlegenen Bewußtsein.

So zeigt uns der griechische Mythos drei Weltenbeherrscher, die einander in der Herrschaft gefolgt sind: *Uranus* als den Ältesten und Urewigen, *Kronos* als den Ursprung des Zeitlichen und *Zeus* als den waltenden über die Gegenwart, einer immer der Sohn des vorhergehenden. Dadurch können die drei Weltherrscher des griechischen Mythos leicht in Parallele gestellt werden zu den drei Personen der christlichen Trinität, wobei Uranus den *Geist*, Kronos den *Vater* und Zeus den *Sohn* bedeutet, dem die Weltregierung schließlich übertragen worden ist. Auch der indische Olymp hat als oberstes Prinzip eine Dreieinigkeit, nämlich *Brahman* als geistiges Urseinsprinzip, *Shiwa* als den Schöpfer und Vernichter und *Vishnu* als den Erhalter der Welt. Die Parallel ist auch hier die gleiche: Brahman entspricht dem *Geist*, Shiwa dem *Vater*, Vishnu dem *Sohn*.

Da das Christentum nur die drei letzten Transformationsstufen des menschlichen Bewußtseins als zu vergöttlichende angesehen hat, die übrigen jedoch nicht, so gibt es im Christentum keine anderen Göttergestalten außer denen der Trinität. Darin besteht eigentlich der Hauptunterschied zwischen den christlichen Religionen und den heidnischen, also insbesondere dem griechischen und indischen Heidentum, hinsichtlich der Theogonie. Auch die chinesische Religion war ursprünglich monotheistisch und bekannte als obersten Herrscher des Weltalls den Gott des Himmels *Schang-Ti*, der dem Uranus entspricht. Ihm zugestellt wurden fünf regionale Untergötter, die den Himmelsgegenden Nord, Süd, Ost, West und Mitte zu gebieten hatten, denen auch die fünf ersten Planeten beigeordnet waren.

Es bestehen hier also weitgehende Analogien.

Im griechischen Götterreich jedenfalls bedeutet Uranus den Geist, die transzendente Wesenheit des Göttlichen, die noch nicht in das zeitliche der Welt und des Schöpfungsaktes übergegangen ist, eine Auffassung der Gottheit, zu der natürlicherweise nur der Mystiker in der Ekstase gelangt; Kronos bedeutet den Beginn der zeitlichen Welt, durch den auch ihr Ende bedingt ist, Zeus aber die Herrschaft und den endlichen Sieg des Göttlichen innerhalb der Zeitlichkeit nach schweren Kämpfen mit den widergöttlichen Mächten, den Titanen, durch welche die Welt unter die Herrschaft tierhafter Wesen gestellt worden wäre. Nach ihrer Niederringung aber schafft Zeus die göttliche Weltordnung, indem er die Herrschaft über die Welt unter die *zwölf* obersten Götter verteilt. Er gibt weiter in einer von diesen zwölf beginnenden, absteigenden Hierarchie alle kleineren Teile und Funktionen der irdischen Welt an immer geringer im Range stehende, aber dennoch stets göttliche Wesen und durchdringt so die ganze Welt in allen ihren Seiten und Einzelheiten mit der Macht des Göttlichen. Über diese Errichtung der Welt herrscht und waltet er selber, indem er ihre Verletzung mit Strafen belegt und so in der Mannigfaltigkeit des Lebens Harmonie und Gerechtigkeit aufrecht erhält.

Alle diese Funktionen hat das Christentum der zweiten göttlichen Person, nämlich Christus, zugeschrieben, der in der griechischen Auffassung als der Pankrator dem Herrscher Zeus durchaus ähnlich ist. Denn auch Zeus ist *nicht* der Schöpfer der Welt, den der griechische Mythos eigentlich nicht kennt. Wenn es aber eine der Göttergestalten sein soll, dann kann es nur der Gott Kronos sein, der Gott der Zeit, der Vater der Götter, aus dessen ewigen Schlunde alles Zeitliche hervorgeht und in den es wieder hinabstürzt in ewigem Wechsel. Sowenig also wie Christus ist auch Zeus der Schöpfergott, wohl aber gewinnt er, so wie Christus, die Macht über die Schöpfung erst nach einem schweren Kampfe mit den dunklen Mächten der Tierheit und der Dämonen.

In den Vergöttlichungen der christlichen und der griechischen Theogonie gibt es also bedeutsame Entsprechungen.

In den zwölf obersten Göttern des griechischen Olymps können wir die Vergöttlichung der zwölf Urtypen sehen, bedingt durch die zwölf dem Menschen gegebenen Bewußtseinsstufen. Wenn ihre Entsprechungen nicht völlig zur Übereinstimmung gebracht werden können, so liegt das daran, daß eben auch der antike Grieche eine bestimmte, einseitig betonte Bewußtseinswelt hatte und daß ihm sich darum das Weltbild nach einer bestimmten Richtung verschob. Es war ja auch die Götterwelt keineswegs aus der klaren Erkenntnis der Bewußtseinsstufen hervorgegangen, sondern wir müssen ihr Entstehen auf einzelne Visionen und Intuitionen zurückführen.

Auch in der griechischen Welt kommen wir aber auf einen zwölfstufigen Bau, wenn wir, die große Hierarchie hinabsteigend, die göttliche Trinität durch die Engel ergänzen. Von den Chören der Engel gibt es nämlich *neun*. Die obersten drei Chöre, die Throne, die Seraphim und die Cherubim, stehen Gott ganz nahe und dienen nur ihm. Die anderen sechs bilden Abstufungen bis herunter zu den Erzengeln, Engeln und Schutzengeln, welche schon mit den Menschen in Verbindung kommen.

Wohl treten in diesen neun Chören der Engel die Bewußtseinsstufen im einzelnen nicht so deutlich hervor wie bei den Göttern des griechischen Olymps, weil sich diese ganze Hierarchie ja ins Metaphysische hinein erstreckt, aber einen Stufenbau der Geister bilden sie dennoch, und es ergeben sich daher gewisse Parallelen zu dem geistigen Stufenbau des menschlichen Bewußtseins.

Es besteht auch jeder dieser neun Engelchöre wieder aus je neun Untergruppen, von denen die der Erzengel ins einzelne charakterisiert ist. So bezeichnet der Erzengel Michael mit dem flammenden, strafenden Schwert die Stufe des Ares oder Shiwa, Gabriel, welcher die Botschaften der Güte Gottes den Menschen überbringt, die der All-Liebe, Luzifer, welcher in die Unterwelt hinabgestoßen wird, die des Hades, Raphael das merkurische Prinzip.

Eine weitere zwölfgliedrige Reihe bilden im Christentum die Apostel, von denen ebenfalls einige als Repräsentanten bestimmter Bewußtseinsstufen und damit Typen hervorleuchten. Unter ihnen erscheint Johannes zweifellos als auf der Stufe der All-Liebe stehend, Paulus auf der uranischen, Petrus vielleicht auf der saturnischen. Wenn dies nicht ganz deutlich wird und namentlich bei den anderen Aposteln nicht stärker hervortritt, so liegt es doch daran, daß die Charakteristik überhaupt fehlt.

Ebenso fehlt sie vielfach bei den unzähligen Heiligen, die aber als Menschen sicherlich im einzelnen bestimmten Stufen zugeordnet werden können, mit Maria, der Himmelskönigin an der Spitze, die in sich die drei Stufen der Demeter, der Kore und der Aphrodite vereinigt, ähnlich wie Gott selbst in der Trinität drei Stufen miteinander verbindet.-

Uranus selbst tritt als Gestalt im griechischen Mythos noch nicht in voller Deutlichkeit hervor. Er ist vielmehr dem Kronos ähnlich als Erzeuger von untermenschlichen Urwesen, bleibt aber doch soweit im Hintergrund, daß er mit der Zeitlichkeit noch nicht in Zusammenhang gebracht wird. Erst in der griechischen Philosophie entsteht in der Vorstellung von einer transzendenten Gottheit ein richtiger Begriff der uranischen Stufe. Und auch die Philosophie blieb nicht bei dieser einen Vergöttlichung stehen, sondern stellte ihre weitere, den Demiurgen oder Weltschöpfer und den Logos oder Weltgestalter an die Seite. So sehen wir in dieser Entwicklung, wie sich der Mythos von den drei aufeinanderfolgenden Weltherrschern, Uranus, Kronos und Zeus, über die hellenistische Auffassung von transzenter Gottheit, Weltschöpfer und Logos allmählich zu der christlichen Trinität umwandelt.

Dieser Logos entspricht der Stufe des Ideendenkens und ist eben deshalb auch derselbe wie Zeus. Die Idee des Zeus aber ist der Mensch, der Mensch in der ihm eigentümlichen Bewußtseinsgestalt, zu dessen Verwirklichung er die zwölf Götter herberuft, mit deren Hilfe er die Giganten, neue

tierhafte Geburten aus dem Urschoße der Natur, nieder-
ringt. So bildet der Mensch das dritte Reich, wird zum
beherrschenden Wesen in der dreidimensionalen Welt des
irdischen Lebens und wird aus dem Zustande der Angst
und des Todes, in dem er schmachtete, solange die Tierheit
auf der Erde war, durch den Sieg des Zeus über die Titanen
und Giganten in die göttliche Weltordnung eingereiht, welche Zeus alsbald verwirklicht. Zeus also ist es, der die Menschen aus dem Reich des Todes hinüberrettet in das zeitlos-
ewige Sein. Darum bedeutet *Zeus* die Bewußtseinsgestalt
des Menschen als solche, weil unter den vielen möglichen,
die einem unendlichen Bewußtseinsstufenbau gegeben sein
mögen, eben diese zur Verwirklichung in der irdischen
Sphäre ausersehen wurde.

Da aber zur Verwirklichung dieser Bewußtseinsgestalt
des Menschen noch eine weitere Stufe gehört, welche die
griechische Welt nicht kannte, nämlich die der All-Liebe,
so entstand in der christlichen zunächst eine Welt, die die
Stufe der All-Liebe so sehr hervorhob, daß der Zusammenhang mit den anderen, die in der antiken Welt schon aufgebaut waren, fast verloren ging, und es tat sich zwischen der
griechischen Welt und christlichen ein *Gegensatz* auf, der
bis zum heutigen Tage noch nicht überbrückt werden
konnte.

Bei Uranus ist also diejenige Bewußtseinsstufe die betonteste, welche an der Grenze der auch dem Menschen
gegebenen Welt steht. Von ihr aus blickt man gleichsam in
eine neue, in die Welt der vierdimensionalen Ausdehnung
hinüber. Darum erscheint Uranus als der doppelgesichtige
Gott. Sein Blick ist ins Leere gerichtet, in die jenseitige
Welt. Er wendet sich aber auch oft wieder dem Diesseits
zu, indem er das Wissen um das Jenseitige mitbringt und
dementsprechend über diese Welt in Überlegenheit hin-
leuchtet.

Eben diese merkwürdige Einstellung zu den Dingen dieser, der irdischen Welt, gewinnt auch der bloß im Denken

so weit gelangende Mensch, der am Begriff des Unendlichen alle Realität sich verflüchtigen sieht. Auch er sieht
alles, was dem Menschen sonst als unbedingt gilt, nur mehr
in relativer Bedeutung. Jedes irdische Geschehen hat seinen
Gegensatz, durch den es wieder aufgehoben wird. Es stellt
immer nur die eine Phase einer möglichen Pendelbewegung
dar, deren andere in entgegengesetzter Richtung verläuft
und es wieder zum Anfang zurückbringt. Unter dem
Begriffe des Unendlichen wird *alles zu einem Kreislauf*,
nur daß das irdische Bewußtsein den ganzen Kreis nicht
überall erschauen kann, weil er vielleicht zu groß, zu lang-
phasig ist oder weil er sich erst in der jenseitigen Welt
vollendet.

Demjenigen Menschen aber, der die Erlebnistiefe der
uranischen Stufe erworben hat, eröffnet sich wirklich der
Blick in die jenseitige Welt, wenn oft auch nur ahnungsweise. Er begreift, was die Vollendung des irdischen Lebens
im Jenseits bedeuten kann. Nicht durch Denken, indem er
Schlüsse daraufhin macht, sondern durch Erfahrung, weil
er durch Erwerbung der uranischen Stufe der Tiefenschichtung des Erlebnisbewußtseins in Zustände gekommen ist,
die ihm ein Licht geben für die Erkenntnis der jenseitigen
Dinge.

Dadurch überschaut er zum erstenmal mit deutlichem
Bewußtsein den ganzen Kreislauf des Lebens, so wie auch
der Gott, dessen Symbol daher die *Welle* ist, das aber ist
jene Linie, welche den Kreislauf in seiner fortgesetzten
Darstellung zeigt.

Die Wellenbewegung ist es, zu der auch der Denker in
theoretischer Betrachtung mit Hilfe des Unendlichkeitsbegriffes kommt. Unter diesem Aspekte ward alles geschehen
zu Wellenbewegungen kleiner und allerkleinster Teilchen.
Und wie in der Welle das Prinzip der ewigen Bewegtheit
zum Ausdruck kommt, so liegt auch in dem uranischen
Wesen eine Bewegtheit, die sich fortdauernd ins Unendliche verliert.

Im Zustand solcher unbegrenzter Pendel- oder Kreisbewegung befindet sich das menschliche Bewußtsein. Dieses als eine solche Bewegung aufzufassen, ergibt sich auch hier aus der Anwendung der letzten Denkmöglichkeiten erst auf der Stufe des Unendlichkeitsdenkens. Aus dieser Pendelbewegung des Bewußtseins folgt der ewige Kreislauf alles Lebendigen.

Scheint also auf der Stufe des kritischen Denkens alles Leben zuletzt in Erstarrung, nämlich in den Tod überzugehen, so wird auf der uranischen diese Erstarrung wieder aufgelöst und ergibt den ewigen Fluß des heraklitischen Urgedankens: Panta rhei.

Dieser Erkenntnis gegenüber entwickelt sich aber im Erlebnisbewußtsein die neue Stufe der Ichheit, indem sich das Ich aus diesem Strom des Bewegten gleichsam hinausstellt und, diesen Strom mit seinem ewigen Wellenspiel überschauend, in seiner eigenen Wesenheit verharrt.

Schwer aber ist es, diese Stufe zu erreichen. Und nur wenigen und auserwählten gelingt es, jene tiefste Konzentration, jene letzte Ruhe außerhalb des Stromes der Gedanken und Vorstellungen zu gewinnen, die nötig ist, um ihrer habhaft zu werden. Sie bedeutet aber, gleichwie die Stufe des uranischen Denkens nach außen hin den *Begriff* des Unendlichen eröffnet, dasselbe nach innen zu, nämlich das *Erlebnis* des Unendlichen. So wie aber auch im Begriff nie eine vollendete Unendlichkeit gedacht werden kann, sondern nur ein unbegrenztes Fortschreiten, so wird auch im Erlebnis das Unendliche nicht als solches erfahren, sondern immer nur gleichsam das Unendlichwerden der Ichheit, die unbegrenzte Steigerung des Seinserlebnisses.

Gewinnen also nur wenige Menschen dieses Erlebnis der Fülle, so gibt die Erreichung der uranischen Stufe im Denken auch bei nur sehr mangelhafter oder andeutungsweiser Ausbildung doch jedem solchen Menschen etwas von der Beweglichkeit, die in der unendlich fortschreitenden Welle liegt. Nicht etwa daß diese Menschen den

Charakter der Unbeständigkeit aufwiesen, sondern es ist eine in ihrer Art ständige Bewegtheit und Beweglichkeit vorhanden, die ihnen eine gewisse Leichtigkeit und Musikalität der Lebensführung verleiht.

Damit hängt es vielleicht zusammen, daß dem Zeichen des Uranus, dem Wassermann, von den Körpergliedern des Menschen die *Unterschenkel* zugeordnet wurden, jene Körperteile also, durch welche vor allen anderen die rasche und leichte Fortbewegung des Menschen erfolgt.

Diese Möglichkeit ständiger Umstellung und Änderung ihrer Bewegungsrichtung gibt solchen Menschen auch etwas von der Weltüberlegenheit, welche freilich erst wirklich gewonnen wird, wenn der Begriff *und* das Erlebnis des Unendlichen einem Menschen mit ihrer ganzen Fülle zuteil wurden. Aber auch für diejenigen, welche die Stufe des Uranischen nur wenig entwickelt haben, wird alles Gegebene relativiert, in seiner Tatsächlichkeit sowohl als auch in seiner Bedeutung, wie es für die entwickelten uranischen Menschen ganz und gar der Fall ist. Und eben diese Relativierung bedingt wiederum die Beweglichkeit.

Gleich einem menschlichen, in vollster Reife stehenden Mann verbreitet also auch der Gott Uranus den Zustand intensivster denkender oder erlebender Konzentration unter den Menschen, und er erregt in ihnen die Sehnsucht nach dem Zustande größter Verinnerlichung, Vergeistigung, Vergöttlichung.

Wenn die Bewußtseinsstufe des Uranischen in einem Menschen die herrschende wird, dann wird er von selbst ein weltüberlegener Geist. Seine Gedanken bewegen sich nicht mehr um das irdische Wohl seines Daseins, sonder ein ganz anderer Gesichtspunkt ist für sein Leben der leitende geworden. Alles Triebhafte in ihm ist einem anderen Prinzip restlos unterstellt. Er kennt weder Versündigung noch Reue in dem gewöhnlichen Sinn des Wortes. Darum löst sich auch in seinem Bewußtsein zuletzt jede Trauer und Freude, die das irdische Leben mit sich bringt, in einem höheren Zustande auf, und es weicht von ihm alle Tragik der irdischen Verstrickungen.

Und eben darum ist auch der Gott Uranus *keine tragische* Gestalt mehr, sondern der Gegenpol alles Tragischen, die Auflösung alles Tragischen im Unendlichen und Jenseitigen.

Aber auch das Tragische auf der kosmischen Ebene bedeutet keinen Untergang, sondern nur einen Zustand, denn das Sein der kosmischen Mächte vollzieht sich nicht in jenem Abstand der Zeiten, der uns Irdischen den Tod bringt, es ist gespeist vom Hauche der Ewigkeiten. Und so können wir nicht ermessen, ob Uranus im Sinne der kosmischen Zusammenhänge als eine tragische Gestalt erscheint oder nicht. Nicht in *einer* Erkenntnis des Unendlichen, nicht in *einem* Erlebnis des ekstatischen Hinausgehobenseins über alles Irdische vollendet sich sein Schicksal, sondern er ist in *allem* denkenden und erlebenden Erfassen des Unendlichen dieser und der anderen Welten.

Es haben aber auch die Alten den Uranus nicht verehrt als den Bringer besonderer Gaben. Denn er blieb ihnen der vorweltliche Gott, der in ihre Welt nicht mehr hinein wirkte. Und erst die Philosophen unter ihnen fanden zu ihm als dem transzendenten Gott ihrer Ekstasen.

Um so höher aber verehrten ihn die Inder, die das uranische Prinzip der Unendlichkeit zu ihrem Hauptgotte erhoben, nämlich zu *Brahman*. Auch er war nicht der Gott der großen Menge, sondern es beteten zu ihm hauptsächlich seine Priester, die Brahmanen, die eine Gelehrten- und Priesterkaste zugleich bildeten und die Praxis der Versenkung bis zur höchsten Vollendung brachten. Aus ihnen stammen die eigentlichen *Yogis*, das sind solche Männer, die der Versenkungspraxis kundig sind und ihr das ganze Leben weihen, Menschen, bei denen die metaphysische Einstellung ganz und gar richtunggebenden für ihr Leben geworden ist. Verwandt den Mönchen in ihrer meist asketischen Lebenseinstellung, richten sie ihr Leben doch nicht auf die Askese selbst hin, sondern diese ist ihnen immer nur Mittel zur Erreichung der tiefsten Erlebniszustände.

Ihre Einstellung hat in Indien eine eigene Lebensform hervorgebracht, die so nachhaltig auf das ganze indische Volk gewirkt hat, daß sie im Bewußtsein jedes indischen Menschen als das höchsterreichbare Ziel des irdischen Lebens feststeht.

Es entspricht aber auch dem Uranus kein anfängliches Zeitalter im Kulturleben der Menschen. Die Zeit, in der der Frühlingspunkt der Sonne im Tierkreiszeichen des Wassermannes stand, dem der Planet Uranus zugeordnet ist, liegt gerade ein ganzes Sonnenjahr zurück, das sechsundzwanzigtausend Jahre umfaßt. *Das Zeitalter des Wassermannes* und damit des in ihm herrschenden uranischen Prinzips steht unmittelbar bevor. Große Kämpfe und Wandlungen in der menschlichen Lebensweise gehen ihm voraus. In diesem Zeitalter wird der Menschheit im allgemeinen der Sinn der Versenkungspraxis und damit die uranische Stufe der Tiefenschichtung, das eigentliche Geistselbst, zu deutlicher Bewußtheit erhoben werden. Die Menschheit wird hierin dem indischen Geiste folgen, nachdem schon in der vorhergehenden abendländischen Kultur der Grund dazu gelegt worden ist, dadurch nämlich, daß das Denken überall die uranische Stufe (das heißt die Relativierung durch die Fassung des Unendlichkeitsbegriffes) in der Wandlung des Bewußtseins schon erreicht hat und diese nun auch in der Rückwendung anstreben und erreichen wird.

Die Ausprägung des uranischen Denkens in der abendländischen Kultur vollzog sich hauptsächlich in dem Zeitraum von der Renaissance bis zur Gegenwart, und zwar auf den Gebieten der Mathematik und der Naturwissenschaft, und hat hier eine völlige Wandlung hervor gebracht, deren letzte Folgen auch heute noch nicht abzusehen sind. Es entstanden dadurch jene Anwendungsmöglichkeiten, die den großen Siegeszug der modernen *Technik* hervorriefen und dadurch den Charakter dieses Zeitalters in besonderem Maße beeinflußten.

Aber auch auf anderen Gebieten war die Gewinnung der uranischen Stufe, des Unendlichkeitsbegriffes, sehr folgenreich, zum Beispiel auf dem der *Musik*. Die Klänge, die das Material der Musik bilden, gehören natürlich der apollinischen Stufe des Gegenständlichen an, und zwar ihrem akustischen Teile. Die Verbindung mit der Stufe des Unendlichkeitsdenkens rief hier jedoch eine eigenartige Form dieser Kunst hervor, welche die europäische Musik auf eine sehr subtile und keineswegs allgemein zugängliche Stufe erhob.

In der Musik überhaupt und insbesondere in der abendländischen, aber auch in der indischen, kann ja leicht die ganze sich ins Unendliche verlierende Beweglichkeit des Uranischen gefunden werden. Übrigens ist der *Ton* auch physikalisch eine Wellenbewegung des luftigen Elementes unserer Sphäre. Und die Auffassung aller Arten von physischen Vorgängen als Wellenbewegungen der verschiedensten Größe und Kombination kam ja gerade durch die Anwendung des Unendlichkeitsbegriffes in der modernen Wissenschaft zum Siege.

Eine große Bedeutung hat dabei die Entdeckung der *Elektrizität* gehabt. Ja das Wesen dieser Naturkraft mag uns wohl selbst als eine Ausprägung des Uranischen erscheinen. Jedenfalls setzt ihre wissenschaftliche Erklärung und Anwendung überall bereits die Abstraktionsstufe des uranischen Denkens voraus.

Hinsichtlich der Musik nun lebt der einfache gegenständliche Ton noch auf der apollinischen Stufe, auf der uranischen aber tritt die *Kontrapunktierung* hinzu. Dadurch sind die Töne in ihrer Abfolge nicht mehr melodisch beschränkt, sondern in einer unendlichen Reihe und harmonischen Mannigfaltigkeit aufeinander bezogen.

Eine ähnliche Auflösung ins Unendliche finden wir aber auch auf vielen anderen Gebieten. Sie hat sich in der Malerei als Abschattierung der die Gegenstände umgebenden Atmosphäre gezeigt. Es ist die Astronomie der Gesichtspunkt des unendlichen Raumes und damit der restlosen Relativierung aller Bewegung zum Siege gekommen. Es sind unter der Einwirkung des uranischen Prinzips in der Philosophie alle Begriffe durch Kontrapunktierung relativiert worden. Es verkehren sich die einfachen Grundbegriffe des Lebens und seine Voraussetzungen in ihr Gegenteil. Aus einer Erkenntniskritik ist die Erkenntnistheorie erwachsen, in der das Erkennen sich mit sich selbst beschäftigt und über seine eigene Tätigkeit eine Theorie macht. So gelangt es in allen Kulturen, die es bisher auf der Erde gab, das, worauf sie als Voraussetzung aufbauten, zur Auflösung und damit die Kulturen selbst zur Relativierung, ein Prozeß, den bisher keine überstanden hat, vielleicht nur deshalb, weil diese höchste Stufe der Vergeistigung wohl den einzelnen Menschen, nicht aber im Aufbau einer Kultur möglich war. Es könnte aber sein, daß in dem Zeitalter, welches im wesentlichen vom uranischen Prinzip beherrscht wird, dem Wassermannzeitalter, der entscheidende Schritt zum Aufbau einer *erdumfassenden Kulturbildung* durch Relativierung und Kontrapunktierung der einzelnen Kulturen geschehen wird.

Während sich das *Denken* auch der uranischen Stufe im Verfolge der gegenständlichen Seite des Bewußtseins entwickelt, also in der Wandlung, tritt gleichzeitig in der Rückwendung die neue Stufe der Innerlichkeit ins Licht des Bewußtseins, die auf der Erlebnisseite dem uranischen Prinzipe entspricht. Das aber ist die Stufe des Geistselbstes oder der Vergöttlichung. Mit dieser Stufe erreicht das Icherlebnis eine solche Intensivierung, das Seinserlebnis wird dermaßen empor gerissen, daß kein anderer Ausdruck diesem Erleben gemäß sein kann als der Vergottung. Die Vergottung wird oft in der *Ekstase* erlebt, oft aber auch in der Verbindung mit dem einfachen Körpergefühl, ohne daß dieses ausgelöscht würde.

Haben wir die Erlebnisstufe des Hüters der Schwelle als das Sichtbarwerden eines großartigen Gebirges im Hintergrunde der Landschaft versinnlicht, so ist es nun, als ob hinter diesem Gebirge ein nie gekanntes, unerhörtes Gestirn aufginge, das alles in ein unsägliches und zugleich wunderbares und durchdringendes Licht taucht, in ein Licht, in dem Dinge und Wesen sichtbar werden, von deren Dasein wir bis dahin nichts geahnt.

Durch dieses Licht aber wird alles verwandelt und relativiert, was wir bis dahin gekannt haben, es löst die Voraussetzung erlebnismäßiger Art, die unser Leben bis dahin bestimmten, ebenso auf, wie durch das uranische Denken, durch den Unendlichkeitsbegriff, die bis dahin absolut geltenden Begriffe aufgelöst werden. Es geschieht hier also zum drittenmal, daß wir erkennen, wie eine bestimmte neue Stufe der Wandlungen des Bewußtseins auch eine entsprechende der Rückwendung zeitigt.

So wie nun auf der Stufe des Artemistypus und auf der des Kronos entweder die Stufe der Wandlung des Bewußtseins oder die der Rückwendung stärker hervor gehoben sein kann, so ist es auch auf der uranischen. Demnach ergeben sich auch auf dieser *zwei* verschiedene Typen, welche gleichwohl beide unter das uranische Prinzip gehören, nämlich ein dem Denken zugeneigter und ein dem erleben der Vergottung zugeneigter. Den denkerischen Typus stellt der Denker höchsten Ranges, der *Metaphysiker*, dar, den sich vergottend erlebenden der *Mystiker*, der *Ekstatiker*, der *Yogi*.

Diese beiden Typen gehen noch mehr über das allgemein-menschliche Maß hinaus als die der Artemis und des Kronos. Nur wenige Menschen besitzen diese Stufen in deutlicher Entwicklung, und noch wenigere leben auf ihnen als den betontesten und im vollsten Maße ausgebildeten ihres Bewußtseins. Diese sind darum auch nicht mehr eine Kaste für sich, sondern sie erscheinen in der Gliederung der menschlichen Gesellschaft als die großen

Einzelnen und Ausnahmenaturen. Das Bewußtsein, anders zu sein und unter anderen Bedingungen des Lebens zu stehen als die anderen, ist hier schon im höchsten Maße vorhanden und bildet daher keinen Konfliktstoff mehr im Zusammenleben. Ein Leben im Verborgenen und darum in der Einsamkeit, die nicht einmal äußerlich betont werden muß, ist hier das Selbstverständliche.

Unter den Planeten entspricht aber dieser Stufe der Uranus, einer von den ganz äußeren, weit entfernten und großen Planeten des Sonnenkreises. Wenig ist den Menschen noch über ihn bekannt, ja sie entdeckten ihn erst viel später als die anderen Planeten, erst gegen Ende der abendländischen Kulturentwicklung, in einer Zeit, als das uranische Denken und Erleben für die abendländische Welt stärker in Erscheinung zu treten begann. Und wie der Planet Uranus durch seine Stellung weit außen im Sonnenkreise einer der langrythmischesten und am seltensten wiederkehrenden ist, so ist auch das uranische Denken ungeheuer langrythmisch und das Erleben der Stufe der Vergottung selten und oft mit langen, jahrelangen Vorbereitungen verbunden, wenn es dann auch oft mit der für das Uranische charakteristischen Plötzlichkeit auftritt. Die zunehmende Entfernung der Planeten von der Sonne symbolisiert uns die zunehmende Objektivität der von ihnen vertretenen Bewußtseinsstufe. So ist auch die des uranischen Denkens die objektivste, die wir bisher kennenlernten. Infolge der Relativierung durch das Unendlichkeitsprinzip wird es aber gerade auf dieser Stufe deutlich, daß auch die objektivste Sphäre noch immer eine subjektive bleibt. Und so löst sich auch der Begriff der *Objektivität* selbst auf dieser Stufe in seiner ursprünglichen Bedeutung auf.

Das Mysterium einer Gottheit zeigt stets die innerliche, die dem profanen Blick verborgen bleibende Seite eines großen Tatbestandes auf. Wenn daher der Gott Uranus dem Menschen zunächst als eine Macht erscheint, die sein geistiges Auge für die Welt des Unendlichkeitsdenkens eröffnet, so wird ihnen in seinem Mysterium die neue Stufe der Innerlichkeit, die Stufe der Vergottung, zum Bewußtsein gebracht. Da aber die Lebensweise des Yogi diejenige ist, die vor allen anderen dieser Stufe der Innerlichkeit dient, so können wir auch die großen *Klöster der Buddhisten* und der *Taoisten*, in denen solche Lebensweise geübt wird, als die eigentlichen Mysterienstätten des Gottes Uranus bezeichnen.

Der große geistige Zusammenhang aber, der durch die Mysterien des Uranus zum Bewußtsein der Menschheit erhoben wird, ist der Kreislauf oder die Welle selbst. Denn erst von dieser Bewußtseinsstufe aus überblickt der Mensch zum erstenmal wirklich den ganzen Kreis seines Daseins in voller Wachheit. Darum bedeutet die Erreichung dieser Stufe das Entstehen und Heranwachsen eines neuen geistigen Menschen, dessen Bewußtsein beide Hälften des Kreislaufes gleichmäßig umfaßt und der sein Dasein nicht nur in der Vollendung des irdischen Lebens, von der irdischen Geburt bis zum physischen Tode, erblickt, sondern die andere, sonst verborgen bleibende Hälfte des großen Kreislaufes als ebenso zu seinem Leben gehörig weiß wie die irdische.

Während im Mysterium der Demeter dieses Bewußtsein nur im Schlafe, durch Hypnose, erreicht werden kann, umfaßt es der Yogi mit vollkommen wachem Bewußtsein und trägt es als selbstverständliches Sosein durch sein ganzes irdisches Leben. Der metaphysische Denker erreicht dies Bewußtsein nur im Denken, indem er durch Schlußfolgerungen aus dem Unendlichkeitsbegriff dahin gelangt, der Yogi aber durch die wirkliche *Erinnerung*. Dadurch erst lebt in seinem Bewußtsein wirklich das Ewige.

Er ist darum im vollsten Sinne der *Herr des doppelten Bewußtseins*, indem das seinige das Diesseits und das Jenseits in gleicher Weise umfaßt.

Darum ist auch sein Blick ein doppelter. Seine Augen sind zugleich in der Versenkung geschlossen und dem Jenseits zugekehrt und zugleich offen und die Welt mit Überlegenheit durchschauend.

Aber freilich hat der Gott Uranus in seinem Bewußtsein wie jede der kosmischen Mächte noch ganz andere Stufen als die, welche das menschliche Bewußtsein umfaßt. Denn gerade das, was dem menschlichen Bewußtsein fremd und unerreichbar bleibt, nämlich das Entstehen des Unendlichkeitsdenkens und das Hervortreten der Erlebnisstufe des Geistselbstes, ist in die bewußte Gewalt des Gottes gegeben.

Die eine bestimmte Bewußtseinsstufe aber der Wandlung und der Rückwendung, die auch für den Gott die vorherrschende sein muß, hat der Mensch mit ihm gemeinsam. Und alle Menschen, bei denen auch diese Stufe die vorherrschende ist in ihren Bewußtseinen und darum die eigentliche Wirklichkeit für sie darstellt, bilden dadurch mit ihm einen *Typus*. Dies heißt aber nicht, daß diese Menschen und Schicksale wie Teile seiner kosmischen Macht anzusehen sind, noch auch daß sie diese Macht verkörpern und auf der menschlichen Ebene darstellen sollen, denn jeder Mensch ist eine Wesenheit für sich. Aber solche Menschen sind ihrer Natur nach dieser kosmischen Macht verwandt wie keiner anderen, und sie leben darum mit ihr wie in *einer* Welt.

Darum ist diesen Menschen aber auch eine Gemeinsamkeit in ihren Schicksalen eigen und ihr Schicksal ist verwandt mit dem des Gottes. Es ist bestimmt durch das Gesetz des Fortschreitens ins Unendliche unter Auflösung aller Wirklichkeit.

Nach diesem Weltengesetz steht Uranus im diametralen Gegensatz zu Helios-Apollo, der das Prinzip der Vergegenständlichung bedeutet, während Uranus im unendlichen Fortschreiten alles Gegenständliche auflöst und in Wellenbewegung verwandelt. So entwirklicht er alles Gegenständliche und führt auf dem Wege der tiefsten Verinnerlichung allmählich dazu, die Erlebniszustände des Ichs als das eigentlich Wirkliche zu erfahren, während die Wirklichkeit des Gegenständlichen dagegen verblaßt. Und während Apollo zur stärksten Kraftanspannung im Physischen leitet, bringt Uranus alle Spannungen vor dem Unendlichen zur Ruhe, in der sie von selbst zur Auswirkung gelangen. Die Gefahren, die durch die apollinische Stufe heraufbeschworen werden können, liegen in der Beschränkung, die das Gegenständliche immer mit sich bringt, die, welche von Uranus ausgehen können, liegen in der Auflösung aller Schranken des Gegenständlichen bis zum Wahnsinn.

Da aber alle Rückwendung zum Innern nach der Erreichung der tiefsten Stufe in der ewigen Bewegung des Bewußtseins im Kreislauf wieder zurück führt zu neuer Wandlung und damit Vergegenständlichung, so bedeutet die Heraufkunft des Reiches des Apollo das Ende und die Auflösung des Reiches Uranus. Und indem Uranus zur tiefsten Stufe der Entgegenständlichung leitet, Apollo aber zur intensivsten Vergegenständlichung, so bilden beide zusammen den *zweiten der Urgegensätze*, durch welche das Weltgeschehen, obwohl nach entgegengesetzten Richtungen getränkt, sich dennoch im gleichen Sinne vorwärts bewegt.

Die erste Spiegelung des Uranus ist der griechische Gott *Uranus*, der Urherrscher der Welt. Da die Griechen aber wesentlich mehr seinen Urgegensatz, nämlich die apollinische Stufe des Bewußtseins, betonten, ist dieser Gott nicht so deutlich in Erscheinung getreten wie die anderen und ist uns auch nur wenig Mythisches von ihm überliefert.

Die großartigste Spiegelung des Uranischen im Göttermythos aber ist der indische Gott *Brahman*. Urherrscher der Welt wie der griechische Gott, kommt in ihm zum erstenmal das Bewußtseinsmäßige zum klaren Ausdruck, und wir erkennen, wie die Bewegung der Wandlung und Rückwendung des Bewußtseins dargestellt wird in dem

Satz, der von Brahman aussagt: Brahman atmet aus, und es entsteht die Welt, Brahman atmet ein, und es vergeht die Welt. Durch die eigentümliche uranische Denkweise, die im indischen Denken wie in keiner anderen Kultur ausgebildet war, faßte der geistig entwickeltere Mensch von vornherein alles Wirkliche als Bewußtsein auf und blieb nie am Gegenständlichen hängen, wie es in den Anfangsstadien der Entwicklung bei allen anderen Völkern immer geschah. Das Wirkliche war für die indische Geistigkeit immer das Ich. Darum kam es alsbald zu der Erkenntnis: Atman = Brahman: das Ich ist der Weltgeist, und wurde auch im Erlebnis sehr früh die uranische Stufe erreicht.

So stellt dieser indische Gott als einziger in allen Mythologien der Welt die uranische Stufe in der *Subjektsbezogenheit* dar, die ihr so wesentlich ist, während alle anderen Gottesbegriffe, und seien sie noch so transzendent gefaßt, Gott immer wieder als *Objekt* erscheinen lassen, ohne die Bezogenheit auf das Ich zu berücksichtigen. Nur die Mystiker aller Zeiten und Völker sind sich dieser Bezogenheit des Göttlichen auf das menschliche Ich bewußt. Sie sind aber überall nur die einzelnen, gleichsam abwegigen Erscheinungen. In Indien jedoch hat die Priesterkaste selbst diese Tiefe der Erkenntnis in ihrer Lehre zum Ausdruck gebracht. Freilich ist sie auch immer mit der Versendungspraxis beschäftigt gewesen, ja man muß sie wohl als die Erfinderin der höheren Form derselben bezeichnen.

Eine dritte Spiegelung des Uranischen sehen wir in dem von seinen Anhängern später zum Gott erhobenen größten Asketen *Gotamo Buddho*. Durch ihn ist der Weg der Versenkung, der Weg der tiefsten inneren Konzentration, der Weg des wirklichen Heiles für alle Zeiten und alle Menschen gelehrt und so deutlich als nur möglich dargestellt worden. Der Beweis der Richtigkeit seiner Gedanken ist die Größe seiner eigenen Bewußtheit, welche aus seinen Reden hervorleuchtet, auch wenn wir mit einer anderen Begriffswelt, als er sie gab, seine eigentliche Lehre verstehen. *Nirwana*, dessen Erreichung er lehrte, ist ein *Zustand*, kein Ort mehr, als welcher doch alle Himmel bis dahin erschienen, ein Erlebniszustand, der in der Entwicklung der Tiefenschichtung gefunden wird, also – und darum heißt er Nirwana – die Auflösung alles Gegenständlichen bedeutet.

Eine weitere Spiegelung des Uranischen müssen wir auch in dem großen chinesischen Weisen *Laotse* und der wohl nicht von ihm begründeten, aber mit seinem Wirken innigst zusammenhängenden Richtung des *Taoismus* erkennen. Die großen Persönlichkeiten der Menschheit, die ihr Leben ganz in den Dienst der Versenkung stellten, haben in der Regel nicht selbst geschrieben, sondern es wurden ihre Reden und Gespräche meistens erst von ihren Jüngern aufgezeichnet. So hat auch Laotse nur ein kleines Büchlein mit Sprüchen hinterlassen, das er dem Grenzwächter über dessen Bitte niederschrieb und übergab, als er in die Verbannung ging. Aber dieses kleine Büchlein beweist zur Genüge, daß er die uranische Stufe lebte und verkörperte. Seine Lehre ist die Lehre vom *Nicht-Handeln*, seine Einstellung die weltüberlegenste, die wir uns vorstellen können. Seine Anhänger und Jünger üben die Versenkung teils in Klöstern, teils aber auch im privaten Leben. Und es wird hier die größte Rücksicht seitens der Umgebung auf solche Praxis genommen.

Auch im chinesischen Volksbewußtsein lebt, ähnlich wie im indischen, nicht nur der Glaube an die Zaubermacht der großen Asketen, sondern die Überzeugung, daß es außer dem irdischen Wohl und Wehe noch ein höheres, geistiges Leben gibt, das in den großen Weisen seine bedeutsamste Verkörperung gefunden hat, dem aber auch jeder bescheidene Mönch und Priester zustrebt.

Daß auch *Jesus*, der Christus, diese Stufe erreicht hat, erscheint uns selbstverständlich. Durch ihn wurde sie auf seine Jünger übertragen, jedoch nicht auf alle. Allein diese Stufe war dennoch nicht die am stärksten betonte in seinem

Bewußtsein, weil er ja als erster die der All-Liebe als eine neue, noch über die uranische hinausgehende verkörperte.

Von den Aposteln und Jüngern Jesu tritt hauptsächlich der Apostel *Paulus* als uranischer Typus hervor. Die Tiefenschichtung erreichte er zuerst in seiner berühmt gewordenen Vision am Wege nach Damaskus. Seine Briefe sind Zeugnis genug für diese Tiefe, deren Verkündigung er sein ganzes Leben gewidmet hat.

Unter den Späteren ragt insbesondere der heilige *Klemens* von Alexandria hervor, der in seinen Schriften vielfach Zeugnis ablegt von dem tiefen Erleben, das ihn ergriffen hatte. Insbesondere zeigt sein Denken, wie das uranische Prinzip die ursprünglichen positiven Begriffe verunendlicht und auflöst. Alle religiösen Begriffe, wie Gebet, Reue, Glaube, Ethik usw., erhalten bei ihm einen neuen Sinn und schillern deshalb im doppelten Gesichte.

Eine Zeit, in der das uranische Prinzip mehr nach der denkerischen Seite, also nach der Wandlung zu, sich entwickelte, war die Renaissance. Hier war das große geistige Ereignis der Eröffnung des unendlichen Weltraumes geschehen, und auf diesem fußend entstanden Persönlichkeiten wie *Giordano Bruno*, der den Enthusiasmus der Artemisstufe damit verband, oder ein *Isaak Newton*, der den Unendlichkeitsbegriff in die Mathematik und Physik einführte. Oder ein *Leibniz*, der, zugleich mit Newton Erfinder der Unendlichkeitsrechnung, ein Weltbild auf Grund dieser neuen Erkenntnisse aufzubauen bemüht war.

Viele große Menschen haben die uranische Stufe des Erlebnis erreicht, ohne doch deshalb diesem Typus zuzugehören. Vielmehr erscheint diese Stufe oft in Verbindung mit anderen, welche die betontesten bilden. So bei den großen Musikern des Abendlandes, von denen sicherlich *Johann Sebastian Bach* und *Ludwig van Beethoven* dieser Stufe innehatten.

Von den *religiösen Menschen* gehören zu dem uranischen Typus die Mystiker. Allein bei ihnen erscheint wieder zwar das Erleben, aber dafür nicht das Denken ganz die Höhe des Uranischen zu erreichen, läßt vielmehr schon auf der saturnischen Stufe Lücken zurück. Darum sind sie oft nicht ganz eindeutig zu diesem Typus zu zählen wie unter anderen *Eckehardt*.

Doch haben wir ein Beispiel des reinen Uranustypus noch so nahe vor uns, daß wir nur auf dieses hinblicken müssen, um uns zurechtzufinden. Das ist *Friedrich Nietzsche*. Denker von Grund aus, hat in ihm das saturnische Prinzip des kritische Denkens, das er bis zum Nihilismus verfolgte, seine Selbstüberwindung gefunden. Obwohl Nietzsche die Methoden der Versenkung nicht kannte, hat er sie doch geübt, und er stand knapp vor der letzten Erleuchtung, als sein Gehirnapparat zerbrach. Der Lebensweise eines Yogi entsprechend, hatte er sein Leben eingerichtet. Einsam und zweckgerichtet, jedoch nicht asketisch aus Prinzip, berufslos und ohne Organisation um sich her. Er war der Welt noch schlechthin unbekannt, als er für sie verschwand.

Die eingehende Beschreibung der Inspirationszustände, die er im „Ecce homo" gibt, die halkyonische Verfassung, von der er wiederholt berichtet, beweisen, daß er den Zustand des goldenen Purusha oder des Nirwana mehr als einmal erreicht hat. Um dieser Zustände willen wurde der „Zarathustra" geschrieben, die Dionysosdithyramben. Seine oberste Lehre, die Lehre von der ewigen Wiederkehr, zeigt, daß ihm auch auf nichtgedanklichem, sondern hellseherischem Wege manche okkulte Erfahrung zuteil geworden ist.

Das Selbstbewußtsein, das aus seinen Werken spricht, beginnend mit dem „Zarathustra", beweist, daß sein Geist jene Tiefe erreicht hat, in der das geheimnisvolle: „Ich bin ein Gott" lebendig wird. „Wenn es Götter gäbe, wie hielte ich's aus, kein Gott zu sein! Also gibt es keine Götter!" Er wendet dies seinem saturnischen Geiste entsprechend ins Negative. Was anderes aber ist die wahre Bedeutung seines Übermenschen als die, ein Gott zu sein?

Wenn aber ein Uranusmensch sich verwirklicht und sein Denken so tief in die übermenschliche Sphäre vorgedrungen ist, dann kann es wohl geschehen, daß das Instrument dieses Denkens, daß sein Gehirn es nicht aushält und zerbricht. So geschah es bei Nietzsche. Die einzige Tragik, die der Uranusmensch erfahren kann, ist der *Wahnsinn*.

Darum ist auch jeder Wahnsinnige, und zwar jeder vom Größenwahnsinn Befallene, sicherlich ein Uranustypus. Bei einem noch zu gering ausgebildeten Bewußtseinsstufenbau im allgemeinen eröffnet sich ihm plötzlich durch ein besonderes Erlebnis die Tiefe des Geistselbstes. Er kommt zu der Erkenntnis: Ich bin ein Gott. Aber er vermag dieses Erlebnis innerhalb seines Bewußtseinsaufbaues nicht einzuordnen, nicht ihm entsprechend zu transformieren, darum äußert er Behauptungen, die seine Umgebung an seinem Verstand zweifeln lassen, indem er sich zum Beispiel als den Kaiser eines großen Reiches oder als einen Erzengel Gottes bezeichnet. Die Fülle seines uranischen Erlebniszustandes läßt ihm selbst dies als natürlich erscheinen, während sein Gehirn schon nicht mehr die Zurückhaltung bewahren kann, die diese Stufe erfordert. Sein Ich hat sich schon verdoppelt, er ist schon in die vierte Dimension eingetreten – und er bemerkt es nicht.

Bei Nietzsche freilich war das Denken und sein ganzes Bewußtsein weit genug ausgestaltet, um die uranische Tiefe zu ertragen. Aber es fehlte ihm die unbeirrbar gleichmäßig fortgesetzte Konzentrationspraxis. Nicht umsonst hat Buddha für die Menschheit alle Formen der Asketik erprobt. Bei ihm war Nietzsche nicht in die Schule gegangen und hatte ihn nicht verstehen wollen. So ertrug er nicht Einsamkeit und Warten in Unbekanntheit mit Geduld. Die Gesundheit litt, die Ansteckung wirkte sich aus und die Paralyse trat ein. Er hatte die Kunst des Wartenkönnens nicht gelernt. Und gerade als ihn Ungeduld und Einsamkeit bis zum Wahnsinn gebracht hatten, gerade da war alles in der Welt schon geschehen und vorbereitet, was er wünschen mochte.

Daß der seine letzten Briefe mit „Dionysos" und mit „Der Gekreuzigte" unterschrieb, das ist freilich noch durchaus nicht als ein Dokument des Wahnsinns zu buchen. Denn er meinte diese Bezeichnung nicht als wirkliche Identität, sondern im übertragenen Sinne. Er *hatte* in seine Versenkungen ein Bewußtsein von solcher Höhe. Er konnte, er durfte sich mit Fug und Recht so unterschreiben. Aber er war freilich damals wirklich an der Schwelle des Wahnsinns. Das Allbewußtsein hatte schon die größte Macht über ihn erreicht. Da er sein Gehirn durch die Konzentrationspraxis nicht trainiert hatte, war er in der Lage eines Physikers, der mit größten elektrischen Spannungen ohne Sicherungen arbeitet. –

Auch der *Narr*, wie ihn die europäische Dichtung, insbesondere Shakespeare, bringt, ist stets ein etwas mißglückter Uranustypus. Er hat in bezug auf das Menschenleben den Unendlichkeitsbegriff erfaßt und wendet ihn in seiner Art an. Seine denkenden Bewußtseinsstufen sind nicht so umfänglich, daß er ein wirklicher Philosoph werden könnte. Aber auf irgendeinem, vielleicht abstrus erscheinenden Gebiet hat er seine verrückten Liebhabereien und verliert sich in ihnen mit Forschungen und Versuchen bis ins Endlose. Ein Sonderling wird er so, einen komischen Kauz stellt er dar.

Wenn ein Mensch die Versenkung zur Vollendung gebracht hat, so wächst er über das menschliche Maß hinaus. Dies ist der Sinn von Buddhas Lehre. Nur auf diesem Wege gibt es auch ein Näherkommen an das Ziel des Übermenschen, den Nietzsche verkündigt. Nur nach dieser Richtung kann sich das menschliche Sein in sich selbst steigern. Hier einzig und allein geschieht die Entsiegelung des großen Siegels Mensch. Hier kann eine Menschenart entstehen, die dem Boddhisattwa entspricht. Das schöpferische Wirken ohne jede physische Vermittlung kann freilich erst tatsächlich werden auf den übermenschlichen Stufen oder durch deren Vermittlung, aber schon ist die Wirkung des uranischen Menschen jener ähnlich. –

Das Bewußtsein des Gottes Uranus ist über die Kämpfe, durch die der Mensch sich zu dieser Bewußtseinsstufe hinaufarbeitet, freilich schon wieder erhaben. Und sein Bewußtsein umfaßt ja auch nicht nur die irdische Welt, sondern es sind ihm noch andere Weltenzusammenhänge und andere Verankerungen in uns unbekannten Tiefenschichten des Seelischen gegeben. Indem er in diesen Tiefenstufen und Weltendimensionen lebt, findet er wohl den Ausgleich seines Daseins im ewigen rhythmischen Wechselspiel mit den Kräften des Gottes Helios-Apollo, in Entgegenständlichung und Vergegenständlichung den Weltprozeß vollendend. In diesem kehrt er in ewig erneuter Schwingung zu sich selbst zurück. Er ist eine *astrale* Gestalt.

Das menschliche Bewußtsein enthält aber nur die eine Dimension der seelischen Tiefe, die zu seinem Ich führt, und kann sich andere nur mit großen Anstrengungen ahnungsweise erobern. Der menschliche uranische Typus ist eben eine *irdische* Gestalt.

Darum ist die Kraft, die von der Erringung der Tiefenstufe des Geistselbstes ausgeht, auch nicht eine alle menschliche Schranken überwindende, und auch der geistig den größten Sieg Erringende verfällt in mancher Hinsicht doch wieder der irdisch-menschlichen Vergegenständlichung, welche ihn mit der Problematik des Irdischen berührt, wenn auch nicht mehr bestimmt. Aus dieser Doppelheit, durch sein Zugehören zu zwei Welten, ergibt sich dann sein Ende und Schicksal, das meist mit einer unerwarteten Plötzlichkeit und Unmotiviertheit einzutreten pflegt. Das Leben des Uranischen löst sich plötzlich irgendwo auf, ohne daß man recht verstehen kann, warum und wie.

Aber ein eigentlich *Böses* gibt es auf dieser Bewußtseinsstufe nicht. Wir können nur ein Entschwinden feststellen und einen Übergang in andere Sphären ahnen.

Im menschlichen Lebenskreis nun ist jeder die Tiefenschichtung bis zum Geistselbst entwickelnde Mensch eine
uranische Gestalt. Je nachdem nun, wie weit er in dieser
Entwicklung gelangt, und je nachdem, mit welchen anderen Stufen des Bewußtseins ein solcher Mensch sein
Unendlichkeitsdenken und -erleben als zweitbetonten verbindet, dementsprechend entstehen verschiedene Entwicklungsphasen seines Typus.

Die erste Stufe eines solchen Entwicklung wird dargestellt durch einen Menschen, in dem zeitweise oder durch
das Denken mit dem Unendlichkeitsbegriff die Tiefenstufe
des Geistselbstes erlebt wird oder anklingt. Wir können ihn
als den *metaphysisch Gestimmten** bezeichnen. Ein solcher
Mensch wird zwar noch seinen den Einrichtungen der
menschlichen Kultur angepaßten Beruf erfüllen und in der
Regel mehr oder weniger in der Realität dieses Erdendaseins aufgehen. Zeitweise aber werden ihn Ahnungen be-
schleichen, als ob diese Realität doch nicht das Letzte und
einzige wäre, sondern daß es hinter dieser noch andere
Seinsarten und -möglichkeiten gebe. Durch dieses Bewußtsein wird er in den meisten Lebenslagen eine eigene Überlegenheit erhalten, die ihm nicht nur eine größere Gelassen-
heit gibt als den anderen, sondern die auch zuweilen in
einer feinen *Ironie* zum Ausdruck kommt und in seltsamen
überraschenden Redewendungen, welche die anderen auf-
horchen machen und unvermutete Aspekte eröffnen.

Die zweite Stufe wird durch den *mystisch-metaphy-
sischen Philosophen* bezeichnet. Bei ihm hat das Unendlichkeitsdenken alle Begriffe letzter Art aufgelöst und die
Kritik der saturnischen Stufe sich selbst überwunden. Er
versucht durch begriffliche Konstruktionen in die neue
Sphäre vorzustoßen. Durch diese Gedanken bringt er aber
auch die Tiefenschichte des Geistselbstes immer aufs neue
zum Anklingen, so daß sich in ihm die Überzeugung einer

---

* Diese Bezeichnung stammt von Reininger.

jenseitigen, anders als die irdische, gearteten Realität festigt und ihm auch auf diesem Wege manche esoterische Erfahrung zuteil werden.

Da aber solche Denker doch meistens auch an der irdischen physischen Realität noch festhalten und bei ihnen die Tiefenstufe des Geistselbstes nur zeitweise verwirklicht wird, so liegt es ihnen näher, eine Anwendung dieser neuen Gedanken zu suchen, als mittels ihrer in einen höheren Zustand überzugehen. Als passende Gebiete solcher Anwendung ergeben sich für sie die hohe und höchste Mathematik und die Theorie der Wissenschaft überhaupt oder im Künstlerischen die Musik. Auf dem Gebiet, das sie so erwählen, sind diese Methoden zweifellos zu hohen schöpferischen Leistungen vorbestimmt.

Die dritte Stufe aber bildet jener Typus, bei dem die Tiefenschichte des Geistselbstes dauernd, habituell geworden ist, deren Icherlebnis mehr oder weniger ständig im goldenen Purusha schwingt. Sie können wir als die *Erleuchteten* oder Boddhisattwas bezeichnen. In ihnen ist das Wirklichkeit geworden, was die Voraussetzung des Übermenschentums bedeutet. Ihr Seinserlebnis ist so gewaltig, so intensiv, daß es über die durch die irdisch-menschlichen Verhältnisse gegebene Realität weit hinausschwingt. Daher bleibt auch ihr Umweltwahrnehmen nicht auf diese beschränkt, sondern erstreckt sich darüber hinaus in andere Welten und Weltzusammenhänge. Was der metaphysische Denker noch durch Gedankenkonstruktionen erschließt, das ist ihnen zur Selbstverständlichkeit geworden, das ist bei ihnen ein Wahrnehmen und Schauen, ein dauerndes Hellsehen.

Es ist nur selbstverständlich, daß solche Menschen oder diejenigen, die sich auf dem Wege zu dieser Entwicklung befinden, auch in geschlechtlicher Hinsicht anders leben als die Einfachen. Sie müssen über die geschlechtlichen Unterschiede in mancher Hinsicht schon hinausgewachsen sein. In ihrem Wesen herrscht das Geistige so sehr vor, daß das

246

Geschlechtliche in den Hintergrund tritt, was bisher auch schon, beginnend mit der Stufe der Artemis, bei den anderen geistigen Typen in immer steigendem Maße der Fall war.

Darum erscheint Kronos als ein alter Mann, der über das Geschlechtsleben schon hinaus ist; darum erscheint der Artemistypus mit mancherlei männlichen Zügen behaftet und neigt also der Doppelgeschlechtlichkeit zu. Beim Uranustypus aber tritt eine wirkliche Auflösung des Geschlechtlichen in das Geistige so stark zutage, daß er wesentlich mehr durch die geistigen Merkmale als durch die des Geschlechtes gekennzeichnet ist. Darum wirkt er auch körperlich eher doppelgeschlechtlich, und die Gesichtszüge sind so gestaltet, daß sie ebensogut einer erhabenen Frau wie einem erhabenen Manne angehören können.

Ein solcher Typus war zum Beispiel Newton oder Edison. Auch die großen Musiker haben stets weibliche Züge, Haartracht oder Gestaltbildung. Und auch das Gesicht Gotamo Buddhos erscheint in allen unzähligen Darstellungen übergeschlechtlich, ungeschlechtlich, auf keinen Fall maskulin.

Auch in der Hinsicht des Hinaustretens aus den geschlechtlichen Bedingnissen des Daseins zeigt sich eine Art Abkehr und Hinauswachsen über die irdischen und menschlichen Grundbedingungen. Wer das Geschlecht verneint, der verneint auch diese Daseinsform überhaupt und findet sich zu einer anderen hinüber.

In diesem Sinne war für Beethoven die Taubheit ein Segen. Sie schloß ihn von der irdischen Welt ab und führte ihn durch Einsamkeit in die letzten Tiefen des Uranischen.

Darum sind auch auf dieser Stufe weibliche und männliche Typen in gleicher Weise denkbar und hat es auch stets beide gegeben. Sie ergänzen ihr Wesen aus dem des anderen Geschlechts und werden dadurch Geister. Dieser Weg aber führt über die Entsagung.

Doch eben dadurch wachsen sie auch über das Menschliche selbst hinaus.

Ihnen erschließt sich die esoterische Welt als *Erfahrung*, nicht mehr als Theorie. So sah auch Plato das „theorein" nur als einen Weg. So waren für Nietzsche seine metaphysischen Gedanken nicht mehr beweisbedürftig. So waren für Buddha nach seinen Worten die vergangenen Lebensläufe Gegenstände seiner natürlichen Erinnerung und die anders als die irdische dimensionierten Welten dauernde Anschauung.

Diese sind wohl die höchsten Stufen des Menschlichen, die überhaupt denkbar sind. Darüber hinaus muß es sich auflösen und in eine andere Bewußtseinsgestalt verwandeln. Darum muß der uranische Mensch sich ganz dem Leben dieser einen Bewußtseinsstufe widmen. Es ist dem Menschen nicht gegeben, die Bewußtseinsstufe des goldenen Purusha dauernd mit einer anderen, zum Beispiel der apollinischen, zu verbinden. Ein solches Bewußtsein, bei dem die uranische Stufe *dauernd* in die apollinische oder eine andere hineinfließt, hat nur der *Gott*. Der *Mensch* kann nur vorübergehend, in einer *Ekstase*, so weit gelangen oder indem er alles Denken und Trachten auf die uranische Stufe richtet. Dabei muß er dem irdischen Dasein mehr oder weniger entsagen. Er muß in irgendeiner Form in die Hauslosigkeit gehen, wie es Buddha verlangt, wie es auch Christus gefordert hat, indem er zu dem reichen Jüngling sagte: „Verschenke alles und folge mir nach!" Wer dem Uranischen dauernd sich weiht, muß das Irdische schon bei Lebzeiten weitgehend – entscheidend – verlassen.

Derjenige, der das irdische Leben verläßt, gelangt schon im Leben in das Jenseits, in den Himmel. Wenn er aber den Weg über die anderen, die irdischen Stufen des Bewußtseins wandelnd sie bis zur letzten Tiefe entwickelt, gelangt er in den Himmel nur über den Tod. Darum heißt es hier: Währe, Mensch, selbst deinen Weg!

Je nachdem nun der Mensch dieser Entscheidung getroffen hat, muß er also aus seinem eigenen Wesen schon wieder hinaustreten. Und nur der Gott vermag auf allen

Bewußtseinsstufen zu leben, ohne seinem eigensten Wesen untreu zu werden.

Da es aber so ist, so zeigt es sich, daß das menschliche Wesen einen durchaus tragischen Charakter hat. Die enge Todverbundenheit, die zuletzt allen Gestalten eigen ist, zeigt dies an.

Was für die göttliche Gestalt des Uranus in höchstem Maße gilt, das weist sich bei jeder einzelnen der menschlichen Spiegelungen in der ihr eigentümlichen Form. Weil aber allen diesen Schicksalen letzten Endes eine metaphysische Notwendigkeit innewohnt und durch sie hindurchschimmert, ist ihnen die Größe eigen, die sie zum Tragischen erhebt.

Der Kampf des Menschen um sein Ich erreicht auf dieser Stufe seinen Sieg. Auf ihr wird das höhere, das zweite Ich des Menschen Wirklichkeit. Aber der Mensch ist damit auch an die Grenze seiner eigenen Wesenheit gelangt, er muß *aus seiner Menschlichkeit selber heraustreten.*

Die göttliche Gestalt ist über diesen Kampf freilich schon wieder erhaben. Der Kampf, der sich in ihrem Inneren abspielen mag, geht um die Anerkennung eines Weltgesetzes, des Gesetzes der Vergöttlichung, das der Gott in seiner ganzen Wirkung durchschaut. Der Mensch des uranischen Denkens aber kämpft noch um sein Ich, indem er die ganze Kraft seiner Konzentration daran wendet, die einmal erreichte Tiefe und Intensität des Seinserlebnisses festzuhalten, weil dieses Ich zu erkennen seine wesentliche Aufgabe ist.

Denn da dem Menschen von Natur aus nur die irdische Seite des ganzen kosmischen Schicksalszusammenhanges oder Weltgesetzes gegeben ist, so kann er sein Ich nicht ganz erfassen, sondern muß es sich erkämpfen. Im Maße als dieser Kampf fortschreitet, werden ihm allmählich auch die Umrisse der nicht unmittelbar, auf menschlich einfache Weise erreichbaren Welt- und Schicksalszusammenhänge bewußt.

Wenn also für den Uranustypus des Menschen auch immer jene Stufe der Wandlung des Bewußtseins, die wir das irreale oder Unendlichkeitsdenken genannt haben, und jene der Rückwendung, die wir das Geistselbst oder den goldenen Purusha heißen, Ziel und Ende seines Lebens bleiben, so entsteht doch jeweils ein ganz anderer Einzelmensch, je nachdem, in welchem Maße auch die anderen Stufen des Bewußtseins ausgebildet sind.

Wenn in dem kommenden Zeitalter, dem des Wassermannes, der Frühlingspunkt der Sonne in das Zeichen des Wassermannes eingetreten sein wird, so wird wohl für die Menschheit im allgemeinen noch nicht die Erwerbung des höheren Ichs gegeben sein. Wohl aber wird sich eine Rangordnung der Werte durchsetzen, die von der Einsicht in dieser Erlebnisweisen mitbestimmt ist, das heißt aber, es wird in dieser Hinsicht ungefähr der Zustand des alten Indien für die ganze Kulturmenschheit erreicht werden.

Die höchste Gestalt des uranischen Menschen wird jedenfalls immer nur diejenige sein, welche alle Stufen, nicht nur die der Rückwendung, zur Tiefenschichtung führenden, sondern auch die des Denkens in ihrem Bewußtsein ausgebildet hat.

Gelangt der uranische Mensch aber so weit, dann wird er auch dem Gott Uranus am ähnlichsten sein.

DIE HEILIGE YOGINI
AMPHITRITE

DIE NEUNTE DER GESTALTEN IST DIE HEILIGE.
DAS SCHICKSAL DER HEILIGEN IST DAS MAR-
TYRIUM. DURCH LANGE GEISTIGE VERSENKUN-
GEN IN DIE IDEEN DER UNENDLICHKEIT UND
DER LIEBE IST SIE DAHIN GEKOMMEN, DASS IHR
DU-ERLEBNIS SO WEIT REICHT, DASS SIE DES
LETZTEN GRADES DER SELBSTAUFOPFERUNG FÄ-
HIG IST.
DAS IST DAS MENSCHLICHE SCHICKSAL DER
HEILIGEN.

Durch jeden sich heiligenden Menschen hindurch aber waltet eine kosmische Macht. Sie bringt es zustande, daß der
Mensch nicht nur sein ganzes Dasein und die Welt vom
Standpunkt des Unendlichen betrachtet und erlebt – sub
specie aeternitatis –, sondern daß er auch die Unterschiede
zwischen dem Ich und dem Du in ihren irdischen Erscheinungen aufhebt. Da er im Geistselbst verankert ist, sind das
irdische Ich und das irdische Du für ihn gleich weit oder
gleich nahe von seinem eigentlichen geistigen Zentrum entfernt. Er lebt das Wort Christi und verwirklicht es: Liebe
deinen Nächsten wie dich selbst! Um zu diesem Standpunkt zu kommen, muß das Denken gleichsam noch eine
weitere Stufe im Unendlichen erreichen. Da dies aber nicht
möglich ist, weil es im Unendlichen für das menschliche
Denken keine Unterscheidungen mehr gibt, so schlägt das
Denken hier ins *Irrationale* um. Das heißt, es entspricht
dieser Stufe in der Wandlung keine weitere Entwicklung
der Abstraktion, sondern es entsprechen ihr nur gewisse
Fähigkeiten, die ein über die menschliche Vernunft hinaus-
gehendes Denken voraussetzen würden, nämlich die *telepathischen* im weitesten Sinne. Diese aber bedeuten, daß
ein Mensch imstande ist, Kenntnis von dem zu haben, was
im Bewußtsein eines anderen vor sich geht ohne jede sinnfällige Vermittlung. Der Mensch vermag dies aber nicht

ohne Hilfe einer kosmischen Macht, denn er weiß ja nicht, wie es in seinem Geiste geschieht, daß zwischen seinem eigenen und dem Bewußtsein des Du eine nicht sinnenfällige Verbindung sich herstellt. Es ist dies um nichts wunderbarer für den tiefer Denkenden, als daß eine sinnfällige Verbindung sich herstellt, denn auch die sinnenfällige Verbindung zwischen dem Ich und dem Du ist für die menschliche Einsicht nicht ohne die Einwirkung kosmischer Mächte zu erklären.

Noch mehr als bei der Stufe des Uranischen ist bei der der All-Liebe die Erreichung der entsprechenden Tiefenschichte des Erlebnisbewußtseins Voraussetzung der Ausbildung dieser Stufe auch in ihrer äußeren Fähigkeiten, die wir ganz allgemein als die telepathischen bezeichnen, ja sie steht hier an erster Stelle. Wenn auf der uranischen Stufe durch Denken, also in der *Wandlung des Bewußtseins*, die entsprechende Schichte des Seelischen zum Anklingen gebracht und ihre weitere Entwicklung angebahnt werden kann, so ist dies bei der All-Liebe nur in der *Rückwendung* möglich. Der Ansatzpunkt dieser Entwicklung ist das Gefühl, und zwar die ständige Übung des liebenden Miterlebens mit dem anderen Menschen.

Durch diese Einstellung wächst das Ich im Seinserlebnis gleichsam mit dem Du zusammen, und durch die Ausweitung dieses Gefühles auf alle Menschen und lebenden Wesen überhaupt wird auch hier das Erlebnis der erhöhten Seinsfülle allmählich erreicht. Dabei zeigt es sich, daß im Erlebnis des Unendlichen, wie es die Stufe des Uranischen ergibt, noch weitere Möglichkeiten liegen, indem das, was auf der uranischen Stufe zuerst im Ich erfahren wurde, sich allmählich auf alles Seelenhafte ausweitet.

Erst aus dieser Ausbildung des Erlebnisbewußtseins zur All-Liebe ergibt sich dann auch die ihm entsprechende Stufe der Wandlung des Bewußtseins, die in den telepathischen Fähigkeiten beschlossen liegt. Der Mensch vermag hier nichts aus eigenem dazu zu tun, diese Fähigkeiten entwickeln sich ohne direkte Bemühung, sie werden ihm wie eine Gnade zuteil.

Trotzdem diese Fähigkeiten und der sie voraussetzende Entwicklungsgrad des Bewußtseins an den äußersten Grenzen des menschlichen Wesens liegen, also in voller Ausbildung sehr selten erreicht werden, so gibt es doch nicht wenige Menschen, bei denen sie in Teilgebieten oder in Anklängen vorhanden sind. Dies beweist, daß sie zur allgemeinen Veranlagung des Menschen gehören und daß nur die weitgehende Degeneration des Menschengeschlechtes sie zum großen Teil wieder verschüttet hat. Überall da, wo bei einem Menschen Hilfsbereitschaft über den primitiven Egoismus überwiegt, ist die Stufe der All-Liebe der Veranlagung nach gegeben.

Die ganze Lebensrichtung der wirklich heilig gewordenen Seele aber ist auf die tiefsterfaßte Teilnahme am Sein aller Seelenwesen gerichtet. In der so erlebten Verbundenheit mit den anderen und der aller zusammen mit der unendlichen Seinsfülle wird ihr das eigene leiblich-irdische Dasein zu einer wenig bedeutenden Nebensächlichkeit. Dadurch ist sie alsbald zu jener letzten Opferbereitschaft befähigt, die der nicht so weit entwickelte Mensch mit Staunen wahrnimmt und um derentwillen er ein solches Wesen als heilig bezeichnet. Für die Heilige selbst aber ist eine solche Einstellung ebensosehr zur Selbstverständlichkeit geworden wie für jede der anderen Gestalten die ihrige.

Es gibt also zwei letzte Ideale des Menschtums: den großen Weisen und die Heilige. Und obwohl in den letzten Jahrhunderten seit der Renaissance im Abendland eine stärkere Wendung zum Ideal des Weisen stattgefunden hat, so ist doch das der Heiligen – besonders durch den Einfluß des Christentums – noch immer stark im Volksbewußtsein verwurzelt, ähnlich wie das des Yogi im indischen.

Der Endpunkt der Entwicklung des sich heiligenden Menschen liegt, ebenso wie bei der des Geistmenschen, in einem für das normale mittlere Entwicklungsstadium schon unübersehbaren Gebiet. Es sind die Grenzen alles Menschseins, die mit solchen Entwicklungen erreicht, ja vielleicht auch überschritten werden, und über die Näheres auszusagen kaum mehr möglich ist.

Diese Einstellung aber ist für den auf All-Liebe, also auf Heiligung gerichteten Menschen typisch: sich in das Erleben der anderen Menschen und Seelenwesen so sehr hineinzuschmiegen und sich seinsmäßig so tief mit ihnen zu vereinen, daß ihm das Dasein des anderen ebenso nahesteht wie das eigene und er darum bereit ist, das seinige jederzeit für das des anderen hinzugeben, durch die Tiefe dieser seinsmäßig erlebten Einigung aber der unendlichen Fülle alles Seins teilhaftig zu werden, und ferner, eben durch diese Einstellung auf die anderen so feine und ins Innere des anderen dringende Organe zu entwickeln, daß er der äußeren Sinne nicht mehr durchaus bedarf, um von dem anderen zu wissen, sondern eine unmittelbare, nämlich telepathische Wahrnehmung davon gewinnt.

Eine kosmische Macht fühlt auch der einfache Mensch bei solchen Personen unmittelbar walten, deshalb er ihre Wirkungen „Wunder" zu nennen pflegt.

Diese *kosmische* Macht ist die Macht der *All-Liebe.*

Es ist ein schaffendes Wesen da, welches bei der Entstehung der telepathischen Ereignisse schöpferisch waltend eingreift, so daß im menschlichen Bewußtsein Erfahrungen entstehen, welche nicht mehr durch das abstrakte, vom Sinnenfällige ausgehende menschliche Denken verstanden werden können.

Dies ist aber nur dadurch möglich, daß sich dem Menschen gleichzeitig eine noch weitere, über das Erlebnis des Geistselbstes hinausgehende Stufe der Tiefenschichtung eröffnet, welche gleichsam auf der Grundlage des goldenen Purusha sich erhebt, nämlich die *Stufe der All-Liebe.*

In die Macht des kosmischen, die All-Liebe eröffnenden Wesens sind alle Seelen gegeben, deren Sein sich zur All-

Liebe durchringen will, deren Sein in die bestimmte irdische Form der *Wandlung* zum telepathische Denken und der *Rückwendung* zur Ausstrahlung der All-Liebe eingehen soll, eines Wesens, welches mit sanfter Gewalt in den Bewußtseinen der Menschen diese Wandlung und Rückwendung erzwingt.

Wir heißen dieses Wesen AMPHITRITE.

Amphitrite bedeutet soviel wie das ringsum aufschäumende Meer. Und wirklich, wenn das Meer das irdische Bild der Unendlichkeit ist, so kann die das unendliche Meer allüberall durchziehende, ringsaufschäumende Woge das Symbol der allesumfassenden Liebe sein. Indessen haben die Alten diese Symbolik dem Bild ihrer Meeresgöttin keineswegs beigelegt, sondern sie dachten sie nur mit dem Zauber einer den Menschen fremden Welt umgeben und ließen sie am Grunde des Meeres in dem goldenen Palast des Poseidon (Possidon) wohnen. Und wie hätten sie auch anders können, da ihnen die Stufe der All-Liebe nicht bewußt wurde und erst durch Christus in den abendländischen Geist hineingetragen wurde, während die indische Geistesentwicklung sie sehr wohl kannte, aber doch die uranische Stufe im Bewußtsein stärker betonte als jene. Darum vermag uns die Mythologie für diese Gestalt nur wenige Anhaltspunkte zu geben. Doch muß es diese sein, weil der dieser Stufe entsprechende Planet, der Neptun, der griechische Poseidon, der Gemahl der Amphitrite ist. Der Neptun als Planet aber bedeutet die All-Liebe.

Wenn ein Mensch durch tiefe Versenkung dieser kosmischen Macht der Amphitrite nahezukommen sucht, dann wird die Kraft seiner auf die Allheit eingestellten Liebe selbst eine schöpferische Gewalt und er gewinnt die Stufe des telepathischen Denkens. Dann begreift er, wieviel von dem Denken und Leben im Du-Bewußtsein in seine eigene Gewalt gegeben ist, und so wird er zu einem Mitschaffenden der großen Göttin.

Aber auch die Göttin selber ist nicht ohne Schicksal. Es waltet ein Gesetz auch über ihr, ein Weltengesetz, das Gesetz der *All-Liebe*.

Darum durchlebt auch sie ein Schicksal, das verwandt ist dem Schicksal des sich heiligenden Menschen. Auch *Amphitrite* hat mir ihren hohen Geisteskräften einen neuen Zustand des ganzen Lebens herbeigeführt. Darum steht sie an der Grenze der irdischen Welt und des ganzen Sonnenkreises. Und sie verbindet ihn mit weiteren außer ihm liegenden Welten.

Ein Mensch aber, der das Du-Erlebnis in vollem Maß besitzt, wird stets in die menschliche Tragik verwickelt werden. Immer wird er so weit kommen, schwerstes Unrecht leiden zu müssen, gerade weil das Du-Erlebnis in solchem Maße in ihm ist. Die anderen Menschen seines Lebenskreises setzen dies nicht voraus und glauben ihm daher die Motive nicht, aus denen er wirklich handelt, während sie ihm andere, niedrigere, als sie selber gutheißen, unterschieben möchten. Über den neptunischen Menschen täuschen sich die anderen am leichtesten, halten aber ihn für den Betrüger und Lügner.

So ist die Heilige, die aus den selbstlosesten Motiven handelt, immer verkannt und verachtet. Sie besitzt die Wesensschau wie der uranische Mensch. Darum handelt sie nach dem, was wohl ihr bekannt und selbstverständlich erscheint, den anderen aber verborgen bleibt. Weil sie aber unbeirrbar aus ihrem tiefen Erleben heraus, eben aus dem Du-Erleben und nicht aus dem bei ihr längst überwundenen triebhaften Egoismus, in die Welt der anderen Menschen eingreift, so trifft sie für alle mit einer bewunderungswürdigen Sicherheit das Richtige und findet dadurch nach langem Verkanntsein zuletzt doch die Liebe und Anerkennung der anderen. So löst sich ihre Tragik auf. Und nur sofern sie als ein Mensch, der durch ein Martyrium hindurchgegangen ist, von der Nähe des Todes umwittert bleibt, ist auch sie eine tragische Gestalt.

Die Tragik löst sich bei der Heiligen aber auch deshalb auf, weil sie mit ihrem Bewußtsein schon so weit das Jenseits umfaßt, daß Diesseits und Jenseits für sie eine Einheit bilden und der Tod für sie wie auch für den uranischen Menschen den eigentlichen Schrecken schon verloren hat. Ihre hohe Bewußtseinslage führt sie im Du-Erlebnis schwingend zu dem Zustand des goldenen Purusha. Sie ist darum *Yogini* wie der hohe uranische Geist.

Um einen Grad mehr dem Du zugewendet als jener, erlangt sie Macht über die *Massenseele*. Sie gewinnt die Fähigkeit der Suggestion, der Hypnose und andere okkulte Kräfte. Auf niedrigerer Stufe wird sie oft selbst zum *Medium*. Das Fluktuierende, das in der Massenseele zum Ausdruck kommt, folgt leicht ihrem inneren Befehl. Sie ist imstande, bestimmte Bilder und Vorstellungen in den Massen hervorzurufen, die eine große Wirkung üben. Denn sie sieht diesen Bilder schon in den Seelen auftauchen, ehe sie jenen bewußt werden. So vermag sie sie zu benützen und zu lenken. Aber diesen Beherrschung gewinnt sie erst, nachdem sie durch ein Martyrium hindurchgegangen ist und dadurch das letzte Anhangen an das Irdische abgestreift hat. Dadurch werden solche Kräfte in ihr befreit und hervorgeholt.

Das Martyrium kann auch durch eine bestimmte Form der Askese ersetzt erscheinen – Askese ist ja unter Umständen ein bewußt herbeigeführtes Martyrium – oder durch eine Lebensform, die den Verzicht auf alles persönlich-egoistische Wünschen und alle derartige Selbstbestimmung in sich schließt.

Eine solche Lebensform kommt für bestimmte, der All-Liebe zuneigende Frauen leicht in überbetont vaterrechtlichen Einrichtungen zustande, wie sie zum Teil der Orient besitzt. Sie haben meist Versklavung und Auflösung der menschlichen Würde der Frau zur Folge und können sie bis zum Tier erniedrigen. Wenn aber eine große Höhe des Bewußtseins schon von vornherein bei einer Frau vorhanden ist, kann es geschehen, daß sie eine solche Größe des Verzichts und damit der inneren Freiheit erlangt, daß die neptunische Stufe mit ihrer ganzen Hoheit erreicht wird. So kann innerhalb des Familienlebens dieselbe Wirkung hervorgerufen werden, die sonst durch das Klosterleben bezweckt wird, durch die Forderung nach absolutem Gehorsam und durch den Verzicht auf das sexuelle Leben nach eigenem Wunsch oder überhaupt eine gewisse Eigenbestimmung in dieser Hinsicht.

Durch solchen Zwang wird unter Umständen die höchste Güte und Opferbereitschaft erzeugt und das weibliche Wesen aus sich heraus und gleichsam über sich selbst hinausgetrieben. Die Voraussetzung ist aber, daß bewußtseinsmäßig schon eine große Höhe der Veranlagung gegeben ist, also vor allem in ethischer Hinsicht und in der Unerschütterlichkeit des Seinserlebnisses im Ich, so daß die neptunische Stufe sich in hohem Grad ausbilden und schließlich zu der betontesten werden kann. Bei solcher Ausbildung wird die Yogini, wird Amphitrite zum Symbol der „Anima", der Tiefenschichtung der menschlichen Seele überhaupt. So wird bei den Tibetern und Chinesen die Seele stets als Frau vorgestellt, und zwar als Yogini, und als solche steigt sie bei den Yogaübungen, welche die Loslösung vom Körpergefühl anstreben, bei der Selbstspaltung gleichsam über das Haupt der Asketen hinauf.

Der uranische Mensch gelangt zuerst im Ich zum Erlebnis der Seinserhöhung, der neptunische aber im Du. Von dort her überträgt es sich auch auf das Ich. Dies setzt aber voraus, daß das Ich schon vorher eine hohe Stufe der Seinsintensität erreicht hat, weil sonst Bewußtlosigkeit eintritt. Dies ist beim *Mediumismus* und allen Arten der Besessenheit der Fall. Soll aber das Liebeserlebnis bis zur Höhe des Geistselbstes führen, so muß die Liebe bis zur Selbstaufopferung und Vernichtung des niederen Ego getrieben werden, weil sonst der goldene Purusha auf diesem Wege nicht erreicht werden kann. Die selbstaufopfernde Liebe bewirkt hier die Loslösung von allem „Anhangen", das der uranische Mensch durch „Erkenntnis", das heißt durch Anwendung des Unendlichkeitsbegriffes erreicht, und führt so zum selben Ziel.

Die Feindesliebe, wie sie von Christus gelehrt wurde, hat eben diese Bedeutung. Sie bringt die letzte Selbstaufopferung und damit die Befreiung von allem Anhangen mit sich und schafft dadurch die Grundlage zur höchsten Befreiung der Ichkräfte. Da diese Befreiung aber nur erreicht werden kann, wenn das Icherlebnis schon eine hohe Stufe hat, also über die saturnische, den „Hüter der Schwelle" hinausgelangt ist, so wird auch im Christentum eine Vorschule eingeschaltet, welche in der strengen Durchführung der ethischen Gebote und Forderungen besteht, und durch diese wird die einzelne Seele langsam für die letzte Opferung vorbereitet. Dies ist der eigentliche Sinn der christlichen Liebesethik. Ihre Gebote im Sinne eines besseren Zusammenlebens der Menschen überhaupt zu verstehen und sie so rationalisieren zu wollen, kann zu keinem Resultat führen. Ebensowenig eine Kritik an denselben aus diesem Gesichtspunkt heraus. So gesehen, können diese Gebote nur als unmöglich und naturwidrig erscheinen. Ihr Sinn liegt darum doch in einem ganz individuellen Heilsstreben und ist in höherem Sinne wieder auf das Ich gerichtet. Dadurch unterscheidet sich das Christentum geradezu gegensätzlich von allem Kommunismus. Es ist von Uranfang an immer ganz individualistisch gewesen, was auch aus den historischen Unterlagen eindeutig erhellt.

Darum ist der christliche auch nicht jedes Menschen Weg, um zu den höchsten Entwicklungsstufen zu gelangen, sondern es sind *zwei* Wege gegeben, die sich im günstigsten Falle harmonisch zu ergänzen vermögen, der *Weg der Erkenntnis* und der *Weg der Liebe*, der Weg der Seinssteigerung im Icherlebnis und der der Seinssteigerung im Du-Erlebnis, *der uranische und der neptunische Weg.* Der Mensch wird denjenigen wählen, der seinem eigenen Typus entspricht, je nachdem, ob er selbst ein uranischer oder ein neptunischer Typus ist, je nachdem, welche der beiden höchsten Bewußtseinsstufen sich leichter an die bei ihm schon ausgebildeten anschließen läßt. Der Theoretiker, der Denker, der Gelehrte, der Dichter und Künstler wird eher dem uranischen Wege zuneigen; der Praktiker, der dem Sozialen Lebende, der Politiker, der Gefühlsmensch, der mütterliche Mensch vielleicht eher dem neptunischen. Aber auch das ist ganz individuell und es kann auch das Umgekehrte geschehen. Jedenfalls: Wer das Ziel auf *einem* der Wege erreicht hat, hat zugleich das Endziel *beider* Wege errungen.

Wie soll man weitersteigen und in die Höhe kommen, wenn nicht auf bestimmten Stufen? Nur wenn man es sich so schwer wie möglich macht, gelangt man zu der Überstufe des Menschlichen.

So geschieht es mit Amphitrite. Das Schicksal stellt ihr der Reihe nach so schwere Aufgaben, daß sie an ihnen zerbrechen oder die höhere Stufe erreichen muß.

Bei Amphitrite ist also diejenige Bewußtseinsstufe die betonteste, welche eigentlich schon über die Grenze der dem Menschen gegebenen Welt hinausreicht. Ihr Blick ist darum wie der des Uranus in das Nirgendsland gerichtet; da er aber das Du gleichzeitig ins Auge faßt, so kehrt er sich doch auch wieder der Welt zu, hat aber den Schimmer des Jenseitigen immer in sich. Während für den erkennenden Blick des Uranus der sich ins Unendliche erstreckende Kreislauf sich stets zu einem Ganzen schließt, weil er alles immer wieder in seinem Ich auffängt und von ihm umschlossen hält, so geht für Amphitrite das Unendliche nach zwei Richtungen auseinander. Das Ich und das Du verschmelzen wohl in einem Punkt, aber ebensosehr wie zueinander streben sie auch voneinander weg. Sie finden sich endgültig erst gleichsam im Unüberschaubar-Unendlichen wie die beiden Äste der *Hyperbel*, die darum auch das Raumsymbol der neptunischen Bewußtseinsstufe ist.

So wie die Hyperbel nämlich zwischen ihren beiden Ästen, durch welche die Asymptote hindurchgeht, eine Lücke läßt, die erst im Unendlichen überwunden wird, wenn die beiden Äste sich mit der Asymptote vereinigen, so bleibt auch in der Bewegung des Bewußtseins innerhalb der Endlichkeit zwischen dem Ich und dem Du eine Lücke, die sich erst bei der Annäherung an das Unendliche schließt.

Das Verhältnis des Ich zum Du innerhalb der gegenständlichen sinnlichen Welt ist charakterisiert durch das der beiden Brennpunkte in der Ellipse. Sie können einander über eine gewisse Distanz hinaus nicht näher kommen. Erst durch die Öffnung der Ellipse zu einer Hyperbel durch Aufnahme des Unendlichen in ihre Kurve vermögen sie – aber auch nur wieder im Unendlichen – gleichsam miteinander zu verschmelzen.

Eben wegen dieser Distanz zwischen dem Ich und dem Du innerhalb der dreidimensionalen Welt lassen auch die telephatischen Erscheinungen, die eine engere Verbindung zwischen dem Bewußtsein des Ich und dem des Du voraussetzen, eine Lücke in der Bewußtseinsbewegung zurück, eine Lücke, die bei dem nicht übernormal ausgebildeten Menschen als ein Moment der *Bewußtlosigkeit* auftritt, bei dem hochentwickelten aber eine Art *Umschaltung der Bewußtseinslage* notwendig macht.

Die Zweiästigkeit kommt auch in der Zweibeinigkeit des menschlichen Ganges und der beiden *Füße* zum Ausdruck. Wie die Äste einer Hyperbel dicht nebeneinander an der Asymptote entlang laufen, ohne jedoch sich zu berühren, so gehen die beiden menschlichen Füße auch parallel, den Weg als Asymptote gleichsam zwischen sich führend, sind aber doch auseinandergerichtet und ihr Weg führt ins Irrationale.

Gleich einem menschlichen, in höchster Reife des Lebens stehenden Weibe verbreitet also auch die Göttin Amphitrite den Zustand intensivster erlebender Konzentration unter den Menschen und sie erregt in ihnen die Sehnsucht nach einem Zustande größter, allumfaßendster Liebe.

Wenn die Bewußtseinsstufe des Neptunischen in einem Menschen die herrschende wird, dann wird er von selbst ein mit Liebe das All umfassender Geist. Seine Gedanken bewegen sich dann nicht mehr um das irdische Wohl seines Daseins noch um das der anderen Menschen, sondern ein ganz neuer Gesichtspunkt ist für sein Leben der leitende geworden, der alles Triebhafte in ihm restlos einem anderen Prinzip unterstellt. Er kennt weder Versündigung noch Reue in dem gewöhnlichen Sinn dieses Wortes. Darum löst sich auch in seinem Bewußtsein zuletzt jede Trauer und Freude, die das irdische Leben mit sich bringt, in einem höheren Zustande auf, und es weicht von ihm alle Tragik der irdischen Verstrickungen.

Und darum ist auch die Göttin Amphitrite keine *tragische* Gestalt mehr, sondern der Gegenpol alles Tragischen, die Auflösung alles Tragischen im Unendlichen, Jenseitigen und Allumfassenden der Liebe.

Aber das Tragische auf der kosmischen Ebene bedeutet auch keinen Untergang, sondern nur einen Zustand, denn das Sein der kosmischen Mächte vollzieht sich nicht in jenem Ablauf der Zeiten, der uns Irdischen den Tod bringt, es ist gespeist vom Hauche der Ewigkeiten. Und so können wir es auch nicht ganz ermessen, ob Amphitrite im Sinne der kosmischen Zusammenhänge als eine tragische Gestalt erscheint oder nicht. Nicht in *einem* umfassenden Erlebnis der Liebe erschöpft sich ihr Bewußtsein und ihr Schicksal, sondern sie ist in *allem* umfassenden Lieben des Unendlichen dieser und der anderen Welten.

Es haben aber auch die Alten darum die Göttin Amphitrite nicht verehrt als eine Bringerin besonderer Gaben. Denn der eigentliche Sinn ihrer Göttlichkeit blieb ihnen noch verschlossen. Und erst die Christen fanden zu ihr als der großen Heiligen und Märtyrerin, indem sie die neptunische Bewußtseinsstufe verbanden mit den Gestalten der großen Mutter, der Jungfrau und der Aphrodite, in der Mutter des Heilands, *Maria*, welche seit den Anfängen des Christentums bis auf den heutigen Tag in den christlichen Ländern aufs höchste verehrt wird.

In der indischen Mythologie aber ist ebensowenig wie in der griechischen eine voll ausgebildete Gestalt dieser Art zu finden, sondern entsprechend der Betonung der uranischen Stufe in der indischen Geistigkeit sind hier auch die weiblichen Typen höherer geistiger Ausbildung Yoginis der uranischen Stufe, besonders auch in der buddhistischen Welt. Sie treten auch bei den Tibetern häufig auf, die ebenfalls Buddhisten sind.

Im chinesischen Kulturkreis aber wird die Göttin *Kwannion* verehrt, welche wohl auch von den Frauen als Fruchtbarkeitsspenderin angerufen wird, die aber ihrer ganzen Art nach, sowohl äußerlich wegen ihrer zarten Erscheinung als auch innerlich wegen der überaus großen Güte, die ihr zugeschrieben wird, ein Typus der neptunischen Bewußtseinsstufe ist. Das wird um so einleuchtender, da in der chinesischen Welt dieser Typus überhaupt von der Frau erwartet und zugleich ihr *höchstes Kulturideal* ist. Dies aber ist eine natürlich sich ergebende Folge der Grundeinstellung der chinesischen Menschheit, in der die ethischsoziale Seite des Lebens an erster Stelle steht und fast die religiöse ersetzt.

Es entspricht aber auch der Amphitrite kein anfängliches Zeitalter im Kulturleben der Menschen. Die Zeit, da der Frühlingspunkt der Sonne das vorige Mal im Zeichen der Fische stand, dem der Neptun als Planet zugeordnet ist, liegt mehr als ein Sonnenjahr zurück. Aber innerhalb der Hochkulturen ist *das Zeitalter der Fische* dasjenige, das eben in diesen Jahrzehnten zu Ende geht. Es ist das Zeitalter der Entstehung und Entfaltung des Christentums, reichend vom zweiten Jahrhundert vor der Geburt Christi bis ungefähr 1960 unserer Zeitrechnung. Das Zeitalter des werdenden Christentums also ist das neptunische oder

Fischezeitalter, die Stufe der All-Liebe symbolisierend, welche in voller Übereinstimmung damit eben vom Christentum zuerst zu so hoher Entwicklung und infolge davon zur betonten Bewußtseinsstufe einer ganzen Kultur gemacht worden ist. Dementsprechend ist auch das *Zeichen des Christus der Fisch*, von Anfang an, und sind Symbolakte wie die Fußwaschung im Christentum von Bedeutung.

In das Zeitalter der Fische fällt sowohl die byzantinische Kultur wie auch die abendländische, von denen die letztere allerdings besonders seit der Renaissance von der Betonung und weiterer Ausbildung der Bewußtseinsstufe der All-Liebe sehr abgewichen ist und andere Bewußtseinsstufen stärker hervorgehoben hat. Nur das Mittelalter behielt die für diese Stufe charakteristische Eigenart des metaphysischen Denkens bei, während es für die byzantinische Kultur, solange sie bestand, *immer* ausschlaggebend geblieben ist.

Von den Planeten entspricht der *Neptun* dieser Stufe, der vorletzte, schon sehr entfernte und auch erst spät entdeckte Trabant der Sonne. Und wie die Stufe der All-Liebe die höchste im Bewußtsein des Menschen ist und schon den Übergang zu über- und außermenschlichen Bewußtseinsformen bildet, so ist auch der Planet Neptun der geheimnisvollste aber auch in seiner stofflichen Zusammensetzung fremdartigste des Sonnenkreises und derjenige unter den Planeten, der schon den Übergang zu den außerhalb des Sonnenkreises befindlichen Sphären des Himmels darstellt.

Das Mysterium einer Gottheit zeigt stets die innerliche, die dem profanen Blick verborgen bleibende Seite eines großen Tatbestandes auf. Bei der Göttin Amphitrite gibt es jedoch keine profane Seite. Denn die Stufe der Wandlung zum parapsychologischen Denken oder der Telepathie, ist ebenso geheimnisvoll und wenigen zugänglich wie die Erlebnistiefe der All-Liebe, als die ihr entsprechende Stufe der Rückwendung. Da das Christentum diese Stufe zu konzentrierter Bewußtheit gebracht hat, scheint es natür-

266

lich, daß die *Kirchen* und *Klöster* des *Christentums* die eigentlichen Mysterienstätten dieser Stufe darstellen. Und dies ist besonders auch durch die große und allgemeine Verehrung der *Maria* der Fall. Freilich bedingt die niedere Entwicklungsstufe der Menschheit, daß die Kirchen durch ihre Maßnahmen nur einen beschränkten Weg zur Erwerbung dieser höchsten Bewußtseinslagen freigelassen haben, so daß es nur in seltenen Fällen zur vollen Ausbildung der höchsten Stufen kommt. Durch das Moment der Bewußtlosigkeit, das diese Stufe nur zu leicht mit sich bringt, ist die Gefahr von Aberglauben, Magie und Hexerei hier sehr groß.

So haben die Kirchen sich gezwungen gesehen, in mancher Hinsicht die Erwerbung der Bewußtseinsstufe der All-Liebe eher zu hemmen, als sie zu fördern. Einzelne Ordnungen der Mönchs- und Nonnenklöster enthalten aber besondere Exerzitien, die der Ausbildung der hohen Bewußtseinskräfte dienen, so die des heiligen Ignatius von Loyola, die der Dominikaner und anderer.

In der *östlichen* Kirche sucht sich der Mönch mehr als Einzelner seinen Pfad der Erlösung. Vielleicht wird es ihr in Zukunft vorbehalten sein, in richtiger Fortsetzung des *Urchristentums* und der *byzantinischen Kultur* Stätten zu schaffen, die der höchsten Ausbildung vorurteilsfrei dienen. Erst dann könnte sich der wirkliche Sinn des Christentums auch all denen enthüllen, die jetzt noch, im dunkeln tappend, seiner Verwirklichung eher Hindernisse in den Weg legen, als ihm den Weg bereiten. Die Voraussetzung dieser Entwicklung wäre freilich die Gewinnung klarer Erkenntnisse über den uranischen und neptunischen Weg und die wesentliche Beziehung zwischen beiden. Denn bisher wollte das Christentum einen zweiten höchsten Pfad neben dem der All-Liebe nie recht anerkennen, obwohl in gewissem Sinne gerade die Erwerbung der uranischen Bewußtseinsstufe die Voraussetzung der richtigen Ausbildung der neptunischen ist. Praktisch aber würde das die Anerkennung des Buddhismus als einer anderen, aber gleichwertigen Religionsform von seiten des Christentums bedeuten. Das Umgekehrte, nämlich die Anerkennung des Christentums und seines neptunischen Pfades der All-Liebe durch den Buddhismus ist im Prinzip schon erfolgt. Der Buddhist hoher Stufe vermag ohne weiteres Christus als einen höchsten Menschheitslehrer gleich dem Buddha anzuerkennen, denn er kennt seit Jahrtausenden den Weg der Bakti-Yoga, welcher der der All-Liebe ist, wenn er ihn auch dem uranischen unterordnet. Ferner kennt der Buddhismus keine Dogmatik, die ein Hindernis darstellen könnte, wie es beim Christentum leicht der Fall ist. Zeugnisse belegen genugsam, daß die großen geistigen Persönlichkeiten der buddhistischen Welt, sofern ihnen das Christentum überhaupt bekannt geworden ist, zu dieser Anerkennung ohne weiteres bereit sind.

Dem heute erreichten Grad der Entwicklung der neptunischen Stufe entspricht die *mediale* Begabung. Es besteht dadurch die Gefahr, daß ein Weg eingeschlagen wird, bei dem die Lücken im Wachbewußtsein dieser Stufe noch größer werden, als sie ihrer Natur nach schon sind. Eine solche Entwicklung wäre gefährlich. Sie führt ab von dem menschlichen Weg in andere Reiche. Es handelt sich aber darum, dem *menschlichen* Wesen diese Stufe zu eröffnen, sie ihm einzugliedern. Darum kann man es nicht ganz verwerfen, wenn die Kirchen den über das sogenannte *Unbewußte* führenden Weg der Erwerbung dieser Stufe abgelehnt haben. Allein es steht dazu auch ein über die Steigerung des Wachbewußtseins führender Weg offen, der dann freilich den uranischen Geist mitumfassen muß. Und die *diesen* Weg wandelnder Geister sollen keine künstlichen Hindernisse hemmen dürfen.

Nur einer so mit vollstem Wachbewußtsein erreichten Stufe der All-Liebe entspricht auch jener Typus des *Priesters*, der diesem Namen mit vollem Recht führen dürfte. Seine Macht und Tiefe beruhen darauf, daß das Du-Bewußtsein in vollster Wachheit und in der Tiefenschichtung erfaßt wird. Er wird darum zum *Seelsorger*, nicht zum Sorger für das leibliche Wohl dieses Du.

Erst auf einer Stufe höchster Ausbildung des neptunischen Bewußtseins kann die Seelsorge für den anderen Menschen zuletzt auch auf sein leibliches Wohl übergreifen, durch eine eigenartige Wirkung, die vom Seelischen her erfolgt. Es sind jene Einwirkungen, die durch *Suggestion*, durch Anwendung *magnetischer* Kräfte, durch *Magie*, das heißt durch „Wunder" geschehen. Wir finden sie in vielfachen Abstufungen, vom einfachen Heilmagnetisieren bis hinauf zu den wunderbaren Heilungen, die Jesus zu vollbringen vermochte. Gewisse Formen solcher Heilungen werden auch im Orient vielfach praktiziert. Ein Mensch auf der Stufe höchster Ausbildung des neptunischen Bewußtseins wird darum „*Heiland*" genannt.

Eine solche Fähigkeit höchster Heiligkeit und Heilkraft wird auch der Göttin *Kwannion* von den Chinesen zugeschrieben. Aber freilich hat die Göttin in ihrem Bewußtsein, wie jede der kosmischen Mächte, noch ganz andere Stufen als die, welche das menschliche Bewußtsein eben noch erfaßt. Denn gerade das, was dem menschlichen Bewußtsein fremd und unerreichbar bleibt, nämlich das Entstehen der Tiefenschichtung des Du-Erlebnisses in der All-Liebe, das ist in die bewußte Gewalt der Göttin gegeben.

Die eine bestimmte Bewußtseinsstufe aber, der Wandlung und der Rückwendung, die auch für die Götter die vorherrschende ist, hat der Mensch mit ihr gemeinsam. Und alle Menschen, bei denen auch diese Stufe die vorherrschende in ihren Bewußtseinen ist und darum die eigentliche Wirklichkeit für sie darstellt, bilden dadurch mit ihr einen *Typus*. Das heißt aber nicht, daß diese Menschen und ihre Schicksale wie Teile der kosmischen Macht anzusehen sind, noch auch daß sie diese Macht verkörpern und auf der menschlichen Ebene darstellen sollen, denn jeder Mensch ist ein Wesen für sich. Aber solche Menschen sind ihrer

Natur nach dieser kosmischen Macht verwandt wie keiner anderen und sie leben darum mit ihr wie in *einer* Welt.

Darum ist diesen Menschen aber auch eine Gemeinsamkeit in ihren Schicksalen eigen und ihr Schicksal ist verwandt mit dem der Göttin. Es ist bestimmt durch das Gesetz der All-Liebe.

Nach diesem Weltengesetz steht Amphitrite-Kwannion im diametralen Gegensatz zu *Kore*, der himmlischen Jungfrau, die das Prinzip der Weltwerdung bedeutet, während Amphitrite alles Welthafte auflöst in lebendige Seelenwesen. So entwirklicht sie das Welthafte der Erscheinungen und leitet dazu, sie zu erleben als Seelenwelt, und in dem erlebten Du, nicht mehr in seiner Erscheinung, die eigentliche Wirklichkeit zu sehen. Während die Umweltbildung der betonten Bewußtseinsstufe der Kore von der Erlebnismitte weggleiten und eigene Zusammenhänge bilden, löst Amphitrite in der neptunischen Bewußtseinslage die Umweltzusammenhänge wieder auf, indem sie alle sich zurückverwandeln läßt in die lebendigen Zentren der Dus, der Seelen. Die Gefahren, welche durch die Stufe der Jungfrau heraufbeschworen werden können, liegen in der Ablösung der Dingzusammenhänge vom Seelischen, die, welche durch Amphitrite entstehen, in der Rücknahme der Umwelten in die duhafte Erlebnisverbundenheit bis zur *Besessenheit*.

Da aber alle Rückwendung zum Inneren nach der Erreichung der tiefsten Stufe auch beim Du in der ewigen Bewegung des Bewußtseins im Kreislauf zurückführt zu neuer Wandlung – und damit auch wieder zur Verweltlichung –, so bedeutet die Heraufkunft des Reiches der Kore das Ende des Reiches der Amphitrite. Und indem Amphitrite zur tiefsten Stufe der Heiligung führt, Kore aber zur Verweltlichung, so bilden beide zusammen *den dritten der Urgegensätze*, durch welche das Weltgeschehen, obwohl nach entgegengesetzten Richtungen gedrängt, dennoch im gleichen Sinne sich vorwärtsbeugt.

Die erste Spiegelung der neptunischen Bewußtseinsstufe also ist die griechische Göttin *Amphitrite*, die Ringsumaufrauschende, deren eigentliche Bedeutung den alten Griechen aber noch nicht klargeworden sein konnte.

Die zweite Spiegelung im Göttermythos ist die chinesische Göttin *Kwannion*, insofern in ihr das Wesen der letzten Hingabe an das Du, der Selbstaufopferung und auch der Leidensbereitschaft als All-Liebe zum Ausdruck kommt.

Die dritte Spiegelung bildet die heilige *Maria* der Christen, in der freilich mehrere Bewußtseinsstufen als betonte und damit auch mehrere Gestalttypen miteinander verbunden auftreten.

Die eindeutigsten dieser Spiegelungen also finden wir in der chinesischen Kulturwelt, wo auch die entsprechenden menschlichen Ausprägungen vorkommen. Sie sind dort dargestellt in den kultischen Dramen des Kirschblütenfestes und des Kreidekreises. Die Heldin des Kirschblütenfestes opfert sich dem verfolgten und in Heimlichkeit lebenden und aufgezogenen künftigen Kaisers des Reiches, der selbst in hoher Entwicklung die uranische Stufe darstellt, bis beide, auf alle irdische Erfüllung verzichtend, nach vollzogenem Opfertod sich in himmlischer Vereinigung wiederfinden.

Hai Tang, die Heldin des Kreidekreises, wird wegen bitterer Armut ihrer Familie als käufliches Mädchen zu einem Kuppler gebracht, der sie in das Haus eines reichen, aber fast verderbten Mannes verkauft, lebt dort trotz aller Demütigungen ein Leben der liebenden Hilfsbereitschaft, bis sie, verkannt und verleumdet, vor Gericht geschleppt wird und vor der Verurteilung zum Tode steht. In dieser Lage erkennt sie der Kaiser, der, noch als Prinz, ihr erster Liebhaber gewesen war und selbst eine Ausprägung höchsten uranischen Geistes ist. Als ein solcher erfaßt er das Wesen und den Wert dieser Frau und erhebt sie vom Tode zu seiner Gemahlin.

In diesen beiden Dramen, die in der östlichen Welt eine kultische Bedeutung haben, sehen wir den uranischen und den neptunischen Weg der seelisch-geistigen Entwicklung einander ergänzend in einem höchsten Menschenpaar dargestellt. Den uranischen Weg hat die chinesische Kulturwelt im Taoismus geschaffen, indem sie ihn teilweise aus dem Buddhismus übernommen hat, der dort Aufnahme fand. Den neptunischen Weg hat China selbst hinzugefügt, seiner eigenen hohen ethischen Natur folgend.

Während also die *indische* Kulturwelt den *uranischen* Weg fast mit Ausschließlichkeit geschaffen und beschritten hat, wurde von der *byzantinischen* und anschließend von der *westlichen* Welt der *neptunische* erwählt. Die *östliche* Welt aber hat *beide* Wege miteinander verbunden und die hohe Notwendigkeit ihrer wechselweisen Beziehung erkannt.

Die größte und bedeutungsvollste Ausprägung der neptunischen Bewußtseinswelt aber ist daher naturgemäß der Schöpfer des neptunischen Weges, *Jesus Christus*. Ihm war der uranische Weg schon bekannt. Wahrscheinlich ist er ihm von der Sekte der Essener, der er angehörte und die von Indien her beeinflußt war, übermittelt worden. Er meinte keinesfalls, daß der uranische Weg außer acht gelassen werden dürfe, wie aus der weiteren Überlieferung des Urchristentums eindeutig hervorgeht. Er fügte ihm bloß den neptunischen Weg der Hingabe und All-Liebe hinzu. Und er zeigte, daß auch die Durchlebung des Du-Erlebnisses bis in die letzten Stufen der Tiefenschichtung eine der notwendigen Voraussetzungen für die Erreichung der Vollendung ist. Dies ist eine Erkenntnis, welche auch den Buddhisten in Indien und Tibet nicht fehlt, nur daß sie den neptunischen Weg nicht so sehr in den Vordergrund gestellt, ihn nicht so eindeutig ausgebildet haben. Das Schicksal des Christus in der Hingabe an seine Mission, seine Selbstaufopferung bis zum Märtyrertod, ist ganz das für den neptunischen Menschen wesentliche. Ebenso eindeutig neptunisch sind seine Wunder, seine Beeinflussung der Massenseele, seine Auferstehung vom Toten und seine wiederholten Erscheinungen nach seiner Auferstehung. Alles dies bedeutet höchste, beinahe unvorstellbare Steigerungen der neptunischen Kräfte. Von Buddha, der doch die gleiche Höhe erreicht hat, werden solche Wunder nicht berichtet. Er starb auch nicht den Opfertod, sondern ging in der Versenkung mit voller Absicht und vollem Bewußtsein hinüber. Er vollbrachte die Wunder, die der uranischen Stufe entsprechen, Jesus die der neptunischen Stufe entsprechenden.

Weitere Spiegelungen der neptunischen Bewußtseinsstufe sind natürlich unter den Jüngern und Aposteln und den weiteren Nachfolgern und großen Anhängern des Christentums zu finden. Hierher zählt vor allen anderen der Apostel *Johannes*, ferner *Ignatius* von Antiochien, viele *Märtyrer* der Zeit der Christenverfolgungen, viele *Heilige* aus späteren Zeiten, wie besonders die heilige *Elisabeth*, *Ignatius* von Loyola, *Franz* von Assisi und andere. Hierher gehören Erscheinungen wie die kürzlich verschiedene *Therese* von Konnersreuth.

Aber es gibt auch viele Ausprägungen, welche nicht die gleiche Höhe erreicht haben, viele, die – auf medialen Bahnen wandelnd – gewisse Erfolge erzielen. Hierher zählen die *Hexen* des Mittelalters, die *Magier* und *Magierinnen* aller Art, die *Medien*, alle leicht in *hypnotischen Schlaf* verfallenden Personen, ja schließlich die *Hysterischen*, die an ihrem Körper mittels ihrer Vorstellung und ihres Willens Veränderungen hervorzurufen vermögen, die bei normalen Menschen nicht durch das Bewußtsein eingeleitet werden können.

Wenn ein Mensch den neptunischen Weg zur Vollendung bringt und über das Todesbewußtsein hinausgewachsen ist, dann reicht auch er wie der Uranische über das menschliche Maß hinaus. Er fügt dem uranischen Bewußtsein eine Stufe hinzu, welche die letzte Ausweitung und Fülle be-

273

deutet, indem sie auch das Du mit dem goldenen Purusha umschließt. In dem konzentrativen Willen der All-Liebe und Hilfsbereitschaft entstehen übernormale Kräfte, deren Auswirkungen als Wunder gelten.

Das Bewußtsein der Göttin Amphitrite-Kwannion ist über das Ringen und Kämpfen um diese Entwicklung freilich schon wieder erhaben. Und ihr Bewußtsein umfaßt ja auch nicht nur die irdische Welt, sondern es sind ihr noch andere Weltzusammenhänge und andere Verankerungen in dem Menschen unbekannten Tiefenschichten des Seelischen gegeben. Indem sie in diesen Tiefenstufen und Weltdimensionen lebt, findet sie wohl den Ausgleich ihres Daseins im ewigen rhythmischen Wechselspiel mit den Kräften der himmlischen Jungfrau, in Entweltlichung und Verweltlichung den Weltprozeß vollendend. In diesem kehrt sie in ewig erneuter Schwingung zu sich selbst zurück. Sie ist eine *astrale* Gestalt.

Das menschliche Bewußtsein enthält aber nur die eine Dimension der seelischen Tiefe, die zum Erlebnis des Du führt, und kann sich andere nur mit großen Anstrengungen ahnungsweise erobern. Der menschliche neptunische Typus ist eben eine *irdische* Gestalt.

Darum ist die Kraft, die von der Erringung der Tiefenstufe der All-Liebe ausgeht, auch nicht eine alle menschlichen Schranken überwindende, und selbst diejenigen Menschen, die geistig den größten Sieg errungen haben, verfallen in mancher Hinsicht doch wieder der irdischmenschlichen Verweltlichung, welche sie daher mit der Problematik des Menschlichen in Berührung bringt und ihr Martyrium herbeiführt.

Aus dem Martyrium ergibt sich dann das Schicksal und Ende, das aber zugleich eine Verklärung und Überwindung der Todesgefühle mit sich bringt, oder es kommt zu einer im Irdischen gegebenen Erhöhung, aber erst nachdem das Martyrium schon durch die Todesschrecken hindurchgeführt hat.

Ein eigentlich Böses gibt es auch auf dieser Bewußtseinsstufe nicht. Wir können nur ein Entschwinden feststellen und ein Übergehen in andere Sphären.

Im menschlichen Lebenskreis nun ist jeder die Tiefenschichtung der All-Liebe entwickelnde Mensch überhaupt eine neptunische Gestalt. Je nachdem nun, mit welchen anderen Stufen ein solcher Mensch das Bewußtsein der All-Liebe als der zweitbetonten verbindet, dementsprechend entstehen verschiedene Entwicklungsphasen seines Typus.

Die erste Stufe dieser Entwicklung wird dargestellt durch eine Frau, bei der die Stufe der All-Liebe nur zeitweise anklingt. Wir können sie als den Typus des *Mediums* bezeichnen. Es kommt auf dieser Stufe sehr häufig vor, daß solche Personen Kräfte und Fähigkeiten zeigen, die eine weit größere Ausbildung der neptunischen Stufe vorauszusetzen scheinen. Ihre Auswirkung wird ermöglicht durch das Eintreten eines *bewußtlosen* Momentes, indem das Bewußtsein des Mediums, wie es den Anschein hat, durch ein höheres ersetzt wird. Diese Eingriffe eines scheinbar anderen Bewußtseins können verschiedene Formen zeigen: Suggestion, Hypnose, Besessenheit, Trance. Es gehören in diese Entwicklungsphase auch alle jene Personen, die gerne mit Hilfe von Giftstoffen, Tränken und Salben derartige Zustände herbeiführen. Es sind die *Hexen* und *Hexer*, die sich auf dieser Entwicklungsstufe befinden.

Ferner gibt es aber eine große Zahl von Menschen, die eigentlich auch unter den neptunischen Typus fallen, bei denen jedoch das Du-Erlebnis, obwohl stark betont, noch nicht in der Tiefenschichtung des Erlebnisbewußtseins verwurzelt ist oder bei denen dieser nur eben anklingt. Das Du-Erlebnis ist bei ihnen verbunden mit den Stufen der Gegenständlichkeit, des Umweltbewußtseins oder der anschaulichen Begrifflichkeit. Das Du-Erlebnis zu haben – in welchem Ausmaße der Intensität immer – bedeutet eine Verdoppelung, ja Vervielfältigung des individuellen Bewußtseins mit allen seinen Stufen und Inhalten. Da nun die weitaus meisten Menschen Realisten sind und daher die physische Außenwelt für den haltbarsten Teil alles Wirklichen ansehen, so kommen sie leicht in einen Konflikt zwischen dem Egoismus, der sie zum Physischen, und dem Altruismus, der sie zum Du-Erlebnis hinzieht. Überwiegt nun der Egoismus, so bleiben sie am rein Physischen haften und stellen niedrige Typen der gegenständlich betonten Stufen dar. Überwiegt dagegen das Du-Erlebnis, so bleibt in ihnen der Konflikt zwischen dem Egoismus und Altruismus lebendig, und sie suchen diesen irgendwie – meist durch die Stufe der anschaulichen Begrifflichkeit – zur Lösung zu bringen. Da nun dieser Ausgleich nie vollkommen gelingen kann, so mag es oft geschehen, daß gerade bei diesen Menschen die neptunische Erlebnistiefe wach wird und zum Anklingen kommt. Dadurch eröffnet sich ihnen eine Entwicklungsmöglichkeit im Seelischen, die den anderen verschlossen bleibt.

Diese also im Du-Erleben betonten Individualitäten sind es, die man im Alltagsbewußtsein als *gute Menschen*, liebenswürdige, friedfertige und harmonische Charaktere empfindet und schätzt. Und eben weil dies bei ihnen infolge stärkeren Du-Erlebens geschieht, müssen wir sie auch unter den neptunischen Typus rechnen. Diese Menschen sind es, die vielfach vom *Mitleid* bestimmt werden, wenn es bei ihnen in der Regel auch noch nicht jene Tiefe erreicht, die sie mit dem Nächsten eins werden läßt.

Sogar auf dem Niveau des Primitivmenschen kann der Konflikt zwischen Egoismus und Altruismus schon zum Ausbruch kommen, weil auch das Primitivbewußtsein, ja sogar schon das der höheren Tiere, die Unterscheidung zwischen dem Ich und dem Du macht. Je nach der Auffassung, die solchem Konflikt zuteil wird, wirkt er auf dem Niveau des Primitivmenschen, des Kindes und des Tieres teils rührend, teils komisch oder grotesk. Menschen höheren Niveaus, bei denen in ihren altruistischen Regungen das Du-Erleben der neptunischen Tiefenschichte anklingt, werden oft durch dieses zu überraschenden Handlungsweisen veranlaßt; sie erscheinen dann den nur normal Entwickelten als Sonderlinge und Halbnarren.

Die zweite Stufe wird durch den sich *Heiligenden* gebildet. Er versucht, durch entsprechende Einrichtung des Lebens, Entsagung vom Geschlechtsleben und andere asketische Formen, durch Übernahme von schweren Aufgaben für andere, wie Krankenpflege und Aufsuchung schwer zu erfüllender Pflichten, zu der Stufe der Selbstaufopferung heranzureifen. Indem sich eine solche Person gleichzeitig auf ein Du-Bewußtsein einstellt, das den höchsten Graden ihres Strebens schon entspricht, wie auf ein heiliges Vorbild oder auf Christus selbst, durch Teilnahme an den ihnen geweihten Kulten und Exerzitien, wachsen in ihr auch die uranischen Stufen des Unendlichkeitsdenkens und der ichhaften Versenkung. So wird sie allmählich zu einer *Esoterikerin* oder einem *Esoteriker*, deren Weg ein sicheres Vorwärtsschreiten ist. Durch diese Einstellung werden die neptunischen Kräfte langsamer entwickelt *ohne* die bei den Medien eintretende Bewußtseinslücke, welche doch die große Gefahr des Mißbrauchtwerdens durch andere Menschen und Mächte in sich schließt.

Die hohen Kräfte dieser Stufe finden eine Anwendung im sozialen Leben und sind befähigt, auch hier große Aufgaben zu bewältigen. Personen, welche sie besitzen, zeichnen sich schon durch eine starke Strahlung aus, die ihre Umgebung in den Bannkreis ihres Geistes zieht. Heilende und magnetische Wirkungen gehen von ihnen aus. In ihnen ist der Sinn für symbolisch-magische Handlungen in hohem Grad ausgebildet, ähnlich wie auf der uranischen Entwicklungslinie.

Aus solchen Kräften heraus erwächst der *Priester* und die *Priesterin*. Keinem anderen als dem neptunischen Typus ist es in solchem Maße gegeben, Priester zu sein. Den weiblichen Geschlechtseigenschaften noch besser sich anschließend als den männlichen, sollte der Beruf des Priesters vorzugsweise ein weiblicher sein. Daß er es nicht ist, liegt an den Einrichtungen der in den Hochkulturen vielfach vorherrschenden vaterrechtlichen Einstellung.

Die höchste Stufe aber bildet jener Typus, bei dem die Tiefenschichte der All-Liebe dauernd, habituell geworden ist, auf der das Du-Erlebnis mehr oder weniger ständig im goldenen Purusha schwingt. Es sind die *Gesalbten*, die *Heilande*. In ihnen ist die Kraft der All-Liebe so gewaltig, daß sie ständig zur Vereinigung mit den anderen Wesen im Seinserlebnis wird. Daher bleibt auch ihr Du-Erleben nicht auf die mit sinnlich-wahrnehmbaren Körpern begabten irdischen Wesen beschränkt, sondern sie sind immer in Verbundenheit mit den Wesen der höheren Weltzusammenhänge, mit den Göttern. Was für den gewöhnlich religiösen Menschen noch eine Sache des glaubenden Fürwahr-Haltens ist, das ist für sie erlebte Unmittelbarkeit. Es ist bei ihnen ein ständiges telepathisches Teilhaben an den Bewußtseinen der anderen Menschen und höheren Wesen geworden.

Auch bei den neptunischen Typen ist ein Hinausgewachsensein über die geschlechtlichen Naturanlagen vorhanden. Es sind daher auch innerhalb dieses Typus sowohl weibliche als auch männliche Ausprägungen denkbar. Trotzdem ist eine gewisse Analogie mit dem weiblichen Wesen hier unverkennbar.

Fast noch mehr als für den uranischen hohen Typus gilt für den neptunischen, daß er an der äußersten Grenze der menschlichen Wesenheit steht. Darüber hinausgehend müßte sie sich auflösen und in eine andere Bewußtseinsgestalt verwandeln. Darum muß auch der neptunische Mensch sich ganz dem Leben dieser Bewußtseinsstufe widmen und alle andere Lebensverbundenheit hinopfern. Denn es ist dem Menschen nicht gegeben, die Bewußtseinsstufe des Geistselbstes und damit auch die der All-Liebe *dauernd* mit einer anderen, ebenfalls stark hervorgehobenen, zum Beispiel der des Umweltbewußtseins, zu verbinden. Ein solches Bewußtsein, bei dem die Stufe der All-Liebe dauern in die des Umweltbewußtseins oder eine andere hineinfließt, hat nur der *Gott*. Der *Mensch* kann nur vorübergehend in einem bewußtwerdenden Trancezustand so weit gelangen, oder indem er eben all sein Streben und Trachten auf die neptunische Stufe selbst richtet.

Dabei muß die Heiligwerdende dem irdischen Dasein mehr oder weniger entsagen, sie muß durch ein Martyrium hindurchgegangen sein. Wer dem Neptunischen dauernd sich weiht, muß, wie der uranische Typus, das Irdische schon bei Lebzeiten weitestgehend, entscheidend, verlassen.

Diejenige oder derjenige, der das irdische Leben auf diese Weise verläßt, gelangt schon bei Lebzeiten in die *Gemeinschaft der Heiligen* oder die *weiße Bruderschaft*. Über die anderen, die irdischen Stufen des Bewußtseins wandelnd, und wenn er sie auch bis zur letzten Tiefe entwickelt, gelangt der Mensch zur weißen Bruderschaft nur über den Tod. Darum heißt es hier: Es wähle der Mensch selbst seinen Weg!

Da es sich aber so verhält, so zeigt es sich, daß das menschliche Wesen einen durchaus tragischen Charakter hat. Die enge Todverbundenheit, die zuletzt allen Gestalten eigen ist, zeigt dies an.

Was für die göttliche Gestalt der Amphitrite-Kwannion im höchsten Maße gilt, das erweist sich bei jeder einzelnen der menschlichen Spiegelungen in der ihr eigentümlichen Form. Weil aber allen diesen Schicksalen letzten Endes eine metaphysische Notwendigkeit innewohnt und durch sie hindurchschimmert, ist ihnen die Größe eigen, die sie zum Tragischen erhebt.

Der Kampf des Menschen um sein Ich erreicht auf dieser Stufe seinen letzten Sieg. Auf ihr wird das höhere, das zweite Ich zu so dauernder Wirklichkeit, daß der Mensch damit auch die Grenze seiner Wesenheit schon überschreitet, er muß aus seiner Menschlichkeit selber heraustreten.

Die göttliche Gestalt freilich ist über diesen Kampf schon wieder erhaben. Der Kampf, der sich in ihrem Inneren abspielen mag, geht um die Anerkennung eines Weltgesetzes, des Gesetzes der All-Liebe, das sie in seiner ganzen Wirkung durchschaut. Der Mensch der neptunischen Stufe aber kämpft noch um sein Ich, indem der die ganze Kraft der Konzentration daran wendet, die einmal erreichte Tiefe und Intensität des Du-Erlebnisses festzuhalten, weil diese Tiefe in seinem Ich und im Du zu erkennen seine wesentliche Aufgabe ist.

Denn da dem Menschen von Natur aus nur die irdische Seite des ganzen kosmischen Schicksalszusammenhanges der Welt und der Seelen gegeben ist, so kann er weder sein Ich noch das Du ganz erfassen und muß es sich erkämpfen. Im Maße als dieser Kampf fortschreitet, werden ihm allmählich auch die Umrisse der nicht unmittelbar, auf menschlich-einfache Weise erreichbaren Welt- und Seelengemeinschaft bewußt.

Wenn also für den neptunischen Menschen auch immer jene Stufe der Wandlung des Bewußtseins, die wir die der Telepathie oder des parapsychologischen Denkens genannt haben, und jene der Rückwendung, die wir die All-Liebe heißen, Ziel und Ende seines Lebens bleibt, so entsteht doch jeweils ein ganz anderer Einzelmensch, je nachdem, in welchem Maße auch die anderen Stufen des Bewußtseins ausgebildet sind.

Da in dem eben sich vollendenden Zeitalters der Fische der Frühlingspunkt der Sonne im Zeichen der Fische verharrt ist, so war für die Kultur dieses Zeitalters die neptunische Stufe hervorgehoben. Dennoch hat sich das Bewußtsein der All-Liebe nur wenig in der Kulturmenschheit verbreitet. Es hat sich also gezeigt, daß die Menschheit im allgemeinen noch nicht die Entwicklungsreife für diese Stufe erreicht hat. Darum ist es notwendig, daß andere Entwicklungswege hinzutreten und andere Bewußtseinsstufen zunächst erst weiter ausgebildet werden. Und vielleicht liegt darin der esoterische Sinn dafür, daß sich der Frühlingspunkt der Sonne rückläufig durch die Tierkreiszeichen bewegt.

Die höchste Stufe des neptunischen Menschen wird jedenfalls immer nur diejenige sein, welche alle Stufen, nicht nur die der Rückwendung zur Tiefenschichtung führenden, sondern auch die des Denkens in ihrem Bewußtsein ausgebildet hat, so daß des lückenlos sich über alle Stufen hinweg bewegen kann, ohne daß irgendwo Bewußtlosigkeit eintreten müßte.

Gelangt der Mensch aber so weit, dann wird er der Göttin Amphitrite-Kwannion am ähnlichsten sein.

DER MACHTGEBIETER
SHIWA

DIE ZEHNTE DER GESTALTEN IST DER MENSCH DES STARKEN WILLENS.

DAS SCHICKSAL DES WILLENSMENSCHEN IST DIE TAT. DIE TAT ABER, MIT DER ER IN DEN WELTLAUF EINGREIFT, HAT FOLGEN UND ZIEHT DARUM NEUE UND IMMER NEUE TATEN DES WILLENSMENSCHEN NACH SICH, BIS ER SICH IN EINEM NETZ SEINER TATEN UND IHRER FOLGEN SELBER GEFANGEN HAT, AUS DEM ER SICH DURCH WEITERE NICHT MEHR BEFREIEN KANN.

DAS IST DAS MENSCHLICHE SCHICKSAL DES MACHTGEBIETERS.

Durch jeden wollenden Menschen hindurch aber waltet eine kosmische Macht. Sie bringt es zustande, daß der Mensch nicht nur in den seinshaften Tiefen seines Icherlebnisses ruht, sondern, *aktive Kräfte* entfaltend, in eine zugleich innere und äußere Bewegung gerät. Um aber aus dem ruhenden Icherlebnis zu solcher Bewegung zu kommen, nämlich zu Strebungen, die sich nach außen richten, muß nach der Rückwendung des Bewußtseins, die im Icherlebnis (und den Tiefenschichten des Seelischen) aufgefangen wurde, schon eine neue Wandlung, also *eine Umkehr* in der Bewegungsrichtung des Bewußtseins eingetreten sein.

Mit den Strebungen, die sich als erste deutlich merkbare Stufe vom Icherlebnis abheben, hat somit die Wandlung des Bewußtseins vom Inneren zum Äußeren begonnen. Da aber im Primitivzustand das Icherlebnis für sich selbst noch gar nicht richtig bewußt wird, sondern mit dem Allgemeingefühl und dieses wieder mit dem Körperspüren zusammenfällt, so kann auch die *Stufe der Strebungen als solcher erst deutlich unterschieden werden, wenn schon ein weitgehend entwickeltes Bewußtsein vorhanden ist*, das heißt, wenn auch schon die Stufen der Rückwendung bis zum ersten Aufblitzen des Icherlebnisses durchlaufen sind. Diese Rückwendung setzt aber wieder voraus, daß auch die Stufen der Wandlung über die des organischen Körperspürens, des Gegenständlichen und des Umweltbewußtseins, sowie die ersten drei der begrifflichen, schon zu ausgeprägter Entwicklung gekommen sind. Darum erscheint die Stufe der Strebungen sowie auch die folgenden der Gefühle und der Empfindungen *nicht als solche* in einem Primitivbewußtsein. Es muß schon eine – entwicklungsgeschichtlich gesehen – höhere Bewußtseinsform vorhanden sein. Wir bringen dies zum Ausdruck, indem wir sagen, daß die Strebungen (sowie auch die Gefühle und Empfindungen) erst beim *zweiten Umkreis* der Bewegung des Bewußtseins hervortreten. Darum bezeichnen wir diese Stufe auch als die des *Willens*, nicht etwa der Triebe. Denn der Wille ist schon die entwickeltere höhere Form der Strebungen. Wer Willen entfaltet, der muß schon eine große, reicher gegliederte Welt um sich haben als derjenige, der nur von der Triebhaftigkeit aus lebt. Nur der Wille wird als Aktivkraft deutlich erlebt, die sowohl aus der Innerlichkeit zu kommen scheint, als auch das Äußere, den Körper des Menschen, in Bewegung setzt. Ein bloß dem Trieb folgendes Wesen empfindet seine Aktivität nur im Physischen, nicht auch in seinem Seelischen. Im Gegenteil, in bezug auf dieses fühlt er sich eher passiv, nämlich *getrieben*.

Je reicher nur die vorausgegangenen Stufen der Wandlung des Bewußtseins waren – nämlich auf dem sozusagen ersten Umkreis der Bewußtseinsbewegung – je tiefer in die Schichtung des Seelischen die Rückwendung gereicht hat, desto sinnhafter und bedeutungsvoller wird sich der Wille des betreffenden Menschen entfalten können. Dementsprechend wird es also bei dieser und den folgenden Stufen sehr verschiedene Entwicklungsgrade des Willensmenschen geben. Das ist freilich auch auf allen anderen hervorgehobenen Stufen des Bewußtseins der Fall gewesen. Bei dieser und bei den beiden weiteren ist es aber so, daß schon ihr Zustandekommen einen höheren Entwicklungsgrad, also zwei Umkreise der Bewußtseinsbewegung, voraussetzt.

Der rein triebhafte Mensch – der eigentlich noch gar nicht den Namen des Menschen verdient – kommt hier somit nicht in Betracht. Der erste Entwicklungsgrad, bei dem die Stufe der Strebungen als bewußt betonte auftreten kann, ist der bis zur Stufe des Icherlebnisses entwickelte Mensch, der zweite derjenige, bei dem die höheren Formen des Denkens beziehungsweise die der Tiefenschichtung entstanden sind.

Gleichviel aber, ob wir es mit einem Menschen des ersten oder des zweiten Entwicklungsgrades zu tun haben, die Betonung der Stufe der Strebungen ergibt bei beiden eine Intensität der Aktivkräfte, die jedenfalls schon imstande ist, das Triebhafte zu zügeln und zu überwinden, so daß der Willensmensch in dieser Hinsicht den hohen geistigen Typen gleicht.

Auch ist beim Willensmenschen oft ein sehr stark ausgeprägtes Du-Erleben vorhanden. Er erfaßt auch beim anderen vor allem die Willenskräfte und sucht diese nach seinem Sinn zu beeinflussen, ja zu vergewaltigen. Er schätzt den anderen stets nach der Kraft oder Schwäche seiner Aktivität. Eben darum faßt er ihn auch immer als *lebendig* auf und ist weit davon entfernt, ihn – wie etwa der apollinische Typus – zu vergegenständlichen.

Die ganze Aufmerksamkeit des entwickelten Willensmenschen ist also darauf gerichtet, die Kraft seines Willens an der anderen zu messen, sie zu bezwingen und zu vernichten, sofern sie der seinigen widerstrebt, oder sie zu beugen und der seinigen parallel zu schalten, sofern dies möglich ist. Die Widerstände, die sich ihm entgegenstellen, faßt er stets als willensartige auf, auch wenn es sich um solche der physischen Welt und der in ihr vorhandenen Beziehungen handelt, ja sogar dann, wenn es geistige Hindernisse sind. Diesen Kampf der Willenskräfte sieht er als die eigentliche Wirklichkeit alles Geschehenden an und die zu gewinnende Machtfülle als den Sinn dieses Geschehens. Da sich der Wille, worauf immer er sich richtet, doch zuletzt immer auf dem Boden der physischen Welt manifestiert, so ist der Willensmensch fast immer auch auf die gegenständlichen Sphären eingestellt, aber eben doch erst in zweiter Linie. Je höher die Geistigkeit des Willensmenschen ist, desto weniger wird sich diese Verbundenheit mit der Realität bemerkbar machen, desto größer und weitmaschiger werden die Zusammenhänge sein, durch die sich der Wille eines solchen Menschen zum Ausdruck bringt. Der eigentliche Endpunkt der Entwicklung des Willensmenschen kann daher die Selbstaufhebung des eigenen Willens sei. Es wird jedoch nicht dazukommen, bevor der Willensmensch nicht den Versuch gemacht hat, die ganze ihm ergreifbare Welt unter seinen Willen zu zwingen. Erst in der Erkenntnis des Unendlichen – also auf der höchsten geistigen Stufe – wird er zu Selbstüberwindung seiner Aktivität geführt werden.

Diese Einstellung also ist für den auf den Willen gerichteten Menschen typisch: Alles Leben und alles Wirkliche überhaupt als eine Dynamik gegeneinander gerichteter Aktivität aufzufassen und die eigene nach Tunlichkeit der der anderen überlegen zu machen, ja ihre Tendenz jenen aufzuzwingen. Durch diese Einstellung wird beim Willensmenschen auch das Icherlebnis immer stärker betont und entwickelt. Daher vermag gerade er das Geistige mit der Realität in idealer Weise zu verbinden.

Sosehr aber auch der Mensch sich als Herr seines Willens weiß, die Unterscheidung des Willensmäßigen als eigener Stufe in seinem Bewußtsein ist ihm dennoch nicht ohne die Hilfe jener kosmischen Macht gelungen, denn er weiß ja nicht, wie dies in seinem Bewußtsein geschieht, daß sich die Willenskraft ablöst von seinem Ichselbst.

Diese *kosmische* Macht ist die Macht der *Willensentfaltung.*

Es ist ein kosmisches Wesen da, welches bei der Entstehung aller Willensakte im Menschen schöpferisch waltend eingreift, so daß der Mensch seine Willenskräfte im Sinne der ihn umgebenden Welten zu entfalten vermag, ein Wesen, welches mit sanfter Gewalt in den Bewußtseinen der Menschen die Wandlung zum Willensmäßigen erzwingt. In die Gewalt dieses kosmischen, willensmächtigen Wesens sind alle Seelen gegeben, deren Sein in die bestimmte irdische Form der Wandlung zum Willensakt eingehen soll.

Wir heißen dieses Wesen SHIWA.

Shiwa bedeutet im indischen Mythos die eine Seite der höchsten Dreifaltigkeit, die Macht der Weltschöpfung und -vernichtung, während Vishnu die der Erhaltung darstellt, Brahman aber das in sich ruhende Sein. Bedeutet demnach Brahman das höchste, dem Unendlichen vereinte Geistselbst, so Vishnu und Shiwa die Kräfte der Ausströmung und Einziehung des göttlichen Atems, welche zugleich die Weltentstehung, -erhaltung und -vergehung bewirken. Sie bilden also die erste Stufe der Wandlung des göttlichen Selbste, den Kreis der Verkörperungsstufen und die letzte der Rückwendung. Brahman entspricht darum bewußtseinsmäßig dem Heiligen Geist der christlichen Trinität, Vishnu dem Sohn und Shiwa dem Vater. Die christliche und die indische Religion betonen also beim Vaterprinzip die Stufe des Willens, die griechische Mythologie dagegen die der höchsten Erkenntniskraft, des kritischen Denkens. Darum wird auch Kronos bei ihnen nicht als Weltschöpfer verehrt. Die beiden Stufen, die höchste der Willensentfaltung und die höchste der Erkenntnis stehen im ganzen Bewußtseinskreis aber doch an analogen Stellen, indem sie die erste der Wandlung und die letzte der Rückwendung vor der Erreichung des Geistselbstes, beziehungsweise nach seiner Erreichung darstellen.

Es würden sich dann – anstatt drei – vier Stufen als oberstes Seinsprinzip ergeben. Dies kommt in der Darstellung der christlichen Trinität oft dadurch zum Ausdruck, daß Christus auf dem Bild zweimal erscheint: neben Gottvater zur Rechten sitzend, während die Taube des Geistes über beiden schwebt, und zu Füßen der beiden nochmals als Crucifixus, also in seiner menschlichen Verkörperung, den irdischen Bewußtseinskreis bedeutend. Doch hat dies dogmatisch zu keinen Konsequenzen geführt.

In der indischen Mythologie ist bei dem Gott Shiwa das Prinzip der Weltvernichtung stärker hervorgehoben als das der Weltschöpfung. Dies entspricht wieder der Notwendigkeit eines bereits zum zweitenmal zu durchlaufenden Bewußtseinskreises, denn da die Welt aus Brahman zuerst gleichsam unwillkürlich hervorgeht, so setzt auch hier das willensmäßige Eingreifen des Gottes Shiwa das Bestehen der Welt bereits voraus.

Das *erste* willensmäßige Eingreifen des Gottes in die Welt kann also nur im Sinne der *Weltvernichtung* geschehen, und erst das zweite Eingreifen kann eine neue *Weltschöpfung* sein. Darum ist es richtig, wenn Shiwa als die *erste und einzige* Macht des göttlichen Willens erscheint. So wenigstens müssen wir es auffassen, von der Erde aus gesehen, vom Standpunkt des menschlichen Bewußtseins.

Es muß darum auch jeder Mensch, der mit seinem Willen in seine Welt eingreift, *zuerst zerstören*, ehe er aufbauen kann. Des Gottes Macht also ist die Weltvernichtung und die Weltschöpfung im kosmischen Sinne. Des Menschen Willensmacht bewirkt die Zerstörung und den Wiederaufbau seiner eigenen, kleineren Welt.

Wenn darum ein Mensch durch tiefe Versenkung dieser kosmischen Macht des Shiwa nahezukommen sucht, dann wird die Kraft seines Willens selbst eine schöpferische Macht. Dann begreift er, wieviel von den Willenskräften, durch die der Weltlauf gelenkt wird, in seine eigene Gewalt gegeben ist, und er wird zu einem Mitschaffenden des großen Gottes.

Aber auch der Gott selber ist nicht ohne Schicksal. Es waltet ein Gesetz auch über ihm, ein Weltengesetz, das Gesetz der Willensentfaltung.

Darum durchlebt auch er ein Schicksal, das verwandt ist dem Schicksal des willensmächtigen Menschen. Auch *Shiwa* hat mit seiner hohen Götterkraft so viele Taten in die Welt gesetzt, daß er zuletzt selber im Netz seiner Taten gefangen ist. Um sich aus diesem Netz zu befreien, muß er immer wieder die Welt vernichten, um sie dann neu aufzubauen. Da er aber ein Gott ist und alle Bewußtseinsstufen, auch die der Tiefenschichtung, beherrscht und noch mehr und weitere als der Mensch, so vernichtet er die Welt durch das Herausziehen seiner Kräfte aus ihr, indem er als der größte Meister der Versenkung in den leuchtenden Tiefenschichten seiner Innerlichkeit verharrt. So wenigstens bringt es der indische Göttermythos, in dem die Gestalt des Shiwa wie in keiner anderen Mythologie hervortritt.

Trotzdem aber bleibt bei Shiwa diejenige Bewußtseinsstufe die betonteste, welche als erste der Wandlung des Bewußtseins *nach* einem schon vorher vollzogenen Umkreis der Bewußtseinsbewegung erscheint, nämlich die des Willens. Sein Blick ist darum, wohl aus einer weltüberlegenen Sphäre kommend, fest auf die Erde und die Verwirklichung der Welten des ganzen Sonnenkreises gerichtet.

Im griechischen Göttermythos erscheint an der Stelle des Shiwa der Gott *Ares*, der Gott des wilden Schlachtgetümmels und des mörderischen Krieges. Obwohl er auch zu den zwölf großen Göttern gezählt wird, fehlt ihm doch jene Tiefe, die den indischen Shiwa zu einer so erhabenen Gestalt macht. Es sind vielmehr nur die Auswirkungen des zerstörenden Wollens, das der Grieche in ihm erkannt und personifiziert hat. Darum ist es besser, hier von der griechischen Mythologie abweichend den indischen Gott für diese Bewußtseinsstufe zum Bild zu nehmen.

Eben diese doppelte Ausprägung in höheren und niedrigeren Typen dieser Stufe weisen auch die menschlichen

Spiegelungen auf. Und es ist charakteristisch für diese Stufe wie auch für die beiden noch folgenden, daß es von vornherein zwei verschiedene Grade der Entfaltung ihres Typus geben muß. Sie sind darauf zurückzuführen, welchen Umfang, welche Ausbildung und Tiefe der *vor* dieser Stufe durchlaufene Bewußtseinskreis schon erreicht hat. Zwei ganz verschiedene Ausprägungen dieses Typus entstehen, je nachdem, ob der vorher durchlaufende Kreis des Bewußtseins schon die Tiefenschichtung und die höheren Stufen des abstrakten Denkens mitumfaßt hat oder nicht. Ist es nicht der Fall, so entsteht der *niedrigere* Typus, der bei stark betonten Kräften des Willens doch nur wenig Einsichten gewonnen hat, so daß die Anwendung der Willenskräfte nur verworrenen oder enggesteckten Zielen dient. Es ist jener Typus, der „mit dem Kopf durch die Wand zu rennen" pflegt, wie die Volkssprache ihn charakterisiert, oder „alles übers Knie brechen" möchte. Dieser tritt uns in der griechischen Göttergestalt des Ares entgegen, dem sich Athene als die weisere und darum überlegene Feindin erweist. Er ist auch selten imstande, schöpferisch zu wirken, sondern seine Absichten bleiben bei der Zerstörung stehen. Derjenige Typus aber, der aus tiefster Einsicht zerstört, um wieder aufzubauen, ist in dem indischen Gott Shiwa erfaßt. Ihm entspricht eine Ausprägung im Menschlichen, bei der die Mächte der Zerstörung in höchster weiser Einsicht und Voraussicht des Wiederaufbaues einer neuen Welt angewendet werden.

Eigenartigerweise erscheint sowohl der griechische Gott als auch der indische gepaart mit der schönsten der Frauen, mit Aphrodite, im Indischen Parwati genannt. Da aber Aphrodite die Stufe der anschaulichen Begrifflichkeit darstellt und diese Stufe im besonderen die Entfaltung des politischen Lebens anzeigt, so bedeutet dies, daß die Anwendung der Willenskräfte vorzugsweise dem politischen Leben gelten kann. Hier verwandelt sich der Wille überhaupt in den *Willen zur Macht*. Es entsteht dadurch jener

Typus, der auf menschlicher Ebene an erster Stelle den Willensstarken anzeigt, der *Machtmensch*, der *Tyrann*, dessen Bild sich wiederum sehr verschieden gestalten kann, je nachdem, mit welcher Stufe als drittbetonter sich seine Bewußtseinslage ergänzt. Ist es die hohe Stufe des neptunischen oder des uranischen Bewußtseins, so wird eine ganz andere Persönlichkeit daraus erwachsen, als wenn es die des Hades oder des Apollo ist.

Die Linie der Willens- oder Machtentfaltung ist eine geradlinig vom Zentrum wegstrebende, die unmittelbar in den Kreis der Welt eingreift. Sie hat ihr Symbol darum in der *Zentrifugale*. Von der Fliehkraft gehen auch die meisten zerstörerischen Wirkungen aus. Gestoßen, geschleudert, aus seiner Bahn gebracht wird dasjenige, was der Fliehkraft ohne Gegenwirkung ausgesetzt ist. So auch wirkt die Kraft eines starken Willens oft auf die Mitmenschen und Zeitgenossen des Mächtigen. Das Geschütz ist seine Waffe, das durch fortgeschleuderte Massen wirkt. Explosion ist die Wirkung, die sein Eingreifen oft hervorruft.

Der Trieb lebt sich aus ohne vorhergehende Planung, der Wille wird erst nach vorausgegangener Planung eingesetzt. Seine Wirkung ist bedacht, wenn auch oft nur in beschränkter, primitiver Weise. Darum ist es der *Kopf* von den Körperteilen, der dem Tierkreiszeichen der Willensstufe, dem *Widder*, zugeordnet ist. Der Kopf aber ist der Ausdruck des Denkens sowohl als auch der Persönlichkeit überhaupt. Und der Wille ist ja diejenige Macht im Menschen, welche eigentlich seine *Persönlichkeit* darstellt. Eben darum ist wohl auch das Tierkreiszeichen des Widders für den Typus des Ares oder Mars ausgewählt worden. Denn der Widder ist dasjenige Tier, dessen Kraft im Kopf liegt. Er stürmt und greift an mit dem Kopf voraus, dessen Hörnerschmuck seine Waffe bildet. Wie aber das Tier mit verstandesmäßiger Blindheit, ohne den Gegner abzuschätzen, seinen Angriff macht, so erscheint auch der Mensch mit gering entwickeltem Denken und starken Willenskräften wie ein blind vorstürzendes Tier, als Mensch nicht völlig ohne Denken freilich, aber mit einem Denken, das zu gering ist, um das, was es durch den Willen in Bewegung gesetzt hat, auch zu begreifen, vorauszusehen und zu beherrschen.

Von einer höheren Warte gesehen erscheint freilich alles menschliche Denken als zu gering, um den Einsatz der vollen Willenskraft zu rechtfertigen. Denn auch die Welt des Menschen verliert sich im großen und im kleinen in das Unendliche. Das Unendliche aber kann wieder beim Einsatz der Willenskräfte nicht mitberücksichtigt werden, weil es allen Einsatz des Willens seiner Natur nach aufhebt. Die Wirkung des Willens aber pflanzt sich ins Unendliche hinein fort, und seine letzten Folgen sind niemals restlos abzusehen.

Darum wird jeder Mensch, der sich mit seinem Willen der Welt zuwendet, in irgendeinem Punkt zu einer Verstrickung kommen, in der durch die von ihm selbst in Bewegung gesetzten Wirkungen nicht mehr das geschieht, was sein Wille war, sondern vielleicht das gerade Gegenteil. Er wird dadurch zu einer tragischen Gestalt.

Und auch der Gott *Shiwa* ist in diesem Sinne eine tragische Gestalt, weil auch sein Wille bei einer neuen Weltschöpfung nicht völlig und restlos zum Ausdruck kommt, sondern sich an einem unbekannten Widerstand bricht, durch dessen Wirkungen zuletzt sein Wille aufgehoben und damit die Weltzerstörung notwendig wird.

Aber das Tragische auf der kosmischen Ebene bedeutet keinen Untergang, sondern nur einen Zustand, denn das Sein der kosmischen Mächte vollzieht sich nicht in jenem Ablauf der Zeiten, der uns Irdischen den Tod bringt, sondern es ist gespeist vom Hauch der Ewigkeiten. Und so vollendet auch Shiwa-Ares nicht in *einem* Weltuntergang und *einer* Weltschöpfung sein Schicksal, sondern es ist in *allem* planenden und zerstörenden Willen, in *allen* Weltunter- und -aufgängen.

Es haben darum aber auch die Alten den Ares verehrt als den Bringer des Krieges wie des Friedens, des Streites und der Versöhnung, so wie auch die Inder den Shiwa verehrten als den vernichtenden und den Segen bringenden Gott. Und während dem Helios-Apollo der einzelne Held geweiht war, ist dem Shiwa-Ares der Kriegerstand als solcher heilig als der Vollstrecker seines vernichtenden und segnenden Willens. In diesem Sinne hat auch Shiwa-Ares unter den Menschen eine eigenen Lebensform hervorgebracht. Die große Masse der Heere, der Soldaten und der im Schlachtgewühl in Masse Kämpfenden bildet diese Lebensform. Der einzelne Kämpfer, der Offizier aber gehört dem Helios-Apollo. Dagegen ist der *Feldherr*, der mit weitausschauender Planung und ohne eigene Eingriffe, nur durch seine Befehle die Schlacht lenkt, die unmittelbarste Spiegelung des Willensprinzips, das in Shiwa seinen göttlichen Ausdruck hat.

Es entspricht aber dem Shiwa kein anfängliches, sondern eines der höchstentwickelten Kulturzeitalter, das Zeitalter der altgriechischen Hochkultur. Dieses Zeitalter von ungefähr 2000 v. Chr. bis Christi Geburt verwendet vielfach das Symbol des Widders; die Sage vom goldenen Vließ ist eines der wichtigsten Zeugnisse davon. Die Griechen waren ein Volk planenden, vordenkenden, wachen Willens, das sich mit seinen künstlerisch-kulturellen Schöpfungen und mit den selbständigen Wegen seiner Gedankenbildung sehr von den Völkern der vorhergehenden ägyptisch-minoischen Kultur unterscheidet. Obwohl mit der ägyptischen und der minoischen Kultur des vorhergehenden Stierzeitalters bekannt und in ständiger Berührung, ging es doch in seinen Erzeugnissen ganz eigenen Plänen nach. Wir haben vom Griechentum im allgemeinen den Eindruck, daß es im Gegensatz zu den vorhergehenden und noch fortdauernden Kulturen Vorderasiens und Afrikas, bei denen gefühlsmäßige und triebhafte Bewußtseinsstufen stärker betont erscheinen, den bewußten Willen hervorhebt und dadurch wacher, klarer und gedanklicher ist.

Daß das Griechentum auch den Shiwa-Charakter der Vernichtung anzunehmen imstande war und in seinen Heerzügen oft und oft angenommen hat ebenso wie das zweite große Volk des Widderzeitalter, die Römer, zeigt die andere Seite des Widdertypus. Da bei den Griechen die zweitbetonte Stufe des Bewußtseins im allgemeinen aber die apollinische war, so blieben sie trotzdem immer Individualisten, im Gegensatz zu der andersartigen Ausprägung des Widder-Willensmäßigen etwa bei den Persern, wo der große einzelne Wollende, der Herrscher, der dem Ares verfallenen Masse gegenübersteht. Jedenfalls ist bei den Griechen das deutliche Bewußtsein davon vorhanden, daß sie sich auf dem *zweiten* Umkreis der Bewußtseinsbewegung befinden, indem sie bewußt und willentlich anders tun und besser damit zu tun glauben, als das ist, was sie vorfinden, auch um den Preis, daß sie das Vorgefundene erst vernichten müssen. So handelt das Volk als Ganzes, aber so eingestellt ist auch jeder einzelne Grieche für sich, gleichviel auf welcher Stufe der Entwicklung er stehen mag.

Der Willensmensch ist der *Unternehmer* schlechthin. Da der Wille aber ein Objekt braucht, muß er ein bestimmtes Gebiet für seinen Unternehmungsgeist finden. Dieses Gebiet ergibt sich für ihn daraus, welcher Bewußtseinsstufe die *zweit*betonte ist. Ist es die der Gegenständlichkeit, so wird er vielleicht Großerzeuger von Waren, Gründer einer Fabrik werden. Ist es die des Umweltbewußtseins, so wird er Reisen unternehmen, die einen besonderen Impetus verlangen, also erstmalige Forschungsreisen. Ist es die der anschaulichen Begrifflichkeit, so wird er führender Politiker, Staatsmann, Machtmensch werden. Sind es die Stufen der abstrakten Begrifflichkeit, so wird er Gründer von Organisationen, kaufmännischen, finanziellen, staatlichen, werden. Er ist überall der geborene Führer, denn um eine neue Sache zu unternehmen, dazu bedarf es zunächst eines starken Willensentschlusses. Niemand ist dessen aber mehr fähig als eben er. Wie weit er in der Durchführung seiner

Pläne und Entschlüsse kommt, ist freilich von dem Grad der Ausbildung der anderen Bewußtseinsstufen abhängig, aber die Grundbedingung ist die Willenskraft, das heißt die Fähigkeit des Entschlusses und die ständige Bereitschaft zum aktiven Eingriff.

Dieser Charakter hat sich auch bei den heutigen Griechen noch erhalten. Der Grieche ist und bleibt immer, gleichviel welcher sozialen Stufe er angehören mag, ein einzeln für sich planender und eigene individuelle Initiative entwickelnder Unternehmer. Er ist auch heute noch der typische Kolonisator.

Der eigentümliche Charakter des Widdertypus bedingt, daß er kein eigenes bestimmtes Gebiet der Erfindungen innerhalb der Menschheitsentwicklung hat, seine besondere Kraft ist vielmehr, daß er das Moment des inneren Antriebs auf *allen* Gebieten betont. Darum wird er zum *Führer*, wo immer er eingreift. Das Eingreifen selber, das stete Bereitsein dazu ist seine Erfindung.

Unter den Planeten entspricht aber dieser Stufe der *Mars*, einer der inneren, der der Erde nächste und ein rasch umlaufender Planet. Sein rascherer Rhythmus im Verhältnis zu dem viel langsameren der weiter außen umlaufenden, welche den geistigen Bewußtseinsstufen zugeordnet sind, zeigt auch die raschere Wiederholung der Aufwallung der Aktivkraft gegenüber denen der Gedankenkraft an. Der Mars wird nicht nur dem Tierkreiszeichen des Widders zugeordnet, sondern auch dem des Skorpion als zweiter neben dem Pluto. Auch die beiden noch folgenden Planeten der Zeichen des Stieres und der Zwillinge, nämlich Venus und Merkur, kommen im Tierkreis zweimal vor, und zwar hier in umgekehrter Reihenfolge. Dies zeigt an, daß die ihnen entsprechenden Bewußtseinsstufen im ganzen Kreis einmal in der Wandlung, einmal in der Rückwendung durchlaufen werden. Sei müssen daher naturgemäß zweimal vorkommen. Doch ist dies in der Schematisierung nicht für alle durchführbar, weil das Schema sonst zu kompliziert würde.

Daß Mars aber auch im Skorpion in Verbindung mit dem Pluto erscheint, deutet auf die große innere Verwandtschaft dieser beiden Bewußtseinsstufen hin. Sie erscheinen in der Betonung sehr oft gleichzeitig hervorgehoben.

Das Mysterium einer Gottheit zeigt immer die innerliche, die dem profanen Blick verborgen bleibende Seite eines großen Tatbestandes auf. Da der Gott Shiwa derjenige ist, welcher die Willenskraft des Menschen zur Entfaltung bringt, diese sich aber immer in der Wandlung des Bewußtseins auswirkt, nicht aber in der Rückwendung, so besitzt er eigentlich keine eigenen Mysterienstätten, nur Tempel. Und auch dem Ares bei den Griechen waren keine eigenen Mysterien geweiht, obwohl bei ihnen die Bewußtseinsstufe des Willens und der Initiativkraft als die betonteste erscheint. Ihre Mysterien galten den Göttern der zweit- und drittbetonten Bewußtseinsstufen, dem Apollo, der Kore und anderen. Trotzdem gibt es in Wahrheit eine Entwicklung der Willenskraft, die mit der Entstehung der Tiefenschichtung des Erlebnisbewußtseins zusammenhängt, nämlich die Entwicklung jenes *Überwillens*, der, ohne den geringsten physischen Eingriff zu tun, seine Kräfte auf geistigem Wege umwandelt. Da dies aber die Entwicklung der Tiefenschichte des Uranischen voraussetzt, so finden wir die Stätten der Pflege dieses Überwillens eben dort, wo auch die uranische Stufe zur Ausbildung gelangt, in den Klöstern des Buddhismus. Oder im Zusammenhang mit der Ausbildung der neptunischen Stufe in einzelnen christlichen Ordensregeln wie bei den Jesuiten.

Und dieser ist auch der große geistige Zusammenhang, der mit der Stufe des Willensmäßigen auftaucht, der nämlich, daß es die *Zurückhaltung vom Handeln* ist, welche das tiefere und zugleich umfänglichere Handeln ermöglicht. Je größer der Bogen des Bewußtseins ist, der *vor* der Handlung durchlaufen wurde, desto näher dem Zentrum wird der Hebel des Tuns angesetzt, desto weiter reicht seine Wirksamkeit. Je länger also einer mit seinem Entschluß bis zur Handlung warten kann, desto größer ist er. Ja, dies ist fast ein Maß für die Entwicklungsstufe eines Menschen überhaupt, und vielleicht mit entsprechenden Veränderungen auch ein Maßstab für die aller Wesen, nämlich die Größe des durchlaufenen Bewußtseinsbogens, der sich spannen kann zwischen dem ersten Antrieb und der Durchführung der intendierten Handlung.

Darum ist eben Shiwa, der Gott des wollenden Eingreifens, auch zugleich der große Asket, der mit dem Eingriff Zurückhaltende, der Wartende, der Gott nicht des menschlichen Willens, sondern durchaus *der Gott des Überwillens*, der keines physischen Eingriffs mehr bedarf, um zu seiner vollen Auswirkung zu gelangen.

Aber freilich hat der Gott Shiwa in seinem Bewußtsein, wie jede der kosmischen Mächte, noch ganz andere Stufen als die, welche das menschliche Bewußtsein umfaßt. Denn gerade das, was dem menschlichen Bewußtsein fremd und unerreichbar bleibt, nämlich die Ablösung der Willenskraft von seinem Ich und ihre Richtung auf die Welt des durchlaufenen Bewußtseinskreises, ist in die bewußte Gewalt des Gottes gegeben.

Die eine bestimmte Bewußtseinsstufe der Wandlung aber, die auch für den Gott die vorherrschende ist, hat der Mensch mit ihm gemeinsam. Und alle Menschen, bei denen auch diese die vorherrschende in ihren Bewußtseinen ist und darum die eigentliche Wirklichkeit für sie darstellt, bilden dadurch mit ihm einen *Typus*. Das heißt aber nicht, daß diese Menschen und ihre Schicksale wie Teile seiner kosmischen Macht anzusehen sind, noch auch daß sie diese Macht verkörpern und auf der menschlichen Ebene darstellen sollen, denn jeder Mensch ist eine Wesenheit für sich. Aber solche Menschen sind ihrer Natur nach dieser kosmischen Macht verwandt wie keiner anderen, und sie leben darum mit ihr wie in *einer* Welt.

Darum ist diesen Menschen aber auch eine Gemeinsamkeit in ihren Schicksalen eigen, und ihr Schicksal ist verwandt mit dem des Gottes. Es ist bestimmt durch das Gesetz der Willensentfaltung.

Nach diesem Weltengesetz steht Ares-Shiwa im diametralen Gegensatz zu *Aphrodite*, welche das Gesetz des Ausgleiches, der Harmonie bedeutet, während Shiwa, durch immer erneuten Eingriff zur Disharmonie gelangend, von Weltuntergang zu Weltschöpfung und von Weltschöpfung zu Weltuntergang fortschreitet. Während Aphrodite den ersten Schimmer des Geistigen um die Dinge wirft und ihnen dadurch die Härte des Materiellen wegnimmt, führt Shiwa durch die Richtung des Willens auf sie, gerade zur materiellen Welt zurück. Während Shiwa die durch den Willenseingriff entstandenen Spannungen bis zur Explosion überzieht, bringt Aphrodite durch die ausgleichende Macht der Erkenntnis im Anschaulichen die entstandenen Spannungen zur Lösung. Die Gefahren, die von der aphroditischen Stufe heraufbeschworen werden, liegen in der oberflächlichen Auflösung der Gegensätze, welche durch die willensmäßige entstehen, in der Anspannung der Gegensätze bis zur Zerreißung der Wirklichkeit.

Darum bedeutet die Heraufkunft des Reiches des Shiwa das Ende und die Auflösung des Reiches der Aphrodite. Da aber zwischen jeder Weltschöpfung und Weltvernichtung eine Phase des Ausgleiches der Gegensätze eingeschoben ist, ohne welche die Welt keinen Augenblick bestehen könnte, so bedarf Shiwa der Wirksamkeit der aphrodisischen Stufe wie keiner anderen. Dieser Zusammenhang ist im Mythos durch seine große Liebe zu Parwati dargestellt, von der er sich so wenig zu trennen wünscht, daß er ihr seine eigene rechte Seite zur Wohnung angewiesen hat. Und indem Shiwa zur größten Disharmonie oder Gegensätzlichkeit, Aphrodite-Parwati aber zum harmonischen Ausgleich dieser Gegensätzlichkeit hinführt, so bilden beide zusammen den vierten der Urgegensätze, durch welche das Weltgeschehen, obwohl nach entgegengesetzten Richtungen gedrängt, sich dennoch in gleichem Sinne vorwärtsbewegt. Dieses aber ist das Urgegensatzpaar von Wille und Erkenntnis.

Die erste Spiegelung des Shiwa ist der griechische Gott *Ares*, der Gott des Schlachtgetümmels. Da aber bei den Griechen die uranische Stufe nur wenig betont war, die neptunische noch nicht vorhanden, so hat dieser Gott, obwohl er zugleich bei ihnen die betonteste Bewußtseinsstufe darstellt, eine noch verhältnismäßig primitive Gestalt.

Die großartigste Spiegelung des Willensmäßigen im Göttermythos ist der indische Gott *Shiwa*. Indem er das Prinzip der Aktivität bildet, mußte er den beiden anderen Gliedern der indischen Dreifaltigkeit überlegen werden. Die ganze Tiefe des indischen Geistes kommt aber darin zum Ausdruck, daß die Inder gerade diesen Gott der Vernichtung besonders mit der uranischen Stufe begabt sich vorstellen. Das Shiwa aber nicht nur der Gott der Vernichtung, sondern auch der Schöpfung ist, beweist die überaus starke Betonung der geschlechtlichen Zeugungskraft bei ihm. Bekannt ist in Indien der Lingakult. Auch der weiße Stier, auf dem reitend er vorgestellt wird, ist ein Symbol der geschlechtlichen Fruchtbarkeit.

Der Widdertypus ist überhaupt der geschlechtlich betonte Mann, der zeugungsstarke. Denn es vereinigt sich bei ihm der Trieb mit dem Willen, und beide können im gleichen Sinne wirken. Dies verstärkt in besonderem Maße die Triebkraft. Natürlich kann der Wille sich unter Umständen auch gegen den Trieb richten. In der männlichen Geschlechtlichkeit des Widdertypus aber wirken sie zusammen und verstärken sich. Der Helios-Apollotypus, der ebenfalls starke Geschlechtsbetonung zeigt, wirkt mehr durch seine Erscheinung, der Widdertypus durch die Kraft seines Einsatzes.

Daß der Gott Shiwa auf einem Stier reitend erscheint, ist aber nicht nur ein Hinweis auf seine Stärke, sondern zeigt an, daß diese Göttergestalt schon in der vorarischen Zeit, im Stierzeitalter, 4500 bis 2300 v. Chr., entstanden ist und große Verehrung genossen hat. Denn das Stierzeitalter verwendet als besonderes Symbol den Stier. Die indische Kultur begann aber mit der drawidischen, vorarischen Epoche, mit dem Stierzeitalter. Daher wurde damals bei den Indern das Rind geheiligt und wird auch heute noch für heilig gehalten. Der Einbruch der Arier vom Norden her nach dem drawidischen Indien erfolgte vor dem 2. Jahrtausend, fällt also mit dem Beginn des Widderzeitalters zusammen. Daß die Arier nicht etwa die Verehrung des Stieres durch die des Widders ersetzten, hängt damit zusammen, daß der Willensmensch und somit das ganze Widderzeitalter die Verehrung des Tieres überhaupt ablehnt. Der Willensmensch weiß sich Herr über das Tier, auch über das Tierhafte in sich, den Trieb, den er aus dem Willen heraus bejahen oder verneinen kann. Darum erscheint ihm im Tiere nichts Göttliches. Ganz anders als dem das Gefühlsmäßige hervorhebenden Menschen und Zeitalter. Der Stiertypus, gefühlsbetont, sieht im Tier und im Trieb etwas Göttliches und verehrt beide. Daß die Arier aber die Widder-Willensmenschen sind, sagt schon ihr Name; Arier-Aries-Ares sind derselbe Wortstamm.

Von den bedeutungsvollen menschlichen Spiegelungen des Willenstypus sind mehrere bis zu göttlicher Verehrung erhoben worden. Allein diese Verehrung war in keinem Falle von Bestand, sondern schwand mit der Macht des betreffenden Menschen dahin. Die großen Widdertypen sind leicht aufzufinden, weil es in der Natur dieses Typus liegt, hervorzutreten und von sich reden zu machen. Nicht etwa aus Ruhmsucht, sondern weil die Eingriffe des Willens solcher Menschen auf ihre Umgebung so fühlbar sind, daß man sie vergöttert oder ihnen flucht.

Die *Gewaltherrscher* aller Zeiten und Völker bilden die dritte Spiegelung des Widderprinzips. Es sind die *Dschingis-Khan*, *Tamerlan*, die *Xerxes*, *Attila*, die *Herodes*, die schrecklichen *Iwan* und alle Tyrannen kleinerer und größerer Art. Tyrannentypen, deren Willensmäßiges mit anderen, ebenfalls stark betonten Bewußtseinsstufen verbunden ist, sind: *Mohammed, Cromwell, Napoleon.*

Für sie alle ist es kennzeichnend, daß sie etwas *Erstmaliges* in die Welt gesetzt haben, Wege beschritten haben, die noch niemand gegangen war, Entdeckungen machten, die niemand vor ihnen geahnt hat. Darum gehört auch in diese Reihe das Vorbild aller Entdeckungsfahrer, *Columbus,* und viele seines Zeitalters. Ebenso auch *Nansen* und viele heutige Entdeckungsfahrer.

Von den großen *Feldherren* aber gibt es so viele, daß sie hier auch nicht annähernd alle angeführt werden könnten. *Wallenstein* sei genannt als einer für alle.

Ist bei einem Denker und Philosophen die Stufe des Willens als zweitbetonte neben der des Denkens hervorgehoben, so wird er das Willensprinzip zum Fundament seines Gedankenbaues machen. Auf diesem Weg entstehen die voluntaristischen Philosophen, wie die *Nietzsches, Schopenhauers* und anderer.

Ist neben dem Willensmäßigen die Stufe der abstrakten Begrifflichkeit am stärksten betont, so entstehen die Typen der großen *Organisatoren* auf allen möglichen Gebieten oder die großen – *Verbrecher.* Denn auch zur Durchführung eines großen Verbrechens bedarf es einer oft weit ausschauenden, sehr disziplinierten Willenskraft.

Die Überspitzung des Willensmäßigen im Menschen führt zur *Tobsucht.* Es ist der mit seinem Willen alles Überrennenden, der *Amokläufer.* An solchen Menschen vollzieht sich denn auch zwangsläufig das typische Widderschicksal. Sie rufen so viel Widerstand hervor, daß sie daran zerbrechen müssen.

Eine besondere Gefahr für die Menschheit ergibt sich, wenn dem Widdertypus die Gewalt hinsichtlich der Anwendung der Technik in die Hand gegeben wird. Denn er wird kein Bedenken tragen, sie bis zu den letzten Möglichkeiten auszunützen, ohne Rücksicht auf ihre Folgen; daraus eben kann die Gefahr der Selbstausrottung der

Menschheit entstehen. So wie sich in primitiven Verhältnissen öfters zwei feindliche Stämme bis zur gänzlichen
gegenseitigen Vernichtung befehden, so könnten die beiden
letzten feindlichen Parteien, in die sich die Menschheit bei
fortschreitender Organisation zuletzt gliedern dürfte, sich
durch Anwendung der entwickelten Technik beim letzten
entscheidenden Kampf um die Macht über die ganze Erde
gegenseitig vollständig vernichten. Doch es sind nicht nur
die dämonischen, sondern auch göttliche Kräfte in der
Menschheit lebendig.

Der Widdertypus ist nicht derjenige, der die neue Idee
selbst in die Welt setzt, sondern der, der sie zur Durchführung bringt. Daher steht er trotz seiner großen Verwandtschaft zum Schützemenschen, dem Ideenschöpfer,
doch in einem gewissen Gegensatz. Infolge der Fähigkeit,
die Idee zur praktischen Durchführung zu bringen, wird
meist *ihm* der Ruhm der erstmaligen Gestaltung zuteil,
während der Schützetypus, dem die Idee doch zunächst zu
verdanken war, in der Durchführung zurücksteht und auch
bei einer möglichen Nutznießung in der Regel leer ausgeht,
um zuletzt irgendwo in der Fremde verkannt und verarmt
zu sterben. Vereinigt jedoch ein Mensch diese beiden Bewußtseinsstufen als betonte in sich, die der Ideenschöpfung
und die der Willensmacht, dann entsteht eine großartige,
ans Übermenschliche heranreichende Gestalt. Wir können
in *Perikles*, in *Julius Cäsar*, in dem großen *Darius*, in *Peter
dem Großen* von Rußland und anderen für ihr Zeitalter
bestimmend gewesenen Herrschern solche Gestalten er-
blicken.

Denken wir einen solchen Typus auch noch begnadet
mit der vollen Ausbildung der uranischen Stufe, so müßte
die Übermenschlichkeit einer solchen Gestalt in die Augen
leuchten. Aber es ist *keine* Gestalt in der ganzen Geschichte der Menschheit zu finden, von der dies mit Sicherheit
behauptet werden könnte. In der Gestalt des Kaisers von
China ist solche Größe der Idee nach vorausgesetzt, und

auch das Papsttum hat in seinen größten Vertretern dieser Idee nachgestrebt. Ob sie aber jemals verwirklicht wurde, bleibt fraglich.

Bei den meisten Persönlichkeiten, die zum Widdertypus gehören, ist aber die Begrenztheit, welche die schon durchlaufene Bewußtseinsbewegung aufweist, sehr stark fühlbar, weil sie dann zu der Betontheit der Willenskräfte in auffallendem Kontrast steht. Dadurch ist die geistige Begrenztheit überhaupt zu einem charakteristischen Merkmal des Widdertypus geworden. Natürlich ist diese Begrenztheit immer relativ und kann auch sehr große geistige Höhe bedeuten, aber sie ist fast immer da, außer bei den höchsten Typen, die aber dann eben schon an das Übermenschliche heranreichen.

In schwer zu vereinigendem Gegensatz steht der Willensmensch auch zu der Stufe der All-Liebe. Da die Stufe des Willens dem Icherlebnis ganz nahesteht, bleibt der Willensmensch auch eher ichbetont. Er ist darum häufig der entschiedene *Egoist*. Wohl gibt es Organisatoren großen Stils, die ihre Kraft dem Aufbau sozialer Einrichtungen widmen, aber die Stufe des Willens ist dann doch nicht mehr die stärkstbetonte, wie sehr sie auch entwickelt sein mag. Der eigentliche einfachere Widdertypus ist der stürmende, aber in seiner Art beschränkte, egoistische Mensch.

Er ist also derjenige, der bei aller seiner Stärke zugleich die Begrenztheit alles Menschlichen zeigt. Denn es liegt in der Entwicklung des menschlichen Wesens eine Grenze, daß es ihm nicht gelingt, die Werte und Vorzüge *aller* Bewußtseinsstufen in *einer* Persönlichkeit zu vereinigen, sondern daß die Erwerbung der einen den Besitz anderer jeweils in Frage stellt oder aufhebt. In diesem Dilemma, die eine betonteste Stufe zur höchsten Ausbildung zu bringen oder die anderen Stufen als zweit- und drittbetonte hinzuzuerwerben, liegt die Problematik jedes menschlichen Typus überhaupt.

Das Bewußtsein des Gottes Shiwa ist über diese Kämpfe freilich schon wieder erhaben. Und sein Bewußtsein umfaßt ja auch nicht nur die irdische Welt, sondern es sind ihm noch andere Weltzusammenhänge und andere Tiefenschichten des Seelischen gegeben. Indem er aus diesen Tiefenschichten zu immer erneuten Weltvernichtungen und Weltschöpfungen schreitet, findet er den Ausgleich seines Daseins im ewigen rhythmischen Wechselspiel mit den Kräften der Göttin Aphrodite-Parwati, in Zerreißung und Harmonisierung den Weltprozeß vollendend. In diesem kehrt er in ewig erneuter Schwingung zu sich selbst zurück. Er ist eine *astrale* Gestalt.

Das menschliche Bewußtsein enthält aber nur die eine Dimension der seelischen Tiefe, die zu seinem Ich führt, und kann sich andere nur mit großen Anstrengungen ahnungsweise erobern. Der menschliche Widdertypus ist eben eine *irdische* Gestalt.

Im menschlichen Lebenskreis ist jeder willensstarke, reife Mann, der sein Streben auf die Verwirklichung seiner Willensentschlüsse richtet, ein Widdertypus. Es sind aber trotz der möglichen stärkeren Geschlechtsbetonung desselben doch auch weibliche Typen denkbar, wenn sich die Bewußtseinsstufe des betont Willensmäßigen mit anderen, dem weiblichen Geschlechtstypus entsprechenden Bewußtseinsstufen als zweitbetonten verbindet. Denn dadurch, daß das Willensmäßige schon immer auf dem zweiten Umkreis der Bewußtseinsbewegung liegt, kann die schon entwickelte Bewußtseinslage dem weiblichen Wesen sehr entgegenkommend gebildet sein. Es sind auch wirklich weibliche Formen des Widdertypus sehr zahlreich und in guter Form vorhanden.

Das sind die energischen Frauen, die als der Typus der *Widerspenstigen* vorkommen. Oder sie sind auf höherer Stufe *Unternehmerinnen*. Auch Frauen als große *Organisatorinnen* gibt es häufig. Ja es fehlt auch nicht an weiblichen *Tyrannen* großen Stiles, wenn sie auch wohl niemals den

306

Grad der Brutalität erreichen, welche dem männlichen Gegenstück eigen sein kann. *Elisabeth* von England ist als ein solcher Typus zu bezeichnen. *Maria Theresia* von Österreich erscheint als eine Gestalt, bei der sich das Willensmäßige aufs beste mit der Bewußtseinsstufe des Mütterlichen verbunden hat.

Je nachdem nun, wie weit der durchmessene Bewußtseinskreis ist und welche Tiefe er hat, der in dem Willen eines entsprechenden Menschen aufgenommen wird, demnach entstehen die verschiedenen Entwicklungsphasen des Widdertypus.

Die erste Stufe dieses Typus wird dargestellt durch den einfachen Mann aus dem Volk, dessen Bewußtseinskreis klein, dessen Willenskräfte aber desto stärker sind. Es ist der leicht zu Brutalität neigende, eigensinnige und für die vernünftige Zurede der Umgebung schwer zugängliche *Streitsüchtige*, der durch Beharren auf seinem Willen nur zu leicht in Händel und Konflikte gerät und innerhalb seiner Familie sich als ein Tyrann im kleinen erweist.

Das vermag übrigens auch die entsprechende weibliche Ausprägung dieser Entwicklungsstufe zu sein, die der männlichen an Streitsucht und Eigensinn gleich ist, überall Händel und Konflikte verursacht, nur daß sie an Brutalität der männlichen in der Regel nachsteht.

Die zweite Stufe wird durch den Initiator oder *Unternehmer* auf allen möglichen Gebieten dargestellt. Bei ihm wird ein schon wesentlich weiterer Kreis der durchlaufenen Bewußtseinsstufen vorausgesetzt. Die Möglichkeiten der Varianten sind hier außerordentlich groß. Je nach dem Umfang der als zweiten betonten Bewußtseinsstufen ergeben sich viele verschiedene Formen innerhalb dieser Entwicklungsphase.

Auf der dritten Stufe dieses Typus steht der *Selbstherrscher* oder *Tyrann*. Hier ist der Umfang der durchlaufenen Bewußtseinskreise der größte, weil das Gebiet des angewendeten Willens nicht ein bestimmtes, beschränktes, sondern der ganze Inhalt der jeweils gegebenen Kulturform eines Volkes ist, ja unter Umständen eines Weltteils. Die Größe eines solchen Herrschers hängt nicht nur von dem Umfang, sondern auch von der Tiefe des schon mit Bewußtsein Erfaßten ab. Die Versuchung, dem Triebhaften freie Bahn zu geben und den machtvoll gewordenen Willen dafür auszunützen, ist natürlich sehr groß. Geschieht dies, so wird aus dem Selbstherrscher der Tyrann im üblen Sinne. Es fehlen dann aber auch in seinem Bewußtsein die Stufen der Tiefenschichtung oder sind nur mangelhaft vorhanden.

Sind die Stufen der Tiefenschichtung ausgebildet, dann ist die Rückwendung des Bewußtseins schon so bedeutend, daß ein Beharren auf dem Triebmäßigen nicht mehr stattfinden kann. Dann ergibt sich der größte, ans Übermenschliche heranreichende Typus des Willensmenschen. Bei durchschnittlichen Kulturmenschen reicht die Rückwendung des Bewußtseins nur bis zu der Stufe des Icherlebnisses und schwingt von dieser zu einer neuen Wandlung des Bewußtseins in das Willenshafte zurück. Beim höchstentwickelten Typus, der in der Tiefe die Stufe des Geistselbstes und der All-Liebe erreicht hat, geht die Bewegung des Bewußtseins in der neuen Wandlung natürlich erst wieder über das Geistselbst und den Hüter der Schwelle zum Icherlebnis zurück, um von diesem in das Willensmäßige einzuschwingen. Denn es kann niemals eine Stufe ausgelassen oder übersprungen werden, sie kann nur unbetont und dadurch unbemerkt bleiben.

Aber es ist dem Menschen nicht gegeben, die Stufen des Willensmäßigen dauernd mit denen der Tiefenschichtung zu verbinden. Ein solches Bewußtsein hat nur der *Gott*. Der Mensch erreicht einen solchen Zustand nur in einzelnen Momenten, welche für ihn dann zu schicksalsentscheidender Größe heranwachsen.

Derjenige, der das irdische Leben in entscheidender Weise verläßt, gelangt *schon bei Lebzeiten* in das Jenseits oder den Himmel. Derjenige aber, der, über die anderen, die irdischen Stufen des Bewußtseins wandelnd, eine dieser Stufen – also auch die des Willens – zur betonten erhebt, gelangt zu dauernder Verbindung mit der Tiefenschichte nur über den Tod. Der Himmel wird ihm erst *nach dem Tode* zuteil.

Da sich dies aber so verhält, so zeigt sich, daß das menschliche Wesen einen durchaus tragischen Charakter hat. Die enge Todverbundenheit, die zuletzt allen Gestalten eigen ist, weist darauf hin.

Was für die göttliche Gestalt in höchstem Maße gilt, das erscheint bei jeder einzelnen der menschlichen Spiegelungen in der ihr eigentümlichen Form. Weil aber diesen Schicksalen allen letzten Endes eine metaphysische Notwendigkeit innewohnt und durch sie hindurchschimmert, ist ihnen die Größe eigen, die sie zum Tragischen erhebt.

Der Kampf des Menschen um sein Ich wird auf der Stufe des Willens, als der ersten einer erneuten Wandlung des Bewußtseins, gleichsam neu begonnen. Es scheint der Sieg in der Erringung des tieferen Icherlebnisses oder gar der Tiefenschichtung des Erlebnisbewußtseins schon errungen zu sein. Indem das Bewußtsein aber zu einer neuen Stufe der Wandlung gelangt, ist es nicht imstande, diesen Sieg, nämlich die Tiefe des Selbstes, dauernd mitschwingen zu lassen, und der errungene Sieg geht daher teilweise wieder verloren. Der Mensch, der mit der uranischen Stufe an die Grenze seiner Wesenheit gelangt ist, tritt mit der willensmäßigen wieder in dieser zurück. Und so setzt sich der Kampf des Menschen um sein Ich auf einem neuen Umkreis seiner Bewußtseinsgestaltung fort.

Die göttliche Gestalt ist über diesen Kampf freilich schon wieder erhaben. Der Kampf, der sich in ihrem Inneren abspielen mag, geht um die Anerkennung eines Weltgesetzes, des Gesetzes der Willensentfaltung, das der Gott in seiner ganzen Wirkung durchschaut. Der Mensch des starken Willens aber kämpft um sein Ich, indem er die ganze

Kraft seines Einsatzes dazu verwendet, die einmal erreichte Tiefe seines Ichs in seiner Willensentfaltung zum Ausdruck zu bringen, weil dieses Ich zu erkennen überhaupt seine wesentliche Aufgabe ist.

Denn da dem Menschen von Natur aus nur die irdische Seite des ganzen kosmischen Zusammenhanges als Gebiet seiner Willensentfaltung gegeben ist, so kann er sein Ich in seinem Willen auch nicht ganz zum Ausdruck bringen, sondern muß es sich immer erst erkämpfen. Im Maße, als dieser Kampf fortschreitet, werden ihm allmählich auch die Umrisse der nicht unmittelbar, auf menschlich einfache Weise erreichbaren Welt- und Schicksalszusammenhänge bewußt und er kann sie so teilweise in seinen Willen miteingehen lassen.

Wenn also für den Shiwatypus des Menschen auch immer jene Stufe der Wandlung des Bewußtseins, die wir die der Willensentfaltung nennen, Ziel und Ende seines Lebens bleibt, so entsteht doch jeweils ein ganz anderer Einzelmensch, je nachdem, in welchem Maße auch die anderen Stufen des Bewußtseins ausgebildet sind.

Wenn in dem vergangenen Zeitalter des Widders der Frühlingspunkt der Sonne im Zeichen des Widders verharrte, so war für die Kultur dieses Zeitalters die Stufe des Willensmäßigen durch den Gott hervorgehoben. Das Bewußtsein des Gewollten gegenüber dem des Triebes hat sich deutlich und durch höhere Wertung abgegrenzt.

Die höchste Stufe des Willensmenschen wird jedenfalls immer nur diejenige sein, welche alle Stufen, nicht nur die der Wandlung des Bewußtseins, sondern auch die der Rückwendung, bis in die Tiefenschichtung führenden, ausgebildet hat und, wenn auch nicht dauernd, so doch in gewissen schicksalsentscheidenden Momenten, in die Willensentfaltung miteinschwingen läßt.

Gelangt der willensstarke Mensch aber so weit, dann wird er dem Gotte Shiwa am ähnlichsten sein.

DIE ERDUMWANDLERIN
ARIADNE

DIE ELFTE DER GESTALTEN IST DER MENSCH DES STARKEN GEFÜHLS.

DAS SCHICKSAL DES GEFÜHLSMENSCHEN IST SEIN FÜHLEN SELBST. DENN INDEM EIN MENSCH SEIN GEFÜHL ERSTARKEN LÄSST, BEGEGNET IHM VIELES IN SEINEM LEBEN, DAS IHM SEELISCHES LEID ZUFÜGT. DARUM SUCHT EIN SOLCHER MENSCH EINEN WEG DURCH DAS DASEIN ZU FINDEN, AUF DEM ER DEM LEID ENTGEHEN KANN. DA ABER DAS LEID AUCH IN DER MENSCHLICHEN NATUR BEGRÜNDET IST, KANN IHM DAS NIE GANZ GELINGEN.

DAS IST DAS MENSCHLICHE SCHICKSAL DES GEFÜHLSSTARKEN.

Durch jeden fühlenden Menschen hindurch aber waltet eine kosmische Macht. Sie bringt es zustande, daß der Mensch nicht nur Willensregungen und Strebungen aus seinem Ich entwickelt, sondern daß diese Regungen und Strebungen sich auch in Gefühle weiterverwandeln. Die Gefühle aber sind eine unermeßliche Fülle von bis ins Feinste abgestuften Qualitäten, durch die sich das noch einheitliche Icherlebnis über die Strebungen hinüber in die Vielfalt des Seelischen auseinanderbreitet. Es hat damit die zweite Stufe der Wandlung des Bewußtseins eingesetzt. Da im Primitivzustand der Bewußtseinsentwicklung das Icherlebnis aber noch mit dem Allgemeingefühl und dieses wieder mit dem Körperspüren zusammenfließt, so heben sich in einem solchen Zustand zuerst nur wenige Gefühle als eigene Qualitäten davon ab und es werden nur die beiden ausgeprägtesten Gefühlstöne, nämlich Leid und Freude, als solche deutlich unterschieden.

Die differenzierte Unterscheidung der Mannigfaltigkeit des Gefühlten kommt erst zustande, wenn bereits eine weitgehende Entwicklung des Bewußtseins stattgefunden hat, das heißt, wenn es schon die Stufen der Rückwendung bis zum Icherlebnis durchlaufen kann. Diese Rückwendung setzt aber wieder voraus, daß auch die Stufen der Wandlung über die des organischen Körperspürens, des Gegenständlichen und des Umweltbewußtseins sowie die drei einfacheren begrifflichen, schon zu deutlicher Ausprägung gekommen sind. Darum tritt auch die Stufe der Gefühle sowie die der Strebungen und die weitere der Empfindung als solche in einem Primitivbewußtsein nicht hervor, sondern erst bei dem sozusagen *zweiten Umkreis* der Bewußtseinsbewegung. Wenn die Gefühlswelt sich entfalten soll, so muß schon eine große, reichgegliederte äußere Welt für den Menschen vorhanden sein. Je reicher aber die vorausgegangenen Stufen der Wandlung ausgebildet sind und je tiefer die vorausgegangene Rückwendung des Bewußtseins war, desto reicher und bedeutungsvoller wird sich auch das Gefühl des betreffenden Menschen differenzieren: Dementsprechend gibt es auch sehr verschiedene Entwicklungsgrade des Gefühlsmenschen. Dies ist freilich auf allen hervorgehobenen Stufen des Bewußtseins so. Bei den drei ersten Stufen der Wandlung – also auch bei der der Gefühle – setzt aber schon die deutliche Unterscheidung dieser Stufe vom Allgemeinzustand zwei Entwicklungsgrade, zwei Umkreise der Bewußtseinsbewegung, voraus.

Menschen der primitiven Stufe folgen ihrem Triebe gleichsam blind, weil ihr Gefühlsleben mit dem Triebhaften ganz zusammenfließt. Sie bleiben daher ihren Trieben verhaftet. Die Differenzierung des Gefühls ermöglicht auch eine Loslösung vom Trieb. So wie im weißen Licht die Farben des Regenbogens nicht unterscheidbar sind, so gibt es auch für den Primitivmenschen nur *ein* Gefühl, nämlich dasjenige, das der Ausdruck seines jeweiligen Triebes ist. Wie aber durch eine Ablenkung der Lichtstrahlen die Differenzierung der Farben entsteht, so differenziert sich auch das Gefühl aus dem gleichsam einheitlichen Strom des Lebensgefühls und es tritt eine Mannigfaltigkeit hervor, die es ermöglicht, den Lebensstrom in verschiedene Richtungen zu lenken und damit die erste rein innerseelische Loslösung vom Triebhaften zu vollziehen.

Durch die Differenzierung der Gefühle entsteht auf dieser Stufe auch die erste Möglichkeit der wirklich gefühlshaften Anteilnahme am Leben des anderen, des Du. Wenn dieses Mitfühlen auch noch nicht bis zu dem Bewußtsein der All-Einheit schaffenden All-Liebe vordringt, so wird doch hier jeder einzelne Mensch gleichsam durch eine Gefühlsschattierung repräsentiert. Er ist für den Fühlenden als ein besonders Gefühl vorhanden. In diesem Sinne also auch ein Stück seiner selbst.

Die ganze Aufmerksamkeit des entwickelten Gefühlsmenschen also ist darauf gerichtet, im Gefühl selbst zu leben und immer feinere Unterscheidungen zu machen, sein ganzes Verhalten diesen Unterscheidungen anzupassen. Da er so alles, auch die ganze äußere Welt, auf bestimmte Gefühle bezieht und mit ihrer Farbe tränkt, so hält er die Gefühle bald für die eigentliche Wirklichkeit. Aus der verschiedenartigen Gefühlsbetontheit, die alle Personen, Ereignisse und Umwelten für ihn haben, ergeben sich auch bestimmte Gegensätzlichkeiten, die als *Sympathie und Antipathie* auftreten. In diesem Antagonismus spielt sich sein Leben ab. Und sind es beim Willensmenschen die Widerstände, welche die Außenwelt und die in ihr realisierten Willenszentren ihm entgegensetzen, so sind es beim Gefühlsmenschen die sich widersprechenden Gefühle in seiner eigenen Psyche, die sein Leben zu einem dauernden Kampf gestalten.

Da aber alle Menschen von Natur aus Realisten sind, so sind auch beim Gefühlsmenschen – und besonders bei dem primitiveren Typus – die Gefühle an bestimmte Gegenstände gebunden, auf die dann auch Sympathie und Antipathie übertragen werden. Je weiter sich aber der Gefühlsmensch entwickelt, desto mehr löst sich das Gefühl auch vom unmittelbar gegebenen Gegenstand ab und richtet sich auf höhere und weitere Zusammenhänge, und so verliert auch der Gefühlsmensch allmählich das Anhangen an die Erdenschwere, die für ihn zunächst das Lebensgefühl darstellt. Der Endpunkt der Entwicklung des Gefühlsmenschen aber ist, daß er aus dem Kampf der Gefühle einen Weg findet, durch den er in den Stand gesetzt wird, seine Existenz auf eine immer breitere und höhere Basis zu stellen. Das ist aber darum möglich, weil das Gefühl als solches etwas höchst Positives und Existentielles ist, so daß die Gefühle immer unmittelbarstes seelisches Leben bedeuten. Dieser existentielle Wert der Gefühle kommt aber desto stärker zum Vorschein, je mehr die mit Erdenschwere behafteten Gefühle, besonders die der Antipathie, überwunden werden und höheren und sympathetischen Platz machen. Wenn diese das Übergewicht gewonnen haben, dann geschieht es leicht, daß ein solcher Mensch in die Tiefenschichtung des Seelischen ganz unvermerkt eintritt und in der Stufe der All-Liebe die eigentliche und letzte Seinsgrundlage erfährt.

Diese Einstellung also ist für den auf das Gefühl gerichteten Menschen typisch: alles Leben und alle Wirklichkeit als eine in lebhafter Dynamik befindlichen Mannigfaltigkeit von Gefühlen verschiedenster Art aufzufassen und innerhalb dieser Welt der Gefühle einen Antagonismus zu erleben, durch den unter ihnen – ähnlich wie bei den verschiedenen Willenskräften – ein Kampf entsteht, der im negativen Fall zugunsten der Affekte, im positiven zugunsten der existentielleren Gefühle entschieden wird. Durch diese Einstellung wird beim Gefühlsmenschen auch das Ich- und das Du-Erlebnis stärker betont.

Sosehr aber auch der Mensch sich stets mit dem eben in ihm lebendigen Gefühl eins weiß und sich darum Herr seiner Gefühle und ihres Soseins glaubt, so gelingt ihm die Unterscheidung des Gefühlshaften in seinem Bewußtsein als einer eigenen Stufe der Wandlung dennoch nicht ohne Hilfe jener kosmischen Macht, denn er weiß ja nicht, wie es in seinem Bewußtsein geschieht, daß sich die Mannigfaltigkeit der Gefühle von seinen Strebungen ablöst.

Diese *kosmische* Macht ist die Macht der *Gefühlsentfaltung*.

Es ist ein schaffendes Wesen da, welches bei der Entstehung aller Gefühle im Menschen schöpferisch waltend eingreift, so daß der Mensch sie im Sinne der ihn umgebenden Welten zu entfalten vermag, ein Wesen, welches mit sanfter Gewalt in den Bewußtseinen der Menschen die Wandlung zum Gefühl erzwingt. In die Gewalt dieses kosmischen Wesens sind alle Seelen gegeben, deren Sein in die bestimmte irdische Form der Wandlung zum Gefühlsleben eingehen soll.

Wie heißen dieses Wesen ARIADNE.

Ariadne bedeutet soviel wie die besonders Heilige, Geehrte, Geweihte. Sie erscheint im griechischen Mythos freilich zuerst bloß in der Verkörperung durch eine menschliche Gestalt, nämlich als Tochter des Königs Minos von Kreta, nicht gleich als Göttin. Sie gehört auch nicht zu den griechischen Frauengestalten der Sage, sondern ist eine fremdländische Erscheinung. Sie stammt aus dem Kreise der minoischen Kultur jenes Landes, mit der die griechische Wanderungs- und Eroberungslust in der Frühzeit zusammenprallte. Dennoch gibt es in keiner der anderen Mythologien eine Gestalt, die in so eindeutiger Weise das Wesen des gefühlsbetonten Menschen darstellen würden wie diese. Ariadne ist jenes seltene Geschöpf, welches aus dem Gefühl heraus den goldenen Faden findet, der sie und alle Menschen aus dem labyrinthischen Irrgängen und Verstrickungen des Lebens zu erretten vermag.

Blind gleichsam, ihrem Gefühl folgend, sucht sie einen Weg durch das Leben zu gehen, folgt sie einem inneren Drang. Und nichts kann letztlich für den Menschen das Entscheidende sein als das Gefühl, mit dem er alle Ereignisse und Erscheinungen des Lebens begleitet und mit dem er sie gleichsam auffängt. Auch die Vernunft des kritischen

Denkens, auch die Macht des Willens kann nichts bewirken, wenn nicht jene innere Stimme, mit der das Gefühl sich bemerkbar macht, ihre Zustimmung gegeben hat. Darum sind es diejenigen Menschen, die am leichtesten den Weg durch das Leben finden, in deren Bewußtseinen die Stufe des Gefühls in reicher und mannigfaltiger Weise ausgebildet ist. Und schon der einfache Mensch anerkennt diese Fähigkeit des Gefühlsmäßigen. So vernehmen wir oft, daß der starke, heldische und willensmächtige Mann die Entscheidung über die wichtigsten und verantwortungsvollsten Schritte in die Hände einer mit reicher Gefühlsentfaltung begabten Frau legt.

Ariadne aber stammte aus jener Kultur, welche, anders geartet als die griechische, die Stufe des Gefühls als eine besonders betonte hervorgehoben und entwickelt hatte, nämlich aus der ägyptisch-minoischen, die dem astronomischen Zeitalter des Tierkreiszeichens des Stieres entspricht. Als Königstochter höchste Vertreterin dieser Kultur, blieb sie im griechischen Bewußtseins deren Sinnbild. Und darum soll es auch uns gestattet sein, ihren Namen für den der kosmischen Macht zu setzen, welche in der Entwicklung des menschlichen Bewußtseins die Stufe des Gefühlsmäßigen am stärksten hervorhebt.

Wenn darum ein Mensch durch tiefe Versenkung dieser kosmischen Macht der Ariadne nahezukommen sucht, dann wird die Kraft seines Gefühles selbst eine schöpferische Macht. Dann begreift er, wieviel von den Gefühlskräften, durch die er im Inneren bewegt wird, in seine eigenen Gewalt gegeben ist, und er wird zu einem Mitschaffenden der großen Göttin.

Aber auch die Göttin selber ist nicht ohne Schicksal. Es waltet ein Gesetz auch über ihr, ein Weltgesetz, das Gesetz der *Gefühlsentfaltung*.

Darum durchlebt auch sie ein Schicksal, das verwandt ist dem Schicksal des gefühlsmäßigen Menschen. Auch Ariadne hat, durch ihr Gefühl geleitet, einen hohen Weg der Entwicklung durch das Leben gefunden. Indem sie aber das Gefühl zur entscheidenden Macht in dieses Leben einsetzte, hat sie auch das Leid zu einer großen und mannigfache Formen zeigenden Gewalt erhoben. Da sie aber eben wegen der Stärke und Größe ihres Gefühls auch alles Leid miterleben muß, so muß sie ständig auch durch jene Art der Gefühle hindurchgehen, um deren Vermeidung willen sie ja den Weg der Entwicklung zu gehen versucht. Sie ist darum auch als Göttin eine tragische Gestalt.

Ihr Blick ist mit einem schmerzlichen Ausdruck, wie leicht verschleiert, auf das Bild gerichtet, das ihr die Erde bietet.

Wie schon auf der Stufe des Willens sind also auch bei der des Gefühls zwei ganz verschiedene Grade der Entfaltung dieses Typus gegeben, die darauf zurückzuführen sind, welchen Umfang und welche Ausbildung und Tiefe der vor dieser Stufe schon durchlaufene Kreis des Bewußtseins erreicht hat. Zwei ganz verschiedene Ausprägungen dieses Typus entstehen, je nachdem, ob der vorher durchlaufene Kreis des Bewußtseins schon die Tiefenschichtung und mit ihr die höheren Stufen des abstrakten Denkens umfaßt hat oder nicht. Ist das noch nicht geschehen, so entsteht der niedrigere Typus, der mit stark betonten Kräften des Gefühls doch nur wenig Einsichten verbindet, so daß die Gefühlskräfte sich auf die einfachsten Zusammenhänge richten und oft ganz am Gegenständlichen haften. Es ist jener Typus, der seine Gefühle vor allem an das Materielle heftet und im Besitz, sei es von Dingen und irdischen Gütern, sei es von verbrieften Rechten an die Menschen seiner Umgebung und die überlieferte Lebensform, seine stärkste innere Befriedigung erlebt. Mit Leidenschaft wird er sich für diese Dinge einsetzen und an ihrem Verlust unter Umständen zugrunde gehen. Eine solche Verletzung seiner Gefühle kann aber auch zur Ursache einer großen Erweiterung des Bewußtseins werden, sie kann dazu führen, daß durch eine Krise hindurch große, neue Einsichten gewonnen werden, daß die Lebensform erhöht und auf solcher neuen Basis überhaupt ein neues Leben begonnen wird. Auf diese Weise kann der niedrigere Typus sich allmählich in den höheren verwandeln. Solche Verwandlung zeigt auch das Schicksal der minoischen Königstochter Ariadne, die, von großer Liebe zu dem Helden Theseus erfüllt, das Mittel ersinnt, durch das er aus dem Labyrinth ans Tageslicht zurückfinden sollte, indem sie ihm das Wollknäuel gibt, an dessen abgerolltem Faden er sich zurücktastet, nachdem er den Erdstier, den furchtbaren Minotaurus, erlegt hat. Ariadne wird Theseus´ Braut und soll von ihm nach Griechenland heimgeführt werden. Aber unterwegs, auf der Insel Naxos Rast machend, wird sie von Theseus heimlich verlassen und bleibt allein auf der Insel zurück. Hier nun geschieht die innere Wandlung. Tiefste Erschütterung des Gefühls öffnet ihr für vieles die Augen und läßt sie reif und würdig werden des Gottes, der die Einsame auf der Insel entdeckt und an seine Seite erhebt, des Dionysos.

Deutlich sind die beiden Stufen des Bewußtseins hier aufgezeigt, von denen die höhere durch eine tiefste Erschütterung, durch eine Krise, die bis ans Leben geht, erreicht wird. Und so ist dieser Typus gekennzeichnet. Die Frau, die im Wesen der Ariadne gleicht, ist nicht der mütterliche Typus, der sein Schicksal im Kinde findet, auch nicht der aphrodisische, der leicht und harmonisch durch die Schwierigkeiten des Lebens hindurchgleitet, auch nicht der der Artemis, die kämpferisch selbst die Waffen ergreift, um für die Idee einzutreten, die sie erschaut hat, noch auch der der Heiligen, der Amphitrite-Kwannion, die durch völliges Entsagen den höchsten Preis der Verinnerlichung erreicht: es ist die Frau, die ihr *eigenes* Leben gestaltet und, indem solche Gestaltung von selbst auf die Problematik des Lebens stößt, durch immer erneute Einsichten und Gestaltungsversuche zu immer neuen Stufen der Entwicklung gelangt.

Das Wesen des Gefühlsmenschen also ist der *Weg*, er geht einen Weg, er sucht einen Weg. Darum ist sein Symbol das Sternbild des *Stieres*, der auch als ein Zugtier einen Weg sucht, langsam und sicher ihn ertastend. Die Last, die der Mensch auf seinem Wege mit sich zieht, ist die Erdenschwere seines Gefühls, das er stets bei sich führt und das er nur mit Mühe weiterbringt und überwindet. Da der Weg des Menschen aber nicht nur einen physischen, sondern auch einen geistigen Sinn hat, wird er zum Wege der *Entwicklung*, deren Ideen in keinem Zeichen deutlicher zum Ausdruck kommt als in dem des Stieres und in keinem menschlichen Typus deutlicher als im Ariadnetypus.

Diese Entwicklung bewegt sich aber beim Gefühlsmenschen in der immer erneuten Gestaltung einer Lebensform, nicht bloß in der Richtung einer Vergeistigung oder gar Auflösung des Lebens im Geistigen. Sie vollzieht sich in der Wandlung des Bewußtseins, nicht in der Rückwendung. Die innere Einstellung ist auf das Irdische gerichtet, sie sucht im Irdischen die Erfüllung, die Entwicklung vollzieht sich auf dem Wege durch den ganzen irdischen Lebenskreis, sie betrifft daher zuletzt die *Erde* selber. Die Frau, die als Typus gleich der Ariadne im Leben steht, ist im doppelten Sinne des Wortes eine *Umwandlerin* der Erde.

Die symbolische Linie der Gefühlsentfaltung ist daher die *Zentripetale*, weil alle Erscheinungen und Ereignisse des Lebens zuletzt immer wieder auf das Gefühl, als ihr eigentliches Zentrum, zurückbezogen werden, und in diesem Sinne wird das Gefühl die Mitte, zu der sowohl die Wandlung wie die Rückwendung des Bewußtseins immer wieder hintendieren. Wie in der Richtung der Zentripetale alle Fliehkräfte ihre Grenze finden und durch sie allein schließlich doch zum Zentrum zurückverbunden bleiben, so ist das Gefühl, das mit dem irdischen Leben am tiefsten zusammenhängen macht, dasjenige Zentrum, welches durch seine Schwerkraft die auseinanderstrebenden Kräfte des Bewußtseins, die nach dem Materiellen und nach dem Geistigen zu entfliehen scheinen, zuletzt doch im Seelischen aneinanderschmiedet, und zwar in einem solchen Seelischen, das der Erde und dem irdischen Dasein des Menschen entspricht.

Der Stier zieht die Last mit der Kraft seines Halses, seines Nackens. Aber auch der Mensch beugt unter der gefühlten Last des irdischen Daseins seinen Hals. Darum entspricht von den menschlichen Körperteilen auch der *Hals* und Nacken dem Tierkreiszeichen des Stiers, in welchem der Planet Venus als irdische Liebesgöttin Herrscher ist, womit angezeigt werden soll, daß das Gefühl hier in seiner Bindung an das Irdische, als eben in der Wandlung des Bewußtseins, erfaßt wird.

Es entsteht also die Bindung des Menschen an das Irdische, an die bloß dreidimensionale Sphäre, durch das Gefühl. So wird auch die himmlische Seele der Jungfrau, der Kore, durch das Gefühl verführt, auf die Erde herabzusteigen und in ihr eine Welt zu sehen. Darum erscheint Ariadne als deren Schwester, gleichgerichtet wie jene, nur in einem anderen Umkreis des Bewußtseins stehend, also gleich einer *älteren* Schwester. Und indem auch Ariadnes Seele immer wieder in diesem Gefühl schwingt, das die irdische Sphäre umwittert, gleich dem eigentümlichen Duft einer seltenen Blüte –, gleich dem Duft der Narzissenblüte, von welchem die Sage erzählt, daß durch ihn Kore verführt ward, die Erde zu betreten –, geht auch sie eine Bindung ein zu der irdischen Sphäre, die sich mit ihrem Dasein als Göttin auf der astralen Ebene nicht völlig verträgt.

Ariadne ist darum als Göttin eine tragische Gestalt, weil auch ihr Gefühl sich an den Widerständen der bloß dreifach ausgedehnten Sphäre bricht und brechen muß und auch sie zwingt, durch immer erneute Erschütterungen und Krisen dieses Gefühl hindurch, an der Verbindung mit dem irdischen Dasein festzuhalten.

Aber das Tragische auf der kosmischen Ebene bedeutet keinen Untergang, sondern nur einen Zustand, denn das Sein der kosmischen Macht vollzieht sich nicht in jenem Ablauf der Zeiten, der uns Irdischen den Tod bringt, sondern es ist gespeist vom Hauche der Ewigkeiten. Und so vollendet auch Ariadne nicht in *einem* krisenhaften Hindurchgang, nicht in *einer* alle Werte des Irdischen umfassenden Krise und ihr Schicksal, sondern sie ist in *allem* aufwühlenden Gefühle und in *allem* Wegsuchen und *allem* Sichentwickeln des irdischen Lebens und aller Planeten des Sonnenkreises.

Es haben darum aber auch die Alten Ariadne hoch verehrt, und wenn sie diese auch nicht zu einer Göttin erhoben, so entsprechen ihrem Wesen sicherlich andere weibliche Gottheiten des minoisch-ägyptischen Kulturkreises, deren Namen wir nicht mehr wissen. In Ägypten aber zeigt die Göttin *Isis* solche Gestalt. Durch ihre Kraft findet auch Osiris – gleich dem Theseus eine Ausprägung des Sonnenprinzips – wieder in das irdische Leben zurück. Und der das Land überschwemmende *Nil* erscheint wie ein Ausbruch des überstarken Gefühls, nach dem das Land der Seele wohl zerstört, aber zu neuer Fruchtbarkeit fähig zurückbleibt. Der Ariadnetypus ist die *problematische* Frau, deren Bild uns in der Nophretete und den Pharaoninnen entgegenschaut.

Und es entspricht der Ariadne kein anfängliches, sondern ein hochkultiviertes Zeitalter, das Zeitalter der altägyptischen Hochkultur, ungefähr 4500 bis 2300 v. Chr. In diesem Zeitalter finden wir nicht nur in Ägypten, sondern auch in anderen Ländern eine besondere Verehrung des Stieres als des vorwiegenden Symbols dieser Kulturen. Daß er in Ägypten selbst als Apis im Mittelpunkt des Kultes stand, es ist bekannt. Parallel dazu ist die Gestalt des Minotaurus auf Kreta in der Hauptstadt des minoischen Reiches, die Verehrung des Rindes in Indien, stammend aus der drawidischen Zeit, die Rückführung der Entstehung der Welt auf den Urstier in Babylonien. Auch die Sage von der Entführung Europas, der schönen phönikischen Königstochter, durch den in Stiergestalt verwandelten Zeus zeigt die Erinnerung an die Verehrung des Stieres.

Daß in der ägyptischen Kultur und in der minoischen das Ursymbol des *Weges* für das menschliche Leben wesentlich war, zeigen die eigentümlichen Wegführungen, welche in den Pyramiden den Besucher bis in das Zentrum geleiten, zeigt der komplizierte Bau des kretischen Labyrinths. Hier ist überall die Zurücklegung eines Weges durch die Architektur betont, während wir nichts dergleichen bei einem griechischen Tempel oder einer gotischen Kirche oder Bauwerken anderer Kulturen vorfinden können. Wie stark das Gefühlsmäßige in den Kulturen des Stierzeitalters hervorgehoben war, können wir kaum mehr erfassen. Daß diese Bewußtseinsstufe weit mehr betont war als in der darauffolgenden Zeit des Widders, welchem die griechische Hochkultur entspricht, geht auch aus dem Gegensatz zu dieser hervor, denn im Griechentum ist das Gefühl als solches nur von geringer Bedeutung. Auch spricht die hohe Wertung, die das weibliche Wesen in der ägyptischen und minoischen Kultur erfährt, die sich bis zu mutterrechtlichen Formen steigert – wir finden sie auch in der gleichzeitigen drawidischen Kultur in Indien –, sehr für eine stärkere Hervorhebung des Gefühlsmäßigen in diesem Zeitalter.

Als Umwandlerin der Erde ist Ariadne zu vergleichen mit Eva, der ersten Frau, welche das Schicksal der bitteren Erde auf sich genommen hat und dann sehen muß, wie weit sie dieses Schicksal, auf der Erde wandelnd, meistern kann oder wohin es sie auf dem Wege des Erdenwalles führt. Wie Kore, die Verführte, verwandt ist mit Eva, so Ariadne mit der schon aus dem Paradiese Ausgestoßenen, welche mit Schmerzen Kinder gebiert. Wie aber der Gegenpol zu der Eva das Testament Maria ist, die durch die völlige Entsagung und das Martyrium zu der Stufe der All-Liebe gelangt, so ist Ariadne der Gegenpol zu Kore, indem sie,

nicht heimkehrend in das verlorene olympische Götter-
leben, sondern auf der Erde weiterwandelnd und diese
Wanderschaft auf sich nehmend, den Versuch macht, die
Erde selbst in ein Paradies, in einen Garten umzuwandeln.
Kore steigt in die Erde hinein und gelangt in die Unterwelt,
Ariadne steigt aus dem Labyrinth, das unter der Erde war,
also aus der Erde heraus, an das Licht des irdischen Tages.
Der Faden der Ariadne aber, der sie zu diesem Licht gelei-
tet, ist ihr *Fühlen*.

So wird Ariadne eigentlich zum *Bild der Erde*, wie sie
das Ziel des Menschen ist, zu der vom Menschen gestalteten, in eine höhere Form des Lebens gebrachten Erde. Da
aber die Erde in dieser Gestalt selbst wieder nichts anderes
sein kann als das Abbild des Menschen, so ist Ariadne
zugleich das vergöttlichte Bild des auf der Erde lebenden
Menschen oder die vergöttlichte Erde selbst. Der Planet
Venus im Erdzeichen Stier bedeutet die umgewandelte
Erde, die Erde auf der höheren Entwicklungsstufe, auf die
sie durch den Menschen gelangen kann.

Ariadne durchlebt das Martyrium der Erde nicht wie
Amphitrite im Du, sondern im Ich. Sie ist ganz auf sich
gestellt, sie ist der Mittelpunkt des Daseins auf der Erde.
Sie ist das Bild Gottes „Mensch", jenes Gottes, der herab-
gestürzt ist in die bloß dreidimensionale Sphäre und, diese
durchwandelnd, sich seines göttlichen Ebenbildes langsam wieder bewußt wird. Darum ist ihr Wesen die Wandlung, die Entwicklung. Durch das Gefühl aber wird der
Mensch zum Menschen, aus dem Gefühl wandelt er sich
zum Gott.

Auf der Stufe der Amphtrite-Kwannion wird gar nicht
der Versuch unternommen, das Bild des verwandelten
Menschen der Erde einzuprägen, sondern sie beläßt das
menschliche Leben in seiner einfachen Gestalt, ohne es
ändern zu wollen, und nur ihr geheimes Wissen um die
letzten Tiefenschichten gibt dem ganzen einen neuen Sinn.
Er liegt aber im Jenseits. Die Heilige fügt sich in die Bedin-

gungen des Erdendaseins, wie es ist. Und auch wenn sie zuletzt zur Kaiserin erhoben wird, fügt sie sich den vorgeschriebenen Bedingungen ihrer Stellen.

Ariadne aber will das Leben umwandeln. Nicht wie Artemis aus der Idee, sondern praktisch und einfach durch anderes Fühlen. Dieser Gedanke der Wandlung des Erdenlebens ist in der neueren Zeit sehr stark geworden. Es ist immer wieder der Ariadnetypus, welcher als „das Weib" in der Kunst dargestellt wird. Das aber muß wohl so sein, weil in dieser Epoche dem Menschen zum erstenmal die Erde als etwas Eines und Ganzes zu Bewußtsein kam, eingeleitet durch das Überschreiten des tiefen Einschnittes im Übergang des Bewußtseins, welches zwischen der Stufe des Widders und der der Fische liegt, in der Zeit des beginnenden Christentums.

Je höher der Typus in der Entwicklung gekommen ist, desto mehr wird von diesem Erdhaft-Ganzen in der Gefühlswelt Ausdruck werden. Das Schicksal wird diesen Menschen so führen, daß er mit immer größeren Kreisen des Irdischen in Berührung kommt. Die Problematik und die dadurch entstehenden Krisen treiben ihn weiter. Er wird nicht an dem Ort seiner Heimat bleiben. Je niedriger der Typus ist, desto mehr wird dagegen das Erdhaft-Schwere in ihm überwiegen. Er wird dann sehr am Materiellen hängen und über die ersten Gegebenheiten seines Daseins nur langsam oder gar nicht hinauswachsen. Da aber der Zug zur Entwicklung doch auch in diesen Typen vorhanden ist, so erhalten sie leicht etwas Zwiespältiges, das sie verlogen, treulos und wetterwendisch erscheinen läßt. Sie sind auch egoistisch und habgierig. Wenn sie ganz materiell eingestellt sind, so verfolgen sie dieses Ziel mit der Zähigkeit, die den Erfolg bringt. Diese Menschen werden reich. Die Erde belohnt die mit ihren Gütern, die sich ihrem Gesetz fügen. Es sind jene Typen darunter, an denen man die Ungerechtigkeit des Schicksals zu erkennen meint. Aber das Schicksal ist nicht ungerecht, wenn es diejenigen

Naturen mit materiellen Gütern beschenkt, die sich auf deren Erwerb eingestellt haben.

Das Mysterium einer Gottheit zeigt immer die innerliche, die dem profanen Blick verborgen bleibende Seite eines großen Tatbestandes auf. Obwohl das Gefühl des Menschen durch seine Gerichtetheit auf das Irdische zu einer Stufe der Wandlung, nicht der Rückwendung des Bewußtseins wird, kann doch vom Gefühl aus sehr leicht eine Rückwendung zu der Tiefenschichtung des Erlebnisbewußtseins stattfinden. Das Fühlen verwandelt sich dann in das *Hellfühlen*, aus dem die weitere Rückwendung zu den ichhaften Tiefenstufen sich vollzieht. Das Gefühl selbst erscheint dann als eine farbige Wolke, in der das Ich mitten innen steht, während bei dem normalen fühlen das Ich mit dem gefühlten in eins verfließt. Darum gibt es auch im Altertum eine Reihe von Mysterienstätten, welche die Einweihung vom Gefühl her pflegten, vor allem die *ägyptischen Mysterien*, die in den Pyramiden ihre Pflegestätten hatten.

Und dieser ist auch der große geistige Zusammenhang, der mit der Stufe des Gefühlsmäßigen auftaucht, daß es die Zurückhaltung vom Ausdruck des Gefühles ist, welche das Gefühl vertieft und läutert. Auf solche Läuterung waren auch die ägyptischen Mysterien aufgebaut. Sie brachten das Gefühl des Einzuweihenden bis zum letzten erlebten Todesgrauen und führten ihn dann weiter.

Aus solchem geläuterten und bis in die Tiefenschichte rückgewendetem Gefühl entstehen als Ausdruck die großen Ursymbole einer Kultur. Darum ist es auch die Göttin Ariadne, unter deren geistiger Strahlung dieser Abschnitt in der Entwicklung der einzelnen Kulturen steht, in dem die Ursymbole auftauchen, welche dann für das ganze Zeitalter dieser Kultur maßgebend sind.

Aber freilich hat die Göttin Ariadne in ihrem Bewußtsein, wie jede der kosmischen Mächte, noch ganz andere Stufen als die, welche das menschliche Bewußtsein umfaßt. Denn gerade das, was dem menschlichen Bewußtsein fremd und unerreichbar bleibt, nämlich die Ablösung der Mannigfaltigkeit der Gefühle von seinen Strebungen, ist in die bewußte Gewalt der Göttin gegeben.

Die eine bestimmte Bewußtseinsstufe der Wandlung aber, die auch für die Göttin die vorherrschende ist, hat der Mensch mit ihr gemeinsam. Und alle Menschen, bei denen auch diese die vorherrschende in ihren Bewußtseinen ist und darum die eigentliche Wirklichkeit darstellt, bilden dadurch mit ihr einen *Typus*. Dies heißt aber nicht, daß diese Menschen und ihre Schicksale wie Teile ihrer kosmischen Macht anzusehen sind, noch auch daß sie diese Macht verkörpern und auf der menschlichen Ebene darstellen sollen, denn jeder Mensch ist eine Wesenheit für sich. Aber solche Menschen sind ihrer Natur nach dieser kosmischen Macht verwandt wie keiner anderen, und sie leben darum mit ihr wie in *einer* Welt.

Darum ist diesen Menschen aber auch eine Gemeinsamkeit in ihren Schicksalen eigen und ihr Schicksal ist verwandt mit dem der großen Göttin. Es ist bestimmt durch das Gesetz der Entfaltung des Gefühls.

Nach diesem Weltengesetz steht Ariadne in diametralem Gegensatz zu *Hades*, welcher das Prinzip der Unterwelt bedeutet: Während aber Hades den Menschen in die Unterwelt seiner Triebhandlungen zurückreißt, führt Ariadne ihn durch die volle Bewußtwerdung seiner Gefühlswelt aus seiner Unterwelt heraus. Hades beschränkt und fesselt den Menschen, indem er alles in das Schema der Begriffe spannt. Ariadne erlöst ihn daraus, indem sie ihn auf den Ursprung alles Einzelnen im Gefühl hinweist. Hades also fesselt die Seele, indem er mit den Begriffen die äußeren Schranken des Lebens aufzeigt, Ariadne befreit die Seele, indem sie diese im Fühlen zu sich finden läßt. Die Gefahren, welche durch die Stufe des Hades heraufbeschworen werden, liegen in der Entseelung, in der Mechanisierung des Wirklichen, die, welche durch die gefühlsmäßige Stufe entstehen, im Gefühlsüberschwang.

Darum bedeutet die Heraufkunft des Reiches des Hades das Ende und die Auflösung des Reiches der Ariadne. Indem Ariadne die Entwicklung des Bewußtseins weitertreibt zu einer Verwirklichung auf höherer Ebene, möchte Hades sie zurückschrauben auf die nächstniedrigere Stufe, die der Dämonen. Ariadne also will den Menschen in das Paradies führen, Hades aber ihn in den Tartaros bannen. Und indem beider Kräfte in entgegengesetztem Sinne wirksam sind, bilden sie den fünften der Urgegensätze, durch welchen das Weltgeschehen, obwohl nach entgegengesetzten Richtungen gedrängt, dennoch im gleichen Sinne sich vorwärtsbewegt. Durch die Spannung dieser entgegengesetzten Kräfte, des Dämonischen und des Göttlichen, aber wird der Mensch auf derjenigen Ebene festgehalten, welche die menschliche bildet. Und nicht mit Unrecht hat man ja vom Menschen gesagt, daß er ein Wesen ist, in der Mitte bestehend zwischen Dämonen und Göttern.

Die erste Spiegelung der Göttin Ariadne ist die Priester-Prinzessin *Ariadne* aus dem minoischen Kreta, wie sie die griechische Sage darstellt. Die Wisserin des Weges, die große Liebende, die problematisch zwischen zwei Kulturen Stehende, die um ihres Doppelwesens willen Verlassene und endlich vom Gotte auf höhere, göttliche Stufe Erhobene. Diese Sage ist wie ein Roman und dieser Typus Frau ist auch der *romanhafte*.

Die zweite und wahrscheinlich großartigste Spiegelung der Gefühlsmäßigen ist die Göttin *Isis* aus dem ägyptischen Göttermythos. Deutlich wird auch hier der doppelte Kreis der Entwicklung. Auch hier wird die zweite Stufe durch eine Katastrophe oder Krise hindurch erreicht, den Tod und die Zerstückelung der Leiche des Göttergemahls Osiris, den Isis, hierin der Ariadne von Kreta gleichend, aus der Vernichtung zurückholt. Isis ist eine rätselhafte Gestalt. Sie verwirklicht in ihrem Fühlen alle Tiefen des Mysteriums des ägyptischen Kultes. Das bedeutet, daß sie auch die Tiefenschichten des Seelischen schon durchlaufen hat und wirklich die höchste Stufe ihres Typus darstellt. Sie ist diejenige, der es zu danken war, daß die ägyptische Erde jedesmal nach der Überschwemmung durch den Nil sich in einen Garten verwandelte, in ein Paradies an Fülle und Fruchtbarkeit. Sie war das Vorbild der *Pharaoninnen*, die in dem stark nach der mutterrechtlichen Seite neigenden Ägypten weit mehr bedeutete als bloß die Gemahlinnen des Herrschers in vaterrechtlichen Verhältnissen.

Darum ist eine Spiegelung des Stiermenschen auch *Nophretete*, deren einzigartige individuelle und intellektuelle Züge eine ganze Lebensgeschichte enthalten.

In der griechischen Welt begegnet uns keine weitere Gestalt ihrer Art. Dagegen finden wir den einfacheren Typus in der neueren Literatur oft und oft dargestellt. Es ist die *Sentimentale*, welche meistens die Heldin des Romans wird. So ist in den Lustspielen Shakespeares der heiter-aphrodisische Typus der Frau stets dem ernsteren, gefühlvollen gegenübergestellt, die Beatrice der Hero in „Viel Lärm um nichts", die Viola der Olivia in „Was ihr wollt". Sie ist ganz und gar der in der neueren Literatur so bedeutsam gewordene Typus der unverstandenen Frau. Weiter stellt *Hedda Gabler* in dem Drama Ibsens diesen Typus dar. Auch hier gibt es zwei Stufen der Entwicklung, auch hier steht die Frau zwischen zwei Männern, von denen der eine die banale, bürgerlich gutsituierte Ehe, der andere die künstlerisch angehauchte Atmosphäre bedeutet. Wie aber alle Charaktere hier unterhöhlt und morbid erscheinen, so endet auch das ganze Schicksal dieser Frau im Bösen, im Selbstmord.

Diese Typen sind schwerer aufzuzeigen, weil sie in der Öffentlichkeit meistens nicht hervortreten, so muß man sie nur in der Dichtung suchen. Da gibt es freilich unzählige Beispiele. Es sind immer jene Frauen, die zwischen zwei Männern stehen und darum treulos erscheinen. In Wirklichkeit ist aber ein weiteres und tieferes Bewußtsein in ihnen wach geworden. Für dieses ist der Lebensrahmen bald zu eng, in dem sie zuerst recht glücklich gelebt haben. Sie verlassen ihn. Ihr Wesen scheint darum die *Treulosigkeit* zu sein, um so mehr, als oft auch das Kind, das sie in der ersten Ehe hatten, sie nicht am Weiterbau ihres Schicksals hindert. Hieraus erwachsen viele schwere Konflikte, an welchen diese Frauen oft scheitern. Ein typisches Beispiel dafür ist auch die *Anna Karenina* in Tolstojs Roman.

Die gefühlsbetonte Frau, die in ihrem Leben einen Weg der Höherentwicklung gehen will, kommt also leicht in ethische und soziale Konflikte. Die fest gewordene Form des schon gelebten Lebens bildet ein Hindernis der freien Entfaltung ihrer gesteigerten Innerlichkeit und sie wird dadurch selbst problematisch. An ihrem Schicksal zeigt sich die Begrenztheit und Schwierigkeit des menschlichen Lebens überhaupt, das, solange es in den Bahnen des Irdischen sich abwickelt, an bestimmte Formen und Normen gebunden erscheint. Sie zu durchbrechen, führt zum Verbrechen und zu Krisen und Katastrophen. Mancher Ariadnetypus stirbt daher auf der Insel Naxos, ehe er von dem Gott erlöst wird. Mancher wieder gelingt es, gleich der minoischen Prinzessin, eine höhere, geistigere Form des Daseins zu verwirklichen.

Das Bewußtsein der Göttin Ariadne ist über diese Kämpfe freilich schon wieder erhaben. Und ihr Bewußtsein umfaßt ja auch nicht nur die irdische Welt, sondern es sind ihr noch andere Weltzusammenhänge und andere Tiefenschichten des Seelischen gegeben. Indem sie aus diesen Tiefenschichten zu immer neuen Entwicklungsstufen des sich verkörpernden Lebens schreitet, findet sie den Ausgleich ihres Daseins in ewigem rhythmischem Wechselspiel mit den Kräften des Gottes Hades, im Aufwärts und Abwärts der Entwicklung den Weltenprozeß vollendend. In dieser Entwicklung kehrt sie in ewig erneuter Schwingung zu sich selbst zurück. Sie ist eine *astrale* Gestalt.

Das menschliche Bewußtsein enthält aber nur die eine Dimension der seelischen Tiefe, die zu seinem Ich führt, und kann sich andere nur mit großen Anstrengungen ahnungsweise erwerben. Der menschliche Ariadnetypus ist eine irdische Gestalt.

Im menschlichen Lebenskreise ist jede gefühlsstarke reife Frau, die ihr Gefühl auf die Verwirklichung einer irdischen Lebensform wendet, ein Ariadnetypus. Es sind in diesem Streben aber trotz der möglichen stärkeren Geschlechtsbetonung der weiblichen Seite doch sehr wohl auch männliche Typen denkbar, wenn sich die Bewußtseinsstufe des Gefühls mit anderen, dem männlichen Geschlechtstypus mehr entsprechenden Bewußtseinsstufen als zweit- und drittbetonten verbinden. Darum sind auch männliche Formen des Stiertypus sehr häufig und in guter Bildung vorhanden.

Es sind die gefühlsbetonten Männer, die oft als Künstler, Dichter, Romanschriftsteller auftreten. Sie sind entweder – auf der niedrigeren Stufe – stark mit dem Irdischen, Materiellen verbunden und hängen an dem, was sie besitzen, mit großer Zähigkeit, oder es sind *Romantiker*, die in einem großen Gefühl die Welt zu umspannen vermögen, wie vielleicht *Dante* und *Abaelard, Victor Hugo* und *Hölderlin*.

Je nach dem nun, wie weit der durchmessene Bewußtseinskreis ist und welche Tiefe er hat, der in das Gefühl des betreffenden Menschen aufgenommen wird, dementsprechend entstehen die verschiedenen Entwicklungsphasen auch des Ariadnetypus.

Die erste Stufe dieses Typus wird dargestellt durch die einfache gefühlsbetonte Frau, deren Bewußtseinskreis noch klein, deren Gefühl für die Dinge dieses Kreises aber sehr stark ist. Sie hängt an der Familie und an dem Besitz, der ein Landgut oder ein bürgerlicher sein kann, mit der ganzen Kraft ihres Fühlens. Es ist die *leidenschaftliche*, die schwerblütige Frau. Geschieht es ihr, daß ein zweiter Mann in ihrem Leben auftaucht, ihr mit seinem Erscheinen eine neue Bewußtseinsstufe eröffnet und die Leidenschaft ihres Fühlens auf sich lenkt, so wird diese Frau durch den Konflikt ihrer eigenen Gefühlskräfte, die das, was ihren ganzen Besitz ausgemacht hat, auch um des neuen Lebens willen nicht leicht fahren läßt, wohl meistens tragisch enden.

Dasselbe mag übrigens auch mit der entsprechenden männlichen Ausprägung dieser Entwicklungsphase der Fall sein. Auch der schwerblütige Mann geht unter Gefühlskonflikten oft zugrunde.

Die zweite Entwicklungsphase dieses Typus wird durch die *problematische* Frau dargestellt, bei der die Zweistufigkeit ihres Lebensschicksales deutlich zur Ausprägung kommt, und die, wenn auch nach großen Kämpfen, durch eine Krise des Überganges von der ersten zu der zweiten Phase der Entwicklung gelangt und nun auf einer höheren Stufe ein neues Leben beginnt. Sie ist es, die in ihrem Gefühl den Faden für den Weg zu dem Höheren gefunden hat oder gefunden zu haben glaubt. Denn durch die Doppelheit ihres Lebensweges entstehen auf dieser Phase der Entwicklung oft Täuschungen. Es kann geschehen, daß die neue, höhere Stufe nur eine vermeintliche war und die Enttäuschung nachfolgt. Oder daß die neue Stufe in so unvollkommener Weise ausgebildet ist, daß es zu Irrwegen, zu Perversionen oder zu großer Verlogenheit kommen kann. Den Faden gefunden zu haben, der von der niedrigeren zur höheren Stufe führt, ist eben eine Kunst. Diejenige Frau, die ihn nicht findet, wird sich nur zu leicht im Labyrinthe ihres Gefühls verirren. Dann erscheint sie als die doppelt *Treulose*, weil sie auch auf der zweiten Stufe, beim zweiten Versuch, ein Leben zu gestalten, nicht zu dem erwünschten Ziel kommt und dadurch vielleicht wieder zu der ersten zurücktendiert.

Auf der dritten Stufe dieses Typus aber steht diejenige, die wir die *erdumwandelnde* Frau genannt haben. Hier ist der Umfang des durchlaufenen und ins Gefühl aufgenommenen Bewußtseinskreises der größte, das Gebiet des Gefühles nicht die gegebene, beschränkte, irdische Lebensform, sondern die ganze Weite der Erde. Die Größe einer solchen Frau hängt nicht nur von der Weite, sondern auch von der Tiefe des schon erfaßten Bewußtseinskreises ab. Sie wird zum Geiste der neuen Lebensform, welche die Völker der Erde annehmen. Durch sie ist es jedesmal zu den Wandlungen der Epochen der einzelnen Kulturen gekommen. Sie hat den Übergang von der ländlichen zur Stadtkultur, den von der Stadtkultur zur Großstadt gebracht. Unter dem Eindruck ihres Wesens entstehen die Ursymbole jeder neuen Einzelkultur. Sie wird auch den Übergang von den Hochkulturen zur erdumfassenden Kulturform finden.

Um diese dritte Phase der Entwicklung des Stiertypus zu erreichen, müssen schon die Stufen der Tiefenschichtung in dem Bewußtsein einer solchen Frau oder eines solchen Mannes ausgebildet sein. Alles Hängen am Besitz ist eben dadurch dann schon überwunden und bildet keine Gefahr mehr für einen solchen Menschen.

Aber es ist dem Menschen nicht gegeben, die Stufen der Tiefenschichtung dauernd mit der des Gefühls oder einer anderen Stufe der Wandlung zu verbinden. Ein solches Bewußtsein hat nur die *Göttin*. Der Mensch erreicht einen solchen Zustand nur in einzelnen Momenten, welche für ihn dann zu schicksalsentscheidender Größe heranwachsen.

Darum kann auch der Zustand einer allen gemeinsamen, erdumfassenden Kulturform nicht dauernd und gleichmäßig von der Menschheit erreicht werden, sondern kann nur als eine Idee über ihr schweben, der sich alle einzelnen Völker und Kulturen unterstellen, während sie doch ihrerseits in der ihnen wesentlichen Bewußtseinsform weiterschwingen. Nur in einzelnen höchsten Institutionen der Menschheit, getragen von den höchst entwickelten Geistern aller Völker, kann dieser *Geist der Erde* gepflegt und aufrechterhalten werden. Von dort aus sich immer wieder allen mitteilend, wird er doch in den einzelnen Ländern und Kulturen sich stets in die Mannigfaltigkeit der von ihnen im besonderen betonten Bewußtseinsstufen aufspalten.

Da dies aber so ist, so zeigt es sich, daß das menschliche Wesen einen durchaus tragischen Charakter hat, denn es wird niemals in sich zur Ruhe kommen, sondern die Bewußtseinsbewegung wird auch durch die einzelnen Kulturen und Teile der Erde stets im Wandel bleiben und darum nie zu einem vollständigen Ausgleich dieser untereinander führen können.

Daß die Entwicklung des menschlichen Wesens mit schweren Krisen verbunden ist, das zeigt sich gerade bei den Gestalten des Ariadnetypus, der als solcher den Übergang zwischen zwei Entwicklungsstufen darstellt. Die enge Todverbundenheit, die all diesen Schicksalen eignet, zeigt dies an. Weil ihnen allen letzten Endes eine metaphysische Notwendigkeit innewohnt und durch sie hindurchschimmert, ist ihnen auch die Größe eigen, die sie zum Tragischen erhebt. Was für die göttliche Gestalt in höchstem Maße gilt, das erscheint bei jeder einzelnen der menschlichen Spiegelungen in der ihr eigentümlichen Form.

Der Kampf des Menschen um sein Ich wird auf der Stufe des Gefühls als der zweiten einer erneuten Wandlung des Bewußtseins weiter fortgesetzt. Es scheint der Sieg in der Erringung des tieferen Icherlebnisses oder gar der Tiefenschichtung schon errungen zu sein, und es scheint nur noch nötig, daß dieses tiefe Erleben über die Stufe des Gefühls zu einer neuen Verwirklichung, zu einer höheren Lebensform gewandelt, gleichsam in sie hineingegossen werde. Indem das Bewußtsein aber zu dieser neue Stufe der Wandlung gelangt, erweist sich als unmöglich, diesen Sieg, nämlich die Tiefe des Selbstes, dauernd mitschwingen zu lassen, und der errungene Sieg geht daher teilweise wieder verloren. Der Mensch, der mit der Erringung der uranischen Stufe bis an die Grenze seiner Wesenheit gelangt ist, tritt mit dem gefühlsmäßigen Teil seines Wesens wieder in die Form des Menschlichen zurück. Und er muß daher von neuem um die Tiefenschichte kämpfen und so setzt sich der Kampf des Menschen um sein Ich auf einer neuen Umkreisung seines Bewußtseins fort.

Die göttliche Gestalt ist über diesen Kampf freilich schon wieder erhaben. Der Kampf, der sich in ihrem Bewußtsein abspielen mag, geht um die Anerkennung eines Weltgesetzes, des Gesetzes der Gefühlsentfaltung, das sie in seiner ganzen Auswirkung durchschaut. Der Mensch des starken Fühlens kämpft um sein Ich, indem er die ganze Kraft seines leidenschaftlichen Gefühls dafür einsetzt, die durch dieses Gefühl erfaßte Tiefe in seiner Lebensform zum Ausdruck zu bringen, weil dieses Ich zu erkennen und in der äußeren Lebensgestalt sichtbar werden zu lassen überhaupt seine wesentliche Aufgabe ist.

Denn da dem Menschen von Natur aus nur die irdische Seite des ganzen kosmischen Zusammenhanges als Gebiet seiner Gefühlsentfaltung gegeben ist, so kann er sein Ich in seinem Gefühl nicht ganz zum Ausdruck bringen, sondern muß es sich immer erst erkämpfen. In dem Maße, als dieser Kampf fortschreitet, werden ihm dann allmählich auch die Umrisse der nicht unmittelbar, auf menschlich einfache Weise erreichbaren Welt- und Schicksalszusammenhänge bewußt, und er kann sie so teilweise in sein Gefühl miteingehen lassen.

Wenn also für den Ariadnetypus des Menschen auch immer jene Stufe der Wandlung des Bewußtseins, welche wir die der Gefühlsentfaltung nennen, Ziel und Ende seines Lebens bleibt, so entsteht doch jeweils ein ganz anderer Einzelmensch, je nachdem in welchem Maße auch die anderen Stufen des Bewußtseins ausgebildet sind.

In jenem vergangenen Zeitalter, in dem der Frühlingspunkt der Sonne im Zeichen des Stieres verharrt ist, war für die Kultur die Stufe des Gefühles hervorgehoben. Das Bewußtsein des Gefühlten gegenüber dem Triebhaften und Triebbedingten hat sich deutlich und durch höhere Wertung abgegrenzt.

Die höchste Stufe des Gefühlsmenschen wird jedenfalls immer nur diejenige sein, welche alle Stufen des Bewußtseins, nicht nur die der Wandlung, sondern auch die der Rückwendung, bis in die Tiefenschichtung führenden, ausgebildet hat und, wenn auch nicht dauernd, so doch in gewissen schicksalsentscheidenden Momenten, in der Gefühlsentfaltung mitschwingen läßt.

Gelangt der gefühlsstarke Mensch aber so weit, dann wird er zu einem Bilde Gottes, welcher den Namen „*Mensch*" führt, und dann wird er der Göttin Ariadne am ähnlichsten sein.

DER ÜBERMENSCH
DIONYSOS

DIE ZWÖLFTE UND LETZTE DER GESTALTEN IST
DER MENSCH DES GENUSSES.

DAS SCHICKSAL DES GENIESSENDEN MEN-
SCHEN IST DIE ERMATTUNG. WOHL HAT ER —
UND ER ALLEIN VON ALLEN — IM IRDISCHEN
LEBEN EINEN SINN GEFUNDEN, DER SICH IHM
UNMITTELBAR VERWIRKLICHT, ABER DIESE VER-
WIRKLICHUNG VOLLZIEHT SICH IM FALLENDEN
RHYTHMUS DES LEBENS UND BRINGT DAHER DIE
SELBSTVERSTRÖMUNG DER KRÄFTE.

DAS IST DAS MENSCHLICHE SCHICKSAL DES
GENIESSENDEN.

Durch jeden genießenden Menschen hindurch aber waltet
eine kosmische Macht. Sie bringt es zustande, daß der
Mensch nicht nur sein Ich in einer unendlichen Vielfalt der
Gefühlsqualitäten auseinanderbreitet, sondern daß diese
sich weiterverwandeln in bestimmte Empfindungen von
ebenso unendlicher Mannigfaltigkeit. Jede dieser Einzelempfindungen vertritt und bedeutet ein Gefühl. Darum
stehen die Empfindungen genau in der Mitte der Wandlung
des Seelischen in Körperliches. Sie sind Symbole des Gefühls. Durch Vermittlung der Sinnesorgane können sie aber
auch wie von außen wahrgenommen werden. Es hat damit
die dritte Stufe der Wandlung des Bewußtseins eingesetzt.
Da aber im Primitivzustand eines Bewußtseins das Icherlebnis noch mit dem Allgemeingefühl zusammenfließt und
sich in einem solchen Bewußtsein zunächst nur wenige Gefühle als Qualität abheben, so sind auch die Empfindungen
nicht so deutlich voneinander unterschieden und ergeben
eine weit geringere Mannigfaltigkeit. Die deutliche Unterscheidung der Empfindungen in ihrer ganzen Vielfalt, bis
in die feinstabgestuften Nuancen, zeigt sich erst, wenn
schon eine weitgehende Entwicklung des Bewußtseins
stattgefunden hat, wenn es also schon die Stufen der Rück-

wendung bis zum Icherlebnis durchlaufen hat. Es tritt die Stufe der Empfindungen also deutlich, so wie die der Strebungen und Gefühle, erst bei dem zweiten Umkreis der Bewußtseinsbewegung hervor. Wenn die Welt der Empfindungen als solche bewußt wird, so muß schon eine große, reich gegliederte äußere Welt vorhanden sein, die auch bis zu den einfachen Stufen der Begrifflichkeit weiterverwandelt worden ist.

Je reicher aber die vorausgegangene Wandlung und je tiefer die vorausgegangene Rückwendung des Bewußtseins war, desto feiner differenziert und deutlicher erkannt in ihrer harmonischen oder disharmonischen Abstimmung aufeinander werden sich auch die Empfindungen des betreffenden Menschen entfalten. Dies ist nun freilich auf allen hervorgehobenen Stufen des Bewußtseins so. Bei den drei ersten Stufen der Wandlung des Bewußtseins, also besonders auch bei der der Empfindungen, setzt schon die deutliche Unterscheidung der Empfindungen von den Gefühlen und dem Allgemeinzustand *zwei* Entwicklungsgrade, *zwei* Umkreise der Bewußtseinsbewegung voraus.

Bei dem primitiveren Typus des Empfindungsmenschen, bei dem die einzelnen Empfindungskomplexe noch wenig differenziert sind, sind diese dem allgemeinen Körperspüren noch sehr nahe. Es sind der Tast-, Geschmacks- und Bewegungssinn, die hier am meisten betont erscheinen. Sie hängen mit der physischen Körperform am stärksten zusammen. Von dieser sich schon mehr abhebend und mit mehr seelischen Akzenten versehen sind der Geruchs-, Gehör- und Gesichtssinn. Ein Duft, eine Tonfolge, eine Farbschattierung kann bei entsprechender Differenzierung unmittelbar in ein bestimmtes seelisches Gefühl übergehen. Je mehr die Empfindungen mit dem Körperspüren zusammenhängen, desto stärker sind sie auch mit dem Triebhaften verbunden.

Deshalb ist der Empfindungsmensch derjenige von den Typen, bei dem die Wandlung des Bewußtseins wieder zum

Triebhaften führt. Er bildet den Übergang zu den stärker vom Geschlecht betonten Gestalten des mütterlichen und des heldischen Menschen.

Je weiter differenziert aber das Empfindungsleben ist, desto weiter kann sich der Typus auch vom Triebhaften entfernen und sich dem mehr ästhetischen Genusse nähern. Bei den höchsten Entwicklungsstufen dieses Typus schwingen auch die gewonnenen Tiefenschichten mit in das Empfindungsleben ein. Es entsteht dann der eigentliche dionysische Mensch, bei dem das Triebhafte ganz überwunden, aber vom Standpunkt des differenzierten Empfindungslebens bewußt wieder aufgenommen wird.

In dieser Entwicklungsphase kann auch die Stufe der All-Liebe verwirklicht werden. Dann entsteht ein pantheistisches, ekstatisches Welterleben.

Die ganze Aufmerksamkeit des entwickelten Empfindungsmenschen also ist auf die Welt der sinnlichen Empfindungen gerichtet, und durch diese Gerichtetheit entsteht eine immer weitergehende Differenzierung der verschiedenen sinnlichen Empfindungskomplexe. Aber nicht nur eine Differenzierung, sondern auch eine Intensivierung der Empfindungen findet statt. Diese Intensivierung ist es, die den Empfindungsmenschen oft leidenschaftlich erregt und immer wieder bestimmte Empfindungen aufsuchen läßt. Durch die Intensität des Empfindungslebens kommt er dann auch dazu, die sinnlichen Empfindungen selbst für die eigentliche Wirklichkeit alles Gegebenen zu halten und den Sinn des ganzen Daseins vor allem in ihrem Erleben zu sehen. Die Empfindungen haben die Eigentümlichkeit, die körpernächste Bewußtseinsstufe zu sein, in der sich das Ich oder Seelenzentrum noch als *Zustand* manifestiert und darum auch für den realistisch eingestellten Menschen leicht erfaßbar ist.

Diese Einstellung also ist für den auf die Empfindungen gerichteten Menschen typisch: Alles Leben und alle Wirklichkeit überhaupt als eine Fülle von angenehmen und unangenehmen sinnlichen Empfindungen aufzufassen und unter diesen diejenigen zu pflegen und zu intensivieren, die ihn in positive, das heißt existentiell betonte Zustände versetzen. Da das gleichzeitige Miterleben gleicher Empfindungen bei anderen die eigenen zu steigern geeignet ist, hat er auch ein starkes Du-Erleben, obwohl die Welt der Empfindungen von Natur aus ichhaft zentriert ist, da sie gleichsam den äußersten Kreis der zuständlichen Seite des Bewußtseins bildet.

Der Endpunkt der Entwicklung des Empfindungsmenschen aber ist kein durchaus positiver. Denn sinnliche Empfindungen konstituieren, indem sie das Umrißgefühl des Körpers erzeugen, die körperliche Form und werden durch das Körperspüren, das die nächstfolgende Stufe der Wandlung des Bewußtseins bildet, zu der allgemeinen organischen Körperform zusammengebündelt und in der hier einsetzenden natürlichen Extraversion zur körperlichen Gestalt verfestigt. Diese Verfestigung wird aber durchbrochen und zerrissen, wenn einzelne Empfindungen eine über dieses Maß hinausgehende Intensivierung erfahren, die jedoch in dem Streben des Empfindungstypus liegt. Dies ist sowohl auf der Seite der schmerzhaften wie der angenehmen Empfindungen der Fall. Hier liegt also eine Grenze des menschlichen Wesens, die sich besonders in der Bildung seiner organischen Form bemerkbar macht. Es ist anzunehmen, daß der Mensch das empfindungsstärkste Wesen der auf der Erde lebenden Organismen ist. Sein Organismus hat das differenzierteste Nervensystem. Es ist darum auch denkbar, daß von der Stufe der Empfindungen aus – und zwar durch ihre noch weitere Differenzierung und Intensivierung – eine Höherentwicklung der organischen Form des Menschen stattfinden kann.

Sosehr aber auch der Mensch sich mit den eben in ihm lebendig werdenden Empfindungen eins weiß und sich daher als Herr seiner Empfindungen in ihrem Sosein glaubt, so gelingt ihm die Unterscheidung der Stufe der

Empfindungen in seinem Bewußtsein als eine eigene Stufe der Wandlung jedoch nicht ohne die Hilfe jener kosmischen Macht, denn er weiß ja nicht, wie es in seinem Bewußtsein geschieht, daß sich die Gefühle in Empfindungen wandeln und allmählich ablösen als eine eigene Stufe.

Diese kosmische Macht ist die Macht der *Versinnlichung*.

Es ist ein schaffendes Wesen da, welches bei der Entstehung aller Empfindungen im Menschen schöpferisch waltend eingreift, so daß der Mensch seine Sinnesempfindungen in den ihn umgebenden Welten zu entfalten vermag, ein Wesen, welches mit sanfter Gewalt in den Bewußtseinen der Menschen die Wandlung zum Empfindungsmäßigen erzwingt. In die Gewalt dieses kosmischen, empfindungsstarken Wesens sind alle Seelen gegeben, deren Sein in die bestimmte irdische Form der Wandlung zum Empfindungsleben eingehen soll.

Wir heißen dieses Wesen DIONYSOS.

Dionysos bedeutet soviel wie der den Himmel Ausgießende, himmlischen Genuß ins irdische Dasein Bringende. Wie Apollo ist er ein Sohn des Zeus mit einer menschlichen Frau. Und wie jener durch das Licht des Bewußtseins die irdische und alle Welten der Dinge entstehen läßt, so dieser durch die Ausgießung der himmlischen Wonne die Mannigfaltigkeit der sinnlichen Lust.

Das Symbol dieser Ausgießung und selbst auch ein Mittel sinnlichen Genusses ist der Wein, und so ward Dionysos' erstes Geschenk an die Menschen der Weinstock mit all den Gaben, die er verleiht. Dionysos ist der Gott, der ständig mit den Menschen verkehrt und immer in ihrer Nähe weilt. Während den andern Göttern, den hohen, olympischen, scheue Ehrfurcht gebührt, ist Dionysos der Gott, dem der Mensch sich nahe fühlt und unter dessen Einwirkung er sich selbst zum Gotte zu wandeln meint. Nicht aber in der Ferne hoher Bewußtseinsstufen, nicht in der Welt- und Körperabgeschiedenheit der Versenkung, sondern unmittelbar auf dem irdischen Plan, im menschlichen Körper verharrend und in der Umgebung der menschen- und tierbewohnten Erde. Das Erlebnis dieser Gottnähe im Irdischen verleiht der sinnliche Genuß. Denn der Genuß versetzt auch seelisch in eine Verfassung der Seligkeit, die eine Erhöhung des Seinsgefühls bedeutet und darum das Bewußtsein des Göttlichen herbeiführt.

Die sinnlichen Empfindungen, Farben, Lichter, Glanz, Töne, Rhythmen, harmonische Tonfolgen, rhythmische Körperbewegungen, Wohlgerüche aller Art, Geschmacksempfindungen und die durch Genuß von Speisen und Trank herbeigeführten mannigfachen Körperinnenempfindungen, Wärme und kühle Frische, Tastempfindungen aller Art, Umflutetsein von Luft, schmeichelnde Körperberührung und endlich die Empfindung der geschlechtlichen Lust, sie alle und tausend andere Empfindungen bilden das Reich des Genusses, die Gaben des Dionysos. Sie alle gehören noch *zum natürlichen Menschen* und sind fallweise in seine Lebensbewegung eingereiht. *Zum Göttlichen* hin, zur Steigerung des ganzen Daseinsgefühles führen sie erst, wenn bestimmte Empfindungen in sich immer mehr gesteigert werden. Dies kann durch fortdauernde Wiederholung derselben Empfindung und das dadurch bewirkte Übermaß ihrer Intensität erreicht werden. Dann verändert sich der Gesamtzustand des Menschen. Die Empfindung führt zum *Rausch*.

Genuß ist die erste, *Rausch* ist die zweite Gabe des Gottes. Rausch an sich ist noch nicht Gottnähe, aber ein Mittel, sie zu erfahren. Diejenigen Jünger des Gottes Dionysos, in denen die Tiefenschichtung des Erlebnisbewußtseins durch die Einweihung in seine Mysterien schon wachgerufen ist, werden sie erfahren. Ihnen wird der sinnliche Genuß durch den Rausch, den er erzeugt, zu einer Schleuse der Gottähnlichkeit. Das erhöhte Seinsgefühl, der goldene Purusha, schimmert durch die Empfindung der Sinne.

Aber nicht allen geschieht solches. „Viele sind trunken, wenige aber des Gottes voll", so sagt schon Euripides.

Auch da sind nur wenige auserwählt von vielen, die berufen wurden. Da der Gott aber jedem sein Maß von Seligkeit zuteilt, so ist es kein Wunder, daß er es war, der von allen Göttern die größte Zahl der Anhänger fand. Der Rausch in Trank, Speise und Geschlechtlichkeit ist für den Primitiven die Seinserhöhung, die der Hochentwickelte in der Versenkung sucht. Kommt ein Hochentwickelter dem Dionysos nahe im Rausch, dann entsteht der „halkyonische" Zustand, den der letzte, späte Jünger des Dionysos erfuhr, Nietzsche-Zarathustra.

Eine eigene Welt umgibt diejenigen, die im Genusse der Empfindungen leben. Sie ist eine andere als die Welt Apollos, die aus Dingen besteht; die im Bewußtsein hervorgehobene Stufe der Empfindungen ergibt kein räumliches Gegenüber, sondern ein solches ist hier erst im entstehen. Es kann ein Bildersehen, ein Hellsehen, eine Flut des Visionären daraus hervorgehen. Die Empfindung selbst aber ist noch nicht in einen bestimmten Raumteil verlegt, sie ist zugleich innen und außen, einem farbigen Licht vergleichbar, in das Körper und Seele in gleicher Weise getaucht werden. So wirkt der Rauschtrank, so der immer wiederholte Rhythmus des dionysischen Tanzes. Hier kommt nicht die Form des bewegten Körpers zum Ausdruck, wie auf der Stufe der Demeter, sondern die Auflösung des Körpers in der Bewegung. Aber daß beide Arten des Tanzes einander dennoch nahe sind, das ergibt sich daraus, daß sie auf den unmittelbar aufeinanderfolgenden Stufen des Bewußtseins entspringen. Dionysos gibt die Versinnlichung, die flutende Woge der Empfindungen. Wenn aber die Bewußtseinsstufe der Demeter erreicht wird in der Wandlung des Bewußtseins, die Stufe des Körperspürens, dann gerinnt die flutende Fülle plötzlich, die Gestalt ist da und die Verkörperung ist geschehen.

Wer also in seinem Bewußtsein die Stufe der Sinnesempfindungen betont, der bleibt gleichsam einen Schritt *vor* der Verkörperung stehen, in einem Momente der Wandlung, in dem die Empfindungen noch nicht zu der erspürten Körperform zusammengeronnen sind. Darum ist die Welt, in der sich der Berauschte bewegt, weder gegenständlich noch körperlich, sie ist auch keine Umwelt, sondern ihre Eigentümlichkeit ist, *gleichermaßen innen und außen* zu sein. Sie bildet einen Zustand, aber einen solchen, der nicht mehr durchaus seelisch genannt werden kann. Auf keiner anderen Bewußtseinsstufe wird das Fließende des Überganges in andere Stufen der Wandlung und Rückwendung so deutlich wie auf der der Empfindungen. Und wirklich ist es ja die Stufe der Empfindungen, welche den Übergang der Innen- und Außenwelt im Bewußtsein bildet. Die zunächst rein qualitative Empfindung geht ganz unmittelbar über in das durchwegs schon lokalisierte Körperspüren mit dem deutlich werdenden Umrißgefühl des eigenen Körpers, und doch ist sie von dem Körperspüren dadurch deutlich unterscheidbar, daß sie eigentlich noch nirgends ist und zugleich doch überall. So ergeht es uns auch mit dem seelischen Gefühl. Doch ist dieses wiederum etwas wesentlich anderes als die Empfindung, mit der sich ein bestimmtes seelisches Gefühl freilich auch unmittelbar verbinden kann. Die Rauschempfindungen sind etwas anderes als der dadurch hervorgerufene seelische Zustand, die Empfindung der Wollust etwas anderes als die damit zusammenhängende seelische Wonne. Wie aber die Freude in der Lust, die seelische Trunkenheit in den Rauschempfindungen durchbricht und so in ihnen zum Ausdruck kommt, so vermag nicht nur das Gefühl der Freude, sondern auch die Tiefenschichtung in den rauschhaft gesteigerten Empfindungen durchzubrechen, vom erhöhten Icherlebnis bis zum Leuchten des goldenen Purusha und dem überströmenden der All-Liebe.

Wenn darum ein Mensch durch tiefe Versenkung dieser kosmischen Macht des Dionysos nahezukommen sucht, dann wird die Kraft seiner Empfindungen selbst eine schöpferische Macht. Dann begreift er, wieviel von den

Empfindungskräften in seine eigene Gewalt gegeben ist, und er wird zu einem Mitschaffenden des großen Gottes.

Aber auch der Gott selbst ist nicht ohne Schicksal. Es waltet ein Gesetz über ihm, ein Weltengesetz, das Gesetz der *Versinnlichung*.

Darum durchlebt auch er ein Schicksal, das verwandt ist dem Schicksal des empfindungsstarken, genießenden Menschen.

Auch Dionysos hat in der rauschhaften Steigerung der Empfindungen die Versinnlichung des Lebens gefunden und einen Sinn des Lebens erfahren, aber auch für ihn liegt diese Versinnlichung im fallenden Lebensrhythmus und in der Selbstverströmung seiner Kräfte. Und wenn auch seine Kräfte, da er ein Gott ist, unerschöpflich sind, so ändert dies doch nichts daran, daß er sie in den Empfindungen verströmen muß. Das kommt aber im Mythos darin zum Ausdruck, daß Dionysos *ein sterbender und auferstehender Gott* ist. Dionysos wird in Stücke zerrissen von den Mänaden und von wilden Tieren, das bedeutet gleichermaßen von den zum Übermaß gesteigerten Empfindungen. So sinkt auch der trunkene Jünger des Gottes in einen todähnlichen Schlaf der Ermattung. Von hier aus wird es verständlich, warum es in der dionysischen Raserei zu Selbstverwundungen, ja Selbstverstümmelungen kommt, warum die trunkenen Bacchantinnen Tiere zerreissen. Im trunkenen Taumel wird auch die Schmerzempfindung zu einer Steigerung des Daseinsgefühls. Und das Übermaß der Empfindungen, die als solche im Körper noch nicht lokalisiert sind, zerreißt das zur Vereinheitlichung und räumlichen Ordnung drängende Körperspüren. Das Körperumrißgefühl, das in der Wandlung des Bewußtseins normalerweise jeden Augenblick aus den andrängenden Empfindungen entsteht, wird vernichtet. Das bedeutet aber gestaltlich: der Körper wird in Stücke zerrissen.

Dionysos ist darum auch als Gott eine tragische Gestalt. Und nicht umsonst werden auf ihn und seine Feiern die

Ursprünge der griechischen Tragödie zurückgeführt, jener unvergleichlichen Dichtform, deren es nicht ihresgleichen gibt auf Erden. In einem momentanen Bewußtwerden der notwendigen Zerreißung des irdischen Körpers aus dem Übermaß der gesteigerten Empfindung wird hier blitzartig der tragische Sinn des menschlich-irdischen Daseins überhaupt bewußt. Während der bacchantisch Trunkene in rasendem Entzücken ohne Vor- und Rückschau der Zerreißung entgegenstürzt, wird hier in der Tragödie auf der Höhe solcher Raserei der Taumelnde, wie von einem Zauberstabe berührt, plötzlich zum Stehen gebracht, sein verschleiertes Auge geöffnet, ein Blick weitester Umschau ihm gegeben, ein Blick, der ihm die Sicht auf das Ganze des menschlich-irdischen Lebens auftut, bis ins tiefste Herz ihn erschütternd. Aber nur einen Moment dauert diese Schau. Seinen Taumel verstärkend stürzt er weiter in die Abgründe seiner Trunkenheit.

Darum ist auch der Blick des Dionysos trunken, zugleich schauend, ohne zu schauen, in die weite gerichtet, und er verrät das Wissen um die Zerreißung.

Durch dieses ahnende Wissen oder wissende Ahnen erscheint der genießende Mensch in sich gespalten, ist er in Wahrheit der Zwilling, als den ihn das Sternbild benennt. Die beiden Stufen der Entwicklung, die Ariadne nacheinander durchläuft, sind bei ihm *gleichzeitig* da. Er verharrt auf der Stufe der Empfindungen und ist sich gleichzeitig bewußt, daß er den ganzen Kreis des Bewußtseins schon durchlaufen hat. Er neigt zur Selbstspaltung und steht daher in enger Beziehung zum Pathologischen. Er hat einen Zug zum Manischen als auch zur Schizophrenie. Er ist der Mensch mit der doppelten Persönlichkeit.

Auch die Welt der Gefühle ist eine Mannigfaltigkeit. Aber ihr steht die Einheit des Icherlebnisses noch so nahe, daß durch sie die Vielfalt der Gefühle jederzeit selbst zur Einheit zusammengeschlossen werden kann. In den Empfindungen aber *zerfällt die Einheit wirklich* in das Viele, weil sie ja schon den Übergang zum Gegenständlichen, also außer dem Ich Seienden, vermitteln, welches das Viele gegenüber dem Einen ist. Wer also die Stufe der Empfindungen betont, der hält sich zwischen dem Ich und den Dingen, zwischen dem Ich und dem Du, zwischen der Einheit und der Vielheit, wie auf des Messers Schneide. Kein Wunder, daß er zu taumeln beginnt, daß er umzukippen droht.

Durch diese in der Tiefe angelegte Spaltung der Persönlichkeit wird der Zwillingstypus leicht zu einem lügnerischen und unaufrichtigen Charakter. Er ist der unaufrichtige, der unverläßliche, unehrliche Mensch, der pathologische Lügner, der Mensch des Selbstbetruges, der ein Doppelleben zu führen imstande ist, bei dem der eine Teil seiner Persönlichkeit von dem anderen nichts weiß. Die bacchantische Raserei war ein Ausweg und Abreagieren dieser Abwegigkeit. Auch so kann man es sehen.

Ein solcher Charakter kann Ränke spinnen und Listen durchführen. Er kann so auch Diplomat sein, aber nicht im Sinne des Ausgleichs, wie der Waagemensch, sondern als Intrigant. Er eignet sich wegen seiner Doppelheit zum Vermittler, Überbringer und Zwischenträger und zum Spion. Darum wird er gerne ein Trabant mächtiger Persönlichkeiten. Er ist geschaffen zum Schmarotzer, als welcher er seinen Lüsten frönen kann. Er weiß um die ganze Ausdehnung der Welt in seinem schon durchlaufenen Bewußtseinskreis, aber er will doch bei der Stufe der Empfindungen als solcher verharren. Aus diesem Grunde auch wird er zum Verräter.

Warum er Verräter wird, weiß er wohl selbst nicht. Es liegt in der Natur seiner Zwiespältigkeit. Er muß notgedrungen immer von dem einen Teil seiner Persönlichkeit zum anderen übergehen. Es ist nicht um der dreißig Silberlinge willen, daß er Verrat begeht.

Der Zwillingsmensch ist der Typus der *Selbstspaltung*. In ihm wird aus der Einheit die Zweiheit und Vielheit, aus dem Ich wird das Du abgelöst, zunächst, indem ein Teil seiner eigenen Persönlichkeit einem anderen gegenübertritt. In der Ablösung der Empfindungen aus der Seele wird aber das Du aus dem Innern in die Außenwelt verlegt. Hier ist der Punkt im Ablauf der Bewußtseinsbewegung, wo das Du dem Ich als ein Fremdes und Außerihmseiendes gegenübertritt. Darum liegt in dieser Selbstspaltung ein metaphysisches Prinzip. Welchen Sinn die Zerspaltung des Seelischen in eine Vielheit von Seelen hat, ist unergründlich. Aber diese Selbstspaltung ist eine Urtendenz alles Seienden. Eine Erklärung dafür gibt es nicht. Zwei Motive solcher Spaltung nennen die Metaphysiker aller Zeiten, das eine heißt Drang nach Selbsterkenntnis in Brahman, das andere heißt Liebe, aus Liebe wird Gott Schöpfer. Wir folgen nur der eigenen Bewußtseinsbewegung und erkennen den Tatbestand.

Auf der Stufe der Empfindungen wird die Spaltung vollzogen, wird das Ich zum Nicht-Ich oder Du. Dieser Durchgangspunkt der Seelenschöpfung liegt noch *vor* der Stufe des Körperspürens, also vor der der Demeter, auf welcher die Einkörperung erfolgt und die Dus als begrenzte Körper einander gegenübertreten. Dieses Gegenübertreten wird auf der Stufe des Helios-Apollo in der Verdinglichung vollendet. So wenigstens vollzieht sich der Übergang von der Einheit des Ichs zur Vielheit der Dus in der Bewegung des menschlichen Bewußtseins. Von diesem schließen wir auf die großen Vorgänge der Weltzusammenhänge, aber das bleibt ein stets fragwürdiger Analogieschluß.

Wahrscheinlich ist doch jedes der Iche eine Urqualität, die durch nichts anderes ersetzt werden kann. Darum bleibt auch Dionysos eine tragische Gestalt. Es ist Spaltung und Einigung gleichermaßen vorhanden, das bleibt der letzte Tatbestand. Dionysos geht also eigentlich an der *Selbstspaltung* zugrunde. Die Intention, aus der Spaltung immer wieder zur Einheit des Ichs zurückzugelangen, könnte man den *Ichsinn* nennen. Denn diese Intention ist freilich auch immer da. Besonders im Zwillingsmenschen, weil er sie ja als Gegengewicht zu der Betonung der ständig erneuten Abspaltung in den Einzelempfindungen ebenfalls hervorheben muß.

Der Drang zur Hervorhebung der einigenden Erlebnisse ist im Mythos ausgedrückt durch den „Hieros Gamos", die Heilige Hochzeit. Die Heilige Hochzeit bedeutet die Wiedereinswerdung des Ichs mit dem Du, aber auch die Einswerdung der zwei Kreise der durchlaufenen Entwicklung, die das Bewußtsein des Menschen der betonten Empfindung voraussetzt. Wenn in dem durchlaufenen Bewußtseinskreis die Stufen der Tiefenschichtung schon erreicht waren, wie es ja bei dem Gott selbstverständlich ist, so bedeutet der Hieros Gamos auch die Vereinigung des niedrigeren mit dem höheren Ich, dem Geistselbst. Darum ist die Heilige Hochzeit das Kultsymbol der dionysischen Feiern. Dionysos hält sie mit der von ihm erlösten Ariadne, dem Menschen des Gefühls, bei dem diejenige Bewußtseinsstufe betont ist, die der seinigen vorausgeht. So spricht auch der letzte Jünger des Gottes Dionysos von der Heiligen Hochzeit, welche gekommen war, als er sich mit seinem Geistselbste, genannt Zarathustra, vereinigte.

Aber nicht nur mit Ariadne hält Dionysos die Heilige Hochzeit. Auch Kore, auch Aphrodite sind seine Bräute. Und selbst Artemis steht in eigentümlicher Beziehung zu ihm. Die Bewußtseinsstufe der Kore bedeutet den diametralen Gegensatz zu Ariadne. Kore stellt die Bindung des Seelischen an die Erdenwelt, ja sogar die Unterwelt dar. Ariadne die Bindung des Gefühls an die irdische Lebensform und damit den Aufstieg zu einer höheren Bewußtseinslage, einer höheren Entwicklungsstufe im Irdischen selbst. Kore bringt also den Hinabstieg der Seele, Ariadne den Hinaufstieg, sie gehören darum wie Schwestern zusammen. In der betonten Bewußtseinsstufe des Dionysos, der Empfindung, kreuzen sich gleichsam beider Wege. Darum gehören beide zu ihm, feiert er mit jeder von ihnen das Fest der Vereinigung. Artemis wiederum steht im diametralen Gegensatz zu Dionysos und bildet daher in der Bewußtseinsbewegung seinen Widerpart. Aphrodite aber ist die Liebesgöttin selbst.

Die Heilige Hochzeit steht als Symbol genau dort, wo sie der Sinngebung nach stehen muß, nämlich *vor* der neuen Verkörperung, welche dann durch Demeter erfolgt. Deshalb wird Dionysos im Mythos selbst auch mit Demeter in Verbindung gebracht. Aber jedenfalls beginnt mit der Stufe der Empfindungen das körperliche Bewußtsein und darum ist die Stufe des Dionysos der letzte Übergang zum neuen Körperwerden, Dingwerden, Weltwerden. Er wirkt also mit im Sinne der Wandlung des Bewußtseins, der Weltschöpfung.

Warum jede Weltschöpfung immer als ein Hinabstieg zu niedrigeren Planen erscheint, warum, wenn Gott die Seelen erschafft oder Brahman sich in eine Unzahl von Seelen zerspaltet, diese Seelen immer niedriger sind als der Schöpfer selbst, bleibt ein ewiges Rätsel.

Buddha hat es abgelehnt, eine Erklärung über die Weltschöpfung zu geben, sondern hat nur die Rückkehr aus der Welt zum höchsten Zustand der Seele, dem Nirwana, gelehrt.

Jesus dagegen, auf der Stufe der All-Liebe verharrend, ist in die Welt der Seelen zurückgekehrt und hat gezeigt, daß die Welt durch Liebe in das Reich Gottes sich wandelt. Er hat die irdische Welt also aufgegeben und sie nur als einen vorübergehenden Zustand aufgefaßt.

Dionysos bejaht durch die Intensivierung der Stufe der Empfindungen auch die irdische Welt, indem er sie zum Ausdruck der Seelen gestaltet. Er bejaht sie als einen dauernden Wert, als einen Durchgangspunkt im ewigen Kreislauf alles Geschehens, der immer wieder erreicht wird im ewigen Hinaufstieg und Hinabstieg der Seelen. Er eröffnet uns die Sicht auf das Ewige im Augenblick. Von ihm empfing Zarathustra-Nietzsche seine große Lehre von der ewigen Wiederkehr des Gleichen.

Darum löst sich für den Blick des Dionysos auch das Rätsel der Weltschöpfung. Diese hat in der Zeit nie stattgefunden, denn die Welt ist ewig, das Weltgeschehen ein ewiger Kreislauf zwischen den beiden Polen: dem Nirwanazustand als dem höchsten und der Einkörperung in die Welt der Schattendämonen als dem tiefsten Punkte, getragen in allen ihren Phasen und Stufen von dem Ewigen, welches da ist: jeder Augenblick.

Darum ist die symbolische Linie des Zwillingsmenschen der *Kreis*, in dem die beiden Hälften zu völliger Einheit und Übereinstimmung gelangen. Auch ein Sinnbild der Zusammengehörigkeit der beiden Hälften des Weltprozesses ist die Linie des Kreises, die durch ihre innere Gleichart, ihre Anfangs- und Endlosigkeit die Ewigkeit des Kreislaufs der Welt zwischen Einkörperung und Entkörperung, zwischen Beseelung und Entseelung, zwischen Vergeistigung und Verdinglichung, zwischen Erlebnis und Vorstellung in jeder seiner Phasen symbolisiert.

Diesem ewigen Wandel des Bewußtseins zwischen Erleben und Vorstellen entspricht im menschlichen Körper am deutlichsten die Atmung mit ihrem wechselnden Ein- und Ausströmen und als körperliches Organ die *Lungen*, welche annähernd einen Kreis bilden, dessen beide Hälften einander ergänzen. Darum ist von den körperlichen Organen die Lunge dem Zeichen der Zwillinge zugeordnet. Als herrschender Planet dieses Zeichens gilt der Merkur. Es fehlt für das zwölfte Zeichen ein eigener Wandelstern, dessen Entdeckung aber vielleicht nur aussteht, wie ja auch die äußeren Planeten des Sonnenkreises alle erst spät entdeckt worden sind. Oder es wäre möglich, den kleinen Trabanten *Eros* an diese Stelle zu setzen, der vor kurzem entdeckt wurde.

Das menschliche Dionysosdrama also spielt sich in den ursprünglich zwiespältigen Naturen ab, die zur Einheit finden. Die Selbstspaltung kommt in ihnen zur Aufhebung, der Doppelgänger, oft ein Schattenwesen, verschmilzt mit dem neuen Menschen. Die Erinnerung überbrückt die Kluft zwischen den beiden Leben, die der Zwillingsmensch geführt hat. Das höherentwickelte Bewußtsein umfaßt das niedrigere. Dies alles aber vollzieht sich im Rauschzustande der Seele. Und die seelische Trunkenheit wiederum wird herbeigeführt durch die Trunkenheit der Sinne, hervorgerufen durch besonders gesteigerte Empfindungen. Das Einigungserlebnis wird selbst wieder zu einer neuen Berauschung und in dieser erlebt der so erfüllte die Einheit mit der ganzen Natur und Menschheit und über diese hinaus mit der Hierarchie aller Wesen. Er blickt in die Welt der Götter und anderer astraler Wesen hinein. Daraus quillt jene eigentümliche Art des Pantheismus, welche am besten mit dem griechischen Worte „Pan-en-Theos" bezeichnet wird. Die Verschmelzung der beiden Iche geschieht in einem dritten. Dieses ist das heilige Kind, das im Sonnengeflechte getragen wird, von dem die Mystiker sprechen, das heilige Kind, welches durch Buddha geboren wurde, aber nun als Dionysos ins wirkliche Leben tritt.

Ein ewiges Sichfinden und Sichtrennen ist das dionysische Leben, den die Verbindung des höheren Ichs mit dem materiellen Leben kann nicht dauern. Im sinkenden Lebensrhythmus, der das Ich zum Materiellen hinzieht, verströmen seine Kräfte. Nur in der Trennung, wenn das Niedrigere zur Opferung kommt, in der Abkehr vom irdischen Dasein, im Tode oder in der Versenkung, können sie sich wieder sammeln. Darum wird der Sinn der Welt erst im Tragischen offenbar.

Diesen Sinn erschließt uns die große Tragödie, welche beim Dionysosfeste aufgeführt wird. Das ist zu Sommersanfang, am Pfingstfeste, welches genau gegenüber dem Weihnachtsfeste steht im Jahreskreislauf, dem Feste der größten Verinnerlichung und Kraftaufsammlung, dem Feste Buddhas.

In der Einigung der beiden Iche gibt es noch eine Abwegigkeit, welche gleichsam aus dem Mißverständnis ihrer eigentlichen Bewußtseinslage entsteht, das ist die Selbstliebe oder der Narzißmus, und die ihm verwandte geschlechtliche Inversion. Anstatt dem außerhalb lebenden anderen Ich, dem Du eines anderen Menschen, wendet sich der Einigungsdrang der Liebe und des Eros dem eigenen spiegelbildlich erscheinenden Ich zu oder gelangt auf diesem Wege zur Liebe zum eigenen Geschlecht. Denn Dionysos ist ein hermaphroditischer Gott, er vereinigt als das Zwillingswesen, das er eben ist, schon beide Geschlechter in sich unter männlicher Erscheinung. So können beide Geschlechter für einen solchen Menschen zum gesteigerten Du-Erlebnis werden, welches der Urgrund der geschlechtlichen Liebe ist. Denn es gibt einen Drang zur inneren Vereinigung und darum auch einen Eros aus Gegensätzlichkeit und aus Ähnlichkeit des Wesens. Ein Zwillingstypus aber kennt nur die Liebe aus Ähnlichkeit, weil er ja das zweite Ich schon in seinem Innern hat. Darum gibt es auch unter diesem Typus sowohl männliche wie weibliche Individualitäten und die Geschlechtsunterschiede sind nicht hervorgehoben, sondern eher ausgeglichen. Was sich bei einer narzißtischen Veranlagung innerhalb der einen Person abspielt, ist dasselbe, was sich sonst zwischen zwei getrennten Personen ereignet. Hier ist die Spaltung zwischen dem Ich- und dem Du-Erlebnis auch in der äußeren Erscheinung gegeben, indem es sich eben um zwei verschiedene Personen handelt, dort jedoch – bei der narzißtischen Selbstliebe – ist die Spaltung zwischen dem Ich- und dem Du-Erlebnis nur im Seelenraum vorhanden, während beide Erlebnisse nach außen in der Wandlung des Bewußtseins dieselbe Person ergeben.

In der narzißtischen Selbstliebe aber schimmert etwas Metaphysisches hindurch. Sie erscheint als der Urgrund des Schöpfungsgeschehens. Im Geschöpf, also im Gestalteten, wird diese Liebe freilich sinnlos und abwegig. Im unendlichen Urwesen aber erfüllt sie ihren Sinn. Sie ist der letzte faßbare Erklärungsgrund dafür, daß aus dem unendlichen Selbst Dus oder Seelen abgespalten werden, der letzte Grund jener unendlichen Vervielfältigung der eigenen Ichhaftigkeit des abgründigen Selbstes, welche die Welt bildet. Aus dem ungestalteten Mysterium als seiner unfaßbaren Mitte bildet sich ein Kristall mit unendlich vielen Facetten, in dem sich das Licht des inneren Selbstes millionenfach spiegelt. So entsteht bei der Erschaffung des Menschen auch Eva, der zweite Mensch, und alle weiteren durch Abspaltung aus dem ersten, aus Adam. Verbunden durch die Stufe der Empfindung, werden die so Getrennten und Abgespaltenen wieder vereinigt, so daß zuletzt ein einziger Strom alle durchglüht und nicht nur Natur und Menschen, sondern auch Götter und höchste Throne in sich schließt. Aber auch dieses alles vermag nicht das letzte Geheimnis zu offenbaren und bleibt nur ein Gleichnis. Denn diese Einheit ist nicht *allein* da. In gleicher Weise wie sie, ist auch immer da die Teilung und die Zerreißung. Darum vermag der Mensch nicht im Zustande der Vereinigung zu verharren, sondern sie nur in rauschhaften Momenten vorübergehend zu erreichen. Wenn der rauschhafte Zustand vergangen ist, zerfällt auch sie wieder und der Ernüchterte findet sich allein und in der Einsamkeit seines individuellen Ichs. Ein Ähnliches aber muß auch statthaben im höchsten Brahman, dem Innersten Selbste der Welt, denn wenn es nicht so wäre, dann gäbe es die Welt nicht.

Aber das Tragische auf der kosmischen Ebene bedeutet keinen Untergang, sondern nur einen Zustand, denn das Sein der kosmischen Mächte vollzieht sich nicht in jenem Ablauf der Zeiten, der uns Irdischen den Tod bringt, es ist gespeist vom Hauche der Ewigkeiten. Und so vollendet auch Dionysos nicht in *einer* rauschhaften Trunkenheit, nicht in einer Feier des Hieros Gamos sein Schicksal, sondern er ist in *allem* rauschhaften Empfinden des irdischen Lebensstromes sowie auch aller Ströme der Wandelsterne des Sonnenkreises.

Es haben darum auch die Alten den Dionysos als einen der höchsten Götter verehrt und als den Bringer der dem Menschen Genuß verschaffenden Gaben und rauscherzeugenden Geschenke. Und nicht nur die Griechen haben ihn gefeiert, denn er war nicht einer jener Götter, deren olympische Gestalten sie selbst erschauten, sondern überliefert von anderen Völkern: im ganzen Orient, überall dort, wo rauschhafte Feiern abgehalten wurden, ward er, wenn auch unter anderem Namen, verehrt. Und selbst der Inder ehrte ihn mit dem rauscherzeugenden Somatrunk.

Die astronomische Epoche des Zwillingszeitalters reicht von ungefähr 6700 bis 4500 v. Chr. Es ist dies das Zeitalter, das *vor* die altägyptische, altchinesische und altindische Kultur fällt, die uns als die ältesten näher bekannt sind. Über diese Zeiten wissen wir fast nichts. Es scheint aber jener Zeitraum zu sein, in der der erste Übergang von der Primitivkultur zu den Hochkulturen sich vollzogen hat. Wenn dies wahr ist, so würde sich hier innerhalb der Menschheit im großen dasselbe abgespielt haben, was wir im Zwillingstypus im Einzelmenschen erkennen, die *Vereinigung* zweier verschiedener Bewußtseinslagen, zweier Entwicklungsphasen, zweier Bewußtseinskreise. Vielleicht ist die aztekische Kultur ein Rest dieses Stadiums gewesen. Mit ihren vielen Menschenopfern und den primitiven Formen ihrer Plastik, die uns überliefert ist, kann sie noch nicht als eine wirkliche Hochkultur angesprochen werden. Es ist aber doch weit mehr da, um sie bloß den Primitivstadien der Kulturen zuzurechnen. Merkwürdig ist die Vorstellung, daß den Göttern durch die Menschen zu gewissen Zeiten geholfen werden muß, damit sie ihre Funktionen weiter versehen können. Auch das weist auf die Betonung einer Doppelheit hin. Ganz als Dionysosfest aber erscheint die Opferung eines Jünglings zu Ehren des Sonnengottes auf einem der höchsten Berge des Landes, nach langer Vorbereitung, nach einer Heiligen Hochzeit dieses Jünglings mit vier Frauen, die zwanzig Tage vor der

Opferung stattfindet. Der Berg ist in einen pyramidenartigen Stufenbau verwandelt. Auf dem mehrere tausend Meter hohen Gipfel angelangt, reißt der Priester dem Jüngling das Herz aus dem Leibe. Der rauschhafte Zustand muß hier durch die Wanderung, die dünne Luft, andere Rauschmittel erzeugt worden sein. Was mag ein so Geopferter auf seinem Wege erfahren und erlebt haben! Wir werden es nie wissen. Zu diesem Opfer ausersehen zu sein, war die höchste Ehre. Vielleicht war die Opferung auch nur symbolisch und eine Art Jugendweihe.

Das Mysterium einer Gottheit zeigt immer die innerliche, die dem profanen Blick verborgen bleibende Seite eines großen Tatbestandes auf. Obwohl die Empfindung des Menschen durch seine Gerichtetheit auf das Gegenständliche und die Außenwelt eine Stufe der Wandlung und nicht der Rückwendung des Bewußtseins bedeutet, kann doch von ihr aus leicht eine Rückwendung zu der Tiefenschichtung des Erlebnisbewußtseins stattfinden. Das geschieht durch die rauschhafte Steigerung der Empfindungen. Sie führt zu einer Ekstase, in der das Einigungserlebnis mit dem Gotte und damit das Erlebnis der eigenen Göttlichkeit erreicht wird. Dies eröffnet ebenso wie der umgekehrte Weg, der der Askese, die Sphäre des Geistselbstes. Im Altertum waren es die *dionysischen Mysterien*, welche diese Einweihung vermittelten. Sie hingen zusammen mit der Aufführung von gedichteten *Tragödien*, die der Verehrung des Dionysos geweiht waren. Wie der Genuß, der in der Empfindung erlebt wird, besonders in seiner rauschhaften Steigerung, sich selbst verewigen möchte, so führen diese Mysterien zu der Einsicht hin, die uns das Ewige im Augenblick fassen läßt.

Diese ist also der große geistige Zusammenhang, welcher auf der Stufe der Empfindungen auftaucht, daß das Ewige im Augenblick und in jedem Augenblicke lebt und nicht erst in einem Jenseits erfaßt zu werden braucht. Das Diesseits und das Jenseits sind in dieser Hinsicht gleich, das

Jenseits und alle höheren Welten bilden darum mit dieser irdischen dreidimensionalen Welt einen einzigen Zusammenhang. Daraus folgt aber, daß die Welt in der Zeit weder entstanden ist noch vergehen kann, sondern daß alles in einem ewigen Kreislauf von Entstehen und Vergehen eingeschlossen ist, daß alles für den vergöttlichten Blick Gegenwart wird und daß so alles scheinbar Vergehende und Entstehende nur als das Gleiche wiederkehrt im ewigen Ringe und Kreis. Die Gegenwart alles Geschehenden im ewigen Kreislauf aber stellt dar der *dionysische Tanz* mit seinen sich immer wiederholenden Rhythmen, seinen ständig erneuten Kreisen. Er ist das wichtigste Mittel der Berauschung und Ekstase. Er führt bei schon erfolgter Versenkungsübung den Zustand der Vergottung oder des goldenen Purusha herbei.

Aber freilich ist dieser Zustand für den Menschen nur ein *vorübergehendes* Hinabtauchen in das Bewußtsein des Ewigen und durch das Verströmen der physischen Kräfte begrenzt. Dem Gotte bleibt er ewige Gegenwart, denn auch Dionysos hat in seinem Bewußtsein noch ganz andere Stufen als die, welche das menschliche Bewußtsein umfaßt. Denn gerade das, was dem menschlichen Bewußtsein fremd und unerreichbar bleibt, die Ablösung der Mannigfaltigkeit der Empfindungen von den Gefühlen und die das menschliche Maß überschreitende Steigerungsfähigkeit der Empfindungen, das ist in die bewußte Gewalt des Gottes gegeben.

Die eine bestimmte Bewußtseinsstufe der Wandlung aber, die auch für den Gott die vorherrschende ist, hat der Mensch mit ihm gemeinsam. Und alle Menschen, bei denen auch diese Bewußtseinsstufe die vorherrschende in ihren Bewußtseinen ist und darum die eigentliche Wirklichkeit darstellt, bilden dadurch mit ihm einen *Typus*. Das heißt aber nicht, daß diese Menschen und ihre Schicksale wie Teile seiner kosmischen Macht anzusehen sind, noch auch daß sie diese Macht verkörpern und auf der menschlichen

Ebene darstellen sollen, denn jeder Mensch ist eine Wesenheit für sich. Aber solche Menschen sind ihrer Natur nach dieser kosmischen Macht verwandt wie kein anderer, und sie leben darum mit ihr wie in *einer* Welt.

Darum ist diesen Menschen aber auch eine Gemeinsamkeit in ihren Schicksalen eigen und ihr Schicksal ist verwandt mit dem des großen Gottes. Es ist bestimmt durch das Gesetz der Versinnlichung.

Nach diesem Weltengesetz steht Dionysos in diametralem Gegensatz zu *Artemis*, welche das Prinzip der Idealisierung bedeutet. Während Artemis den Menschen durch die Stufe der Ideenschauung zur Vergeistigung seiner Welt leitet, bringt Dionysos alles Erlebte in den Zusammenhang der Sinnlichkeit. Dionysos führt das menschliche Bewußtsein zu der dritten Stufe der Wandlung auf den endlichen Weg der Verkörperung, Artemis aber mit der dritten Stufe der Rückwendung zu dem ichhaften Zentrum, welches ein für die sinnliche Empfindung und Vorstellung stets unerreichbares Erlebnis bleibt. Die Gefahren, die durch die Betonung der Artemisstufe entstehen, liegen darum in der *Monomanie*, die, welche durch die Betonung der Stufe der Empfindungen entstehen, liegen in der *Zwiespältigkeit*.

Es bedeutet also durch diese Gegensätzlichkeit die Heraufkunft des Reiches der Artemis das Ende und die Auflösung des Reiches des Dionysos. Und indem beider Kräfte im entgegengesetzten Sinne wirksam sind, bilden sie zusammen den *sechsten der Urgegensätze*, nämlich den der Vergeistigung und Versinnlichung, durch welche das Weltgeschehen, obwohl nach entgegengesetzten Richtungen gedrängt, dennoch im gleichen Sinne sich vorwärts bewegt. Durch diese Urgegensätze bedingt, entsteht für unser menschliches Schauen der ewige Kreislauf und Ring alles Geschehens. Dieser Kreislauf ist aber kein physisches Geschehen, sondern ein geistiges, denn es ist bedingt durch die ewige Bewegung des Bewußtseins, welches nicht ruhig ist, sondern ein ständiges Pendeln zwischen dem seelischen und dem körperlichen Teil der menschlichen Wesenheit. Die Pendelbewegung aber läßt sich auch als Kreis darstellen. Indem wir aber alles und jedes in dieser Pendelbewegung des Bewußtseins auffangen, erscheint uns alles Geschehen als ein ewiger Kreislauf, während es für ein göttliches, das ist mehrdimensioniertes Bewußtsein als gleichzeitig gegenwärtig erscheinen mag, und es rundet sich darum alles Geschehen für das göttliche Bewußtsein zu einer Kugel.

Die erste Spiegelung des Dionysos ist der griechische Gott *Dionysos* selbst. Als der Bringer des Weinstocks und des Rausches, des berauschten Tanzes und der wilden dionysischen Tänze bildet er die reinste Darstellung des dionysischen Wesens, die es in allen Mythologien der Völker gibt. Mit seinen Festen und den Aufführungen der Tragödien kann sich kein anderes Götterfest der alten Welt vergleichen. Des Gottes Zerreißung durch die Mainaden und seine Wiederherstellung durch den höchsten Gott Zeus, das Prinzip der menschlichen Bewußtseinsform überhaupt im Gegensatz zu anderen noch möglichen, zeigen in durchsichtiger Symbolik den Sinn des Schicksals des Zwillingsmenschen.

Andere göttliche Spiegelungen des Dionysos sind die in Phrygien und Phönizien verehrten jünglingshaften Gatten und zugleich Priester der obersten weiblichen Gottheit, die wir am ehesten der Demeter vergleichen können, deren orgiastische Kulte aber jene Jünglinge als Ausprägungen des dionysischen Wesens erscheinen lassen, so besonders *Attis*, den Priestergemahl der Kybele.

Auch im Islam gibt es Gebräuche und Vorstellungen, die der dionysischen Welt zugehören. Die *Derwische*, die sich durch Tanz in ekstatischen Zustand versetzen, sind den Bacchanten der griechischen Antike zu vergleichen. Auch sind die Vorstellungen, die man sich im Islam vom Paradiese macht, stark gestützt auf die Welt der sinnlichen Empfindungen.

363

Heute noch gibt es eine Sekte religiöser Ekstatiker in Thrakien, die das alte Dionysosmysterium überliefert bekommen haben soll und in der gleichen Weise wie seinerzeit die Verehrer des Dionysos, durch Übungen vorbereitet, die ekstatische Praxis pflegt. Wilde Tänze und Schwärmen durch die freie Natur gehören wie einstmals auch heute noch zu ihren Gepflogenheiten. Auch bei ihnen ist der Rausch allein nicht Selbstzweck, sondern nur Mittel der Vereinigung mit dem Gotte, und also auch der eigenen Vergottung.

In der antiken Welt, besonders bei den Griechen, aber auch bei fast allen Völkern des Orients ist die Stufe der Empfindungen und des Rauschhaften viel stärker betont als bei den Menschen des Abendlandes. Dort ist der freie Erguß des gefühlten Lebensstromes in das Sinnleben noch ungehemmt und noch nicht durch die asketische Moral gebrochen und darum ist der Rausch für den antiken Menschen und den Menschen des Orients überhaupt immer ein Zustand hoher Gottbegeisterung.

Darum erscheinen auch die großen Dichter und Sänger der östlichen Welt als Spiegelungen des dionysischen Wesens auf der menschlichen Ebene. Als der größte von allen der chinesische Dichter *Li-tai-pe*. Seine berauschten Gedichte sowie seine bekannte Zech- und Weinlust geben Zeugnis von der dionysischen Natur seines Geistes. Er ist wohl der größte Dichter dionysischer Lyrik.

Ihm an die Seite zu stellen ist bei den alten Griechen *Pindaros*. Auch *Orpheus*, der ja den gleichen Tod wie Dionysos selbst erleiden mußte.

Dichter der gleichen Art sind wohl auch *Hölderlin* oder *Dehmel* unter den neueren. Doch erreichen sie nicht die Tiefe und Weite des großen Chinesen.

Aber die großen Berauschten bleiben im allgemeinen auch eher anonym und treten nur dann aus ihrer Verborgenheit hervor, wenn sich ihre Trunkenheit im Gesange, in der Dichtung ein Vehikel des Ausdrucks schafft. Es muß dann eine zweite Stufe in ihrem Bewußtsein ebenfalls stark hervorgehoben sein, nämlich die apollinische.

Auch unter den Philosophen finden wir solche, bei denen die Stufe der Empfindungen nächst der des kritischen Denkens stark im Bewußtsein betont ist. Es sind jene, die als Sensualisten und Eudämonisten bekannt sind. Für sie ist es charakteristisch, daß sie die ganze Wirklichkeit auf Empfindungen zurückführen, aus denen allein sie die Welt aufbauen zu können meinen. In der Ethik halten sie sich an das Lustprinzip, und zwar besonders an das der sinnlichen Lust. Die bekanntesten Philosophen dieser Richtung sind in der Antike *Aristipp* und *Epikur*. Unter den neueren sind besonders die englischen Philosophen, wie *Locke*, *Hume* und *Bentham*, als Sensualisten hierher zu zählen. Die Betonung der Bewußtseinsstufe des kritischen Denkens als erster charakterisiert den Philosophen als solchen, die hinzukommende zweitbetonte bestimmt seine Denkrichtung. So ist gleichsam in jedem der Urtypen die Philosophie bereits angelegt, die sie entwickeln werden, wenn sie zur Ausbildung der abstrakten Stufen des Denkens gelangen.

Auf der negativen und primitiven Seite des Zwillingstypus stehen leider sehr viele Menschen. Eine der bekanntesten Gestalten dieser Stufe ist der Athener *Alkibiades*, der eine so unglückliche Rolle im peloponnesischen Krieg gespielt hat, durch den die Einheit des antiken Griechenlands vernichtet und die altgriechische Kultur dem Untergang zugeführt wurde. Bei Alkibiades, der ein Schüler des Sokrates war, tritt die Neigung zum Rauschhaften in seinem Wesen sehr hervor. Aber auch Sokrates selbst, bekannt als ein unverwüstlicher Zecher, zeigt einen solchen Zug.

Unter den Gestalten der neueren Zeit könnte man den *Peer Gynt* hierher zählen, der, uneins mit sich selber wie alle seinesgleichen, den rechten Weg des Lebens nicht finden kann.

Der größte von allen Neueren auf der Stufe der rauschhaften Sinnenwelt, zugleich Philosoph und Dichter, religiöser Ekstatiker und Asket, ist der Sänger und Dithyrambendichter *Nietzsche-Zarathustra*. Tiefen Zwiespalt in sich tragend, bald in den eiskalten Regionen höchster gedanklicher Stufen zuhause, bald in die Gluten sinnlich-sinnhafter Rauschzustände tauchend, war sein Wesen in die größten Gegensätze, die das menschliche Bewußtsein aufweisen kann, hineingespannt. Während seine Gedankenwelt unausgeglichen und voller Problematik zurückblieb, überwand er selbst seine Zwiespältigkeit nur in den ekstatischen Zuständen „halkyonischer" Begeisterung, wie er selbst sie nannte. Er hat uns die Beschreibung dieser Zustände in seiner Selbstbiographie zurückgelassen. Es ist das gleiche Erleben wie der Zustand der Vergottung, den auch der antike Jünger des Dionysos preist. In solcher Begeisterung seine Kräfte verströmend und verschwendend, brach der letzte Dionysosjünger auch am Ende zusammen wie ein ermatteter Bacche. Aber in den Zuständen höchsten Rausches schuf er als unsterblichen Ausdruck wirklichen dionysischen Daseins das „Trunkene Lied", das „Mitternachtslied" und all die anderen seiner Dionysosdithyramben, schuf er, kraft seines philosophischen Geistes dazu vorherbestimmt, den Gedanken, der das Symbol und Siegel des dionysischen Wesens ist, den Gedanken der ewigen Wiederkehr des Gleichen, den Gedanken des ewigen Ringes.

Über solche Zwiespälte zwischen höchstem Rausch und tiefster Vernichtung, wie sie der Mensch auszukämpfen hat, ist das Bewußtsein des Gottes freilich schon wieder erhaben. Und sein Bewußtsein umfaßt ja auch nicht nur die irdische Welt, sondern es sind ihm noch andere Weltzusammenhänge und andere Tiefenschichten des Seelischen gegeben. Indem er aus diesen Tiefenschichten zu immer neuen Versinnlichungen des rauschhaften Sichverströmens schreitet, findet er den Ausgleich seines Daseins in dem ewigen rhythmischen Wechselspiel mit den Kräften der Göttin Artemis, im Aufwärts und Abwärts der Entwicklung den Weltprozeß vollendend. In diesem kehrt er in ewig erneuter Schwingung zu sich selbst zurück. Er ist eine *astrale* Gestalt.

Das menschliche Bewußtsein enthält aber nur die eine Dimension der seelischen Tiefe, die zu seinem Ich führt, und kann sich andere nur mit großen Anstrengungen ahnungsweise erwerben. Der menschliche Dionysostypus ist eine *irdische* Gestalt.

Im menschlichen Lebenskreise nun ist jeder dem Genusse hingegebene Mann oder Mensch überhaupt ein dionysischer oder Zwillingstypus. Denn es sind wegen der doppelgeschlechtlichen Auswirkung dieser Bewußtseinsstufe hier ebensowohl männliche wie auch weibliche Typen möglich.

Je nachdem nun, wie weit der durchmessene Bewußtseinskreis ist, der in die Empfindungswelt des betreffenden Menschen mit eingeht, und welche Tiefe er hat, dementsprechend entstehen auch die verschiedenen Entwicklungsphasen des Zwillingstypus.

Die einfachste Stufe dieses Typus wird dargestellt durch den sogenannten *Pykniker*. Einfach ist er deshalb, weil hier die höhere zweite Entwicklungsphase gar nicht deutlich zum Bewußtsein gekommen ist und der Mensch sich also noch einheitlich in seinem Genusse fühlt. Jede Stufe des Bewußtseins, selbst die der begrifflichen Welt, kann ihm zum Genuß gereichen. Er erscheint darum als der stets heitere Mensch.

Zu dieser Stufe gehört aber auch der schon zwiespältig gewordene, aber noch ungeistige Genießer. Das sind jene Typen, die zu Lüge und Schmarotzertum und selbst zum Intrigantentum neigen. Sie bilden durchwegs im Charakter unerfreuliche Erscheinungen, sind aber infolge ihrer Genußbefriedigung auch eher heiter und daher mit einer gewissen täuschenden Liebenswürdigkeit ausgestattet. Zu diesem Typus gehört der dem Weinrausch sich ergebende und die durch ihn erregte heitere Stimmung suchenden *Trinker*.

Die zweite Entwicklungsphase ist jene, bei der das Bewußtsein des doppelten Umkreises der Stufen schon deutlich vorhanden ist.

Daraus entsteht der in sich Gespaltene. Das ist der Mensch mit dem Doppelleben, der bis zum Pathologischen mit sich selbst Uneinige, der narzißtisch Veranlagte, der Invertierte, der pathologische Lügner, der Verräter.

Auf der positiven Seite steht hier der zu rauschhaftem Lebensgenuß Neigende, der im künstlerischen Lebensgenuß Schwelgende, dem Natur und Kunst Mittel des verfeinerten Genusses werden, der Mensch, der auch im Liebesrausch den höchsten, allseitigen Genuß sucht, der Mensch, der nicht in der *Leistung* das Ziel des Daseins sieht, sondern eben im *Genusse*. Darin, ob Leistung oder Genuß als höchster Wert des Daseins erscheint, zeigen sich zwei grundverschiedene Betonungen im Bewußtsein; solche Menschen können sich gar nicht verstehen. Nur wenn bei beiden auch die Rückwendung betont wird wie im Gegenständlichen bei dem hohen Apollotypus und im Empfindungsmäßigen bei dem Vergottung im Rausch Suchenden, dann kommen sie sich näher und es entsteht jene im höchsten Grade schöpferische Geisteslage, die in der griechischen Tragödie und auch in der ganzen Kultur der Griechen zu der unerhörten Fruchtbarkeit geführt hat, die wir an dieser Kultur bewundern. Nietzsche, für diese Bewußtseinslage im höchsten Grade veranlagt, konnte in der „Geburt der Tragödie" diese Zusammenhänge erkennen, darlegen und in seinem gleichgearteten Geiste miterleben.

Dies setzt aber schon die dritte Phase der Entwicklung des dionysischen Menschen voraus. Es bedeutet, die Grenze des *Übermenschlichen* erreicht zu haben, wie ja auch Nietzsche diese Bezeichnung wählte, um den von ihm gemeinten Menschentypus zu charakterisieren.

Um diese dritte Phase der Entwicklung des dionysischen Menschen zu erreichen, müssen aber auch die Stufen der Tiefenschichtung im Bewußtsein ausgebildet sein. Die innere Zwiespältigkeit muß durch das Einigungserlebnis, das durch die Stufe der All-Liebe erreicht wird, schon überwunden sein, und damit auch jede negative Auswirkung solchen Zwiespaltes im Charakter. Die Gefahr, an sich und an den anderen zum Verräter zu werden, ist dann nicht mehr vorhanden.

Aber es ist dem Menschen nicht gegeben, die Stufen der Tiefenschichtung dauernd mit der der Empfindungen, und sei es auch rauschhaft gesteigerter, ja nicht einmal diese selbst im Bewußtsein zu behalten. Ein solches Bewußtsein hat eben nur der Gott. Der Mensch erreicht einen solchen Zustand nur in einzelnen Momenten des irdischen Lebens, welche für ihn dann die höchsten und sinngebendsten des ganzen Daseins werden, um deretwillen er das übrige Leben mit all seinen Leiden, ja vor allem auch mit den Depressions- und Ernüchterungszuständen, die solchen Ekstasen zu folgen pflegen, auf sich nimmt und bejaht.

Da es sich aber so verhält, ist es auch nicht möglich, eine allen Völkern gemeinsame und erdumfassende Kultur auf solche höchste Zustände hin zu verwirklichen, sondern es werden immer in jeder einzelnen Kultur bestimmte Stufen des Bewußtseins die vorherrschenden bleiben. Nur in einzelnen großen Festen, in längeren Pausen einander folgend, in großen, den Sinn des Ganzen zum Ziel habenden *Tragödien* läßt sich *der dionysische Geist als Geist der Erde* verwirklichen, so wie es Griechenland einst in den Olympischen Festen und den großen Dionysien für seine Kultur – aber auch Vorbild schaffend für die ganze Erde – getan hat. Von dorther sich allen mitteilend, wird der Geist der Erde doch in den einzelnen Ländern und Kulturen sich stets in die Mannigfaltigkeit der von ihnen besonders betonten Bewußtseinsstufen aufspalten. Da aber von jeder Bewußtseinsstufe aus das Höchste erreichbar ist, nämlich

die Verbindung der betreffenden Stufe mit der Tiefenschichtung des Erlebnisbewußtseins, so kann auch keiner
von ihnen ein besonderer Vorrang zuerkannt werden, sondern jede kann auf die ihr allein eigentümliche Weise zum
höchsten Ziele der Menschheit führen.

Da dies aber so ist, so zeigt es sich, daß das menschliche
Wesen in seinen höchsten Ausprägungen, in seinen einzelnen Rassen, Völkern und Kulturen einen Kreis zu bilden
imstande ist, der in seinen Verwirklichungsmöglichkeiten
der *Zwölfzahl der göttlichen Gestalten* entspricht. Und wie
sich auch der Sonnenkreis mit allen seinen Planeten einem
unbekannten Ziel im Universum zu bewegt, so mag auch
der ganze Kreis der irdischen Gestaltungsmöglichkeit des
Menschen einem weiteren Ziel zustreben, das sich aber für
den menschlichen Geist in den ihm unbekannten Dimensionen höherer geistiger Welten verliert.

Dieses Ziel bleibt für die Irdischen die *ungestaltete,
unfaßbare und unnahbare, dem Universum zugewandte
Mitte*, welche wir mit dem Namen des höchsten Gottes der
Griechen *Zeus* benennen dürfen. Dem alles in Gestalt wan-
delnden Griechen war auch das höchste Prinzip zunächst
gestaltet, bis es dem kritischen philosophischen Geiste dieses Volkes selbst gelang, diese Gestalt aufzulösen und das
Ungestaltete an ihre Stelle zu setzen. Denn Zeus bedeutet
die ganze Bewußtseinsform des Menschen, welche der
Mensch, selbst in ihr stehend, nicht überblicken und erkennen kann, weshalb er sich selbst *ein ewiges Rätsel* bleibt.
Aber im Vergleiche mit den anderen Welten, in den metaphysisch bleibenden unendlichen anderen Möglichkeiten
der Bewußtseinsformen mag auch Zeus selbst wieder eine
bestimmte Gestalt eines höheren Kreises bedeuten.

Da dies aber so ist, daß letzte Selbsterkenntnis dem Menschen versagt bleibt, so zeigt es sich, daß das menschliche
Wesen einen durchaus tragischen Charakter hat. Es wird
deshalb auch im Falle seiner höchsten Entwicklung nie
ganz in sich zur Ruhe kommen, sondern die Bewußtseins-

bewegung wird auch durch die einzelnen Kulturen und Teile der Erde stets im Wandel bleiben und darum nie zu einem vollständigen Ausgleich dieser untereinander führen.

Daß die Entwicklung des menschlichen Wesens mit schweren Krisen verbunden ist und sich in Gegensätzen bewegt, das zeigt gerade der dionysische Typus des Menschen am deutlichsten, dessen rauschhafte Erhöhung stets mit den Zuständen der Ermattung und Ernüchterung wechselt. Die enge Todverbundenheit, die all diesen Schicksalen eigen ist, deutet dies an. Weil ihnen allen aber letzten Endes eine metaphysische Notwendigkeit innewohnt und durch sie hindurch schimmert, ist ihnen auch die Größe eigen, die sie zum Tragischen erhebt. Was für die göttliche Gestalt in höchstem Maße gilt, das erscheint bei jeder einzelnen der menschlichen Spiegelungen in der ihr eigentümlichen Form.

Der Kampf des Menschen um sein Ich wird auf der Stufe der Empfindungen als der dritte einer erneuten Wandlung des Bewußtseins weiter fortgesetzt. Es scheint der Sieg in der Erringung des Icherlebnisses, der Tiefenschichtung schon erreicht zu sein, es scheint, daß dieses tiefe Erleben durch die rauschhafte Erhöhung der Empfindungen in die irdische Lebensform eingegossen und dauernd mit ihr verbunden werden und daß so eine höhere Stufe der Entwicklung des irdischen Daseins des Menschen gewonnen werden kann. Aber der Körper des Menschen, die Gesamtorganisation seines Wesens erträgt die rauschhafte Erhöhung nur vorübergehend. Der Körper ermattet, und um ihn neu aufzubauen und seine Kräfte zu sammeln, muß der Mensch wieder in die frühere Form seiner Bewußtseinsbewegung zurückkehren. Er muß daher von neuem um die Tiefenschichtung des Erlebnisbewußtseins kämpfen und so setzt sich der Kampf des Menschen um sein Ich auf einer neuen Umkreisung seines Bewußtseins fort.

Die göttliche Gestalt ist über diesen Kampf freilich schon wieder erhaben. Der Kampf, der sich im Bewußtsein

371

des Gottes abspielen mag, geht um die Anerkennung eines Weltengesetzes, des Gesetzes aller Versinnlichung, das er in seiner ganzen Wirkung durchschaut. Der Mensch des dionysischen Empfindens aber kämpft um sein Ich, indem er die ganze Kraft seines rauschhaften Erlebens dafür einsetzt, die durch dieses Empfinden erfaßte Tiefe an seine dauernde Lebensform zu binden, weil dieses Ich zu erkennen und in der äußeren Lebensgestalt festzuhalten überhaupt seine wesentliche Aufgabe ist.

Denn da dem Menschen von Natur aus nur die irdische Seite des ganzen kosmischen Zusammenhanges *durch seine Empfindungen* gegeben ist, so kann er sein Ich nicht ganz an die Welt seines Empfindens anheften, sondern muß es sich immer erst erkämpfen. In dem Maße, als dieser Kampf fortschreitet, werden ihm dann allmählich auch die Umrisse der nicht unmittelbar, auf menschlich einfache Weise erreichbaren Welt- und Schicksalszusammenhänge bewußt und er kann sie von seinem gesteigerten Empfinden aus mit der Phantasie erraten.

Wenn also für den Zwillingstypus des Menschen auch immer jene Stufe der Wandlung des Bewußtseins, welche wir die der sinnlichen Empfindungen nennen, Ziel und Ende seines Lebens bleibt, so entsteht doch jeweils ein ganz anderer Einzelmensch, je nachdem, in welchem Maße auch die anderen Stufen des Bewußtseins ausgebildet sind.

Die höchste Stufe des empfindenden, genießenden und dionysischen Rausches fähigen Menschen wird immer nur diejenige sein, welche alle Stufen des Bewußtseins, nicht nur die der Wandlung, sondern auch die der Rückwendung, bis in die Tiefenschichtung führenden, ausgebildet hat und sie, wenn auch nicht dauernd, so doch in den erhöhten Zuständen rauschhafter Steigerung in seinen Empfindungen mitschwingen läßt.

Gelangt der empfindungsstarke Mensch aber so weit, dann wird er dem Gotte Dionysos am ähnlichsten sein.

THEORETISCHER TEIL
GRUNDINTUITION

I

Die menschlichen Urtypen, die hier dargestellt werden, sind weder durch Deduktion noch durch Indikation erschlossen worden, sondern sie waren mittels einer großen Intuition eines Tages plötzlich da. Dennoch sind sie keineswegs erfunden, wie man etwa meinen könnte, sondern bloß aufgefunden worden.

Da sie aber nicht erfunden, sondern aufgefunden wurden, läßt sich ihr Vorhandensein und ihre Eigenart begründen, und dies soll auch in einem späteren Werk ausführlich noch geschehen. Daß sie aber eines Tages plötzlich da waren, geschah nicht, ohne daß bestimmte Voraussetzungen erfüllt wurden.

Diese Voraussetzungen sollen gegeben werden, damit der Leser verstehen kann, wie es zu der Grundintuition kam, der wir ihr Sichtbarwerden verdanken. Denn eine Intuition ist kein geheimnisvoller Vorgang – wenigstens nicht geheimnisvoller als alles andere in der Welt –, sondern *eine Zusammenschau*, ein Gleichzeitig-im-Bewußtsein-Haben vieler verschiedener Tatsachen und Zusammenhänge, das nur dann möglich ist, wenn man alle diese verschiedenen Tatsachen und Zusammenhänge einzeln schon aufgenommen und verarbeitet hat, so daß sie dem Geiste geläufig geworden sind, und wenn man in einem Moment besonderer geistiger Konzentration alle zugleich vorzustellen und in der richtigen Weise aufeinander zu beziehen vermag. Dann gruppieren sie sich plötzlich wie die bunten Steinchen in einem Kaleidoskop und bilden eine Figur, in Ornament, ein Muster, ein Bild, kurz ein Ganzes, in dem alle Teile ihren bestimmten Platz einnehmen.

Alle bisher vorhandenen Typologien betrachten die menschlichen Eigenarten von einem speziellen Gesichtspunkt aus. Sie wurden aufgestellt, indem man die menschlichen Verhaltungsweisen auf einem bestimmten Gebiet einer Untersuchung unterzog. Zum Beispiel suchte sie

Spranger auf dem Gebiet der Lebensform, das er der Hauptsache nach aus den Berufen erschloß. C. G. Jung stellte seine beiden Grundtypen auf, indem er zwei psychopathologische Verhaltungsweisen der neurotischen Patienten zum Ausgangspunkt machte. Ähnlich unternahm es Kretschmer, allgemeingültige Typen aufzustellen, indem er von den typischen Geisteskrankheiten ausging.

C. G. Jung allerdings unterscheidet bei seinen beiden Grundtypen noch je drei Unterklassen, so daß er tatsächlich auf sechs Typen kommt. Da auch Spranger sechs verschiedene Grundtypen der Individualität aufstellt, so könnte man hier an eine Ähnlichkeit der Grundlagen der beiden Forscher denken. Doch ist dies keineswegs ohneweiteres der Fall.

Beide versuchen ihren Grundtypen durch psychologische Unterscheidungen zu gewinnen, und gerade daran liegt es, daß sie nur zu empirischen Urtypen gelangen. Zwar sollte man meinen, daß es die Psychologie sein mußte, von der allein wir zu Urtypen der menschlichen Wesensart vordringen könnten, und doch ist dies aus dem besonderen Grund nicht der Fall, weil die Psychologie gerade als Lehre von der Psyche eine höchst problematische Wissenschaft ist. Darum ist der Standpunkt der beiden Forscher und im Grunde auch der aller anderen, die eine Typenlehre aufbauen, zwar ein psychologischer, sofern sie die Typen selbst beschreiben, in der Begründung ihrer Betrachtungsweise aber sind sie gezwungen, über das Psychologische weit hinauszugehen und philosophische Gedanken mit heranzuziehen.

Auch bei der hier gegebenen Typenlehre haben *erkenntnistheoretische* Erwägungen mitgewirkt, ja sie bilden sogar ihr wesentliches Fundament. Diese Grundlagen wurden nun keineswegs von mir selbst gefunden, sondern ich machte die von R. Reininger gegebenen erkenntnistheoretischen Unterscheidungen zu den meinen, da mir diese als die weitaus scharfsinnigsten und fortgeschrittensten erschienen.

Dementsprechend ist mein Standpunkt teilweise ein erkenntnistheoretischer – sofern es sich nämlich um die letzte Fundierung handelt –, teilweise ein psychologischer, sofern die Urtypen im einzelnen beschrieben und die aus ihrem Wesen fließenden Verhaltungsweisen dargelegt werden.

Die Erkenntnistheorie ist nun anerkanntermaßen jene Wissenschaft, die es mit den letzten Voraussetzungen des Denkens und Forschens zu tun hat. Wenn irgendeine der Wissenschaften, so ist sie es, die am weitesten in das Wesen des Menschen vorzudringen vermag, denn jede andere Wissenschaft setzt den Menschen und seine Geisteshaltung unbesehen bereits voraus, insofern es eben Menschen sind, die diese Wissenschaften betreiben. Nur in der Erkenntnistheorie wird sich der Mensch als Forscher dieser seiner Voraussetzungen bewußt und wendet sich mit seinem Erkenntnisdrang auf sich selbst zurück, die Voraussetzungen betrachtend, die er in seiner Geisteshaltung bei jeder denkenden Betätigung schon mitbringt.

Es wäre aber hier nicht am Platze, wollte ich nun die gewonnenen Einsichten der von mir angenommenen Erkenntnistheorie auseinandersetzen. Man kann diese weit besser in der Darstellung Reiningers selber kennenlernen. Ich weise vielmehr nur auf jene Resultate hin, die für die Typenlehre von grundlegender Bedeutung sind. Diese sind aber letzten Endes auch wieder so einfacher Art, daß sie auch ohne Darlegung des tiefen philosophischen Zusammenhanges verstanden werden können, sozusagen in psychologischer Gewandung, was mir wieder – nebenbei bemerkt – ihren Wahrheitsgehalt zu beweisen scheint.

Es sind im wesentlichen zwei Sätze, die ich hier zu zitieren habe, wenn das Zitat auch nicht wörtlich erfolgt:

1. Das eigentliche Psychische ist irrationaler Art. Es hat den Charakter reiner Erlebnisaktualität. Es ist unräumlich und unterliegt auch keiner zeitlichen Bestimmung. Es entzieht sich daher vollständig jeglicher Beschreibung.

2. Das sozusagen ausgebreitete und daher auch einer Beschreibung irgendwie zugängliche Bewußtsein bildet einen Stufenbau von Intentionalitäten, die alle letzten Endes auf die ausdehnungslose Erlebnisaktualität des eigentlichen Psychischen bezogen sind.

So abstrakt dies auf den ersten Blick klingt, die einzelnen Stufen dieses Baues des Bewußtseins sind allen bekannt, und sie sind zugleich das Allgemeinst-Menschliche, das keinem abgesprochen werden kann, wenigstens soweit die mittleren Stufen in Betracht gezogen werden. Jeder wird zugeben, daß wir als Menschen Trieb- und Willensantriebe, daß wir Gefühle, Sinnesempfindungen haben, ferner daß wir mehr oder weniger lokalisierbare Empfindungen am eigenen Körper kennen, daß wir sinnliche Anschauungen von Gegenständen und diese in einer räumlich und zeitlich geordneten Umwelt erfahren, und schließlich, daß wir in Begriffen von mehr oder weniger hoher Abstraktheit zu denken vermögen. Es wird wohl auch jeder zugeben, daß wir einen inneren Beziehungspunkt all dieser Gegebenheiten unser eigen nennen, ein Daseinsgefühl haben, das wir mit dem Wörtchen „Ich" meinen. Nach Reininger ist dieses Seinsgefühl das „Eigentlich-Psychische", das sich jeder Beschreibung und Benennung entzieht, also wirklich irrational ist.

Soweit wäre alles einfach. Das Neue und zugleich Schwierige der Reiningerschen Betrachtungsweise liegt aber darin, daß alle diese Stufen des Bewußtseins mit fließenden Grenzen ineinander übergehen und daß ihre Reihenfolge eine ganz bestimmte und undurchbrechbare ist. Sie kann nur in sozusagen zentrifugaler oder zentripetaler Richtung durchlaufen werden und führt dann zu den in der Psychologie geläufigen ichnäheren und ichferneren Bewußtseinsschichten.

Durch diese Umkehrbarkeit in der Intentionalität oder – einfacher – Bezogenheit der Bewußtseinsstufen aufeinander ergibt sich jener Tatbestand, der in psychologischer Betrachtungsweise als Extraversion und Introversion bezeichnet wird, und auf dem fußend Jung seine beiden Grundtypen unterscheidet. Er ist daher auch für unsere Darstellung von Bedeutung.

Die eine der Voraussetzungen unserer Typenlehre ist also hier angedeutet, durch größtenteils erkenntnistheoretische Mittel erarbeitete Wesenserkenntnis der menschlichen Eigenart. Indem wir diese Erkenntnis schon angenommen hatten, mußte *die Unterscheidung der Typen einen ganz prinzipiellen, über die empirischen Erfahrungen hinausgehenden, allgemeingültigen Charakter* erhalten, weshalb wir sie auch als die *Urtypen* bezeichnen.

Die zweite Voraussetzung war die, daß wir diesen allgemein bekannten und anerkannten Bewußtseinsstufen noch drei weitere hinzufügten, die, obwohl im „Eigentlich-Psychischen" wurzelnd, doch nur in psychologischer Form sozusagen greifbar werden. Es sind dies jene Stufen, die in der mystischen Versenkung erfahren werden, die auch übereinstimmend in der ganzen esoterischen Literatur genannt sind.

Abgesehen von der persönlichen positiven Einschätzung dieser Dinge, rechtfertigt sich die Einführung dieser Stufen auch objektiv schon deshalb, weil ja sonst diejenigen Menschen, die dergleichen Erlebnisse gehabt zu haben vorgeben, typologisch nicht erfaßt werden könnten.

Mit der Berücksichtigung dieser drei Stufen, die wir als *Tiefenschichtung* bezeichnen, und mit dem strengen Begriff des Bewußtseins, den wir aus der Erkenntnistheorie herübergenommen haben, hängt es auch zusammen, daß es in unserer Typologie den Begriff des „Unbewußten" nicht gibt. An die Stelle der Relation des Bewußten und Unbewußten in der psychologischen Betrachtungsweise tritt eine *Skala von Bewußtseinsgraden*, die mit „Nicht vorhanden" und „Mangelhaft ausgebildet" beginnt und bei „Dominierend" endigt. Etwas in gar keiner Weise Bewußtes ist nicht existierend.

Unsere Typen sind von vornherein restlos ausanalysiert und eben deshalb können sie auch als Urtypen aufgestellt werden. Sie sind sozusagen ganz sie selbst. Keine Verdrängungen, keine Komplexe sind in ihnen nachweisbar.

Darum haben sie etwas an sich, das an Vollkommenheit gemahnt, und darum ist es auch ganz natürlich, daß wir die Urtypen zunächst in ihren idealen Gestalten aufgewiesen haben. Das sind aber die Göttergestalten der Mythologie.

Und damit wären wir zu der dritten der Voraussetzungen gekommen, die wir bei der Darstellung der Urtypen machen, nämlich der, daß wir diese zunächst an Hand der Mythologie aufzeigen. Jung hat einmal das einprägsame Wort gesagt: Der Mensch hat entweder Götter oder – Komplexe. Das bedeutet, daß die Götter „wirklich" sind. Sie sind wirklich, weil sie erlebt werden. Was natürlich nicht soviel bedeutet, daß sie real seien. Dieses Problem interessiert uns in dem hier in Betracht kommenden Zusammenhang nicht. Da sie aber als unmittelbar erlebt und nicht erdacht angesehen werden müssen, so ist es auch nicht zu verwundern, daß erste, sozusagen unmittelbar angeschaute Typen in ihnen aufscheinen.

Gewiß bin auch nicht ich die erste, der dieser Tatbestand auffiel. Das aber, was das Zustandekommen der Intuition ermöglichte und was sich nachher auch als ungemein fruchtbar erwies, war die Erkenntnis, daß diese in den Göttergestalten der Mythologie aufscheinenden Urtypen zusammenhängen mit den erwähnten Bewußtseinsstufen.

Dies ist weiterhin auch wieder nicht erstaunlich, denn daß der Mensch sozusagen unmittelbar und ohne darüber zu reflektieren, seine eigene Wesenheit in die Götter hineinprojizierte und damit die Urtypen unbeabsichtigt fand, mag uns ganz natürlich erscheinen. Nur da diese Urtypen nicht so primitiver Art waren, wie sie etwa der heutige Psychologe und Ethnologe anzunehmen geneigt sein möchte, wenn er von außen her und sozusagen mit dem methodischen Vorurteil objektivischer Wissenschaftlichkeit an das Problem herangeht. Darum mußte auch der große Umweg bis in die Erkenntnistheorie unternommen werden, durch welche die Wissenschaft selbst gleichsam in ihren Grundfesten umgeackert wird, um jene ersten Voraussetzungen zu stoßen, die selbst in der Psychologie nicht mehr erforscht werden, weil sie die mitkonstituieren helfen.

Es ist auch natürlich nicht so, daß die Typen in allen aufgefundenen Mythologien der Völker überall in genau gleicher Weise vorhanden sein können. Liegt hier doch eine jahrtausendelange Entwicklung vor. Die einzelnen Gestalten wurden erst langsam herausgebildet und erhielten nur allmählich alle Züge ihrer Eigenart, indem diese durch das Leben selbst hinzukomponiert wurden. Nicht alle Züge konnten mit gleich deutlicher Anschaubarkeit erfaßt werden. Auch fanden im Laufe der Zeiten Umbrüche statt, Verschmelzungen, Zerreißungen und so weiter.

Am klarsten und für uns Abendländer wohl auch am meisten faßlich sind die Gestalten des altgriechischen Göttermythos. Darum haben wir uns in der Darstellung weitgehend an diesen gehalten, aber auch aus dem indischen, ägyptischen, babylonischen germanischen, slawischen, ja sogar chinesischen Olymp konnten wir parallele Gestaltungen aufzeigen. Das, was wir in dieser ersten Zusammenschau fanden, erhebt auch keineswegs den Anspruch der Vollständigkeit, noch den der historischen Genauigkeit. Es wäre noch viele wissenschaftliche Einzelarbeit zu leisten, um eine erschöpfende Darstellung geben zu können. (Siehe die Tafel, S. 411 f.)

Doch kommt es zunächst darauf an, die Grundlinien dieses ganzen Gebäudes zu zeichnen. Und wir wollten ja auch nicht bei den Göttern allein stehenbleiben, sondern mit ihrer Hilfe zu der Aufzeigung der menschlichen Urtypen fortschreiten.

Indem wir aber auf den Göttermythos zurückgreifen, kommen wir von selbst noch mit einem anderen Gebiet in

Berührung, das bereits eine auf vorwissenschaftlicher Stufe geschaffene Typenlehre enthält, ich meine die Astrologie. Zwar hat unsere Typenlehre nichts mit astralen Einflüssen zu tun, wohl aber sind die Götter der Mythologie immer und überall zuerst als Gestirne aufgefaßt worden. Es ist scheinbar ein Urglaube der Menschheit gewesen, daß die kosmischen Mächte, in deren Bann sie sich fühlte, die Sterne seien.

Dadurch, daß diese Sterne bestimmte Einflüsse auf den Menschen auszuüben schienen, die dem Charakter des betreffenden Gottes entsprachen, erhielt der Mensch in der Form von göttlichen Einwirkungen die Charaktere, die er den Göttern beigelegt hatte, von diesen gleichsam wieder zurück. Und die alte Weisheit der astrologischen Deutung übertrug somit die göttlichen Urtypen auf den Menschen und schuf so die erste, schon halb rationale Typologie.

Durch diesen Zusammenhang mit den Göttergestalten hat auch die astrologische Typenlehre gewisse Bezüge zu den von uns hier aufgestellten Typen. Wieweit die Parallelen wirklich stimmen, das festzustellen ist nicht unsere Aufgabe. Aber wir haben immerhin die Symbole der jeweiligen Göttergestalt miterwähnt, die in der Astrologie natürlich auch vorkommen, weil die betreffenden Götter ja eben mit den Sternen identifiziert werden.

II

Es ist klar, daß, da wir den eigenartigen Aufbau der Bewußtseinsstufen für entscheidend und konstituierend für den Typus halten, alle empirisch gegebenen Verhaltungsweisen, Handlungsgewohnheiten, kurz alles, was an dem Typus empirisch feststellbar ist, als Ausdruck seiner Eigenart erscheint. Wir nennen alle diese von außen feststellbaren – also behavioristisch faßbaren – Einzelbestimmungen *Entsprechungen*.

Solche Entsprechungen sind zum Beispiel auch die von dem Individuum geäußerten Meinungen, Überzeugungen, Urteile, Bewertungen. Alle Aussagen, die ein Individuum machen kann, sind von der Bewußtseinslage abhängig, die es in sich aktualisiert hat. Darum sind alle Aussagen und Anschauungen oder Meinungen immer bloß relativ und nehmen den Charakter absoluter Geltung nur für den betreffenden Typus selbst an.

Wenn wir Aussagen und Meinungen aber als bloße Entsprechungen betrachten wollen, so müssen wir uns nach Tunlichkeit von allen Bewertungen fernhalten, weil wir sonst selbst eine durch den eigenen Typus bedingte Anschauungsweise wiedergeben würden. Es ist darum verständlich, daß wir auf eine letzte, abstrakteste Betrachtungsweise zurückgehen mußten, nämlich auf die Erkenntnistheorie selber, deren Prinzip die *möglichste Voraussetzungslosigkeit* ist. Die von dort genommenen und ins Psychologische gewendeten Grundlagen enthalten noch nichts von den individuellen und typenmäßigen Unterschieden.

Wir verzichten somit auf die Bewertung der Typen, obwohl es natürlich unumgänglich ist, den Entwicklungsgrad und damit das Niveau jedes Spezialfalles festzuhalten. Er wird, soweit dies objektiv möglich ist, nach der Zahl und dem Grad der ausgebildeten Bewußtseinsstufen zu bestimmen sein, obwohl andererseits die Bewußtseinsstufe, deren besondere Ausbildung eben den Typus schafft, selbst *nicht* maßgebend für die Entwicklungsstufe ist, die ein Individuum oder ein Typus erreicht. Vielmehr kann es innerhalb aller Urtypen Individuen höchster und niedrigster, kurz aller Entwicklungsgrade geben.

Dadurch, daß wir die Ausbildung der Bewußtseinsstufen zur Grundlage der typenmäßigen Unterscheidung gemacht haben, gehen wir über die gattungsmäßigen Bestimmungen hinaus, die zum Beispiel bei Spranger maßgebend sind. Wenn es dort einen religiösen, ästhetischen, sozialen Menschen gibt und so weiter, so kann sofort der Streit entstehen, welche Art von Religiosität, welche Art von Ästhetik oder Kunst, welche Form von sozialem Verstehen und so weiter als maßgebend gelten soll. Dieser Schwierigkeit sind wir von vornherein enthoben, weil diese Unterscheidungen für uns nicht typenbildend sind. Jeder Typus hat nach unserer Einteilung seine eigenartige Religiosität, seine besondere Art der Kunstbetrachtung oder Kunstausübung, seine spezifische Weltanschauung, soziale Einstellung und so weiter. Auch seine spezifische Fähigkeiten und Mängel, Tugenden, Sünden, Laster und Krankheiten.

Sicherlich ist es mir nicht gelungen, alles das restlos zu erforschen und richtig darzustellen, und habe ich mir dabei Fehler und Mißgriffe zuschulden kommen lassen. Aber nichts steht im Wege, daß diese Dinge weiterhin erforscht, genauer differenziert und verbessert werden, da einmal das Prinzip gefunden ist, auf dem sich die weitere Erforschung aufbauen läßt.

Sind einmal auf Grund der Typenbildung die grundlegenden Unterschiede der Menschen festgestellt und die Relativität aller Meinungen und Aussagen in ihrer Bedingtheit durch die Bewußtseinslage des betreffenden Individuums durchschaut, so ist die Basis für eine bessere gegenseitige Verständigung gegeben, die dazu beitragen kann, endlose und unfruchtbare Streitigkeiten, sei es des praktischen Lebens, sei es der theoretischen Debatten, zu vermindern, weil die Erkenntnis der typischen Verschiedenheit die Aussichtslosigkeit des Zwistes von vornherein einsichtig macht.

Da die Bewußtseinsstufen mit fließenden Grenzen ineinander übergehen, lassen sich die Urtypen leicht weiterhin bis zum Individuum herunter differenzieren. Es ist auch klar, daß viele Menschen Mischtypen der verschiedensten Art sind und als solche analysiert werden müssen.

Auch die nationalen Eigenarten lassen sich nach diesem Prinzip der Typenunterscheidung charakterisieren. Diese Charakterisierung stößt hier freilich auf größere Schwierigkeiten als bei den Individuen, weil die nationale Eigenheit selten einem Urtypus entspricht, sondern immer einem Mischtypus. Ferner sind auch die behavioristischen Entsprechungen nicht so leicht und eindeutig festzustellen wie bei den Individuen. Aber gelingen kann es und muß es bei entsprechender Bemühung. Wenn man das genau überdenkt, so liegt hier sicher auch eine der Grundvoraussetzungen der Völkerverständigung.

Ja, selbst die Lebensalter der Menschen stellen eine in unserem Sinne stattfindende allmähliche Verschiebung der Bewußtseinslage dar, durch die auch eine typenmäßige Veränderung zustande kommt, mag diese auch nicht die ersten, aber vielleicht die zweiten, dritten oder vierten Grade der Bewußtseinsgestaltung betreffen. Ebenso verhält es sich mit noch anderen engeren oder weiteren Gemeinschaften, die dem Individuum ihren Stempel aufdrücken, ohne es doch in seiner persönlichen Besonderheit zu verändern.

Ähnlich wie auf einer Wasseroberfläche oft Wellenzüge verschiedener Größe und Richtung reibungslos durcheinander hindurchgehen, so gehen auch oft verschiedene Bewußtseinslagen durch ein Individuum hindurch, ohne sich gegenseitig zu stören oder einander gar auszuschließen. Diese Tatsache muß für jede Typologie von großer Wichtigkeit sein.

Die Auseinandersetzung der theoretischen Grundlagen dieser Typenlehre ist nicht leicht. Sie wird in einem rein theoretischen Werk in ausführlicher Form erfolgen. Hier kann sie nur kurz in ihren Resultaten zusammengefaßt und in möglichst einfacher Weise gegeben werden. Erfahrungsgemäß fand ich es besser, die Typen zuerst als Gestalten auf den Hörer oder Leser wirken zu lassen, da sie in der Regel jedem auf intuitive Weise einleuchtend werden. Die besinnliche Theorie darüber ist besser nachträglich zu bringen, wenn man, nachdem der Reigen der Gestalten vorübergezogen ist, sich geneigt und angeregt fühlt, darüber nachzudenken. Darum ist die kurze theoretische Zusammenfassung mit allen ihren Folgerungen an den Schluß gestellt.

So gelangen wir über die Erkenntnis der Relativität allen menschlichen Denkens und Meinens zuletzt doch zum Wesen der menschlichen Existenz. Schon Dilthey hat gezeigt, daß die Weltanschauung jedes Menschen von seinem Typus abhängt. Darum ist es unmöglich, bei der zu bewerkstelligenden Wesenserkenntnis des Menschen von einer bestimmten Weltanschauung oder weltanschaulich gefärbten Psychologie auszugehen. Es gibt nämlich keinen *allgemeinmenschlichen Menschen*, sondern nur *eine Vielfalt verschiedener Typen*. Die Differenzierung des menschlichen Wesens läßt sich schon bis in die Primitivkulturzeit zurückverfolgen und sie ist durch die Entwicklung der Hochkulturen nur immer größer geworden.

Darum ist es auch sinnlos, den Idealtypus „des Menschen" zu suchen – alle solchen Idealfiguren leiden an der Blässe der Abstraktion –, sondern es gibt ebenso viele Idealtypen des Menschen, als es Urtypen gibt.

Dieser Tatbestand wird in der heutigen Anthropologie, und besonders in der existentialistisch gerichteten, ganz außer acht gelassen; es wird immer nur von „der Liebe", „der Angst" und so weiter gesprochen, während für jeden Typus – und zuletzt für jedes Individuum – Liebe, Angst und alle intimeren Erlebnisse ganz anders akzentuiert sind als bei allen anderen, weil sie im jeweiligen Gesamtbewußtsein einen ganz anderen Platz und Rang einnehmen.

Der einzige Weg, zu wirklicher Erkenntnis des Menschen zu kommen, scheint mir der über die Erkenntnistheorie zu sein, weil wir auf diesem Wege die voraussetzungsloseste und abstrakteste Form des Menschenseins herausarbeiten können. Dieses abstrakte Schema, das wir so erhalten, muß dann allerdings mit konkretem Inhalt gefüllt werden. Das Konkrete ist aber immer etwas Vielfältiges. Und darum kommen wir auch beim Menschen sofort von dem abstrakten Schema des menschlichen Bewußtseins in die konkrete Vielfalt der Typen und immer weiter bis zu den Individuen hinunter, nicht aber zu einem konkreten allgemeinen Menschen. Dabei müssen wir allerdings die erkenntnistheoretischen Resultate in psychologische Formen wandeln, weil sie sonst nicht anwendbar wären. Doch darüber anderswo.

Schon lange dämmert uns ja die Erkenntnis, daß das existentielle Wesen des Menschen mit den Urtypen zusammenhängt. In der Idee des „Großen Welttheaters" zum Beispiel sind solche Gedanken spürbar.

Der Dichter ahnt die Urtypen und ihre Wesensbedeutung, ist aber freilich weder vollständig, noch hat er die grundlegende theoretische Erkenntnis. Auch im „Spiel vom Jedermann" sind solche typenmäßigen Ansätze zu finden.

Aus den grundsätzlich gefundenen Urtypen aber läßt sich das große Welttheater noch ganz anders herausentwickeln und darstellen als aus der bloßen Ahnung ihrer Wesenheit. Und zwar das große Welttheater nicht nur im symbolischen Sinn, sondern auch das auf der wirklichen Weltbühne, nämlich auf der des geschichtlichen Geschehens.

Hier werden sich im Laufe späterer Untersuchungen noch eigenartige Ausblicke eröffnen – auf einen morphologisch bedingten Ablauf der geschichtlichen Entwicklung, der ebenfalls mit den Urtypen zusammenhängt.

III

Bei so vielen Ausblicken und Aspekten, die sich mit der Grundintuition wie von selbst ergaben, möge es mir der Leser zugute halten, daß die erste Niederschrift dieser Gestaltungen nicht in der üblichen wissenschaftlichen, sondern in dichterischer Form geschehen ist. Die notwendige Zusammenschau ist auf diese Weise leichter darzustellen, auch für den Leser leichter zu vollziehen.

Durch diese Form verführt, könnte man leicht zu der Meinung kommen, als wollte ich einem Polytheismus im altheidnischen Sinne das Wort reden. Dies ist natürlich keineswegs der Fall. In der physischen Welt kommen Götter nicht vor. Sie haben die ihnen eigentümliche Art der Wirklichkeit nur im astralen oder Phantasieraum. Dort sind sie aufweisbar, und das genügt für uns. Wieviel hinter ihren anthropomorphen, also symbolischen Gestalten auch an ontologischer Bedeutungshaftigkeit stehen mag, das bleibe dahingestellt. Es entzieht sich zu dieser Zeit vollkommen unserer Beurteilung.

In der Reihenfolge der Bewußtseinsstufen erscheint als erste die des organischen, vom Lebensgefühl durchzogenen Körpers. Denn wenn wir uns auf uns selbst besinnen, so werden wir zunächst unseres Körpers gewahr. Wir zeigen auf unseren Körper, indem wir sagen: Dies bin ich.

Darum ist jene von allen Gestalten die erste, in deren Bewußtsein der eigene organische lebensdurchpulste Körper im Blickpunkt der Aufmerksamkeit steht und daher für sie eigentliche Wirklichkeit bildet.

Denn tatsächlich gibt es in der Reihenfolge der Bewußtseinsstufen keine erste und keine letzte, weil die Bewegung zwischen ihnen eine fließende und ständige ist. Wir könnten darum theoretisch ebensogut mit einer anderen beginnen, zum Beispiel mit der der „Strebungen" oder mit der des „Icherlebnisses". Sowohl in der Richtung der Veräußerlichung wie der der Verinnerlichung sind immer noch weitere Stufen als die von uns benannten denkbar.

Es ist darum der ganze Stufenbau des Bewußtseins, von dem wir hier ausgehen, auch nicht als etwas Starres und Endgültiges anzusehen, sondern auch hier wiederum nur als der Augenblick für jenes Stadium der Bewußtwerdung, in dem wir uns gerade jetzt befinden. Wahrscheinlich wird sich das Bewußtsein noch weiter entwickeln und ausdehnen, als das bisher der Fall war, und wird sich dann in noch mehreren und anderen Stufen entfalten und differenzieren.

Darum ist auch die Zahl der Urtypen sowie der ihnen entsprechenden Göttergestalten eben auch nur unserem jetzigen Zustand angemessen, da wir sie ja nur aus unserer eigenen Wesenheit erfassen können. Ihre wirkliche Zahl ist uns unbekannt und sie ist prinzipiell unbegrenzt.

Wir haben im ganzen sechzehn Stufen des Bewußtseins uns deutlich zu machen versucht. Diesen entsprechen zwölf verschiedene Urtypen beziehungsweise, wenn wir auf jeder Stufe den extra- und introvertierten Typus unterscheiden, deren vierundzwanzig.

Die erste der göttlichen Gestalten, die wir nun aufgezeigt haben, ist eine weibliche Gestalt. Auch das müssen wir erklären. Die Gestalten sind nicht wesenhaft durch das Geschlecht bestimmt. Sie erscheinen nur ausgeprägter, durch das Geschlecht noch betonter, die eine in weiblicher, eine andere wieder in männlicher Form. Es hat ja auch eine Menschheit gegeben, die gewohnt war, das Göttliche als das Nur-Männliche anzubeten.

Auch den einen unendlichen und rein geistig zu denkenden Gott hatten sie „Vater" genannt. Es war aber gewiß nicht die Schuld desjenigen, der zum erstenmal Gott Vater nannte, wenn die späteren und primitiveren Geister sich Gott nun um dieses Namens willen als leibhaft sich männlich vorstellten. Jener hatte etwas ganz anderes mit diesem Namen gemeint.

Gott ist jeweils das, was die tiefste, die innerlichste, eben noch erahnte Stufe des Bewußtseins ausmacht. Er ist, ähnlich wie der indische Brahman, keine Person, kein Gegenstand der Vorstellung, auch kein Richter und Rächer, der die Menschen belohnt oder bestraft. Es läßt sich schlechterdings nichts aussagen. Denn, was wir Gott nennen, ist ja die Grenze unseres Seins. Wie vermöchten wir aber dem mit Recht einen Namen zu geben, was ewig jenseitig ist? Das ist weder Eines noch Vieles noch Alles noch Nichts. Es ist nur die letzte Seelentiefe, die eben Zustand zu werden beginnt. Oder bildlich gesprochen, wie der

Inder von Brahman sagt: Gott ist der Opferrauch der betenden Seele.

Ob dieses Letzte der Schöpfer der Seelen und Welten ist, wir wissen es nicht. Um aber Schöpfer zu sein, muß es sich jedenfalls verwandeln in schaffende Kräfte. Und diese Verwandlung, die wir auch in unserem eigenen Bewußtsein erfahren, ergibt eben die göttlichen Mächte, die wir in den Stufen unseres Bewußtseins selber erfassen.

So sagt auch der heilige Klemens von Alexandrien, der erste Kirchenvater des werdenden Christentums, in einer seiner erhalten gebliebenen Schriften: „Gott, um den Sohn zu erzeugen, mußte weiblich werden, denn er schuf ja die Wesen und Welten aus Liebe." Und diese Verwandlung eben ist das Mysterium der Liebe.

Die erste Gestaltwerdung Gottes ist also weiblich. Und diese Gestaltwerdung ist auch die erste und darum weibliche, die wir aufzeigen.

Weil Gott aber nirgends gefunden werden kann und das schlechterdings Gestaltlose ist, darum ist es auch besser, wenn wir dieses jetzt nicht einmal mehr Vater nennen, denn auch als Vater müßte er wieder eine bestimmte Gestalt sein. Eher noch könnten wir „Bruder" zu ihm sagen, weil es jeder als sein eigenstes Eigen in sich trägt und wahrhaft eines Stammes mit ihm ist.

Aber am besten schweigen wir hier und nennen keine Namen für das, was seinem Wesen nach ohne Namen ist und was nur für den seiend wird, der in das Schweigen kam.

ZUSAMMENFASSUNG
DER PHILOSOPHISCHEN
GRUNDLAGEN

I

Das menschliche Bewußtsein ist nicht ruhig, sondern dauernd in sich bewegt. Diese Bewegung ist ein ständiges Pendeln zwischen dem seelischen und körperlichen Teil der menschlichen Wesenheit. Seele und Körper sind keine an sich seienden selbständigen Substanzen, sondern durch unzählige fließende Übergänge miteinander verschmolzen. Das Bewußtsein nur kann das Seelische oder Körperliche durch Aufmerksamkeit hervorheben oder herausstellen, aber das gerade nur deshalb, weil es beide gleichermaßen in sich hat.

Körper und Seele sind aber nur zwei ganz entgegengesetzte Fälle dieser Fähigkeit des Bewußtseins, bestimmte Stufen seiner inneren Bewegung herauszuheben. Es sind deren mehrere zu unterscheiden, auf einigen Stufen überwiegt der seelische, bei anderen der körperliche Anteil. Bei bestimmten wieder halten der seelische und der körperliche Anteil sich die Waage.

Das Bewußtsein hebt aber die eine Stufe vor den andern dadurch hervor, daß es ihr augenblicklich mehr Wirklichkeit gibt als den anderen.

Die eigentliche Wirklichkeit freilich ist die unbegreifliche, unanschaubare Erlebnistiefe des Seelischen. *Je nachdem aber in der Bewegung des Bewußtseins diese Erlebnistiefe mit der einen oder anderen Stufe verbunden wird, erscheint dann eben diese Stufe als die bedeutungsvollste und als die eigentliche Wirklichkeit selbst.*

Zu dieser Stufe hin nimmt daher die Bewegung des Bewußtseins immer wieder ihre Richtung und scheint nach ihr als nach einer Ruhelage zu streben.

Bei verschiedenen Menschen nun ist die Stufe, nach der hin sich das Bewußtsein wie nach einem Ziel bewegt, eine andere. Daher unterscheiden sich die Menschen sehr voneinander; dies ist der letzte natürliche Grund dafür, daß es verschiedene menschliche Typen und Charaktere gibt.

Die Bewegung des Bewußtseins von den mehr seelischen zu den mehr körperlichen Stufen nennen wir *Wandlung* des Bewußtseins, die Bewegung von den mehr körperlichen zu den mehr seelischen *Rückwendung*. Darin kommt die Pendelform der Bewegung zum Ausdruck. Die Pendelbewegung läßt sich auch als Kreis darstellen.

Bei den Stufen der Wandlung unterscheiden wir zweierlei: solche, die dem Seelischen noch nahe sind, und solche, die fast ganz der körperlichen Seite zugehören.

Die seelischen sind *Wille, Gefühl* und *Empfindung*. Die Empfindung ist jene Stufe, auf der sich Körperliches und Seelisches die Waage halten.

Die körperlichen Stufen sind: erstens der *eigene* Körper (und der fremde Körper, insofern er mit dem eigenen zusammenhängt, also die Bildung des Kindes im Mutterleib), zweitens *der körperliche Gegenstand*, der vom Menschen aus geformt wird, drittens *die mit den Sinnen wahrnehmbare Umwelt*. Geburt und Zeugung liegen auf dem Übergang von der ersten dieser Stufen zur zweiten.

Auf der Stufe des Willens fühlen wir uns aktiv, auf der des Gefühls passiv, auf der der Empfindung aktiv und passiv zugleich.

Dem eigenen Körper gegenüber fühlen wir uns mehr passiv, obwohl das vielleicht auf einer Täuschung beruht, den körperlichen Gegenständen gegenüber mehr aktiv, der mit den Sinnen wahrnehmbaren Umwelt gegenüber jedoch aktiv und passiv zugleich.

Es sind im ganzen also *sechs Stufen der Wandlung* des Bewußtseins, die wir unterscheiden. Auf jeder dieser Stufen kann die Rückwendung eintreten, indem die Bewegung des Bewußtseins nach dem Ich (oder Seelenzentrum) zurückstrebt.

Hat das Bewußtsein die Stufe der mit den Sinnen wahrnehmbaren Umwelt erreicht, so ist der eigentlich weiteste

Ausschlag erfolgt, und das Pendel muß nun zurückschwingen.

Die Stufen der Rückwendung sind natürlich dieselben wie die der Wandlung, nur in umgekehrter Reihenfolge.

III

Obwohl mit der Stufe der mit den Sinnen wahrnehmbaren Umwelt die Rückwendung des Bewußtseins naturgemäß eintritt, ist doch von dieser Stufe noch eine *weitere Wandlung* möglich. Die Stufe der über die Stufe der mit den Sinnen wahrnehmbaren Umwelt hinausgehenden Wandlung liegen im *Denken*. Auch hier können wir drei unterscheiden: *anschaulichen Begriff, abstrakten Begriff* und *Idee*.

Diese drei Stufe haben eine eigentümliche Entsprechung zu den drei Stufen der Rückwendung: Empfindung, Gefühl und Wille.

Aber es gibt sogar noch eine weitere Fortführung der Wandlung, in deren Verfolgung wir zu den Stufen des *kritischen Denkens,* das heißt der Erwägung der letzten Begriffe, und zu der des Denkens mit *irrealen Begriffen* gelangen, die nicht mehr auf anschauliches zurückgeführt werden können. Die letzte Stufe des Denkens können wir als die der *parapsychologischen Vorgänge* bezeichnen, sofern man auf diesem Gebiet noch von Denken sprechen kann.

Auch in der *Rückwendung* des Bewußtseins gibt es noch weitere Stufen, die über das Icherlebnis im gewöhnlichen Sinne hinausführen, oder besser gesagt, das Icherlebnis in sich selbst weiter entwickeln. Diese Stufen werden in der *Versenkung* erfahren. Sie haben keine allgemein zugänglichen Namen, weil sie ja nur den wenigen Versenkung Übenden bekannt sind. Diese bezeichnen sie als *Hüter der Schwelle, Geistselbst* (oder Goldenen Purusha) und *Du-Erlebnis (All-Liebe).*

Diese drei Stufen der Versenkung haben ihre eigentümliche Entsprechung in den drei letzten Stufen des Denkens, nämlich des kritischen, des irrealen und des parapsychologischen Denkens.

Wir haben also wieder *sechs Stufen der Rückwendung.* Im ganzen erstreckt sich der Kreislauf des Bewußtseins auf zwölf Stufen, wobei freilich die sechs Stufen des Denkens, die an sich noch zur Wandlung gehören, mit den sechs Stufen der Rückwendung zusammenkommen.

IV

Soweit das menschliche Bewußtsein sich bisher überhaupt entwickelt hat, sind uns also die zwölf Stufen deutlicher hervorgetreten (mit der zweiten Schichte sechzehn):

1. *Das Icherlebnis, eingehend in die Stufen der Wandlung des Bewußtseins als:* Wille – Gefühl – Empfindung – Körperspüren – Gegenstandswahrnehmung – Umweltwahrnehmung.

2. *Rückwendung des Bewußtseins zum Ichzentrum über die Stufen:* Umweltwahrnehmung – Gegenstandswahrnehmung – Körperspüren – Empfindung – Gefühl – Wille – *zum Icherlebnis.*

3. *Zweite Schichte der Wandlung des Bewußtseins von der Umweltwahrnehmung zum Denken als:* Anschaulicher Begriff – abstrakter Begriff – Idee – kritisches Denken – irreales Denken – parapsychologisches Denken.

4. *Zweite Schichte der Rückwendung des Bewußtseins vom Icherlebnis zum:* Hüter der Schwelle – Geistselbst – All-Liebe.

Bei den meisten Menschen treten die Stufen in der Wandlung deutlicher hervor als in der Rückwendung des Bewußtseins. Dadurch ist das irdische Leben des Menschen charakterisiert: Nicht das Ich erscheint als die eigentliche Wirklichkeit, sondern die Umwelt, der Gegen-

DAS BEWUSSTSEIN UND SEINE STUFEN
DARGESTELLT ALS PENDELBEWEGUNG

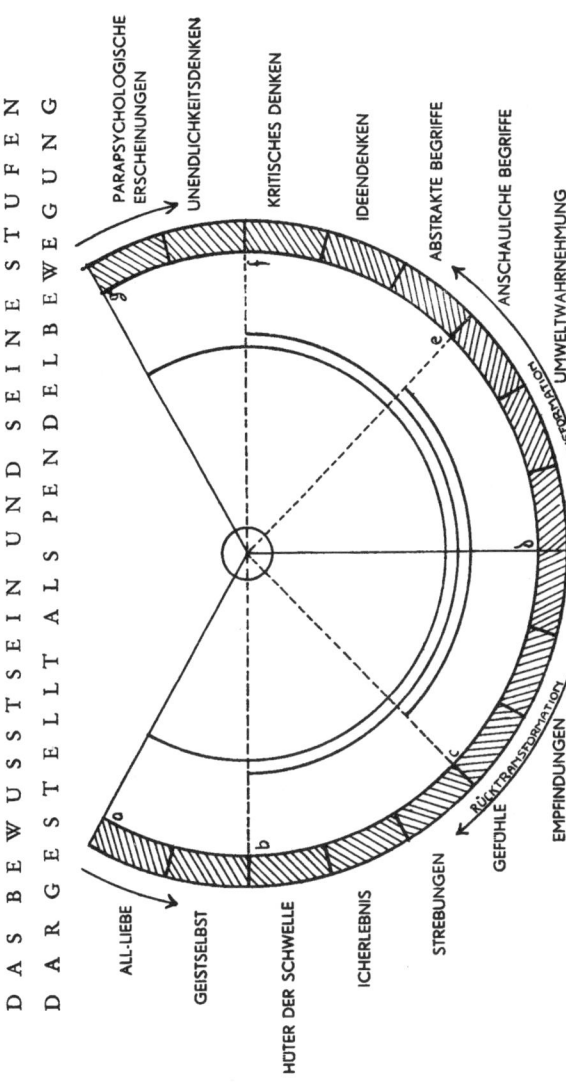

PARAPSYCHOLOGISCHE ERSCHEINUNGEN

UNENDLICHKEITSDENKEN

KRITISCHES DENKEN

IDEENDENKEN

ABSTRAKTE BEGRIFFE

ANSCHAULICHE BEGRIFFE

UMWELTWAHRNEHMUNG

GEGENSTÄNDLICHE WAHRNEHMUNG

KÖRPERSPÜREN

EMPFINDUNGEN

GEFÜHLE

STREBUNGEN

ICHERLEBNIS

HÜTER DER SCHWELLE

GEISTSELBST

ALL-LIEBE

TRANSFORMATION

RÜCKTRANSFORMATION

c d e Umfänglichkeit des Bewußtseins beim Primitiven, b c d e f beim Kulturmenschen, a b c d e f g beim Überdurchschnittlichen stand, der Körper. Die meisten Menschen sind eben *Realisten*.

Es gibt aber auch Menschen, bei denen die Stufen in der Rückwendung des Bewußtseins sehr stark hervortreten, das sind die Künstler, die Religiösen und die Denker. Sie leben in einer andern Welt. Trotzdem ist die Gerichtetheit des Bewußtseins auf die Stufen der Wandlung im irdischen Leben so stark, daß auch diese Menschen sich ihr nur teilweise oder zu gewissen Zeiten entziehen können.

Bei der Erfassung der Typen der Menschen müssen wir es also berücksichtigen, daß der Umkreis der sogenannten Realität bei allen gleichermaßen eine stärkere Hervorhebung erfährt. Wenn wir aber davon absehen, ergibt sich die Möglichkeit, daß von *jeder* der zwölf Stufen *eine* besonders hervorgehoben sein kann. Demnach unterscheiden wir auch zwölf verschiedene Urtypen der Menschen.

Diese Urtypen kommen zweifellos unter den Menschen vor. Doch sind die meisten Menschen nicht ohne weiteres darunter einzureihen, weil auch zwei oder mehrere Stufen in einem Bewußtsein hervorgehoben sein können. Dadurch ergibt sich die unendliche Fülle der Individualisierung. Auch enthalten einige der Bewußtseinsstufen in sich wieder viele Schichten, die sich im allgemeinen noch nicht genug deutlich herausgebildet haben, im abstrakten Denken, im Geistselbst, im Du-Erlebnis und anderem.

V

Wenn wir von jeder der zwölf Bewußtseinsstufen den Grad ihrer Ausbildung und Hervorhebung feststellen, so können wir damit eine vollständige Charakterisierung jeder menschlichen Individualität gewinnen.

Tatsächlich ist eine solche Charakterologie schon vorhanden, nur ist sie sich selbst ihres Prinzips nicht bewußt oder es ist ihr im Laufe der Zeit verlorengegangen.

Unter den Graden der Hervorhebung und Ausbildung jeder einzelnen Stufe des Bewußtseins können wir diese unterscheiden: Nicht vorhanden – lückenhaft ausgebildet – schwach – durchschnittlich – stark – dominierend.

Damit haben wir ein vollständiges Diagramm der menschlichen Persönlichkeit auf möglichst voraussetzungsloser erkenntnistheoretischer Basis.

Diese Typologie und Charakterologie ist in der Wissenschaft des Abendlandes noch nicht durchgeführt worden.

Aber wir finden die Urtypen auf einem anderen Gebiet der menschlichen Ideenbildung wieder, nämlich auf dem religiösen, in der *Mythologie*.

Die Hauptgötter aller Völker sind die Urtypen selbst.

Da wir den Kosmos nicht als eine bloß physische Welt auffassen können, sondern als eine Bewußtseinswelt begreifen wollen, so ist es richtig, wenn wir die zwölf Stufen des Bewußtseins auch als kosmische Mächte erfassen.

Da Bewußtsein aber nur vorkommt in Beziehung zu einem Ich, so müssen die kosmischen Mächte auch ichhafter Natur, das heißt Persönlichkeiten sein.

Das bedeutet: Es sind die Götter...

VI

Götter als seiend anzunehmen, nachdem wir zweifelnd geworden sind an der Existenz des einen, fast zu einem Begriff gewordenen, unendlichen Gottes, wie könnten wir wohl dazu gelangen!

„Wenn es Götter gäbe, wie hielte ich's aus, kein Gott zu sein! Also gibt es keine Götter!" Wie aber, wenn die Möglichkeit, ein Gott zu werden, dennoch offen vor uns läge? So wie im Urchristentum von Göttern und Engeln in gleichem Sinne die Rede ist und von Menschen, die Götter werden?

Sinnlos wäre es für uns, Götter anzunehmen gleich sinnlich persönliche Wesen unserer physischen Welt, so wie wie glauben, daß die Heiden sich sie vorgestellt haben. Sollten sie Wirklichkeit in diesem Sinne sein, dann müßten wir sie wahrnehmen mit unseren einfachen fünf Sinnen als höher organisierte Wesen, wie der Hund den Menschen wahrnimmt.

Aber wir wissen von solchen Wesen nichts. Der Mensch nimmt in der physischen Natur keine Wesen wahr, die höher organisiert sind als er selbst.

Und dennoch muß es sie geben. Denn ist es nicht äußerst unwahrscheinlich, daß gerade der Mensch die höchsterreichbare Stufe der Organisation im ganzen Weltall ist und daß die bis dahin unterbrochene Stufenleiter der Natur gerade bei ihm ihr Ende hat und abreißt?

Und es träumt und dichtet der Mensch von den Göttern, solange er da ist. Auch das beweist ihr Dasein. Im Träumen und Dichten eröffnet sich ihm eine andere, höhere Welt.

Diese, die dreidimensionale, den Raum in dreifacher Ausdehnung, in Länge, Breite und Höhe, erfüllende Wirklichkeit durchdringt der Mensch ganz und gar mit seinem eigenen Dasein.

Aber wer kann behaupten, daß das Universum da zu Ende sei, wo wir mit unserer Nasenspitze anstoßen?

Die Götter, wenn sie existieren, gehören einer anderen Welt an, einer mehr als dreidimensionalen, den physischen Raum erfüllenden, einer Welt von vier- oder mehrfachen Ausdehnungen, mit den einfachen fünf Sinnen nie und nimmer wahrnehmbaren, einer nur dem Träumen, Ahnen und Dichten erfaßbaren Welt.

Was könnte uns eine solche Welt bedeuten, in der wir ja nicht leben?

Aber wir leben in ihr. Sie ist in unserer eigenen Wirklichkeit enthalten und angelegt. Denn das Ich des Menschen ist nicht allein. In der Funktionsweise des menschlichen Bewußtseins ist das Ich ebenso vorhanden wie das Du. Und wenn der Mensch wie Robinson einsam auf einer Insel wäre und wenn er in einem tiefen Keller eingemauert wäre, in dem nicht einmal mehr ein Insekt ihn besucht, das Du wäre da in ihm ebenso gewiß wie sein Ich, und wäre es auch nur im Selbstgespräch seiner gemarterten Seele, in dem er, Zwiesprache mit sich selber haltend, seine Seele teilt in ein Ich und ein anders Ich, ein Du.

Dieses Du wächst in uns. Es wird mit der Zeit Gestalt. Und mit der Gestalt nimmt es Realität an. Unauflöslich, unvermeidlich ist diese Realität des Du. Das Ich kann nicht auskommen ohne sie. Dieses Du ist das Spiegelbild des Ich, aber es ist ihm nur ähnlich, es gleicht ihm nicht ganz. Es ist der Vollkommenheitswahn des Ich, der im Du Gestalt annimmt. Es ist der *Typus* der eigenen Individualität, der im Du überdimensionierte Realität wird.

Wehe über diejenigen, denen man die Götter erschlug! Sie leben in verkehrter Gestalt weiter in ihnen als Dämonen.

Und können die Götter auch nicht *geglaubt werden* als physische Wesen der Welt, im Ich werden sie *erfahren*: Sie sind es, sie leben, sie atmen durch uns und wir atmen in ihnen, in der Geistlichkeit einer höheren Welt.

VII

Bis hierher sind wir auf dem Wege der Schlußfolgerung gelangt. Alles, was darüber hinausführt, gehört unter den Voraussetzungen der Zeit, in der wir leben, in den Raum der Phantasie. Also wird nur der Dichter darüber sprechen.

Aber auch die Macht des Dichters ist eine Wirklichkeit und sie hat eine Wirklichkeiten schaffende Gewalt. Darum steht auch das, was der Dichter sagt, innerhalb des Lebens, und es gehört mit in den geistigen Kosmos einer Zeit.

Deshalb ist es gut, auch die Beziehungen aufzuzeigen, die das intuitiv Erschaute zu dem wissenschaftlich Erkannten hat, und so sich dessen bewußt zu werden, daß alles zusammen ein Ganzes bildet.

Das menschliche Bewußtsein ist nicht ruhig, sondern dauernd in sich bewegt. Diese Bewegung *verhindern*, heißt *Aufmerksamkeit* üben. Durch die Aufmerksamkeit treten die Stufen der Wandlung und Rückwendung des Bewußtseins überhaupt erst deutlich hervor.

Die Aufmerksamkeit kann wegen der dauernden Bewegung des Bewußtseins nur vorübergehend sein. Die Aufmerksamkeit durch dauernde Verhinderung der Bewegung des Bewußtseins zu einer selbständigen Macht steigern, heißt *Konzentration* üben.

Konzentration, angewendet auf die Stufen der Rückwendung des Bewußtseins, besonders auf die drei letzten, heißt *Versenkung*.

Die aus den drei letzten Stufen der Rückwendung erfolgende neuerliche *Wandlung* des Bewußtseins führt zu eigentümlichen Bildern. Diese ist *Hellsehen* oder Schauung.

Geht die Wandlung des Bewußtseins über diese Bilder weiter zum denkenden Bewußtsein über und erreicht die Stufe der Idee, so ergibt sich *Intuition*.

VIII

Das Neue also hat einen ersten Strahl gesandt:

Wir haben die zwölf großen göttlichen Gestalten erschaut und unseren Geist zu ihnen erhoben.

Und nun sollen wir den Abglanz der Göttlichen in irdischen Gestalten finden.

Da bieten sich uns zweierlei Aspekte:

Erstens jener Mensch, in dem wir plötzlich und unerwartet das Göttliche zu erkennen meinen, der Mensch, durch den es hindurchschimmert als sein eigenes Urbild, und der in solchen Momenten als ein Vollkommener erscheint.

Freilich zerbricht er alsdann daran oder er wird gebrochen, weil solche Vollkommenheit im Irdischen nur momentweise aufrechterhalten werden kann.

Und zweitens der ringende Mensch, ein tragisch sich
Mühender, dem die göttliche Urform vorschwebt sein
Leben lang, und der sie doch nie erreichen kann, der ewig
Unvollkommene, dessen Größe nur in seinem Bestreben
oder in seiner Hybris gefunden wird.

Beide Aspekte führen zum *Tragischen*.

Und so kommt es also, daß sich die beiden Welten, die
menschliche und die himmlische, im Drama begegnen.
Darum ist das Drama die Form, die dazu ausersehen ist,
dem Menschen das Göttliche nahezubringen und den
Mythos zu gestalten.

Und darum hat das Drama immer *zweierlei* zur Voraussetzung: den Mythos und das menschliche Ringen. Und es
genügt nicht nur *eines* von beiden.

Es stellt dar den vollkommenen Menschen und den un-
vollkommenen. Aber beide zeigen Größe und weisen in das
Unendliche. Darum eben finden sie sich in *einer* Kunstform.

IX

In den zwölf göttlichen Mächten, die wiederum den zwölf
Stufen der Wandlung und der Rückwendung des Bewußtseins entsprechen, haben wir die zwölf Urtypen gefunden.
Es wäre falsch gewesen, sie aus der Natur heraus entwickeln zu wollen, denn Natur ist für uns ein Begriff
geworden, der restlos auf physisches Geschehen abzieht,
nicht mehr wie für die Alten auf das Ganze, das Leben.

Aber was auch die Natur umfaßt und trägt, ist das Bewußtsein. Seine Gesetzlichkeit umfaßt Innen und Außen.
Durch sie können wir in die Tiefe gelangen und Natur von
innen erschauen.

In diesen zwölf Mächten haben wir einen festen Grund
erhalten. Von hier aus können wir auch der Götterwelt uns
verstehend nähern. Von hier aus begreifen wir auch die weitere Individuation des Göttlichen. Wir können verstehen,

daß eine Landschaft, bewußtseinsmäßig erfaßt, Ausdruck eines Göttlichen sein kann. Oder auch eines Dämonischen.

Dadurch, daß der antike Grieche die Landschaft nicht naturalistisch auffaßte wie der heutige Europäer, sondern bewußtseinsmäßig, indem er sich an das Erlebnis hielt und es gestaltete, wurde seine Götterwelt. Und die Götterwelt überhaupt entstand auf solche Weise.

Denn nicht nur wir Europäer, sondern auch der Inder, der Chinese und der Japaner können die Analogien zu den eigenen Göttergestalten erkennen, weil auch bei ihnen die Bewegung des Bewußtseins in Wandlung und Rückwendung und ihre Stufen dieselben sind. Sie sind ganz allgemein menschlich. Eine andere Form des Bewußtseins ist uns undenkbar.

Wie wir sie erkannten, setzt sie keinerlei Begriffe und abstrakte Gegensätzlichkeiten voraus, vielmehr lehrt sie alle verstehen. Sie ist reinste Tatsächlichkeit und mindestens so allgemein wie die Organisation des menschlichen Körpers.

X

Ewig sind die Götter. Und ihre Taten sind nicht vergänglich, sondern ein ewiges Geschehen.

Sie sind hinausgehoben über die Form der Zeit, in der sich das irdische Dasein abspielt. Sie leben in einer stehenden Zeitlichkeit.

So etwa, wie die Handlung eines vollendeten Dramas fertig vor uns liegt und doch in seinen einen bestimmten zeitlichen Ablauf aufweist. Jeden Augenblick kann es wieder in die Zeitlichkeit treten, sein Geschehen ist aber nicht mehr an eine bestimmte Zeit gebunden wie die Geschehnisse im wirklichen, das heißt im irdischen Leben der Menschen.

So hinausgehoben über die Zeitlichkeit erscheint uns das Leben der Götter. Sie leben in einem vierdimensionalen Raum. Der Mensch lebt in einem dreidimensionalen.

Da der Raum, in dem sich das irdische Leben vollzieht, drei Ausdehnungen hat, erscheint uns alles, was wir betrachten, am klarsten, wenn wir es in eine dreifache Gliederung bringen.

Wenn wir aber Berechnungen mit kosmischen Größen anstellen, dann müssen wir auch mit vier Dimensionen rechnen, weil wir mit dreien nicht mehr das Auslangen finden. Wir können den vierdimensionalen Raum nicht vorstellen, aber wir können ihn denken. Wir müssen ihn denken.

So ausgebreitet leben die Götter. Für sie ist der vierdimensionale Raum anschaulich. Sie leben in kosmischen Ausdehnungen. Darum schauen wir mit Recht zum Himmel empor, wenn wir uns zu den Göttern erheben.

Das Leben der Götter wurde geahnt im *Göttermythos*. Und wir fühlen deutlich, daß die Erzählungen der Göttermythen einer anderen als der irdischen Ebene angehören, während die *Heldensagen* auf der Erde spielen.

Was über die Götter erzählt wird, muß man nicht wörtlich nehmen, es hat nur hinweisenden, hat symbolischen Charakter. Aber die Heldensage meint in symbolischer Form stets irdische Tatsächlichkeiten.

Der Göttermythos ist ewig. Er richtet sich nicht nach dem geschichtlichen Geschehen. Er ist unabhängig davon. Er muß nur wiedergefunden werden.

Immer nahm der Göttermythos seinen Ausgang von den *Gestirnen*.

XI

Im Drama vollzieht sich irdisches, menschliches Geschehen, und doch kommt es mit dem göttlichen auf wunderbare Weise zusammen.

Denn im Drama hat die *irdische* Welt immer einen Bezug zu einer anderen, *überirdischen*. Diese wird nirgends unmittelbare Wirklichkeit, aber sie ist da wie ein großartiger, halbdunkler Hintergrund, von dem sich die menschlichen Ereignisse abheben.

Alles irdische Geschehen im Drama erhält dadurch eine zweite Bedeutung. Es wird nichts darüber gesagt, ja nicht einmal angedeutet. Und doch ist sie gegenwärtig.

Sie liegt in der eigentümlichen Atmosphäre, die im Drama herrschen muß, wenn es jenen tiefen Eindruck erwecken soll, welchen die großen Tragödien der griechischen Antike wachrufen.

In den europäischen Werken des Abendlandes sind es zwei verschiedene Ideenwelten, die miteinander im Kampf liegen, also ganz menschliche Welten, die durcheinander wirken, bei den griechischen sind es Seinswelten. Aber nur die letzteren haben diese Atmosphäre, bilden diesen großen, sicheren Hintergrund. Im Drama muß eine andere, eine Schicksalswelt mit der menschlichen sich kreuzen, sonst kann es die letzte Tiefe nicht erreichen.

Und darum stellt sich hier wieder dasselbe Problem, um das immer die großen Dramatiker gekämpft haben: Welches ist der Ursprung der Tragödie? Ein typischer, einfacher, großer Vorgang oder ein typischer Charakter?

Und die Antwort darauf muß wiederum sein: Beides.

Indem zwei Welten eine werden, werden Charakter und Schicksal eine Einheit.

Nun haben wir die zwölf großen Urtypen als Grund der göttlichen wie der menschlichen Charaktere erkannt. Und zu jeder der göttlichen Gestalten oder Mächte gehören auch eine bestimmte kosmische Kraft oder Funktion. Ein typisches Geschehen ist darum mit jeder von ihnen irrtümlich verbunden.

Dieses gehört demnach auch zu dem entsprechenden menschlichen Charaktertypus. Es ist das Schicksal, in das er hineingeboren wurde und mit dem er sich auseinandersetzen muß.

Wie dies geschieht, liegt an seiner Individualität und an den Umständen der Zeit, aus der er hervorgeht.

XII

Das große Drama führt uns zu denselben Stufen des rückgewendeten Bewußtseins wie die Versenkung. Dies wird durch zwei Momente erreicht. Das eine ist Spannung. Durch die Spannung kommt auch das einfache, ungeschulte menschliche Bewußtsein zu stärkster Konzentration und Wachheit.

Das zweite ist dies, daß das Geschehen im Drama unmittelbarer Ausdruck jener höchsten Stufen der Rückwendung des Bewußtseins ist, die sonst nur in der Versenkung erreicht werden.

Der Dichter selbst muß also jene Stufen in sich verwirklicht haben und aus ihnen schöpfen. Darum ist die dramatische Dichtung höher zu bewerten als alle anderen Formen der Dichtkunst, zu denen vielleicht ein zeitweises Hinabtauchen zu jenen Stufen des Bewußtseins genügt, nicht aber ein dauerndes Beherrschen dieser Stufen nötig ist.

Die Darstellung eines solchen Dramas bedarf daher auch einer längeren Vorbereitung. Da der Zuschauer ungeschult und also unvorbereitet zum Schauspiel kommt, bedarf es der Mittelspersonen, welche die Vorbereitung auf sich nehmen. Dies sind außer den Darstellern selbst die Choreuten.

Der Choreut muß sich so weit in den Sinn des Dramas versenken, daß er die Gestalten ganz erfaßt und sie aus sich herausstellen könnte. Der Weg ist eine Schulung des Körpers, des Atems, der Bewegung und des Sprechens, der Seele und des Geistes. Die letzte und wichtigste Stufe dieses Weges ist Meditation.

Der Dichter geht diesen Weg vorausschaffend und führt ihn die Choreuten. Er ist darum eigentlich der Chorführer im Schauspiel.

Der Weg der Choreuten entspricht der Rückwendung des Bewußtseins. Der Dichter baut mit ihnen aus dem gegebenen Drama die Stufen bis zum Sinnhaften auf. Dieser

Weg ist synthetisch zu nennen. Die Meditation führt die Choreuten bis zu dem Punkt, wo das Drama beginnt.

Das Drama schüttet den Sinn über die Menge der Zuschauer aus. Es entspricht der Wandlung des Bewußtseins. Es ist analytisch, denn es löst den Sinn in einer Peripherie fortschreitend bis zur Vernichtung auf.

Im Drama verwandelt sich der Sinn der Welt. Es ist die Darstellung des Weltmysteriums.

Das große Drama als Ausdruck der Tiefenstufen des Bewußtseins ist eine *kultische Kunstform*. Und in den Zeiten der Hochkultur ist es auch selbst ein Teil es Kultes wie in der klassischen und vorklassischen Zeit der griechischen Antike.

Denn der Kult ist selbst auch eine Darstellung des Weltmysteriums, wenn auch in verkürzter Form. Auch er verfolgt den Zweck, zu den Tiefenstufen des Bewußtseins zurückzuführen, und ist aus ihnen hervorgegangen durch die verschiedenen Wandlungsstufen des Bewußtseins.

Freilich steht im Kult diese Absicht von vornherein fest. Nicht nur der Priester, auch der Laie, der an einer kultischen Handlung teilnimmt, weiß, daß alles, was dabei geschieht, nichts ist als Hinweise auf Zusammenhänge geheimer, tieferer Art, Veranlassung, die Rückwendung des Bewußtseins geschehen zu lassen.

Darum braucht die kultische Handlung gleichsam nur Andeutungen zu geben. Sie bringt nur bekannte, immer wiederholte, gleichartige Handlungen. Sie kann auf das Moment der Spannung verzichten, weil der Teilnehmer schon von selbst die Einstellung mitbringt, andächtig zu sein, daß heißt, sich versenken zu wollen. Er konzentriert sich also von sich aus.

Weil diese Einstellung von vornherein gegeben ist, kann sie auch in einer dauernder Form zum Ausdruck gebracht werden, die Architektur des Tempels, des Domes ist ihr Ausdruck. Sie ist das erste Hilfsmittel, das den Teilnehmern die Konzentration erleichtert.

Das Drama aber schafft sich erst in der Szene die ihm eigene Architektur. Sie ist für jedes Drama eine andere, dem Zuschauer neu wie die Handlung selbst. Das Drama führt selbst den Zuschauer in seine Seele hinein, darum hat es wie jedes Kunstwerk eine eigene, einmalige und viel ausgebreitetere Welt als der Kult. Darum bleibt es auch letzten Endes Kunst.

Unvorbereitet und ohne innere Einstellung zu den Stufen der seelischen Tiefe sind wie heute alle. Darum erschließt sich uns auch der Sinn eines Kultes nicht. Wir nehmen die Dinge nicht mehr als Ausdruck, sondern nur als Tatsächlichkeit. So sehr schon sind wir vom Materiellen besiegt.

DIE KUNST KANN UNS DEN WEG ERLEICHTERN. IN DER ILLUSION FINDEN WIR UNS SELBST. DAS GROSSE DRAMA LÄSST DIE URTYPEN VOR UNS ERSCHEINEN: ES FÜHRT UNS ZU DEN GÖTTERN ZURÜCK.

LITERATURNACHWEIS

Reininger, Robert: *Das psychophysische Problem*, 2. Aufl., Wien und Leipzig 1930.
Ders.: *Metaphysik der Wirklichkeit*, I. und II. Band, 2. erweiterte Aufl., Wien und Leipzig 1947 und 1948.*

Jung, C.G.: *Psychologische Typen*, Zürich 1921.
Ders.: *Wandlungen und Symbole der Libido*, Zürich
Ders.: *Psychologie und Alchymie*, Zürich 1943.**

Schmida, Susanne: *Die älteste und die jüngste Philosophie.* Ein Vergleich zwischen den Hauptthesen der Vedantalehre und den Resultaten der Philosophie Reiningers, in: „Philosophie der Wirklichkeitsnähe, Festschrift zum 80. Geburtstag Robert Reiningers". Wien 1949.
Dies.: *Vom Sinn der Endlichkeit.* Drei Vorträge: Über das Endliche, Über das Ewige, Über das Tragische, Stuttgart 1928.
Dies.: *Theater von morgen.* Das Formproblem des Dramas in dichterischer und theatralischer Hinsicht, Wien und Köln 1950.

---

* Von der verwendeten Literatur zähle ich hier nur die grundlegende auf, so die Werke Reiningers als maßgebend für den erkenntnis-theoretischen und philosophischen Standpunkt.

** Die Werke C.G. Jungs sind der Verfasserin, soweit sie nach 1938 erschienen sind, allerdings erst lange nach Beendigung des vorliegenden Werkes bekannt geworden, so insbesondere auch die Eranos-Jahrbücher. Der Verfasserin erscheint das von Jung auf empirischem Wege zutage geförderte psychologische Material vielfach als eine Bestätigung ihrer intuitiven Einsichten.

Dazu ist noch zu bemerken, daß der Begriff des „kollektiven Unbewußten" bei Jung und der des „Erlebnisbewußtseins" bei Reininger große Verwandschaft aufweisen, insbesondere hinsichtlich der Zeitlosigkeit und Unbeschreibbarkeit dieser beiden Begriffinhalte (vgl. Eranos-Jahrbuch 1938, S. 405 ff.).

Tafel der Typen
und ihrer Entsprechungen

Die Tafel enhält eine Zusammenfassung aller im Buche
selbst angeführten Merkmale und Beispiele der aufgezeig-
ten Typen. Es handelt sich dabei aber nur um Hinweise.
Die Tabelle erhebt – ebenso wie das Buch selbst – weder
den Anspruch der Vollständigkeit noch den der historischen Genauigkeit. Vielmehr müßten auf Grund der gegebenen typologischen Unterscheidungen erst wissenschaftliche Untersuchungen bezüglich jedes einzelnen Punktes
und jeder als Beispiel angeführten Persönlichkeit angestellt
werden, wie es auch in der letzten Kolonne der Tabelle angedeutet ist. Solche unter den hier angegebenen Gesichtspunkten angestellten Untersuchungen würden auf allen
Gebieten voraussichtlich sehr interessante Resultate zu
Tage fördern.

In der Reihe Symbolon *liegen bereits vor:*

VII. Gestalt	VIII. Gestalt	IX. Gestalt	X. Gestalt	XI. Gestalt	XII. Gestalt	Arten der Bearbeitung, die noch durchzuführen sind
Kronos	Uranus	Amphitrite	Shiwa	Ariadne	Dionysos	physiognomisch-kunstgeschichtlich-charakterologische
der Alte	der Geistmensch	die Märtyrerin	der Tyrann	die Romantische	der Trunkene	
der kritische Mensch	der metaphysische Mensch	der heilige Mensch	der Willensmensch	der Gefühlsmensch	der Genußmensch	
das kritische Denken	das irreale oder Unendlichkeitsdenken	die parapsychologischen Bewußtseinserscheinungen	Strebungen, Trieb, Wille	die Gefühle	die Empfindungen	erkenntnis-psychologische
denken, urteilen	denken über das Letzte, Versenkung	telepathisches Wirken	herrschen	den Gefühlen leben	das Sinnesleben	psychologische
Philosophie, Askese, Konzentration	Esoterik, Mystik, Metaphysik, höchste Mathematik	Charitas, Nächstenliebe, Feindesliebe	Krieg und Frieden	Entwicklung, Weg, Umwandlung	Genuß- und Rauschmittel, Berauschung	historische
Titanenzeitalter	unmittelbar bevorstehendes Zeitalter	die byzantinisch-abendländische Hochkultur	die griechische Hochkultur	die ägyptisch-minoische Hochkultur	aztekische und vorindische Kulturen	prähistorische historisch-archäologische
objektive Welt	jenseitige Welt	Gemeinschaft der Heiligen	soldatische Welt	romantische Welt	Welt des Lebensgenusses	
Pessimismus, Kritizismus	Metaphysik	Okkultismus, Esoterik	Militarismus, Voluntarismus	Entwicklungslehre	Eudaimonismus	philosophische
Mönchswesen	Mystik	Martyrium	Opferungen	Auferstehung	Rauschkulte	religionsgeschichtliche
von der Verschlingung seiner Kinder	vom ewigen Leben	von der himmlischen Bruderschaft	von der Weltvernichtung	vom Labyrinth	von der Zerstückelung	vergleichende religionswissenschaftliche
Saturn in Steinbock	Uranus in Wassermann	Neptun in Fische	Mars in Widder	Erde-Venus in Stier	Merkur-Eros in Zwillinge	astrologisch vergleichende
Sense	Pendel	Kreuz	Rute	Faden	Thyrsos	symbolistische
Punkt	Welle	Hyperbel	Zentrifugale	Zentripetale	Kreis	
Bildhauerei	Musik	Kunst in Trance	Architektur, Ursymbolik	epische Dichtung	Tanzdrama	kunst- und literaturgesch.
Gewissenserforschung, Buße	Versenkung, Yoga	Mediumismus, Telepathie	Überwille	Hellfühlen	die große Tragödie	religionsphilosophische
Zurückhaltung	Kraft der Versenkung	All-Liebe	Willensstärke	Gefühlskraft	Empfindungskraft	ethische
Erstarrung	Entgegenständlichung	Primitivität	Zorn, Streitsucht	Gefühlsüberschwang	Trunksucht, Ausschweifung	psychopathologische
Geiz, Neid	Selbstmord	Besessenheit	Tobsucht	Treulosigkeit	Narzismus	
Verkalkung	Wahnsinn	Vergiftungen	Kopftumor	Halskrankheiten	Lungenkrankheiten	medizinische
Mönch	Mystiker	Priesterin	Feldherr	Romanheldin	Lebenskünstler	literarhistorische und historische
Kritiker, Denker, Philosoph, Logiker, Erkenntnistheoretiker / Statistiker, Rechtswissenschafter, Richter / Theoretiker / Bildhauer / Mönch, Einsiedler	Musiker, Mathematiker der obersten Stufe / Theoretiker der modernen Physik und Astronomie / Mystiker, Esoteriker, Metaphysiker, Theologe, Religionsphilosoph, Yogi	Seelsorger, Seelsorgerin, Priester, Priesterin, Wohltäterin, Krankenpflegerin / Medium, Telepath, Telepathin / Religionsstifter, Magnetopath / Alchimist / Chemiker gewisser Art, Parapsychologe	Unternehmer, Führer, Initiator, Machthaber / Stratege, Feldherr, autonomer Herrscher, Tyrann / auch weiblich, Unternehmerin, Initiatorin, Herrscherin	Gutsbesitzerin, Aristokratin, Salondame, Reformatorin / Frau mit romanhaftem Leben, Ehebrecherin / Romanschriftsteller und -schriftstellerin, Epiker / der Beruf ist bei diesem Typus Nebensache	Der Beruf ist bei diesem Typus ganz nebensächlich / Dichter, Tänzer, Schauspieler, Ästhet, oder überhaupt nur Genießer, eventuell Schmarotzer, Intrigant, Verräter	
Saturn, Pan / die Sophisten, Sokrates, Locke, Hume, Descartes, Kant / Hamlet / Phidias, Praxiteles, Lionardo da Vinci, Michelangelo	Buddha, Yadnawalkya, Laotse / Bach, Beethoven / Euler, Newton, Leibniz, Nietzsche, Einstein / hl. Paulus, hl. Klemens, Ekkehardt, Jakob Böhme, Schelling	Kwanion, Hai Tang / Jesus, hl. Maria / Johannes Ev., hl. Elisabeth, Franz von Assisi, Therese von Konnersreuth / Mesmer die Medien Schneider u. a.	Aris, Mars / Darius, Xerxes, Herodes, Attila, Dschingis-Khan, Wallenstein und alle Feldherren / Mohammed Cromwell, Napoleon	Isis, Nophretete, Abælard und Heloïse, Isolde und Tristan / Bettina von Arnim, Henriette Herz, Karoline Schlegel / Hölderlin und Diotima / Nora, Hedda Gabler, Anna Karenina	Bacchus, Adonis, Attis, Narzis / Pindaros, Li-Tai-Pe, Aristipp, Epikur / Alkibiades / Aristophanes, Dehmel, Peer Gynt / Nietzsche-Zarathustra	
der Weise	der Yogi	die Heilige	der Herrscher	die Verwandelte	der Übermensch	
zusammenziehende Macht	jenseitsverbindende Macht	selbstaufopfernde Macht	herrschende Macht	umwandelnde Macht	vergottende Macht	

Typische Ausdrucksweisen	I. Gestalt	II. Gestalt	III. Gestalt	IV. Gestalt	V. Gestalt	VI. Gestalt
Gottheit	Demeter	Helios-Apollo	Kore	Aphrodite	Hades	Artemis
Gestalt	die Mutter	der Sohn	die Jungfrau	das Weib	der Dämon	die Prophetin
Lebensform	der mütterliche Mensch	der heldische Mensch	der wandernde Mensch	der politische Mensch	der theoretische Mensch	der Ideenmensch
betonte Bewußtseinsstufe	das Körperspüren der eigene Körper	die gegenständliche Wahrnehmung	die Umweltwahrnehmung	die anschauliche Begrifflichkeit	die abstrakte Begrifflichkeit	das Ideendenken
Betätigung	gebären, weben	töten, kämpfen	wandern, ordnen	erkennen, ausgleichen	zergliedern, abstrahieren	phantasieren, Intuition
Erfindungen	Ackerbau, Hausbau, Weberei, Tonfiguren	Schwert, Waffen, Metallbearbeitung	Rad, Werkzeug, Schrift	Waage, Instrumente, Schmuck	Maschinen, Organisation, Geld	Gesetzgebung, Recht, Staatsform, Freiheit
Zeitalter	mutterrechtliche Urkultur	Heldenzeitalter	Zeitalter der Wanderungen	goldenes Zeitalter	Maschinenzeitalter	Amazonenzeitalter
Weltgestaltung	Seßhaftwerdung	Heldensage	Märchenwelt	Menschenwelt	Schattenwelt	Ideenwelt
Weltanschauung	Animismus	Totemismus	Himmel, Erde, Hölle	Sitte, Gesellschaft	Mechanismus	Idealismus
Religiosität	Totenkult	Ehrbegriff	Höllenfahrt	Jugendweihe	Dämonenglauben	Götterglaube
Mythos	vom Samenkorn	vom Sonnendrachen	von der Dreiwelt	von der Schaumgeborenen	vom Teufel	von der Unberührbaren
Planet	Mond in Krebs	Sonne in Löwen	Merkur in Jungfrau	Venus in Waage	Pluto in Skorpion	Jupiter in Schütze
symbolische Form	Schale	Schwert	Rad	Waage	Stachel	Pfeil und Bogen
symbolische Linie	Spirale	Ellipse	Vertikale	Horizontale	Parabel	Diagonale
Kunst	Tanz	Gesang, Schauspiel	Malerei	Erotik, Schmückung	Mechanistik	dramatische Dichtung
Mysterien	Wiedergeburt	Hellsehen	Seelenwanderung	Jugendweihe	Schwarze Magie, Psychoanalyse	Götterkult
Tugend	Fruchtbarkeit	Tapferkeit	Redlichkeit	Schönheit	Objektivität	Schöpferkraft
Laster	Hemmungslosigkeit	Eitelkeit	Vielgeschäftigkeit	Oberflächlichkeit	Grausamkeit	Weltfremdheit
Sünde	Chaotik	Totschlag	Diebstahl, Lüge	Käuflichkeit	Mord	Ruhmsucht
Krankheit	Krebs	Herzkrankheiten	Nervenkrankheiten	Nierenkrankheiten	Geschlechtskrankheiten, Irrsinn	Gliedererkrankungen
Übertragener Charakter	Gestalterin	Seher	Schreiberin	Politikerin	Gelehrter	Revolutionärin
Berufe, Tendenzen	Bäuerin, Hauswirtin, Hausfrau und Mutter, Wirtin, Wirt, Kellnerin, Kellner, Verwalterin, Vorsteherin / Tänzerin, Tänzer	Heros, Kämpfer, Ritter, Offizier, Abenteurer / Schmied, Schlosser, Fleischhauer / Arzt, Chirurg / Sänger, Schauspieler, Tenor	Handwerker, Näherin, Stickerin / Kaufmann, Beamter, Beamtin, Reisender, Erzieherin, Lehrer, Lehrerin, Forscher, Forscherin / Maler, Malerin, Kunstgewerbler, Kunstgewerblerin	Geliebte, Dame, Dirne / Diplomat, Diplomatin, Politikerin. Herrscherin / Künstlerin	Gelehrter, Wissenschafter, Organisator / Konstrukteur, Finanzmann, Spekulant, Erfinder / Genie, Psychoanalytiker / Besessener, Verbrecher, Pervertierter	Amazone, Pionierin / Sportlerin, Vorkämpferin / Revolutionär, Revolutionärin / Prophet, Prophetin, Dichter, Dichterin, Priesterin
Beispiele	Maya, Jnin, Gaia, Ceres, Jokaste, Midia, Niobe, Nut, Isis, Sphinx, Sachmet, Tanais, Astarte / Mutter Maria / Maria Theresia, Goethes Mutter / Mary Wigman	Indra, Marduk, Osiris, Baal / Achilles, Theseus, Herakles, Gilgamesch, Arjuna, Siegfried / Prometheus, Hephaistos, Asklepius, Odipus, Orpheus / Luzifer / Perikles / Ludwig IX.	Persephone, Durga Pondschah, Thot, Hermes, Athene, Ikarus, Odysseus, Antigone / Eva, Jungfrau Maria / Psyche Virginia / Gretchen, Emilia Galotti, Mumtaz-i-Mahal	Parwati, Lakschmi, Aphrodite, Ischtar, Venus, Freya / Phryne, Aspasia / Maria Stuart, Katharina von Rußland, die Pompadour	Mahischassur, Ahriman, Alberich, Hel, Satanas / Dädalus, Hagen / Nero, Muzius Skaevola / Mephistopheles, Faust, Wagner, Manfred, Don Juan	Zeus, Prometheus, Penthesilea, Kassandra, Iphigenie / Sappho, Brünhilde, Aischylos, Sophokles, Platon / hl. Stephanus / Shakespeare, Schiller, Kleist, Ibsen / Ibsens „Volksfeind"
Entwicklungsziel	die Weltmutter	der Held	die kluge Jungfrau	die Königin	das Genie	die Prophetin
Machtentfaltung	gebärende Macht	tötende Macht	ordnende Macht	ausgleichende Macht	mechanisiernde Macht	zukunftsverheißende Macht

Alfred Fankhauser

Magie

Versuch einer astrologischen Lebensdeutung

376 Seiten, Leinen

Eine umfassende und grundlegende Darstellung des Wissens
von Astrologie und Magie und deren Verbindung.

Joseph von Görres

Hinter der Welt ist Magie

264 Seiten, Leinen

Eine Auswahl der wichtigsten Heiligenlegenden, wundersamen
Begebenheiten und Erscheinungen aus Joseph von Görres'
großem Werk »Christliche Mystik«.

Herbert Freiherr von Klöckler

Astrologie als Erfahrungswissenschaft

384 Seiten, Leinen

Klöcklers Werk ist umfassendes, vergleichendes astrologisches
Grundmaterial – eine Fundgrube für jeden, der sich mit der
Astrologie ernsthaft auseinandersetzen will.

EUGEN DIEDERICHS VERLAG

Manfred Kyber

Einführung in das Gesamtgebiet des Okkultismus

208 Seiten, Leinen

Manfred Kyber gibt hier eine Einführung in die übersinnlichen Phänomene, er beschreibt behutsam und einfühlsam die »Welt hinter der Welt«.

Georg Langer

Die Erotik der Kabbala

152 Seiten, Leinen

Langer untersucht die Spuren des Epos in der Verzückung der mystischen Ekstase. Die vergangene Epoche der jüdischen Mystik im System der Kabbala begegnet hier der modernen Welt mit ihren tiefen Beschreibungen der Seele.

EUGEN DIEDERICHS VERLAG

Paracelus

Mikrokosmos und Makrokosmos

Okkulte Schriften

336 Seiten, Leinen

Die vorliegende Auswahl aus den »Okkulten Schriften« des
Universalgelehrten füllt eine schon lange beklagte Lücke aus,
indem sie Paracelus als Okkultisten und Parapsychologen vor-
stellt.

August Strindberg

Das Buch der Liebe

336 Seiten, Leinen

Was die wenigsten wissen: August Strindberg war ein tiefer
Kenner der Mysterien im Inneren des Seins. »Das Buch der
Liebe« ist Bestandteil der Blaubücher Strindbergs, in denen er
all das notierte, was ihm bei dieser Innenschau begegnet ist.

EUGEN DIEDERICHS VERLAG